Bernd Pol **Vom Umgang mit CP/M**

Eine allgemein-verständliche Einführung

CIP-Kurztitelaufnahme der Deutschen Bibliothek

Pol, Bernd:
Vom Umgang mit CP-M: e. allgemeinverständl.
Einf. / Bernd Pol. — Vaterstetten: IWT-Verlag,
1982

(CP/M für die Praxis)
ISBN 3-88322-004-3

ISBN 3-88 322-004-3
5. Auflage 1984

CP/M, MP/M, MAC, RMAC, ZSID sind Warenzeichen von Digital
Research, USA
WordStar ist ein Warenzeichen der MicroPro International Inc., USA
8080, 8085 sind Warenzeichen der Intel Inc., USA
Z80 ist ein Warenzeichen der Zilog Inc., USA

Printed in Western Germany
© Copyright 1982 by IWT-Verlag GmbH
Vaterstetten bei München

Holdenrieds Druck- und Verlags-GmbH, Füssen
Umschlaggestaltung: Kaselow und Partner, München

INHALT

3 Wie CP/M Disketten verwaltet................... 63
Vorbereitung - 63, Der freie Diskettenspeicherplatz - 64, Der
Schreib/Lese-Zustand - 65, Der automatische Schreibschutz -
68, Der Warmstart - 69, Das Bezugslaufwerk - 72, Der belegte
Speicherplatz - 74, Wie CP/M den Diskettenplatz verwaltet -
74, Verzeichniseinheiten (extensions) - 75, Schreibschutz für
einzelne Dateien - 76

4 Wie man mit Dateien umgeht.................... 81
Die Grundoperationen mit Dateien - 81, Das Löschen einer
CP/M-Datei - 81, Erzeugen und Verarbeiten von Dateien - 82,
Eine erste Bekanntschaft mit ED - 82, Wie man eine Textdatei.
ansehen kann (TYPE) - 85, Sicherungsdateien (BAK-Dateien) -
86, Umbenennen von Dateien - 90, Fehler und Fehlermeldungen -
91, Fehlerbeispiel 1: Falsche STAT-Angabe - 93, Fehlerbei-
spiel 2: Kopieren einer nicht vorhandenen Datei (CP/M-Zwi-
schendateien) - 94, ED und Zwischendateien: 1. Ein behebbarer
Fehler - 95, ED und Zwischendateien: 2. Ein katastrophaler
Fehler und etwas zum Abschluß von Dateien - 98, Anhalten der
Textausgabe - 101, Ausdrucken von Texten - 102

5 Werkzeuge zum Umgang mit Bits und Bytes............... 105
Eine Textdatei - 105, Eine Datei auf binärer Ebene ansehen -
106, Hexadezimalzahlen - 107, Warum ausgerechnet Hexadezimalzahlen? - 107, ASCII-Werte, Zeilen- und Textendzeichen - 108,
Auslisten mit DDT - 109, Mit DDT geänderte Dateien festhalten: SAVE - 112, Anwendungen hexadezimaler Dateiübersichten -
115

Zweiter Teil: Vom Umgang mit CP/M

6 Die Grundstruktur von CP/M........................ 117
Allgemeine Anforderungen - 117, Die Speichereinteilung unter
CP/M - 119, Standard- und Sonderversionen von CP/M - 120, Die
Einteilung des Betriebssystems selbst - 121, Der Bedienungsprozessor (CCP) - 122, Der für Programme verfügbare Speicherbereich - 122, Kanäle und Peripheriegeräte - 123, Das allgemeine Befehlsformat - 126, Eindeutige und Mehrfachnamen -
127, Steuerzeichen - 128, Dateimerkmale - 129, Benutzerbereiche - 130

7 CCP-Funktionen............................. 131
Grundaufgabe - 131, Aufruf, Kommunikation - 131, Übersicht
über die CCP-Befehle - 131, Auswahl des Bezugslaufwerks -
133, Umschalten zwischen Benutzerbereichen - 134, Disketten-

Dritter Teil: CP/M für Fortgeschrittene

schaften - 332 (Der DPH-Vektor - 333, Der Diskettenbeschreiber - 334), Die Änderung des Betriebssystems - 336 (Verschieben des Betriebssystems: MOVCPM - 336, Anpassen von Lader und
BIOS - 339, Ausschreiben des Systems mit SYSGEN - 340)

VORWORT

Bewußt oder nicht, ein jeder Computerbenutzer kommt nach dem Einschalten seines Geräts zunächst einmal mit dessen Betriebssystem in Berührung, mit jener Sammlung von System- und Hilfsprogrammen, die - wie die Bezeichnung ausweist - überhaupt erst einen Betrieb des Computers ermöglichen. Betriebssysteme gibt es auch im Mikrocomputerbereich in allen Arten und Größen, je nach Computertyp und je nach Anwendungsbereich. Doch keines von ihnen hat die ungeheure Verbreitung erfahren, wie es CP/M für Mikrocomputer auf der Basis der Prozessorentypen 8080, 8085 oder Z80 erreicht hat. Man kann dieses Produkt von Digital Research mittlerweile mit Fug und Recht als Standard ansehen.

Ob im Hobbybereich, im Büro oder im Labor, fast überall findet man heute 8080-, 8085- oder Z80-Computer, und fast ebenso häufig wird als Betriebssystem für diese Geräte CP/M eingesetzt. Insbesondere gilt das für kleine und mittlere Betriebe, wo sich derzeit eine regelrechte Revolution aller Büro- und Verwaltungstätigkeiten abzeichnet. Das alles bringt es mit sich, daß ein sehr breiter Anwenderbereich plötzlich unmittelbar mit Computern zu tun hat. Von absoluten Computerlaien bis zu hochspezialisierten Computerfachkräften spannt sich hier der Bogen, und alle müssen sie in der einen oder anderen Weise wenigstens eine ungefähre Vorstellung davon haben, was CP/M ist, wie man mit ihm umgeht, wie man es in der Praxis einsetzt. Von ihnen wiederum haben es diejenigen am schwersten, die bis dahin noch nie etwas mit Computern zu tun hatten.

Es gab bislang auf dem Markt für den Umgang mit CP/M keine einführende Anleitung, welche die besonderen Voraussetzungen gerade der Gruppe der Computerlaien berücksichtigte. Fast alle CP/M-Einführungen setzen mehr oder weniger unausgesprochen bereits ein gewisses Vertrautsein mit der Computerterminologie, mit den besonderen Denk- und Anschauungsstrukturen voraus, die für den Umgang mit Computern typisch sind. Dabei sollte gerade das eigentlich erst vermittelt werden. Auf der anderen Seite bleiben alle bis dato (Mitte 1982) erschienen deutschsprachigen CP/M-Einführungen auf relativ niedrigem Niveau stehen, obwohl CP/M eigentlich erst dann wirklich interessant wird, wenn man alle seine Grundeigenschaften kennt und mit ihnen umgehen kann.

Im Grunde bräuchte man eine "eierlegende Wollmilchsau", um alles das zu beschreiben, was man mit CP/M tun kann - eindeutig viel zu viel an Stoffülle und unterschiedlichen Arbeitsniveaus für ein einziges Buch. Auf der anderen Seite wäre zur Darstellung des Einsatzes von CP/M für die verschiedenen Anwendungsebenen ein zusammenhängendes Konzept hilfreich und wichtig. Aus diesen Überlegungen heraus entstand die Idee zu einer ganzen Serie, die unter dem gemeinsamen Titel "CP/M für die Praxis" möglichst das ganze Spektrum behandeln soll. Hier sollen in zwangloser Zusammenstellung Einführungen mit Anwendungstips für Fortgeschrittene koexistieren können, wobei nach Möglichkeit auch dem interessierten Laien der Weg von den ersten tastenden Schritten bis hin zur souveränen Beherrschung des Betriebssystems CP/M und seiner Weiterentwicklungen geebnet werden soll.

Der vorliegende Band "Vom Umgang mit CP/M" eröffnet den Reigen. Er soll einen ersten umfassenden Überblick über die Möglichkeiten von CP/M schaffen. Um auch Computerlaien ein Orientierungsgerüst zu schaffen, wurde in den ersten Kapiteln versucht, ein anschauliches und doch korrektes Bild davon zu vermitteln, was ein Computer eigentlich ist, und welche Aufgaben ein Betriebssystem der Art von CP/M leisten muß. Es wird hier nichts vorausgesetzt als Interesse an der Sache und ein durchschnittlicher Stand an Allgemeinbildung.

Das Buch selbst gliedert sich in drei Teile. Der erste richtet sich an CP/M-Anfänger. Er umfaßt neben einer allgemeinen Vorbereitung des Verständnisses von Computern eine kurze Vorstellung der allerwichtigsten Möglichkeiten, die man für einen Einstieg in CP/M braucht. Der zweite Teil beschreibt die fünf grundlegenden Bestandteile von CP/M, die man im täglichen Umgang mit diesem Betriebssystem immer wieder braucht: den Umgang mit dem Bedienungsprozessor CCP als Schnittstelle zwischen Computer und Benutzer, mit der Systemverwaltung STAT, mit dem Kopierprogramm PIP zum Kopieren und Ausdrucken von Texten und anderen Dateien, mit dem Editor ED zum Erfassen und Bearbeiten von Texten und schließlich das automatische Betreiben von CP/M mit Hilfe von SUBMIT und XSUB. Auf diesen beiden Teilen erhebt sich dann ein dritter, der mehr in das Innere (und für Eingeweihte eigentlich Interessante) an CP/M eingeht: Auf eine kurze zusammenfassende Einführung zum Programmieren von Prozessoren vom 8080-Typ folgt hier eine Beschreibung des Assemblers ASM für das Erstellen von Programmen, des "Debuggers" DDT zum Anpassen von Programmen und zur Beseitigung von Programmierfehlern, und schließlich und endlich werden die "Eingeweide" von CP/M selbst dargestellt: Das BDOS-System von CP/M und die Art und Weise, wie ein Programm von den CP/M-Möglichkeiten Gebrauch machen kann.

Ihm folgt eine Kurzbeschreibung des BIOS-Systems von CP/M als der Schnittstelle zwischen Betriebssystem und Computerperipherie. Ein Anhang faßt dann noch die wichtigsten Eigenschaften und Tabellen zum Nachschlagen zusammen.

Diesen drei Teilen entspricht die ungefähre Gliederung des CP/M-Anwenderkreises. Teil 1 mag für alle jene genügen, die mehr oder weniger notgedrungen mit CP/M arbeiten müssen, um irgendwelche andere Programme, beispielsweise zur Textverarbeitung oder in der Buchhaltung bearbeiten zu können. Es wird hier so viel vermittelt, daß man bei Bedienungsfehlern, Systemzusammenbrüchen und ähnlichen unangenehmen Ereignissen sich selbst aus dem Cröbsten heraushelfen kann. Und natürlich wird durch die hier vermittelten Kenntnisse auch die Einarbeitung in neue Anwenderprogramme erleichtert. Teil 3 wiederum wendet sich an das andere Extrem, an alle diejenigen, die intensiv die Möglichkeiten des CP/M-Systems nutzen wollen. Die hier vermittelten Kenntnisse bieten einen ersten Einstieg sowohl in die Technik des Programmierens unter CP/M als auch in die Anpassung fremder Programme an eigene Bedürfnisse. Natürlich kann das hier nur recht skizzenhaft geschehen. Ein weiterer Band der Serie "CP/M für die Praxis" wird sich intensiv mit den Möglichkeiten von CP/M beim Programmieren auf Maschinenebene beschäftigen. Teil 2 schließlich steht vermittelnd zwischen diesen beiden. Hier kann man sich die nötige Routine zum Umgang mit den wichtigsten Hilfsprogrammen verschaffen, die CP/M bietet.

Das Buch ist dem Charakter einer Einführung gemäß angelegt. Der Leser soll durch seine eigene Tätigkeit an den Computer und an CP/M herangeführt werden. Insbesondere gilt das für den ersten Teil. Das Schwergewicht der Darstellung liegt darauf, ein Bild für die Vorgänge im Computer zu schaffen, an dem eine selbständige Orientierung auch in Problemsituationen möglich wird. So wird besonderer Nachdruck darauf gelegt, das "Warum" dieser oder jener Eigenschaft zu erklären. Abstrakte Definitionen kommen kaum vor, und wenn, dann werden sie sorgfältig vorbereitet. Mit anderen Worten: Man muß nicht gelernt haben, mathematischnaturwissenschaftliche Bücher zu studieren, um sich einen Einstieg in die Welt der Computer anhand von CP/M zu schaffen. Interesse an der Sache sollte vollauf genügen.

Stuttgart, April 1982   Bernd Pol

```
*****************************************************************
*                                                               *
*                        Erster Teil                            *
*                                                               *
*                    ALLGEMEINE GRUNDLAGEN                       *
*                                                               *
*****************************************************************
```

EINFÜHRUNG

Kennen Sie sich mit Mikrocomputern aus? Wissen Sie, wie man so etwas bedient, was Bits und Bytes sind und wie man mit Disketten umgeht? Falls ja, dann können Sie wahrscheinlich diese Einführung hier überschlagen und gleich mit dem ersten Kapitel weitermachen. Andernfalls sollten wir uns erst einmal darüber unterhalten, was das eigentlich ist, so ein Computer.

Was ist das, ein Computer?

Dem Wortsinne nach ist ein Computer ein "Rechner", und oft geht so ein Gerät tatsächlich in der einen oder anderen Form mit Zahlen um. Das reicht von der Verarbeitung von Meßwerten bei der Maschinensteuerung über Probleme aus dem kommerziellen Bereich bis hin zu komplizierten mathematisch-technischen Berechnungen. Für eine einfache Lohnabrechnung beispielsweise müssen Stundenlöhne mit geleisteten Arbeitsstunden multipliziert werden. Doch schon das verlangt mehr als nur zu rechnen.
   Nehmen wir an, unser Computer "wüßte" bereits irgendwie, was er tun soll, welche Stundenlöhne für wen anzusetzen sind und wie die Lohnabrechnung durchzuführen ist. Dann müssen ihm noch irgendwie die Arbeitsstunden mitgeteilt werden und natürlich, wer sie erbracht hat. Und das bedeutet: Man muß die Zahlen und Namen über eine passende Bedienungstastatur in den Rechner eingeben.

Eine Tastatur ist notwendig

Das ist ein wichtiger Punkt: Ein Kleincomputer, wie er uns interessiert, besitzt eine Bedienungstastatur. Eine solche umfaßt meist sechzig bis hundert, oft in mehrere Blöcke gegliederte Tasten. Mindestens ein solcher Tastenblock ist normalerweise ähnlich einer Schreibmaschinentastatur nach Buchstaben, Ziffern, Satzzeichen und Hilfsfunktionen geordnet. Weiter kann wie bei Rechenmaschinen ein Zehnerblock zur Zahleneingabe vorhanden sein. Und dann gibt es oft noch die verschiedensten Hilfs- und Sondertasten. Wichtig von all dem ist für uns hier allerdings nur eines: die schreibmaschinenähnliche Tastatur.

Die Betonung liegt hier allerdings auf der "Ähnlichkeit". In aller Regel nämlich sehen die Eingabetastaturen für Kleincomputer anders aus als die gewohnte DIN-Schreibmaschinentastatur. Das gilt insbesondere, wenn der Computer aus dem amerikanischen Marktbereich stammt. Die dort üblichen Tastaturen erkennt man auf den ersten Blick daran, daß "Y" und "Z" vertauscht sind. D.h. links unten liegt hier die "Z"-Taste, während es bei der DIN-Norm die "Y"-Taste ist. Eine solche Tastatur sieht beispielsweise so aus:

Einige Bezeichnungen auf derartigen amerikanischen Tastaturen sind für unsere CP/M-Besprechung wichtig:
- Der <u>Wagenrücklauf</u> trägt in der Regel eine der folgenden Bezeichnungen:
  = RETURN   (d.h. "Rücklauf")
  = CR   ("Carriage Return", wörtlich "Wagenrücklauf")
  = ENTER   (Abschluß der "Eingabe")
- Der <u>Rückwärtsschritt</u> ist normalerweise mit
  = BS   (von "Back Step")
  bezeichnet.
- Schließlich gibt es noch eine "Lösch-" oder "Korrekturtaste", mit der das zuletzt eingetippte Zeichen entfernt werden kann:
  = RUB OUT   ("ausradieren")
  = DELETE   ("löschen")
  = DEL   (als Abkürzung von "DELETE")

- Dazu kommt noch die gewohnte Umschaltung auf Großbuchstaben:
= SHIFT
Und der Feststeller trägt oft die Bezeichnung
= SHIFT LOCK
Seine genaue Funktion hängt allerdings vom Gerät ab. Manchmal schaltet er statt der ganzen Tastatur nur die Buchstabentasten um, was in vielen Fällen eine Eingabeerleichterung ist. Für diesen Zweck gibt es oft auch eine besondere Taste, die z.B.
= ALPHA LOCK ("Buchstaben fest umschalten")
oder
= CAPS LOCK ("Großbuchstaben fest umschalten")
genannt wird.
Wenn Sie eine amerikanische Tastatur haben, dann werden Sie normalerweise auch eine mit "CONTROL", "CTRL" oder "CTL" bezeichnete Taste vorfinden. Sie ist für die Computerbedienung ausgesprochen wichtig, soll aber erst später betrachtet werden.

Die Daten müssen angezeigt werden

Jede Bedienungsstation enthält außer der Tastatur auch ein Gerät zur Anzeige der jeweiligen Daten und sonstigen Informationen, eine sogenannte Ausgabeeinheit, wofür es im wesentlichen zwei Möglichkeiten gibt: Drucker oder Bildschirm.

- Drucker

Der erste Fall ist so etwas Ähnliches wie ein Fernschreiber: Auf der einen Seite sitzen wir und tippen, was immer da zu tippen ist, und auf der anderen Seite "sitzt" der Computer. Er übernimmt die Eingaben, verarbeitet sie der Aufgabe gemäß und sendet die Ergebnisse dieser Arbeit wiederum an den Fernschreiber, der sie ausdruckt.
    Die Verwendung eines Druckers als Ausgabeeinheit in der Bedienungsstation hat jedoch ein paar Nachteile. Zunächst einmal ist so ein Ding recht laut und nicht gerade besonders schnell. Weiter tendiert eine derartige Computerausgabe dazu, das Papier gleich kilometerweise zu fressen. Und das meiste davon wird Makulatur: Eingetippte Daten, Datenanforderungen, Fehlermeldungen (ein Kapitel für sich!) und so weiter.

- Bildschirm

Es erweist sich so als sinnvoll, den Drucker (in der Bedienungsstation) durch ein Gerät zu ersetzen, das die Daten schnell, leise und nur so lange anzeigt, wie sie unmittelbar gebraucht

3

werden. So etwas kann man mit einem ähnlich wie bei einem Fern-
sehgerät gestalteten Bildschirm erreichen. Der Unterschied liegt
in der technischen Auslegung. An Stelle von Bildern werden hier
Buchstaben angezeigt oder Zahlen oder Satzzeichen oder was sonst
zur Bedienung notwendig ist.
Bildschirmgeräte eignen sich ideal für die Bedienung von Computern. Sollen irgendwelche Ergebnisse auf Dauer festgehalten
werden, dann kann man den Computer immer noch zur Ausgabe über
einen gesonderten Drucker veranlassen.
Sie sollten diese Einheiten mittlerweile an Ihrem Computer
geortet haben: Bedienungstastatur und - so vorhanden - Bildschirm und/oder Drucker. Wir werden im folgenden annehmen, daß
das System über ein sogenanntes Sichtgerät, d.h. mit Hilfe von
Tastatur und Bildschirm bedient wird und daß für Sonderzwecke
noch ein Drucker zugeschaltet werden kann. Das kann beispielsweise so aussehen:

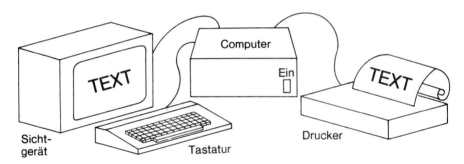

Sollte Ihr Gerät nicht dieser Zusammenstellung entsprechen, dann
müssen Sie eventuell an der einen oder anderen Stelle im Buch
ein wenig Ihre Fantasie spielen lassen.

Einschalten muß man natürlich können

Um mit so etwas arbeiten zu können ist eines zwar trivial, aber
wichtig: Irgendwo muß ein Netzschalter vorhanden sein.
Dieser Schalter ist oft gegen unbefugten Zugriff dadurch gesichert, daß er an irgendwelchen unmöglichen Stellen untergebracht ist. Meist findet er sich auf der Rückseite. Und ganz
spartanisch ausgestattete Geräte schaltet man ein, indem man den
Stecker in die Steckdose steckt.
Ruhen Sie nicht eher, als bis Sie an Ihrem Gerät den Ein- und
Ausschalter ausfindig gemacht haben. Stellen Sie auch fest, ob
ein einziger Schalter für alle Geräte genügt oder ob man das

restliche Zubehör, also beispielsweise das Bildschirmgerät oder den Drucker gesondert einschalten muß. Das ist bei Geräten, die aus verschiedenen Baueinheiten bestehen, in der Regel der Fall.

Und wenn mehrere Schalter vorhanden sein sollten: Informieren sie sich über die Reihenfolge, in der die Geräte einzuschalten sind. Das ist oft wichtig, um den ordnungsgemäßen Anlauf des Systems zu gewährleisten.

Daten brauchen Platz

Schalten Sie aber jetzt noch nichts ein. Wir können nämlich durchaus noch einiges mehr darüber herausbekommen, was so ein Computer eigentlich macht.

Da sind z.B. die eingetippten Daten, in unserem Beispiel Zahlen (die Arbeitsstunden), vielleicht auch die Namen der betreffenden Beschäftigten und andere nützliche Angaben. Sie haben alle eine bemerkenswerte Eigenschaft gemeinsam: Sie brauchen Platz.

Das ist wörtlich zu nehmen. So wie man zum Aufschreiben einer Zahl auf dem Papier Platz benötigt (beispielsweise je ein Kästchen pro Ziffer), so braucht man auch im Computer Platz zum Festhalten der eingetippten Werte.

Nullen und Einsen

Um das zu verstehen, müssen wir die Form betrachten, in welcher der Computer seine Daten "sieht". So ein Computer ist ein durch und durch elektrisches Gerät, also ist auch die Information, mit der er arbeitet, elektrischer Natur: Ströme und Spannungen wirken im Computerinnern.

In den heute gebräuchlichen Computern unterscheidet man dabei gerade zwei Werte: Strom fließt - Strom fließt nicht, Schalter ist eingeschaltet - Schalter ist ausgeschaltet.

Das ist im Grunde der ganze Trick. Liegt der eine "Zustand" vor (sagen wir, der Schalter sei ausgeschaltet, kein Strom fließe), dann legt man einfach fest, daß das für den Computer den Wert Null bedeuten soll, gerade so, wie ein Kringel in einer Zahl auf dem Papier für uns eine Null bedeutet. Der andere Zustand (in unserem Beispiel also: Strom fließt, bzw. der Schalter ist eingeschaltet) soll ganz entsprechend eine Eins bedeuten, gerade so, wie ein Strich auf dem Papier eine Eins darstellt. Und damit hat es sich auch schon: Null und Eins ist zunächst einmal alles, was so ein Computer von der Welt weiß.

Das sieht ein bißchen mager aus. Was soll man mit gerade zwei Werten schon groß anfangen können?

Zählen

Betrachten wir zum Vergleich unsere gewohnten Dezimalzahlen. Wenn wir hier - beim Zählen beispielsweise - eine Stelle von Null bis Neun voll ausgeschöpft haben, dann fangen wir einfach mit einer neuen wieder von vorne an: Zehn, geschrieben: "Eins-Null" oder symbolisch: "10".
Genau dasselbe kann man auch mit zwei Werten tun. Hier zählt man so:
- Null: 0
- Eins: 1
- Zwei - hier sind die verfügbaren Ziffern ausgeschöpft, also brauchen wir eine neue Stelle: 10
- Drei: 11
- Vier - wieder eine neue Stelle: 100
- Fünf: 101
- Sechs: 110
- Sieben: 111
Und dann ist wieder eine neue Stelle fällig:
- Acht: 1000
Und so geht das immer weiter.
Genau betrachtet kann man - wenn man die Null mit einbezieht - in diesem Einfachstsystem mit einer Stelle zwei Werte erfassen, mit zwei Stellen sind es, wie wir gesehen haben, vier Werte, mit drei Stellen acht. Vier Stellen würden 16 Möglichkeiten ergeben, fünf Stellen 32 und so weiter, von Stelle zu Stelle immer das Doppelte der vorigen.
Auch das kennen wir von unseren gewohnten Dezimalzahlen her. Hier sind es bei zehn Möglichkeiten pro Stelle mit einer Stelle zehn erfaßbare Werte, mit zwei Stellen hundert, mit drei Stellen tausend usw. Von Stelle zu Stelle immer das Zehnfache.

Binärzahlen

Von dieser Tatsache leiten sich die Namen der jeweiligen Zahlensysteme ab. So besagt "dezimal", daß pro Stelle zehn Möglichkeiten in der Zahl verfügbar sind. Und wenn es nur zwei Ziffern pro Stelle sind, was mit dem Wort "binär" ausgedrückt wird, dann spricht man hier von einem "Binärsystem" und von "Binärzahlen", die aus "Binärstellen" und "Binärziffern" bestehen.

Bits und Bytes

Hier angelangt müssen wir der Tatsache Rechnung tragen, daß unsere Computertechnologie zum größten Teil in den USA entwickelt worden ist. Das hat die manchmal unangenehme Folge, daß auch fast alle Fachausdrücke dem Englischen entstammen. Und um die wichtigsten dieser Fachausdrücke kommt man leider nicht herum, wenn man mehr als nur ganz oberflächlich mit Computern umgehen möchte. So auch hier bei der Betrachtung von Zahlen und Zahlensystemen.

So heißt eine Stelle einer Zahl im Englischen "digit", und binär wird mit dem Wort "binary" bezeichnet. Eine Binärstelle heißt demzufolge in exakter Form "binary digit". Das hat man kurzerhand zu "bit" abgekürzt. Und das wiederum ist "eingedeutscht" worden, so daß man auch bei uns im Zusammenhang mit Computern von "Bit" und "Bits" spricht und kaum noch von Binärstellen.

Eine einzige Binärstelle, ein einziges Bit, das ist allerdings für den praktischen Gebrauch doch etwas wenig. Man hat also größere Einheiten - "Wörter" - geschaffen, vor allem Vier-, Acht- und Sechzehn-Bit-Wörter. Dabei kann man mit einem Vier-Bit-Wort 16, mit einem Acht-Bit-Wort 256 und mit einem 16-Bit-Wort 65536 verschiedene Werte angeben.

Am bequemsten von den dreien ist für die meisten Aufgaben der durch ein Acht-Bit-Wort erfaßbare Zahlenbereich von 0 bis 255. So etwas kommt so häufig vor, daß man es zu einer Art Grundeinheit erhoben und "Byte" (gesprochen "bait") getauft hat.

Auf solchen Bits und Bytes beruht der größte Teil der modernen Mikrocomputertechnik.

Zahlen speichern

Kehren wir nach diesem Ausflug in die Theorie zu unserem Computer zurück. Er sieht die Welt also in Form von Binärzahlen, als Folge von Bits und von Bytes. Nur - wie macht er das eigentlich?

Nun - ein Bit kann man beispielsweise mit einem einfachen elektrischen Schalter wiedergeben: geöffnet steht dann für Null, geschlossen steht für Eins (oder auch umgekehrt - das kommt auf den Geschmack des jeweiligen Konstrukteurs an). Und für ein Byte, ein Acht-Bit-Wort, faßt man einfach acht solcher Schalter zu einer Einheit zusammen.

So eine Schaltergruppe kann 256 verschiedene Schaltstellungen einnehmen, je nachdem, welche Schalter ein- und welche ausgeschaltet sind. Mit anderen Worten: In der Stellung von acht Schaltern läßt sich gerade der in einem Byte darstellbare Wert "speichern".

Diese Schalter haben natürlich mit den vom Menschen bedienbaren Hebel-, Kipp- oder Drehschaltern nur noch den Namen gemein, müssen sie doch vom Computer bedient und ausgewertet werden. Man baut sie nach gewissen technischen Regeln heute aus Transistoren auf, von denen es im Computerinnern Tausende und Abertausende gibt. Zum größten Teil nehmen sie irgendwelche Speicher- und Umschaltaufgaben wahr.

Speicherplatz

Damit sind wir wieder am Anfang unserer Betrachtung angelangt, nämlich bei der Feststellung, daß Daten Platz benötigen. Dieser Platz ist, wie wir gerade gesehen haben, im Computer in Bits und Bytes gegliedert und wird durch passend konstruierte elektronische Schalter geschaffen. Das wiederum hat seine Konsequenzen.

Ein jedes im Computer festgehaltene Bit belegt einen solchen Schalter, den wir wegen dieser Tatsache als Speicherbit bezeichnen wollen. Ein jedes Speicherbit belegt ein Stückchen Platz in den betreffenden elektronischen Schaltungen des Computers, den Speicherbausteinen. Ein jeder Speicherbaustein bietet nur eine begrenzten Platz. Und so kann ein Computerspeicher, aufgebaut aus nur endlich vielen Speicherbausteinen, auch nur endlich vielen Speicherbits Platz bieten. Auf einen kurzen Nenner gebracht heißt das alles: Man kann auch in einem Computer nicht beliebig viele Daten unterbringen - eine simple, aber enorm wichtige Tatsache.

Und wieviel paßt nun eigentlich in einen Speicher? Oder, um ein anschauliches Maß zu haben: Wieviel Speicherplatz braucht man für eine Schreibmaschinenseite?

Textkodierung

Das ist nicht so einfach beantwortet, denn: Wie speichert man eigentlich einen solchen geschriebenen Text?

Das Problem ist, daß wir nur Zahlen und nichts als Zahlen im Computer festhalten können, pro Byte 256 unterschiedliche Werte. Mehr und anderes geht prinzipiell nicht. Um einen Text im Computer festzuhalten, muß man ihn also irgendwie in Form von Zahlen darstellen, muß ihn für die Ablage im Computerspeicher verschlüsseln und zum Auslesen wieder entschlüsseln.

Das wiederum ist nicht sonderlich schwer. Wir legen einfach eine Tabelle an, in der alle im Text möglichen Buchstaben, Ziffern, Satz- und sonstigen Zeichen aufgeführt und durchnumeriert sind. Wollen wir den Text dann im Computer festhalten, so brauchen wir für jedes seiner Zeichen nur in der Tabelle nachzuschlagen, die Platznummer aufzusuchen und diese im Computer an einer geeigneten Stelle im Speicher festzuhalten. Wenn wir den

Text wiedergewinnen wollen, dann müssen wir nur die im Computerspeicher festgehaltenen Zahlen anhand der Tabelle in die zugehörigen Textzeichen zurückverwandeln. Und das wiederum ist eine
Arbeit, die dem Computer auf den Leib geschnitten ist. So läßt
man ihm die Mühe.

ASCII

Damit das sinnvoll funktioniert, ist allerdings eines unerläß-
lich: Man muß die Umwandlungstabelle - den sogenannten Zeichenkode - schon fest vereinbaren. Andernfalls bekommt man bei
spielsweise statt eines X, das jemand eingetippt hat, nach dem
eigenen Zeichenkode möglicherweise ein U heraus. Man hat sich
demzufolge international auf einen gemeinsamen Kode geeinigt,
der in seiner verbreitetsten Form als ASCII-Kode bezeichnet
wird. Das spricht sich "aski" und steht für "American Standard
Code for Information Interchange" (amerikanischer Standardkode
zum Informationsaustausch), was Sie sich allerdings nicht zu
merken brauchen. Es genügt, wenn Sie wissen, was unter ASCII
verstanden werden soll: eine Umwandlungstabelle von Buchstaben,
Ziffern und Zeichen in Zahlenwerte. In diesem ASCII-Kode sind
128 verschiedene Zeichen erfaßt. Sie finden ihn im Anhang und
werden ihn im Zuge unserer CP/M-Einführung hin und wieder brauchen.

Wieviel Text in einen Speicher paßt

Damit können wir uns der Lösung der Fage zuwenden, wieviel Platz
wohl eine Schreibmaschinenseite einnimmt, wenn man sie nach dem
ASCII-Kode verschlüsselt. Was wir dazu brauchen, wissen wir alles: Ein Zeichen im Text wird als Zahl zwischen 0 und 127 wiedergegeben. Das ist mit sieben Bits darstellbar, wobei man aber
der Einfachheit halber genau ein Byte, acht Bits, zum Verschlüsseln eines solchen Zeichens nimmt, denn ein ganzes Byte ist aus
technischen Gründen im Speicher leichter erreichbar als sieben
einzelne Bits. Man verschwendet dabei zwar etwas Speicherplatz,
doch wird das durch den rascheren Zugriff auf das jeweilige Zeichen wettgemacht. Man kann sich das sogar zunutze machen und das
freie Bit zu Markierungszwecken verwenden.
    Eine engbeschriebene Schreibmaschinenseite faßt etwa 60 Zei-
len und eine Zeile zwischen 60 und 70 Zeichen, wenn man noch
einen Heftrand läßt. Nehmen wir 65 Zeichen pro Zeile an, dann
sind das 3900 Zeichen pro Schreibmaschinenseite. Das wiederum
besagt: Um eine Schreibmaschinenseite im Computer festhalten zu
können, müssen im Speicher mindestens 3900 Bytes verfügbar sein.

Tausende von Bytes

Um einigermaßen sinnvoll mit einem Computer arbeiten zu können, muß er also Tausenden und Abertausenden Bytes Platz bieten. Man gibt in der Praxis die Speichergröße daher nicht in Bytes an, sondern verwendet "Kilobytes" dazu, in manchen Fällen sogar "Megabytes". Allerdings versteht man hier unter einem Kilo nicht genau 1000, sondern etwas mehr, nämlich 1024. Der Grund dafür ist einfach: Genau 1024 verschiedene Möglichkeiten lassen sich mit 10 Bits erfassen. Da die Arbeit mit dem Computer vereinfacht wird, wenn man im für ihn "natürlichen" binären Zahlensystem bleibt, das letztlich auf Bits beruht, hat man für den Computergebrauch das Kilo halt ein bißchen umdefiniert: 1024 statt 1000. Und damit es keine Verwechslung gibt, hat man das Kilozeichen etwas abgeändert. Ein "großes" Kilo mit 1024 Möglichkeiten schreibt man (im deutschen Sprachbereich jedenfalls) mit einem großen "K", während das altbewährte kleine "k" dem gewohnten "kleinen" Kilo mit 1000 Möglichkeiten vorbehalten bleibt.

Die meisten modernen Mikrocomputer können maximal 64 KBytes im Speicher unterbringen. Das hat seinen Grund: 64 KBytes sind 64x1024=65536 verschiedene Möglichkeiten, gerade soviel, wie sich mit einem 16-Bit-Wort ausdrücken läßt. Und 16-Bit-Worte wiederum sind eine der Einheitenabstufungen, die - rein technisch gesehen - in den Mikrocomputern von heute verwendet werden.

Von all dem brauchen Sie sich allerdings nur zu merken, was man unter einem Bit versteht, was ein Byte ist und daß ein KByte (mit großem "K") 1024 Bytes umfaßt.

Was tun mit den Daten?

Die Daten im Computerspeicher sind kein Selbstzweck. Gleich, ob es sich um Zahlen, um Texte oder um sonst etwas handelt, irgendwie müssen sie verarbeitet werden, wenn der Computer einen praktischen Sinn haben soll.

Daten verarbeiten - das bedeutet beispielsweise im Fall einer Lohnabrechnung, daß aus der Zahl der geleisteten Arbeitsstunden, aus den vereinbarten Arbeitslöhnen, aus steuerlichen und betrieblichen Abzügen oder Zuschlagssätzen der jeweilige Arbeitslohn berechnet wird. Das kann aber auch bedeuten, einen im Computerspeicher stehenden Text so zu bearbeiten, daß er - wie es in diesem Buch hier geschehen ist - mit einem rechts und links ausgeglichenen Rand ausgedruckt wird. Oder es bedeutet, daß der Computer auf einen Befehl "Tür öffnen" das Haustürschloß betätigt.

Nur: Von sich aus ist der Computer blind und taub, hat er keine Ahnung, was nun mit den Bits und Bytes in seinem Speicher geschehen soll. Man muß es ihm im Wortsinne erst befehlen, beispielsweise: "Nimm das X-te Byte im Speicher und addiere es zum Y-ten. Das Ergebnis lege in Speicherstelle Z ab."

Befehle

Das ist der Angelpunkt: Man muß dem Computer Befehle geben, die er versteht und ausführen kann. Und für die Ausführung von Befehlen ist jeder Computer konstruiert.

Von Haus aus versteht so ein Computer eine Reihe von Grundbefehlen der Art "Übertrage den Inhalt von Speicherstelle Nummer X in Speicherstelle Y", "Addiere den Inhalt von Speicherstelle X zu dem von Speicherstelle Y", "Vergleiche den Inhalt von Speicherstelle X mit dem von Speicherstelle Y und führe je nach Ergebnis eine bestimmte Aufgabe durch" und so weiter.

In dieser Art etwa - nur viel formalisierter - hat man sich das vorzustellen. Wichtig ist, daß ein solcher Computerbefehlssatz alle Befehle zur Ausführung solcher "primitiver" Aufgaben besitzt, aus denen sich kompliziertere Arbeiten zusammenstellen lassen. Es ist der Bereich der sogenannten Maschinen- oder der Assemblersprache, um die Sie nicht umhin kommen, wenn Sie sich mit Ihrem Gerät wirklich intensiv beschäftigen wollen. Ein wenig dazu finden Sie am Anfang des dritten Teils unseres Buchs vor. Alles andere aber würde den Rahmen einer Einführung sprengen.

Programme

Um eine bestimmte Aufgabe zu lösen, muß man demzufolge aus dem Satz von primitiven Maschinenbefehlen die passenden Aktionen heraussuchen und so aneinanderfügen, daß das gewünschte Ergebnis erzielt wird. Ein Beispiel aus einem anderen Bereich mag das verdeutlichen:

Geh zum Bücherschrank! - Suche das oberste Regalbrett auf! - Suche in diesem Brett von links aus das erste rote Buch! - Suche von dort aus das nächste rote Buch! - Nimm dieses Buch! - Lege das Buch hier auf den Tisch!

Alle diese einfachen Schritte bewirken, in der richtigen Folge hintereinander ausgeführt, daß wir aus dem Schrank das zweite rote Buch aus der obersten Reihe erhalten. Man nennt so etwas einen "Algorithmus" und seine Formulierung als Folge von einzeln nacheinander ausgeführten Befehlen ein "Programm". Mit anderen Worten: Ein Programm ist eine in einfachen Befehlen abgefaßte Arbeitsanweisung - insbesondere für einen Computer.

Auch ein Programm braucht Speicherplatz

Nur - wie teilt man dem Computer mit, daß er ein solches Programm "abzuarbeiten" hat? Wie kann man einem Computer überhaupt etwas befehlen?
Man macht es hier ähnlich wie bei der Speicherung von Text. Jedem Befehl ist vom Hersteller des Computers eine bestimmte Kodenummer zugeteilt worden, die in der Regel in einem, zwei oder drei Bytes Platz findet. Wenn man den Computer nun einschaltet, dann sieht er als allererstes an einer (durch die Konstruktion bestimmten) Speicherstelle nach, was für eine Zahl dort steht. Diese Zahl nimmt er als Schlüssel für einen Befehl, und diesen Befehl führt er als allererstes nach dem Einschalten aus. Ihm folgen auf den nächsten Speicherplätzen passende weitere Befehle, mit denen der Fortgang der Arbeit bestimmt wird.

Der Computerspeicher reicht nicht aus

Wichtig ist dabei, daß ein jeder Befehl im Computerspeicher ein, zwei oder noch mehr Bytes belegt. Mit anderen Worten: Auch ein Programm braucht Platz. Der Speicherplatzbedarf von Programmen spannt sich je nach zu lösender Aufgabe von einem knappen Dutzend bis hin zu mehreren Zigtausend Bytes. Programme, die 20 KBytes und mehr belegen, sind mittlerweile im Kleincomputerbereich keine Seltenheit mehr.
Und um sinnvoll mit einem Programm arbeiten zu können, müssen auch die zu verarbeitenden Daten im Speicher für den Computer erreichbar vorliegen. Irgendwo kommt man hier an eine Grenze.
Nun wird man kaum je nur mit einem einzigen Programm auskommen. Selbst bei einfachen Anforderungen hat man rasch ein paar Dutzend verschiedenster Programme zusammen, mit denen schließlich auch gearbeitet werden soll. Um sie alle im Computer vorrätig zu halten, müßte der Speicher bald einige hunderttausend Bytes und mehr enthalten. Für die meisten der Kleincomputer von heute ist das schon rein technisch ein Ding der Unmöglichkeit.
Ein Drittes kommt hinzu: Die derzeit üblichen Speicherbausteine funktionieren nur solange, wie sie ausreichend mit Strom versorgt werden. Schaltet man die Stromversorgung ab, dann "vergessen" sie restlos alles, was in ihnen festgehalten worden war: Die gespeicherten Daten sind verloren.

Massenspeicher müssen her

Nun braucht man aus dieser Fülle zu jedem gegebenen Zeitpunkt (normalerweise) immer nur ein Programm unmittelbar im Speicher.

Entsprechend muß man nur äußerst selten alle in Frage kommenden Daten auf einmal im Computer bereit halten. Wenn man also die Möglichkeit hätte, die Masse der Daten und Programme so auszulagern, daß man sie bei Bedarf mit einem vertretbaren Zeit- und Arbeitsaufwand in den Computerspeicher holen (und wieder auslagern) kann, dann wäre das Problem eigentlich schon gelöst.

Man hat demzufolge den Computerspeicher in zwei Bereiche aufgeteilt: einen relativ kleinen "Arbeitsspeicher" und einen (fast unbeschränkt) großen "Massenspeicher". Der Arbeitsspeicher ist der Teil, den wir oben immer im Auge hatten. Die in ihm festgehaltenen Bits und Bytes stehen dem Computer ständig zur Verfügung. Im Massenspeicher dagegen werden alle die Daten und Programme bereitgehalten, die man gerade nicht braucht.

Bei Bedarf werden Programme und Daten mit relativ geringem Aufwand vom Massenspeicher in den Arbeitsspeicher "geladen" (oder "gelesen"), und die Ergebnisse werden entsprechend aus dem Arbeitsspeicher in den Massenspeicher "geschrieben".

Diskettenspeicher (Floppy-Disks)

Es gibt die verschiedensten Methoden und Geräte zu diesem Zweck: Man speichert auf Lochstreifen, auf Magnetbändern, auf Magnetplatten u.a.m. Für uns ist eine Sonderform der Magnetplatte interessant: die Diskette, auch "Floppy Disk" genannt.

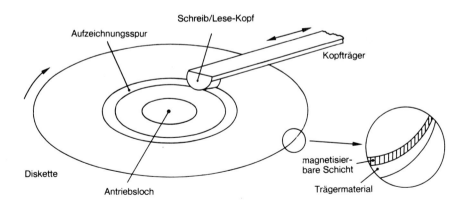

13

Salopp gesprochen kann man eine Diskette als Kreuzung zwischen Schallplatte und Tonband bezeichnen. Von der Schallplatte hat sie ihre Grundform: eine flexible runde Scheibe. Und wie ein Tonband ist sie mit einer magnetisierbaren Schicht überzogen, welche die jeweilige Information speichert, ähnlich wie auf einem Tonband Sprache, Musik oder sonstige Geräusche festgehalten werden.

Allerdings bekommt man die Diskette normalerweise nicht unmittelbar zu sehen, da sie zum Schutz und zur besseren Handhabung in eine feste Hülle eingeschweißt ist. Diese Hülle besitzt für den Zugriff auf die Diskette ein paar Öffnungen: ein Antriebsloch in der Mitte, durch das die Diskette in der Hülle um sich selbst gedreht werden kann, eine ovale Öffnung, durch die ein besonderer Aufnahme-Wiedergabekopf ähnlich wie beim Tonband mit der magnetisierbaren Oberfläche in Kontakt gebracht werden kann und noch ein oder zwei kleinere Löcher, die anderen technischen Zwecken dienen. Am wichtigsten ist, daß man die Diskette in ihrer Hülle frei drehen und auf die magnetisierbare Beschichtung zugreifen kann.

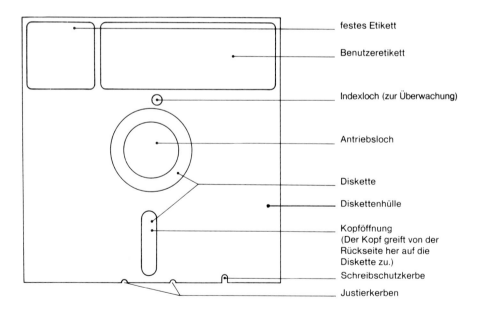

festes Etikett

Benutzeretikett

Indexloch (zur Überwachung)

Antriebsloch

Diskette

Diskettenhülle

Kopföffnung
(Der Kopf greift von der Rückseite her auf die Diskette zu.)

Schreibschutzkerbe

Justierkerben

Wie beim Tonband oder bei Schallplatten kann man mit der Diskette alleine nichts anfangen. Man muß schon einen passenden "Spieler" dafür haben, ein "Diskettenlaufwerk". Ein solches Diskettenlaufwerk enthält im großen und ganzen einen Motor, mit dem die Diskette relativ schnell (360 mal in der Minute bei Normal-, 300 mal bei Minidisketten) um sich selbst gedreht wird, und einen "Tonarm", der den Kopf zum Schreiben und Lesen der Daten über die Diskette bewegt.

Spuren und Sektoren

Die magnetischen Aufzeichnungssignale (d.h. die Form, in der die Daten auf der Diskette vorliegen) werden hierbei in mehreren, in sich geschlossenen "Spuren" festgehalten. Diese Spuren ziehen sich wie Ringe um das Antriebsloch. Um eine bestimmte Stelle der Aufzeichnung zu erreichen, muß man den Schreib-Lesekopf auf die betreffende Spur stellen und dann warten, bis die richtige Stelle der Aufzeichnung unter den Kopf gedreht worden ist. Darauf kann man die Daten "lesen" und in den Computerspeicher übertragen oder Speicherinhalte aus dem Speicher auf die Diskette "schreiben".

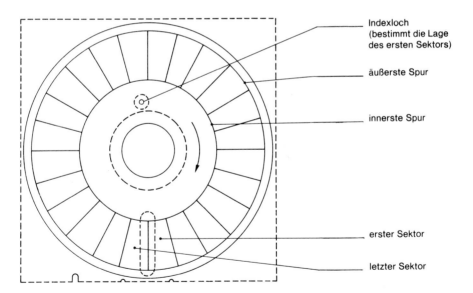

Indexloch
(bestimmt die Lage
des ersten Sektors)

äußerste Spur

innerste Spur

erster Sektor

letzter Sektor

Auf einer jeden Diskettenspur lassen sich nun aber immer noch recht viele Daten unterbringen - zu viele, um sie vernünftig handhaben zu können. Man gliedert daher die Datenaufzeichnungen auf jeder Spur noch einmal in sogenannte "Sektoren" und behandelt diese Spurabschnitte dann als Dateneinheiten für sich. In der Regel umfaßt ein solcher Sektor 128, 256, 512 oder 1024 Bytes. Das richtet sich etwas nach der Diskette und dem Laufwerk. Es ist wichtig, weil es von der Größe und der Aufteilung in Spuren und Sektoren abhängt, ob man eine Diskette in einem bestimmten Gerät einsetzen kann oder nicht. Noch andere technisch bedingte Faktoren führen dazu, daß man Disketten nicht einfach untereinander austauschen kann.

Achten Sie jedenfalls darauf, daß Sie nur für Ihr Computersystem geeignete Disketten verwenden, die auch richtig "formatiert", d.h. für die benötigte Sektorlänge und -anordnung vorbereitet sind. Zumeist werden Sie die Disketten bereits einsatzfertig kaufen können. In manchen Fällen muß man sie erst "formatieren", d.h. zur Datenaufnahme vorbereiten. Das geschieht durch ein besonderes Programm, daß bestimmte Spur- und Sektormarken auf der Diskette anbringt, an denen sich das Gerät später orientiert. Ob und wie das notwendig ist, hängt vom jeweils verwendeten Computersystem ab: Informieren Sie dazu sich anhand Ihres Handbuchs oder lassen Sie es sich im Falle eines Falles zeigen.

Denken Sie aber daran, daß ein solches Formatieren alle Aufzeichnungen auf der Diskette löscht! Formatieren Sie niemals eine bereits beschriebene Diskette neu, wenn Sie sich nicht ganz sicher sind, daß Sie die dort stehenden Daten nie mehr brauchen werden!

Normal- und Minidisketten

Derzeit erhält man Disketten in zwei Ausführungen: Normal- und Minidisketten ("Minifloppies"). Normaldisketten haben einen Durchmesser von 8 Zoll (das sind etwa 20 cm). Minidisketten sind mit einem Durchmesser von 5 1/4 Zoll (etwa 13 cm) etwas mehr als halb so groß, speichern (bei gleicher Aufzeichnungstechnik) etwa ein Drittel und arbeiten nur halb so schnell. Dafür sind sie billiger und bequemer zu handhaben.

Die zugehörigen Diskettenlaufwerke unterscheiden sich von außen im wesentlichen nur durch die Größe. Alle haben sie einen Schlitz, durch den man die Diskette mit dem ovalen Ausschnitt voran einschiebt. In den meisten Fällen muß man nach dem Einschieben der Diskette eine Klappe schließen, um das Laufwerk funktionsbereit zu machen. Erst wenn die Klappe geschlossen ist, kann die Diskette vom Antriebsmotor bewegt werden.

Erkundigen Sie sich, wie herum die Diskette beim Einsetzen in das Laufwerk gehalten werden muß. Setzt man sie nämlich verkehrt herum ein, dann wurde der Schreib-Lesekopf auf die falsche Diskettenseite zugreifen.

Die Tatsache, daß mit der betreffenden Diskette gearbeitet wird, kann man bei vielen (nicht allen) Modellen durch ein – meist rotes – Aktivitätslicht erkennen. Es leuchtet immer dann auf, wenn der Computer den Kopf auf die Diskette "geladen" hat, Daten liest oder schreibt, und soll als Warnung dienen, während dieser Zeit auf keinen Fall die Türklappe zu öffnen oder gar die Diskette auszutauschen. Sollten Sie das nicht beherzigen, sind unter Garantie irgendwelche Aufzeichnungen verdorben. Daher: Hände weg vom Laufwerk, wenn das rote Licht an ist!

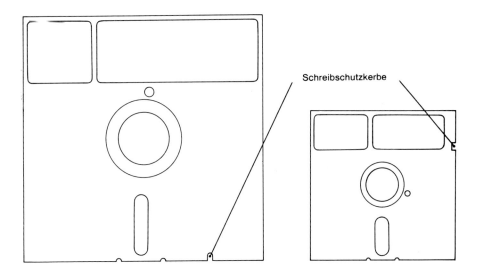

Schreibschutzkerbe

Schreibschutz

Wenn Sie die Diskettenhülle untersuchen, können Sie am Rand oft eine kleine Einkerbung ausmachen. Bei Normaldisketten befindet sie sich im rechten Viertel derselben Seite wie der ovale Ausschnitt für den Kopfzugriff. Bei Minidisketten ist sie im oberen Viertel der rechten Kante angebracht. Diese Kerbe hat die wichtige Funktion, den Disketteninhalt gegen versehentliches Ändern zu schützen.

Das funktioniert so: Im Diskettenlaufwerk ist an der Stelle, an der diese "Schreibschutzkerbe" der Diskettenhülle zu liegen kommt, eine Lichtschranke angebracht. Mit ihr läßt sich untersuchen, ob die Kerbe offen oder mit einem undurchsichtigen Klebestreifen abgedeckt ist. Im letzteren Fall würde die Lichtschranke unterbrochen. Je nachdem, ob die Lichtschranke offen oder unterbrochen ist, wird nun im Laufwerk die Schreibvorrichtung, mit der die Daten auf der Diskette verändert werden können, freigegeben oder gesperrt. Das heißt, man kann, indem man bei Minidisketten die Kerbe verschließt, von vornherein ein absichtliches oder unabsichtliches Verändern der aufgezeichneten Informationen verhindern. Im Gegensatz dazu muß man bei Normaldisketten für einen solchen Fall die Schreibschutzkerbe freilegen.

Wieviel eine Diskette speichern kann

Es gibt für Normaldisketten einen von IBM erstellten Standard, die "Aufzeichnung mit einfacher Dichte", bei dem etwa 247 KBytes auf einer Diskette festgehalten werden können. Andere Verfahren mit "doppelter Aufzeichnungsdichte" können bis über 600 KBytes auf einer Seite von Normaldisketten unterbringen. Manche modernen Laufwerke können (bei entsprechend eingerichteten Disketten) sogar beide Seiten ausnutzen und verdoppeln so diese Werte noch.

Bei Minidisketten schwankt derzeit die Speicherkapazität je nach Technologie zwischen etwa 80 KBytes und 400 KBytes pro Diskette. Allerdings gibt es hier so gut wie keine verbindliche Norm für die Art der Aufzeichnung. Sie hängt vom jeweiligen Computersystem ab, ein Punkt, auf den man beim Anschaffen (und Austausch) von Disketten besonders achten muß.

Bei Normaldisketten ist die Situation in dieser Beziehung wesentlich erfreulicher. Der oben erwähnte "8-Zoll-IBM-Standard" wird beim Austausch von Daten und Programmen in der Regel verwendet, selbst wenn man ansonsten mit "doppelter Dichte" arbeitet oder gar beide Diskettenseiten ausnutzt.

Festplattenspeicher ("Hard Disks")

In den modernsten Kleincomputern findet man anstelle der Diskettenlaufwerke manchmal auch sogenannte Festplattenspeicher. Diese Geräte arbeiten im Prinzip ähnlich wie Diskettenspeicher, nur bestehen hier die Platten aus festem Material (meist hochpräzise bearbeitetem Aluminium) und sind oft (vor allem bei den sogenannten "Winchester"-Speichern) nicht austauschbar. Dafür können mit 5 bis 40 MBytes sie sehr viel mehr Daten und Programme aufnehmen. Und sie arbeiten sehr viel schneller. Man findet sie vor allem im kommerziellen Einsatzbereich.

Fassen wir zusammen

Die Unterschiede von Computersystem zu Computersystem sind so beträchtlich, daß wir es uns hier verkneifen, auch nur auf ein

konkretes System einzugehen. Statt dessen werden wir hier eine Art "Standard-Kleincomputer" betrachten, der folgende Einheiten umfassen möge:
- den Computer selbst, meist in einem eigenen Gehäuse, und mit einem ausreichend großen Arbeitsspeicherbereich versehen (auf diese Speichergröße kommen wir im nächsten Kapitel noch einmal zu sprechen),
- eine Bedienungstastatur im (amerikanischen) ASCII-Standardformat (also zur Eingabe der im ASCII-Kode erfaßten Zeichen),
- ein Bildschirmgerät, das 24 Zeilen mit je 80 Textzeichen auf einmal darzustellen vermag,
- einen bei Bedarf gesondert zuschaltbaren Drucker,
- zwei Diskettenlaufwerke für 8-Zoll-Normaldisketten im IBM-Standard, bezeichnet als Station A bzw. Station B.

Ganz wichtig ist bei alledem noch eines: Gehen Sie niemals achtlos mit Ihren Disketten um! Nicht nur, daß diese recht teuer sind, wichtiger ist, daß die auf ihnen festgehaltenen Daten und Programme bei nicht sorgfältiger Behandlung verlorengehen können. Achten Sie vor allem auf folgende Punkte:
- Disketten sind sehr empfindlich gegen alles Magnetische. Eiserne Metallgegenstände wie Schraubenzieher oder Scheren aller Art, aber auch Telefonleitungen und ähnliche stromdurchflossene Leitungen tragen oft ein schwaches Magnetfeld, das ausreicht, Ihre Diskettenaufzeichnungen unbrauchbar zu machen. Legen Sie daher derartiges niemals auf oder unter Ihre Diskette, sondern halten Sie einigen respektablen Abstand davon! Ähnliches gilt für Fernseher, Radios, elektrische Schreibmaschinen und andere am Netz betriebene Geräte, die mit Transformatoren ausgestattet sind.
- Die Diskettenoberfläche ist besonders vorbehandelt und sehr empfindlich gegen Verunreinigungen. Schon ein Fingerabdruck kann hier verheerend wirken. Fassen Sie daher niemals auf die im Aufzeichnungsausschnitt zutagetretende Diskettenoberfläche!
- Generell sollten Sie keine Disketten ungeschützt herumliegen lassen! Machen Sie es sich von Anfang an zur Gewohnheit, auch im schlimmsten Streß die Diskette immer erst unmittelbar vor dem Einlegen in das Laufwerk aus ihrer Schutzhülle zu nehmen und sie unmittelbar nach Entnahme aus dem Diskettenlaufwerk wieder in ihre Hülle zu stecken.
- Weiter dürfen Sie eine Diskette niemals knicken oder stark verbiegen! Auch hohe Temperaturen (beispielsweise Ablegen auf einer Heizung oder im vollen Sonnenlicht) können schweren Schaden anrichten!

- Schließlich und endlich noch ein sehr wichtiger Punkt für den Diskettenbetrieb: Schalten Sie niemals die Stromversorgung Ihrer Diskettenlaufwerke ein oder aus, wenn Disketten darin liegen! Im Augenblick des Schaltens nämlich können Störungen auftreten, die unter Umständen den Inhalt der Diskette beschädigen. Machen Sie es sich zur Regel:
  = Erst das Gerät einschalten, dann Disketten einlegen!
  = Erst alle Disketten entnehmen, dann das Gerät abschalten!

Wir sind damit in unserer Computereinführung am Ende angelangt. Natürlich konnten hier die verschiedenen Eigenheiten und Eigenschaften nur ganz grob angerissen werden. Wenn Sie sich mehr für dieses Thema interessieren, dann können Sie unter einem reichen Fachliteraturangebot auswählen. Am besten fragen Sie dazu Bekannte, Ihren Buchhändler oder schlagen Sie in Fachzeitschriften nach; uns interessiert im folgenden nur noch, wie man mit einem solchen Computersystem umgeht.

KAPITEL 1

DER EINSTIEG IN CP/M

Allgemeine Aufgaben eines Programms

Kaum ein Programm läuft völlig ohne Zusammenspiel mit dem Computerbenutzer ab. In den meisten Fällen sind irgendwelche Angaben einzutippen, wird etwas auf dem Bildschirm angezeigt oder über den Drucker ausgegeben. Ein solches Programm muß unter anderem Teile enthalten, mit denen der Computer
- bei Bedarf von der Tastatur den der gerade gedrückten Taste entsprechenden Kodewert übernimmt,
- ein Zeichen an eine Ausgabeeinheit, besipielsweise Bildschirm oder Drucker ausgeben kann.
Weiter muß mit dem Massenspeicher gearbeitet werden können, wozu Programmteile nötig sind, die unter anderem folgendes erledigen müssen:
- herausfinden, ob und wo auf der Diskette die benötigten Daten oder Programme stehen,
- das Diskettenlaufwerk zum Zugriff auf diese Aufzeichnungen veranlassen, d.h. ihm mitteilen, daß sie den Schreib-Lesekopf auf eine bestimmte Spur der Diskette zu stellen und dort nach einem vorgegebenen Sektor zu suchen hat,
- die Daten von der Diskette in den inneren Arbeitsspeicher des Computers übernehmen oder sie von dort auf die Diskette übertragen.
Mehr noch muß sichergestellt sein, daß die von der Diskette gelesenen Daten an die richtige Stelle im Arbeitsspeicher kommen. Es muß sicher sein, daß auf der Diskette genügend Platz für die neuen Aufzeichnungen vorhanden ist. Und man muß irgendwie dauerhaft vermerken, wo auf der Diskette welche Daten stehen.
So kommt eine ganze Menge von Arbeiten zusammen, die das Programm erledigen muß. Und diese Arbeiten müssen immer und immer wieder aufs neue programmiert werden, wenn man eine Aufgabe für den Computer formuliert.
Noch mehr: Es nicht damit getan, wenn man die oben beschriebenen Aufgaben für ein bestimmtes Gerät gelöst hat. Fast jedes Computersystem unterscheidet sich in dem einen oder anderen Punkt von den anderen. So arbeitet das eine System beispielsweise mit einem einfachen Minidiskettenlaufwerk als Massenspeicher-

gerät, während das nächste vier große 8-Zoll-Laufwerke und dazu noch einen Festplattenspeicher besitzen kann. Auch sind die Bedienungsstationen für den Computer bei weitem nicht einheitlich. Sie unterscheiden sich beispielsweise in der Geschwindigkeit, mit der sie Zeichen vom Computer empfangen bzw. an ihn weitergeben können. Die einen können nur 300 Zeichen pro Sekunde verkraften, bei anderen wiederum weiß der Computer fast im selben Augenblick, daß eine Taste gedrückt worden ist und welcher Zeichenkode zu ihr gehört. Und so weiter und so fort...

Unterprogramme

Müßte man all das in jedem Programm berücksichtigen, dann wäre ein Programmaustausch zwischen verschiedenen Computersystemen kaum möglich - mögen sich diese Systeme auch noch so ähnlich sehen. Glücklicherweise gibt es hier einen Ausweg.

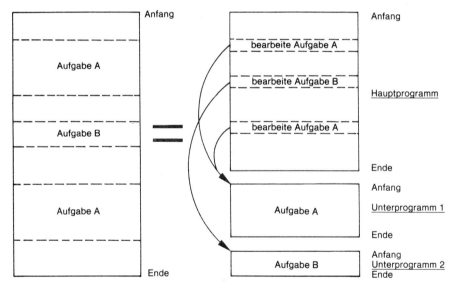

Man kann ein Programm so anlegen, daß es aus vielen relativ unabhängigen "Unterprogrammen" besteht, von denen jedes eine in sich geschlossene Aufgabe erledigt. Die zu lösende Hauptaufgabe wird dazu in Teilaufgaben aufgeteilt, und diese wiederum werden durch das Programm (mit einem sogenannten "Aufruf") an die Unterprogramme delegiert. Dabei braucht man das jeweilige Unterprogramm nur einmal im Speicher. Was im Programmfluß zählt, sind nur die Unterprogrammaufrufe. Das entspricht ungefähr der Anein-

anderreihung von Computerbefehlen: Jeder _Unterprogrammaufruf
wirkt wie ein Befehl für für eine komplizierte Aufgabe (die irgendwo anders im Computer bearbeitet wird).

Wenn man nun die bei jedem Programm anfallenden Aufgaben als
derartige Unterprogramme anlegt, dann ist man (beinahe) schon
aus dem Schneider. Die Unterprogramme selbst sind an keinen bestimmten Ort im Speicher gebunden, nur ihre Aufrufe, die Dele-
gierungen der Teilaufgaben zur richtigen Zeit und in der richtigen Reihenfolge müssen der logischen Struktur des jeweiligen
Hauptprogramms folgen. Man kann also ohne Probleme diese immer
wieder benötigten Programmteile zusammenfassen und in einem zusammenhängenden Speicherbereich ablegen.

Will man dann ein für ein bestimmtes Computersystem geschrie-
benes Programm auf einem etwas anderen System laufen lassen,
dann braucht man wenigstens nicht mehr umständlich nach allen
Stellen zu suchen, an denen "systemabhängige" Arbeiten erledigt
werden. Man ersetzt einfach den ganzen Block von Unterprogrammen, die an die vorliegenden Systembesonderheiten angepaßt sind,
durch einen anderen, der dem neuen Computersystem entspricht.

Schnittstellen

Dieses Abtrennen und Neuanfügen von Unterprogrammblöcken geht
dann besonders einfach vonstatten, wenn die Anforderungen an den
jeweiligen Unterprogrammaufruf einheitlich gestaltet sind. So
sollte es dem Hauptprogramm beispielsweise völlig schnuppe sein
können, ob ein Text für die Bedienungsstation nun an ein Bildschirmgerät oder an einen Fernschreiber ausgegeben wird. Es
sollte genügen, wenn man im Hauptprogramm irgendwie geeignet befiehlt: "Gib den folgenden Text an die Bedienungsstation aus!"

Wichtig ist dabei, daß die Beziehungen zwischen verschiedenen
Programmstücken derart festgelegt werden können, daß es neben-
sächlich wird, wie die anliegende Aufgabe nun im Einzelnen bearbeitet wird. Man bezeichnet so etwas als "Schnittstelle".

Das ist durchaus bildhaft zu verstehen. Man kann die betreffenden Unterprogramme entfernen und durch völlig andere ersetzen, ohne die Art und Weise zu berühren, in der das Programm
seine Gesamtarbeit durchführt. Bildlich gesehen "schneidet" man
die Unterprogramme vom Hauptprogramm ab, setzt andere an der
gleichen Stelle im Programmgeschehen wieder an, und alle "Ner-
ven", "Muskeln" und "Adern" passen wie bei einem glatten Schnitt
sofort wieder zusammen: Wenn das Programm einen Text ausgeben
will, ruft es die Textausgabe auf und bekommt sie auch und nicht
etwa den Programmteil zum Einlesen eines Diskettensektors - und
der Text wird richtig verarbeitet.

Betriebssysteme

Noch aber hat man das Problem, daß jedes Programm die ganze Last von Unterprogrammen, die nur dem Verkehr mit den systemspezifischen Computereinheiten dienen, mit sich herumschleppen muß. Das aber ist eigentlich nicht notwendig.

Faßt man nämlich die häufigsten für den Betrieb eines Computers benötigten Unterprogramme in einem eigenen, fest vorgegebenen Speicherbereich zusammen und legt man noch die Schnittstelle, die Form des Unterprogrammaufrufs und der Datenübergabe zwischen Haupt- und Betriebsprogrammen, sorgfältig fest, dann kann man ohne große Mühe Programme aller Art zwischen den verschiedensten Computersystemen austauschen: Man hat ein gemeinsames "Betriebssystem" geschaffen.

Die einzige Einschränkung, die dann noch bleibt, liegt in bestimmten Grundübereinstimmungen dieser Computer. So muß natürlich jeder von ihnen dieselben Maschinenbefehle ausführen können, sonst ist das Programm wertlos. Außerdem ist ein bestimmtes Minimum an Ausrüstung notwendig, so etwa, wie wir es in den Vorüberlegungen festgelegt hatten.

CP/M

Ein solches Betriebssystem für Mikrocomputer auf Basis der Mikroprozessoren vom Typ 8080, 8085 oder Z80 mit schreibmaschinenähnlicher Bedienungstastatur und Sichtgerät bzw. Drucker sowie mindestens einem Diskettenlaufwerk ist das von Digital Research entwickelte CP/M. Das steht für "Control Program for Microprocessors", was auf gut deutsch "Steuerprogramm für Mikroprozessoren" heißt. Dieses "Steuerprogramm" enthält eine Sammlung von Unterprogrammen, die von den oben erwähnten Mikroprozessortypen "verstanden" und in einheitlicher Weise verarbeitet werden können.

Man kann von CP/M im wesentlichen folgende Grundaufgaben erledigen lassen:
- Eingabe von Zeichen über die Tastatur der Bedienungsstation,
- Ausgabe von Zeichen an die Bedienungsstation oder an einen Drucker,
- Verwalten des verfügbaren Diskettenspeicherplatzes,
- Lesen von Diskettenaufzeichnungen,
- Schreiben neuer Aufzeichnungen auf die Diskette.

Dieser Grundstock an Systemaufgaben kann von allen Programmen in einheitlicher Art und Weise genutzt werden.

Dazu muß CP/M zwei verschiedene Arten von Arbeiten durchführen, nämlich eine mehr allgemeine, die unabhängig vom gegebenen

Computersystem immer in derselben Art und Weise gelöst wird, und eine vom jeweiligen System abhängende, also all das, was von den besonderen Geräten gefordert wird, die an den Computer angeschlossen sind. Infolgedessen ist CP/M in zwei Hauptblöcke gegliedert.

Der eine, das "BDOS" genannte "basic disk operating system" (das "Grundbetriebssystem für Disketten"), macht den Löwenanteil aus und umfaßt alle die Programmteile, die den allgemeinen Aufgaben dienen. Der andere, das sogenannte "BIOS" ("basic I/O-system" — "Grundsystem zur Ein- und Ausgabe") dagegen enthält die dem Computersystem angepaßten Programmteile. Dieser Teil muß eigens für den Computer abgefaßt sein, auf dem CP/M eingesetzt werden soll.

CP/M muß angepaßt werden!

Dies ist ungeheuer wichtig: Man kann das Betriebssystem natürlich nur dann verwenden, wenn es richtig auf den betreffenden Computer zugeschnitten ist. Es gibt hier zwei Möglichkeiten: Entweder man kauft von anderen Händlern ein bereits auf ein ganz bestimmtes Computersystem zugeschnittenes CP/M-System. Das ist bei einigen Anbietern von kompletten Kleincomputern mittlerweile möglich. Oder man macht sich die Mühe und schreibt die betreffenden systemabhängigen BIOS-Programmteile selbst.

Im ersten Fall, also beim Kauf eines fix und fertig zugeschnittenen CP/M-Systems, gibt es keine großen Schwierigkeiten. Sie können (im Prinzip) die gelieferte Diskette in Ihr Diskettenlaufwerk stecken und drauflosarbeiten.

Im anderen Fall müssen Sie vor dem ersten Einsatz das BIOS-System anpassen. Das ist nicht sehr schwierig, verlangt aber natürlich, daß man den betrachteten Computer bis ins Detail kennt und ihn (auf Maschinenebene) programmieren kann. Eventuell müssen Sie jemanden finden, der diese Arbeit für Sie übernimmt. Auf alle Fälle jedoch:

Benutzen Sie nur eine solche CP/M-Systemdiskette, von der Sie hundertprozentig sicher sind, daß sie Ihrem Computersystem einwandfrei angepaßt ist!

Wenn Sie das nicht tun, so ist es recht wahrscheinlich, daß der Inhalt der ihnen gelieferten CP/M-Systemdiskette schon beim ersten Versuch, mit ihr zu arbeiten, zerstört wird. Und für derartig beschädigte Disketten einen Ersatz zu bekommen ist schwierig. Es sei denn, Sie kaufen die CP/M-Diskette noch einmal.

CP/M-Versionen

Ein jedes längerfristig benutzte Programm wird im Lauf der Zeit verändert. Da finden sich beispielsweise noch Fehler, die beseitigt werden. Oder man erkennt Schwächen in der Art, wie das Programm seine Aufgabe löst und arbeitet die betreffenden Programmteile nach neuen Gesichtspunkten um. Oder es ergeben sich völlig neue Aufgaben, die man mit in das Programm aufnehmen möchte.

Das gilt genauso auch für eine Sammlung von Unter- und Hilfsprogrammen, wie es CP/M ist. So haben sich im Lauf der letzten Jahre verschiedene Programmversionen durchgesetzt. Die erste weiter verbreitete davon trug die Nummer 1.3. Sie wurde von der Version 1.4 abgelöst, die lange Zeit fast ausschließlich benutzt wurde und auch heute noch weit verbreitet ist. Ihr folgte Ende 1979 Version 2.0 mit einigen grundlegend neuen Möglichkeiten. Sie besaß (wie es bei den meisten neuen Programmen der Fall ist) noch einige Fehler, die rasch aufeinanderfolgend durch Version 2.1 und 2.2 korrigiert wurden. Version 2.2 ist mittlerweile so gut wie fehlerfrei und seit Mitte 1980 unverändert im Einsatz. Auf sie werden wir uns im folgenden immer beziehen, wobei wir größere Abweichungen gegenüber Version 1.4 von Fall zu Fall anmerken werden.

Grundvoraussetzungen zum CP/M-Einsatz

Die in CP/M zusammengefaßten Unter- und Hilfsprogramme belegen natürlich einigen Speicherplatz für sich. Dieser Platz muß ständig zur Verfügung stehen. Das bedeutet, daß ein Computer, der mit CP/M als Betriebssystem arbeiten soll, einen Arbeitsspeicher enthalten muß, der eine bestimmte Mindestgröße nicht unterschreiten darf. Dabei ist mit "Arbeitsspeicher" derjenige Speicherbereich gemeint, in den man beliebig Programme und Daten einschreiben und wieder auslesen kann.

Es ist wichtig, auf diese Eigenschaft zu achten, da es aus technischen Gründen auch noch sogenannten "Nur-Lese-Speicher" gibt, in den keine Werte eingeschrieben werden können. Hier stehen zumeist vom betreffenden System häufig benötigte Programme und Unterprogramme unveränderbar dem Anwender zur Verfügung. Das hat gewisse Vorteile, auf die wir hier nicht eingehen wollen. Wichtiger ist die Terminologie. Der "Nur-Lese"-Teil des Speichers wird in der Regel mit dem Kürzel ROM (für "read-only memory") bezeichnet. Der eigentliche Arbeitsspeicher, auf deutsch "Schreib/Lese-Speicher", trägt die (historisch zu verstehende) englische Kurzbezeichnung RAM, was "random access memory" (etwa: "Speicher mit unmittelbarem Zugriff") heißt.

CP/M fordert für Version 2.2 einen zusammenhängenden RAM-Arbeitsbereich von mindestens 20 KBytes Umfang (für Version 1.4 genügten 16 KBytes). Dieser Bereich muß bei der Standardversion ganz vorne im Computerspeicher, d.h. mit der Speicherstelle Nummer Null beginnen. Für einige andere Computersysteme kann der Arbeitsspeicherbereich auch bei einer höheren Adresse anfangen (als "Adresse" bezeichnet man die Nummer eines Speicherplatzes), doch brauchen Sie dann eine diesem verschobenen Speicherbereich besonders angepaßte CP/M-Version. Es gibt Vertriebsfirmen, die sich auf solche nicht standardgemäßen Systeme spezialisiert haben.

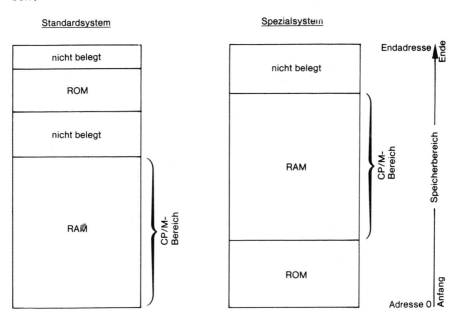

Des weiteren braucht man zum Betrieb von CP/M zumindest eine Bedienungsstation (in der Regel ist das ein Bildschirmgerät) und ein Diskettenlaufwerk. Und man braucht natürlich CP/M selbst, das auf einer sogenannten "Systemdiskette" dem verwendeten Computersystem angepaßt bereitstehen muß.
   Erfüllt Ihr Computerystem diese Bedingungen? Ist Ihre Systemdiskette richtig angepaßt? Und - wissen Sie, wie man eine Diskette richtig in das Laufwerk einlegt und das System startet (das lassen Sie sich am besten von jemandem zeigen, ansonsten müssen Sie es in Ihrem Systemhandbuch nachlesen)?
   Dann sind wir zu einem ersten Experiment bereit.

Die Anfangs- und die Bereitschaftsmeldung

Schalten Sie den Computer ein, legen Sie die (richtig angepaßte!) Systemdiskette in Laufwerk A, schließen Sie die Tür und
starten Sie das System der Vorschrift gemäß. (Diese Startvor-
schrift unterscheidet sich von Computertyp zu Computertyp. Sie
müssen sich an anderer Stelle dazu informieren.)
   Das Diskettenlaufwerk muß einschalten (man hört das deutlich
und kann es zumeist auch an der roten Meldelampe des Laufwerks
sehen). Nach ein paar Sekunden, in denen das CP/M-Betriebssystem
in den Arbeitsspeicher geladen wird, erscheint eine sogenannte
"Anfangsmeldung" auf dem Bildschirm, z.B. so:

48 K CP/M Ver. 2.2

   Hiermit soll zunächst einmal klargestellt werden, daß das Betriebssystem richtig geladen wurde und worum es sich dabei handelt. In unserem Fall wird festgestellt, daß ein für einen Arbeitsspeicherbereich von mindestens 48 KBytes Umfang zugeschnittenes CP/M-Betriebssystem der Version Nummer 2.2 richtig in den
Arbeitsspeicher geladen worden und betriebsbereit ist.
   Die genaue Form dieser Meldung ist im übrigen vom Hersteller
nicht vorgeschrieben. Sie wird vom BIOS-Teil ausgegeben, von jenen Unterprogrammen also, die der Benutzer auf sein Computersystem zuschneiden muß. Damit hat er es auch in der Hand, wie
diese Meldung aussieht. Die oben wiedergegebe Form ist ein Vor-
schlag von Digital Research, dem Hersteller von CP/M, und wird
oft um weitere Einzelheiten zum System erweitert.
   CP/M meldet anschließend ausdrücklich auf dem Schirm, daß es
zur Übernahme eines Befehls bereit ist. Es gibt eine "Bereitschaftsmeldung" aus, die folgende Form hat:

A>_

Das "A" besagt, daß derzeit mit Diskettenlaufwerk A gearbeitet
wird. Dieser Laufwerksangabe folgt das eigentliche Bereitschaftszeichen, in unserem Fall ein ">".
   Das Zeichen dahinter jedoch, die Unterstreichung "_" hat
nichts mehr mit CP/M zu tun. Wir geben damit in diesem Buch die
Marke wieder, mit welcher der Computer die gerade bearbeitete
Stelle auf dem Bildschirm bezeichnet. Dieser "Kursor" kann wie
in unserem Beispiel ein Unterstreichungszeichen sein, häufig
findet man auch einen hellen, oft auch blinkenden Block.
   Insgesamt sieht die Meldung auf dem Bildschirm nach dem
Starten des CP/M-Systems also ungefähr so aus:

48 K CP/M Ver. 2.2

A>_

wobei statt der "48" mit großer Wahrscheinlichkeit bei Ihnen ein anderer Wert stehen wird. Im Minimalsystem wären es "20 K", oft findet man auch "32 K", "56 K" oder "60 K". Das hängt ganz davon ab, wieviel (RAM-)Speicher in ihrem Gerät für den Betrieb von Programmen unter CP/M zur Verfügung steht und auf welche Speichergröße Ihre CP/M-Version angepaßt ist.

Eingaben auf der Befehlszeile

CP/M erwartet nach dem "A>" irgendeine Eingabe über die Tastatur. Tun wir ihm den Gefallen:

A>ABCDEFGHIJKLMNOPQRSTUVW_

Bis dahin rührt sich nichts. CP/M wartet darauf, daß wir die Eingabe geeignet beenden. Schließlich könnten wir ja noch mehr vorhaben, beispielsweise:

A>ABCDEFGHIJKLMNOPQRSTUVWXYZ_

Wir müssen schon geeignet deutlich machen, daß wir mit unserem "Befehl" fertig sind. Da CP/M nun die ganze nach der Bereitschaftsmeldung "A>" eingegebene Zeile als Befehl betrachtet, liegt es nahe, den Befehl dadurch abzuschließen, daß man die Zeile beendet.
    Eine Zeile wiederum beendet man normalerweise durch einen Wagenrücklauf. Orientieren wir uns, wie CP/M das tut, am englischen Standard, so müssen wir für einen Wagenrücklauf die RETURN-Taste betätigen. "RETURN" seinerseits steht als Abkürzung für "Carriage Return", und das kürzt man als "CR" ab. Schließen wir uns dem an: Wenn ein Wagenrücklauf, ein Carriage Return, befohlen werden soll, so werden wir das im Text mit dem Symbol "<CR>" kenntlich machen - in spitzen Klammern, damit klar ist, daß es sich hier um die eine einzige Taste "RETURN" handelt oder "CR" oder "ENTER", oder was auch immer auf Ihrer Tastatur einen Wagenrücklauf auslöst.

A>ABCDEFGHIJKLMNOPQRSTUVWXYZ<CR>
ABCDEFGHIJKLMNOPQRSTUVWXYZ?

A>_

Was ist geschehen? Nun - nichts weiter, als was ohnehin zu erwarten war: ABCDEFGHIJKLMNOPQRSTUVWXYZ ist kein sinnvoller Befehl, den CP/M verstehen würde. Und damit wir das auch wissen,
wurde es vom Betriebssystem geeignet gemeldet:

ABCDEFGHIJKLMNOPQRSTUVWXYZ?

Der vermeintliche Befehl wurde wiederholt und mit einem Fragezeichen abgeschlossen, das in etwa besagt: "Wie bitte? Das war
völlig unverständlich." Danach meldete sich das System mit "A>"
wieder für die Übernahme eines neuen Befehls bereit.

Wenn Sie in Ihren Computer auch Kleinbuchstaben eingeben
können (manche Modelle beschränken sich auf Großbuchstaben),
dann können wir der Vollständigkeit halber auch noch untersuchen, was geschieht, wenn der gleiche "Befehl" in Kleinbuchstaben angegeben wird:

A>abcdefghijklmnopqrstuvwxyz<CR>
ABCDEFGHIJKLMNOPQRSTUVWXYZ?

A>_

Die Antwortzeile enthält nur Großbuchstaben! Ganz offensichtlich
hat CP/M die Befehlseingabe in Großschreibung umgewandelt. Dies
ist eine ganz wesentliche Eigenschaft, die wir in einigen Fällen
sogar besonders berücksichtigen müssen.

Der in der Zeile nach dem Bereitschaftszeichen eingegebene
Befehl wird von CP/M in Großschreibung umgewandelt und
dann erst ausgewertet.

Das Diskettenverzeichnis (DIR)

Wir haben oben bei der Besprechung der Aufgaben eines Betriebssystems festgehalten, daß irgendwo dauerhaft vermerkt sein muß,
welche Programme und Daten wo aufgezeichnet sind. CP/M legt zu
diesem Zweck auf jeder Diskette ein Verzeichnis (englisch: "directory") an. Ein solches Verzeichnis sollten wir uns einmal an-
schauen.

Wir müssen dem Betriebssystem für diesen Zweck irgendwie befehlen: "Stelle das Diskettenverzeichnis (also das "directory")
auf dem Schirm dar." Weil es sich dabei um eine recht häufige
Operation handelt, hat man in CP/M diesen Befehl einfach zu
"DIR" abgekürzt. Bei unserer Systemdiskette ergibt das:

```
A>DIR<CR>
A: MOVCPM    COM : PIP     COM : SUBMIT  COM : XSUB    COM
A: ED        COM : ASM     COM : DDT     COM : LOAD    COM
A: STAT      COM : SYSGEN  COM : DUMP    COM : DUMP    ASM
A: BIOS      ASM : CBIOS   ASM : DEBLOCK ASM : DISKDEF LIB
A>_
```

Wenn Sie CP/M-Version 1.4 benutzen, dann erhalten Sie das Verzeichnis nur in einer einspaltigen Form, etwa so:

```
A: MOVCPM    COM
A: PIP       COM
A: SUBMIT    COM
A: ED        COM
A: ASM       COM
   usw.
```

(XSUB gibt es in Version 1.4 noch nicht.)

Die Einzelheiten zum Verständnis einer solchen Verzeichnisauslistung werden wir im nächsten Kapitel genauer betrachten. Hier dazu nur ein paar kleinere Bemerkungen:
Zunächst wird das Laufwerk angegeben, in dem sich die gerade betrachtete Diskette befindet: "A:". Ihr folgen die Namen der verschiedenen Diskettenaufzeichnungen: "PIP   COM" usw. Ein Doppelpunkt trennt die verschiedenen Namen voneinander.

Befehlsdateien (COM-Dateien)

Wichtig ist dabei, daß eine jede Datei (wie man eine Diskettenaufzeichnung nennt) auf der Diskette unter einem zweiteiligen Namen geführt wird. Der erste Teil, "PIP" zum Beispiel, ist der eigentliche Dateiname, der zweite bezeichnet die Art der Datei, die sogenannte "Dateiklasse". In unserem Beispiel finden sich Dateien der Klassen "COM", "ASM" und "LIB".
Grob gesagt gibt die Dateiklasse an, welchem Zweck die betreffende Datei dient. Für uns sind im Moment vor allem die Dateien mit der Klasse "COM" interessant. "COM" steht nämlich für "command", für "Befehl", und Befehle (genauer: Programme) sind es tatsächlich, die in einer solchen Datei festgehalten sind. Sie werden von CP/M von der Diskette in den Arbeitsspeicher des Computers geladen und dort automatisch ausgeführt. Das geschieht ganz einfach dadurch, daß man den Namen des betreffenden Programms (ohne das "COM") wie einen Befehl angibt. Man kann statt "DIR" z.B. auch "PIP" befehlen oder "STAT" oder "SYSGEN" und

31

erreicht so, daß das "COM"-Programm mit dem Namen "PIP", "STAT"
oder "SYSGEN" abgearbeitet wird.
Sehen wir uns das anhand eines einfachen, aber wichtigen
Beispiels an.

Sicherungskopien

Falls Sie bis jetzt noch mit Ihrer (angepaßten) Originaldiskette
gearbeitet haben sollten, wird es höchste Zeit, daß Sie sich
eine "Sicherungskopie" anfertigen, d.h. den Inhalt der gerade
vorliegenden Diskette auf eine andere übertragen und dann eine
von beiden (am besten das Original) irgendwo sicher verwahren.
Wenn irgendetwas passieren sollte, was die Systemdiskette unbrauchbar macht, dann können Sie immer noch auf diese Sicherungskopie zurückgreifen.
  Das gilt ganz entsprechend für alle anderen längerfristig benötigten Aufzeichnungen, insbesondere für Programme, die Sie von
anderen erworben haben. Verwenden Sie möglichst niemals die Ori-
ginaldisketten, sondern kopieren Sie sie und bewahren sie irgendwo sicher vor Hitze-, Schmutz- und magnetischen Einwirkungen
auf.
  Wir werden auf die Einzelheiten, die zum Anlegen von Dateiko-
pien nötig sind, später noch genauer eingehen. Hier wollen wir
erst einmal das allernötigste betrachten, nämlich wie man die
Systemdiskette sicher kopiert.

Die Systemdiskette

Die Systemdiskette hat ihren Namen daher, daß auf ihr außer den
verschiedenen Dateien auch das CP/M-Betriebssystem selbst enthalten ist. Es wird beim Starten in den Computer geladen und
übernimmt dann die Steuerung der weiteren Arbeiten so, wie wir
es oben besprochen haben.
  Nun finden sich im Diskettenverzeichnis zwar alle möglichen
Befehls- und sonstigen Dateien, aber kein CP/M. Das hat seinen
Grund: So ist das Betriebssystem besser geschützt.
  Dieser Schutz wird dadurch erreicht, daß auf jeder Diskette
die äußersten Aufzeichnungsspuren für das CP/M-System reserviert
sind. Hier stehen alle Programmteile, die den Betrieb des Computers ermöglichen, und von hier aus werden Sie in den Arbeitsspeicher geladen. Der eigentliche Arbeitsbereich auf der Diskt-
te beginnt erst daran anschließend. Normalerweise kann man nur
auf diesen Bereich zugreifen.
  Zum Kopieren der Systemdiskette braucht man aber auch die
Programmteile auf den beiden äußeren, den Systemspuren. Dem ist

Sysgen = CPM Sb.Com

durch eine Befehlsdatei Rechnung getragen, mit der auf einer
Diskette ein neues System erzeugt werden kann. Es handelt sich
hier um den Vorgang der "system generation", dessen Abkürzung
"SYSGEN" dieser Befehlsdatei den Namen gegeben hat.

Kopieren des Betriebssystems (SYSGEN)

Bevor Sie weitermachen, sollten Sie sich erst eine leere Diskette
te besorgen. Falls diese erst initialisiert werden muß, lassen
Sie das am besten zunächst von jemand anderem vornehmen, oder
lesen Sie (sorgfältig!), was Ihr Systemhandbuch dazu sagt. Wir
gehen jedenfalls im weiteren davon aus, daß eine leere, richtig
initialisierte Diskette zur Hand ist.

Ist das geschehen, dann können wir mit der Systemerzeugung
beginnen. Zunächst einmal geben wir CP/M den passenden Befehl:

A>SYSGEN *B* :

(Man bezeichnet das als "Aufrufen" der Befehlsdatei "SYSGEN" von
der Diskette.)

Dieser Befehl wird durch einen Wagenrücklauf abgeschlossen:

B:
A>SYSGEN<CR>

und dann greift CP/M auf die Diskette in Laufwerk A zu, lädt das
Programm SYSGEN.COM und beginnt mit seiner Abarbeitung. SYSGEN
selbst meldet sich so:

D:
A>SYSGEN<CR>
SYSGEN VER 2.0
SOURCE DRIVE NAME (OR RETURN TO SKIP)_

Ein "drive name" ist ein Laufwerksname, "source" heißt Quelle,
und die Angabe in Klammern besagt: "Falls dieser Teil zu über-
springen ist, nur einen Wagenrücklauf eingeben". Dem Sinne nach
steht hier also folgendes: "Geben Sie den Namen des Diskettenlaufwerks an, in der die Diskette mit dem zu kopierenden System
liegt (sie stellt die 'Quelle' des Systems dar)." Der in der
Meldung in Klammern angegebene Teil trifft auf unseren Anwen-
dungsfall nicht zu. Geben wir also diesen Namen an: Laufwerk A.

A>SYSGEN<CR>
SYSGEN VER 2.0
SOURCE DRIVE NAME (OR RETURN TO SKIP)A

Da hier nur ein einziges Zeichen notwendig ist (in unserem Fall
"A" oder "B"), wartet das SYSGEN-Programm gar nicht erst auf
einen Wagenrücklauf, sondern untersucht die Eingabe, sowie sie
eingetroffen ist, und meldet fast augenblicklich danach:

A>SYSGEN<CR>
SYSGEN VER 2.0
SOURCE DRIVE NAME (OR RETURN TO SKIP)A
SOURCE ON A, THEN TYPE RETURN_

Das besagt: "Legen Sie die Diskette, von der das System kopiert
werden soll (die 'Quellen'-Diskette) in Laufwerk A ein, und be-
tätigen Sie dann die Wagenrücklauftaste." Da unsere Systemdiskette bereits in Laufwerk A liegt, können wir gleich einen Wagenrücklauf eingeben:

A>SYSGEN<CR>
SYSGEN VER 2.0
SOURCE DRIVE NAME (OR RETURN TO SKIP)A
SOURCE ON A, THEN TYPE RETURN<CR>

Jetzt greift das SYSGEN-Programm auf die Diskette in Laufwerk A
zu und liest den Inhalt der äußeren Spuren in den Arbeitsspeicher ein. Das dauert ein paar Sekunden. Dann wird mitgeteilt,
daß das System erfolgreich in den Speicher übertragen wurde:

A>SYSGEN<CR>
SYSGEN VER 2.0
SOURCE DRIVE NAME (OR RETURN TO SKIP)A
SOURCE ON A, THEN TYPE RETURN<CR>
FUNCTION COMPLETE

Und dann fordert SYSGEN eine Information darüber an, was als
nächstes zu tun ist:

A>SYSGEN<CR>
SYSGEN VER 2.0
SOURCE DRIVE NAME (OR RETURN TO SKIP)A
SOURCE ON A, THEN TYPE RETURN<CR>
FUNCTION COMPLETE
DESTINATION DRIVE NAME (OR RETURN TO REBOOT)_

"Destination" fordert das "Ziel" der Kopieroperation an und "reboot" bezeichnet, grob gesprochen, das Ende der Kopieroperationen, den Befehl, zu CP/M zurückzukehren. Damit wird hier also

gefordert: "Geben Sie den Namen des Diskettenlaufwerks an, in dem die Zieldiskette für das System liegt (falls nichts zu kopieren ist, drücken Sie nur die Wagenrücklauftaste)."
    Geben wir als Ziel das andere Laufwerk unseres "Standardsystems" an. (Denken Sie aber daran, daß auch hier ein einziges Zeichen genügt. Tippen Sie noch keinen Wagenrücklauf!)

```
A>SYSGEN<CR>
SYSGEN VER 2.0
SOURCE DRIVE NAME (OR RETURN TO SKIP)A
SOURCE ON A, THEN TYPE RETURN<CR>
FUNCTION COMPLETE
DESTINATION DRIVE NAME (OR RETURN TO REBOOT)B
DESTINATION ON B, THEN TYPE RETURN_
```

SYSGEN fordert also, die "Zieldiskette" in Laufwerk B einzulegen und dessen Betriebsbereitschaft durch einen Wagenrücklauf zu melden.
    Tun Sie das: Legen Sie Ihre neue, richtig initialisierte (und nicht schreibgeschützte!) Diskette in Laufwerk B ein, schließen Sie die Laufwerkstür, und drücken Sie dann die Wagenrücklauftaste.

```
A>SYSGEN<CR>
SYSGEN VER 2.0
SOURCE DRIVE NAME (OR RETURN TO SKIP)A
SOURCE ON A, THEN TYPE RETURN<CR>
FUNCTION COMPLETE
DESTINATION DRIVE NAME (OR RETURN TO REBOOT)B
DESTINATION ON B, THEN TYPE RETURN<CR>
```

SYSGEN aktiviert daraufhin Laufwerk B und schreibt das vorher in den Arbeitsspeicher übertragene CP/M-Betriebssystem auf die äußeren Spuren der Zieldiskette. War das erfolgreich, dann meldet es sich so zurück:

```
A>SYSGEN<CR>
SYSGEN VER 2.0
SOURCE DRIVE NAME (OR RETURN TO SKIP)A
SOURCE ON A, THEN TYPE RETURN<CR>
FUNCTION COMPLETE
DESTINATION DRIVE NAME (OR RETURN TO REBOOT)B
DESTINATION ON B, THEN TYPE RETURN<CR>
FUNCTION COMPLETE
DESTINATION DRIVE NAME (OR RETURN TO REBOOT)_
```

Man könnte jetzt noch weitere Disketten mit einem System ver-
sehen; wir wollen es aber bei einer genug sein lassen und teilen
SYSGEN durch einen einfachen Wagenrücklauf mit, daß es seine
Arbeit beenden kann:

A>SYSGEN<CR>
SYSGEN VER 2.0
SOURCE DRIVE NAME (OR RETURN TO SKIP)A
SOURCE ON A, THEN TYPE RETURN<CR>
FUNCTION COMPLETE
DESTINATION DRIVE NAME (OR RETURN TO REBOOT)B
DESTINATION ON B, THEN TYPE RETURN<CR>
FUNCTION COMPLETE
DESTINATION DRIVE NAME (OR RETURN TO REBOOT)<CR>

Wieder wird auf Laufwerk A zugegriffen (den Grund dafür werden
wir in den nächsten Kapiteln untersuchen), und dann meldet sich
CP/M wieder mit der Bereitschaftsanzeige "A>" zurück.

Kopieren der Dateien (PIP)

Damit haben wir das Betriebssystem auf die neue Diskette kopiert, nicht aber die übrigen Dateien. Der Sicherheit halber
können wir das anhand des Verzeichnisses in Laufwerk B überprüfen.
   Allerdings, wenn wir wissen wollen, was sich auf der Diskette
von Laufwerk B befindet, müssen wir uns genau fassen: Der Laufwerksname ist mit anzugeben. Das geschieht nach dem DIR-Befehl,
in unserem Fall durch ein "B" gefolgt von einem Doppelpunkt:

A>DIR B:_

(Vergessen Sie den Leerschritt zwischen "DIR" und "B:" nicht.)

Schließen wir das durch einen Wagenrücklauf ab, dann erhalten
wir - vorausgesetzt, die Diskette war wirklich leer - folgendes
Ergebnis:

A>DIR B:<CR>
NO FILE
A>_

Ein "file" ist eine Datei und "no file" besagt nichts weiter,
als daß CP/M auf der Diskette in Laufwerk B noch keine Datei
angelegt hat.

Wir müssen also noch alle Dateien von der Diskette in Laufwerk A auf die Diskette in Laufwerk B übertragen lassen. Dies
wiederum ist mit Hilfe einer weiteren Befehlsdatei möglich, dem
"Prozessor für den Datenaustausch zwischen Peripherieeinheiten"
(Diskettenlaufwerke, Tastatur, Bildschirm, Drucker u.ä. werden
als "Peripherieeinheiten" des Computersystems bezeichnet), zu
englisch "peripheral interchange processor", abgekürzt "PIP".
Befehlen wir also

A>PIP<CR>

worauf der Computer wieder auf die Diskette in Laufwerk A zugreift und die Datei namens "PIP" mit der Klasse "COM" in den
Arbeitsspeicher überträgt. Dieses "PIP"-Programm meldet sich allerdings nicht ausdrücklich, sondern gibt gleich eine eigene Bereitschaftsmeldung aus, einen Stern:

A>PIP<CR>
*
_

Jetzt erwartet PIP, eine Angabe darüber, was es tun soll. Und
das ist zu tun: Auf die Diskette in Laufwerk B ("B:") soll der
gesamte Inhalt der Diskette in Laufwerk A ("A:") übertragen werden. Etwas formaler ausgedrückt: "B: erhält von A: alle Datei-
en."
   Das "erhält von" wird für PIP durch ein Gleichheitszeichen
(=) abgekürzt und "alle Dateien" gibt man in der Form "*.*" an
(diese Bezeichnungsweise werden wir im nächsten Kapitel genauer
untersuchen). Damit können wir PIP folgende Aufgabe geben:

A>PIP<CR>
B:=A:.*

Da es sich um eine wichtige Sicherungsmaßnahme handelt, befehlen
wir gleich noch, daß die Übertragung jeder Datei auf ihre Richtigkeit hin überprüft, "verifiziert" wird. Das geschieht durch
Angabe eines "V" (für "verify" - nachprüfen, verifizieren) in
eckigen Klammern unmittelbar nach dem Befehl:

A>PIP<CR>
B:=A:.*[V]

(Wenn Sie eine deutsche Tastatur haben, kann es sein, daß keine
eckigen Klammern vorhanden sind. In diesem Fall müssen Sie die
Zeichen angeben, die denselben Zeichenkode wie die eckigen Klam-

mern im ASCII-Standard tragen. Nach der internationalen ASCII-
ähnlichen Vereinbarung ist das ein großes Ä für die öffnende und
ein großes Ü für die schließende eckige Klammer.)
   Schließen wir den Befehl mit einem Wagenrücklauf ab, dann
beginnt PIP mit seiner Arbeit, wobei (in unserem Beispiel) folgendes gemeldet wird:

```
A>PIP<CR>
*B:=A:*.*[V]<CR>


COPYING -
MOVCPM.COM
PIP.COM
SUBMIT.COM
XSUB.COM
ED.COM
ASM.COM
DDT.COM
LOAD.COM
STAT.COM
SYSGEN.COM
DUMP.COM
DUMP.ASM
BIOS.ASM
CBIOS.ASM
DEBLOCK.ASM
DISKDEF.LIB
*
_
```

   "Copying -" steht für "kopiert wird gerade folgendes:" und
dann folgen nach und nach die Namen der Dateien, die PIP gerade
bearbeitet. Danach meldet PIP seine Bereitschaft zur Übernahme
eines neuen Befehls mit einem neuen Stern. Und da wir zur Zeit
keine weiteren Aufgaben für PIP haben, teilen wir ihm mittels
eines einfachen Wagenrücklaufs mit, daß es seine Arbeit abschließen und zu CP/M zurückkehren kann. Dieses meldet sich dann
mit "A>" zurück.
Überprüfen wir den Erfolg dieser Tätigkeit:

```
A>DIR B:<CR>
B: MOVCPM   COM : PIP      COM : SUBMIT   COM : XSUB     COM
B: ED       COM : ASM      COM : DDT      COM : LOAD     COM
B: STAT     COM : SYSGEN   COM : DUMP     COM : DUMP     ASM
B: BIOS     ASM : CBIOS    ASM : DEBLOCK  ASM : DISKDEF  LIB
A>_
```

Nehmen Sie jetzt die Disketten aus den Laufwerken heraus,
stecken Sie sie (sofort) in ihre Schutzhüllen, verwahren Sie die
Originaldiskette an einem sicheren, trockenen, nicht zu warmen,
staub- und vor allem magnetfeldfreien Ort, und arbeiten Sie hin-
fort nur noch mit der Kopie weiter. Falls irgendetwas schiefge-
hen sollte, dann können Sie jederzeit (solange Ihr Computer in
Ordnung ist!) auf die gleiche Art und Weise wie oben eine neue
Kopie machen. Auf alle Fälle - und das gilt für alle über längere Zeit benötigte Programme und Daten - sollten Sie niemals länger als unbedingt nötig mit den Originalen, sondern nur mit den
Kopien arbeiten.

Eine Beobachtung allerdings sei noch nachgetragen: PIP hat
die jeweils bearbeiteten Dateien in der Form

<Dateiname>.<Dateiklasse>

angegeben, Namen und Klasse also ohne weitere Leerzeichen durch
einen Punkt getrennt. So gibt man üblicherweise alle CP/M-Datei-
en an, bis auf Sonderfälle, wie das Auslisten von Disketten-
verzeichnissen, bei denen eine tabellarische Angabe mehr Übersicht schafft. Das hängt mit der Form der Dateinamen in CP/M
selbst zusammen, der wir uns im nächsten Kapitel widmen wollen.

KAPITEL 2

ETWAS ÜBER DATEIEN

Es ist an der Zeit, unsere ersten Beobachtungen in einen allgemeinen Rahmen einzubinden. So haben wir im vorigen Kapitel unter anderem Dateien kennengelernt und wie man sie in CP/M benennt, wir haben den Grundbefehl DIR zum Auslisten des Diskettenverzeichnisses verwendet, und wir haben mit SYSGEN und PIP zwei externe Befehle kennengelernt, d.h. Programme, die auf die Angabe ihres Namens von CP/M in den Arbeitsspeicher geladen und dort abgearbeitet werden. Alles das gehorcht gewissen Regeln und Vereinbarungen, die wir in diesem und dem folgenden Kapitel betrachten wollen. Davon werden wir uns hier zunächst die verschiedenen Möglichkeiten ansehen, die man in CP/M zur Angabe von Dateien hat.

Was ist eine Datei?

Das Wort Datei ist aus "Daten" und "Kartei" zusammengezogen. Es bezeichnet wörtlich so etwas wie eine "Datenkartei". Wir haben im Zusammenhang mit Datenaufzeichnungen auf Disketten von Dateien gesprochen. Wie die Zusammenfassung mehrerer Dateikarten zu einer Kartei führt hier die Zusammenfassung mehrerer Datenaufzeichnungen zur Datei.

Wichtig ist, daß der Begriff "Datei" die Zusammenfassung mehrerer Daten zu einem einheitlichen Ganzen umfaßt. Mit anderen Worten: Bei der Datenfülle, die man auf einer Diskette unterbringen kann, empfiehlt es sich durchaus nicht, diese Informationen einfach so wie sie kommen an den nächsten freien Platz zu schreiben. Man würde so beispielsweise den Herrn Meier, der noch 3567,20 DM Schulden hat, nur schwer von demjenigen Herrn Meier trennen können, von dem ein wichtiges Fachbuch stammt. Ist der eine allerdings in einer Kundendatei, der andere in einer Bücherdatei untergebracht, dann ist das gar kein Problem.

Betrachten wir das noch etwas genauer unter dem Blickwinkel des Computers. In beiden Fällen haben wir es hier mit dem Wort "Meier" zu tun, also mit einem Text, mit Buchstabenfolgen. Von Buchstaben wiederum wissen wir, daß sie im Computer in Form von Zeichenkodes, von bestimmten Bitmustern geführt werden. Nun kann beispielsweise das Byte "01010100" die Zahl 84 darstellen oder den Buchstaben M oder den Befehl für den Mikroprozessor 8080, den Inhalt einer bestimmten Stelle im Computer an eine ganz bestimmte andere Stelle zu übertragen. Die Art und Weise, wie dieses Byte "01010100" verstanden wird, hängt in erster Linie davon ab, in welchem Zusammenhang verarbeitet wird.

Befehls-, Text- und binäre Dateien

Im wesentlichen kann man drei Arten solcher Zusammenhänge unterscheiden. Da gibt es Programme und Daten und bei den Daten wiederum solche, die unmittelbar lesbar sind und solche, bei denen das nicht so ist.

Im ersten Fall stellen die Bitmuster Befehle für den Computer dar, die von der Diskette in den Speicher geladen und dort geeignet als Programm abgearbeitet werden. Man spricht hier von einer Programm- oder Befehlsdatei.

In allen anderen Fällen haben wir es mit Daten zu tun. Hier liegt entweder ein Text vor, eine Folge von Zeichen, deren Bedeutung nach dem verwendeten Zeichenkode (in unserem Fall zumeist nach dem ASCII-Kode) bestimmt werden kann: Jedem Byte entspricht genau ein Buchstabe, eine Ziffer, ein Satz- oder Sonderzeichen. Oder das ist nicht der Fall. Dann handelt es sich um ein binäres Muster, dessen Bedeutung ausschließlich über das Programm entschlüsselt werden kann, das diese Daten verarbeiten soll.

Diese Unterscheidung hat ihren Sinn, denn eine Textdatei kann ohne große Umstände auf dem Bildschirm dargestellt oder über den Drucker des Systems ausgelistet werden. Anders aber, wenn die Bedeutung der Bits und Bytes nur im Rahmen des jeweiligen Spezialprogramms festliegt. Der Versuch, so etwas auslisten zu lassen, führt in aller Regel zu einem Zeichensalat, was sich je nach Konstruktion der Ausgabegeräte bis hin zu einer völligen Blockierung des Computers steigern kann.

Nebenbei: Die Tatsache, daß sich der Inhalt einer Textdatei ohne Schwierigkeiten ausdrucken läßt, bürgt durchaus nicht dafür, daß man das Ausgedruckte auch ohne Schwierigkeiten versteht. Auch dieser "Text" kann letzten Endes in irgendeiner Form verschlüsselt sein.

Je nach vorhersehbarem Inhalt der betreffenden Datei unterscheiden wir also zwischen:
- Befehlsdateien, in denen Computerprogramme stehen;
- Textdateien, die auf normalen Ausgabegeräten darstellbare Zeichenfolgen enthalten;
- sonstigen, "binären" Dateien, deren Form und Bedeutung nur von den sie verarbeitenden Programmen her bestimmt werden kann.

Das Diskettenverzeichnis

CP/M selbst kümmert sich bei der Aufzeichnung von Daten allerdings überhaupt nicht um irgendwie geartete Bedeutungen. Es nimmt die auf der Diskette abzulegenden Bytes so wie sie ihm angegeben werden, sieht nach, wo auf der Diskette noch freier Platz ist und schreibt die Daten dort hinein, Byte für Byte, gleich ob es sich um ein Programm, um einen Text oder sonstige binäre Informationen handelt.

Mit diesem Aufzeichnen der Daten ist es natürlich nicht getan. Die Aufzeichnungen müssen irgendwann ja wieder auffindbar sein, und man muß verhindern, daß eine Selle versehentlich doppelt benutzt wird. CP/M vermerkt deshalb auf der Diskette, welche Information es wo untergebracht hat. Das ist der eigentliche Inhalt des Diskettenverzeichnisses. Wichtig ist, daß CP/M das völlig automatisch, ohne jede Rückfrage beim Benutzer macht.

Dateinamen

Man braucht damit nur noch einen Weg, CP/M mitzuteilen, mit welcher Datei man gerade arbeiten möchte. Auch das haben wir im vorigen Kapitel bereits kennengelernt: Jede Datei trägt einen eigenen, zweiteiligen Namen. Diese Namen wollen wir uns etwas genauer ansehen.

Starten Sie bitte den Computer der Vorschrift gemäß mit der im vorigen Kapitel angefertigten Kopie der Systemdiskette in Laufwerk A. Lassen Sie sich dann das Diskettenverzeichnis auslisten. In unserem Beispielfall ergibt das:

```
A>DIR<CR>
A: MOVCPM   COM : PIP      COM : SUBMIT   COM : XSUB     COM
A: ED       COM : ASM      COM : DDT      COM : LOAD     COM
A: STAT     COM : SYSGEN   COM : DUMP     COM : DUMP     ASM
A: BIOS     ASM : CBIOS    ASM : DEBLOCK  ASM : DISKDEF  LIB
A>_
```

(Die abschließende Bereitschaftsmeldung werden wir in Zukunft unterschlagen, wenn wir sie nicht ausdrücklich brauchen.)

Zunächst noch einmal: Jeder Dateiname besteht aus zwei Teilen, dem eigentlichen Namen und der Klassenbezeichnung. Die Klasse – das wird hier auf den ersten Blick deutlich – bestimmt offensichtlich die Art und Weise, in der die betreffenden Daten zu interpretieren sind. So haben Befehlsdateien (zumindest wenn sie unmittelbar von CP/M aus aufgerufen werden sollen) die Klas-

senbezeichnung "C@M". Das kommt von "command" und heißt entsprechend "Befehl" oder auch "Kommando". Gibt man CP/M nach der
Bereitschaftsmeldung (dem "A>") einen solchen Befehl, dann sieht
es nach, ob auf der Diskette eine Datei dieses Namens mit der
Klasse COM vorhanden ist, lädt diese in den Arbeitsspeicher und
beginnt mit der Abarbeitung des in ihr festgehaltenen Programms.

Klassenbezeichnungen

Es gibt in CP/M nur wenige Klassenbezeichnungen, die von vornherein eine festliegende Bedeutung haben. Normalerweise steht es
frei, was für eine Klassenbezeichnung man jeweils verwenden
möchte. Allerdings haben sich einige allgemein verwendete Formen
herausgebildet, von denen wir oben zwei ausmachen können:
- ASM
  So werden Textdateien bezeichnet, in denen ein neu geschrie-
  benes Programm steht, das von einem besonderen, Assembler genannten Programm (auf unserer Systemdiskette von der Befehlsdatei mit dem Namen ASM) aus der für den Menschen lesbaren
  symbolischen Form in ein dem Computer verständliches Programm
  übersetzt werden soll.
- LIB
  Auch unter dieser Klassenbezeichnung werden normalerweise
  Textdateien verstanden. "LIB" steht für "library", "Bibliothek". Die betreffenden Dateien enthalten zumeist Textstücke,
  die in andere Texte eingebunden werden sollen.
In der Regel versteht man die Bedeutung einer bestimmten Klassenbezeichnung nur von dem Programm her, das die Aufzeichnungen
in den betreffenden Dateien nutzen soll. Der wichtige Vorteil
von Klassenbezeichnungen ist, daß man gegebenenfalls (wie bei
unserer Befehlsangabe) nur noch den eigentlichen Dateinamen
braucht. Das betreffende Programm sucht die von ihm benötigten
Dateien dann unter der vereinbarten Dateiklasse von selbst auf.
Das ist besonders dann von Nutzen, wenn ein Programm mehrere
Dateien für eine bestimmte Aufgabe verwendet oder mehrere Datei-
en erzeugt.
   So sucht der Assembler ASM beispielsweise bei Vorgabe des Namens PROGRAMM die Datei PROGRAMM.ASM auf der Diskette, liest
sie, übersetzt die in ihr enthaltene Information und schreibt
das Ergebnis in eine Datei namens PROGRAMM.HEX und in eine Datei
namens PROGRAMM.PRN ein. Dabei brauchten wir nur den Dateinamen
PROGRAMM vorzugeben, damit das Assemblerprogramm mit den drei
Dateien unter den Klassenbezeichnungen ASM, HEX und PRN arbeiten
konnte. Was sich hinter diesen Klassen verbirgt, ist beim Abfas-
sen des Programms ASM.COM festgelegt worden, muß aber dann zu-

sammen mit diesem Programm auch immer in der gleichen Weise verwendet werden.
Für viele Programmtypen haben sich so bestimmte Klassenbezeichnungen als Standard herausgebildet. Sie finden dazu im Anhang ein Verzeichnis mit den derzeit üblichsten Klassenbezeichnungen, die von Programmen unter CP/M verwendet werden.

Zur Form von Dateinamen

Die für CP/M verwendeten Dateinamen müssen einer bestimmten Form genügen. Wenn wir unser Verzeichnis noch einmal ansehen,

```
A>DIR<CR>
A: MOVCPM   COM : PIP     COM : SUBMIT  COM : XSUB    COM
A: ED       COM : ASM     COM : DDT     COM : LOAD    COM
A: STAT     COM : SYSGEN  COM : DUMP    COM : DUMP    ASM
A: BIOS     ASM : CBIOS   ASM : DEBLOCK ASM : DISKDEF LIB
```

dann können wir aus der Form der Auflistung bereits etwas über die Form der Dateinamen ausmachen. Klassenbezeichnungen z.B. bestehen aus (maximal) drei Zeichen. Und ersetzen wir der Deutlichkeit halber einmal in der Auslistung die Leerschritte durch Punkte und berücksichtigen dabei als optische Trennung zwischen den verschiedenen Namensteilen jeweils einen Leerschritt, dann erhalten wir:

A: MOVCPM.. COM : PIP..... COM : SUBMIT.. COM : XSUB.... COM

Einfaches Nachzählen ergibt, daß für die eigentliche Namensangabe ein Platz von acht Stellen reserviert ist. Das entspricht der Grundvereinbarung in CP/M:

Ein Dateiname besteht aus zwei Teilen: dem eigentlichen Namen und der Klasse. Der Name umfaßt maximal acht Zeichen, die Klasse wird mit maximal drei Zeichen angegeben.

Aus unseren Beobachtungen im vorigen Kapitel wissen wir noch mehr. Dort wurden bei der Kopieroperation mit PIP die Namen in folgender Form aufgelistet:

```
MOVCPM.COM
PIP.COM
SUBMIT.COM
XSUB.COM
usw.
```

Das gilt allgemein, so daß wir zu folgender Regel kommen:

Ein Dateiname wird in CP/M so angegeben, daß auf den Namensteil unmittelbar ein Punkt und auf diesen Punkt unmittelbar die Klassenbezeichnung folgt.

Befehlsargumente

Sehen wir uns an, wie man solche Dateinamen in der Praxis einsetzt. Da haben wir z.B. den häufigen Fall, in dem man wissen möchte, ob eine bestimmte Datei auf einer gegebenen Diskette steht oder nicht. Man läßt sich also das Verzeichnis auslisten:

```
A>DIR<CR>
A: MOVCPM   COM : PIP      COM : SUBMIT   COM : XSUB     COM
A: ED       COM : ASM      COM : DDT      COM : LOAD     COM
A: STAT     COM : SYSGEN   COM : DUMP     COM : DUMP     ASM
A: BIOS     ASM : CBIOS    ASM : DEBLOCK  ASM : DISKDEF  LIB
```

Solange das Verzeichnis sich auf vier Zeilen beschränkt, geht das noch einigermaßen. Was aber, wenn die Diskette gerammelt voll mit Dateien ist?
Wir brauchen eine Möglichkeit, uns gezielt darüber zu vergewissern, ob eine bestimmte Datei vorhanden ist oder nicht. So etwas ähnliches hatten schon einmal:

```
A>DIR B:
```

Wir haben dort dem Befehl ein "Argument" nachgestellt, eine genauere Angabe, was zu tun ist. Genau das können wir auch in diesem Fall versuchen. (Die Angabe des Wagenrücklaufs <CR> lassen wir von nun an weg.)

```
A>DIR PIP.COM
A: PIP      COM
A>_
```

Und was, wenn wir eine Datei suchen, die nicht vorhanden ist, beispielsweise PIP.ASM?

```
A>DIR PIP.ASM
NO FILE
A>_
```

"No file" - keine Datei (dieses Namens)! Das ist eindeutig genug. (Ältere Versionen melden "NOT FOUND" - nicht gefunden.)
    Derartige Argumente kann man bei vielen CP/M-Befehlen ver-
wenden. Nehmen wir an, wir wollten auf eine neue Diskette die
Datei PIP.COM übertragen. Dazu könnten wir wie im vorigen Kapitel vorgehen: PIP befehlen, abwarten bis es sich durch einen
Stern betriebsbereit gemeldet hat, und dann durch "B:=A:PIP.COM"
die Datei von der Diskette in Laufwerk A auf die Diskette in
Laufwerk B kopieren lassen. Es geht aber auch kürzer.
    Legen Sie bitte eine leere (und gegebenenfalls richtig forma-
tierte) Diskette in Laufwerk B ein und schließen Sie die Tür.
Überzeugen Sie sich davon, daß sie wirklich leer ist:

A>DIR B:
NO FILE

Auf diese Diskette wollen wir unsere Befehlsdatei PIP.COM übertragen:

A>PIP B:=A:PIP.COM

Schließen wir das durch einen Wagenrücklauf ab, dann greift CP/M
ein paarmal auf die beiden Diskettenlaufwerke A und B zu, und
dann erhalten wir schließlich ohne weitere Meldung von PIP das
gewohnte CP/M-Bereitschaftssignal "A>".
    Ob das Gewünschte geschehen ist, erfahren wir, wenn wir uns
das Verzeichnis auf der Diskette in Laufwerk B ansehen:

A>DIR B:
B: PIP   COM

Werfen wir noch einen Blick auf die Befehlsargumente, die wir
bis jetzt kennengelernt haben:

DIR B:
DIR PIP.COM
PIP B:=A:PIP.COM

Sie sind grundverschieden gestaltet. Art und Form des Befehlsarguments ist nur von dem Programm her zu verstehen, das dieses
Argument auswerten soll.
    Noch etwas: Bei unserem PIP-Beispiel haben wir gesehen, daß
wir in der Befehlszeile das gleiche angeben mußten, was PIP
sonst ausdrücklich nach seiner Bereitschaftsmeldung "*" angefordert hätte. Offenbar verfügt CP/M über eine Methode, den auf den

eigentlichen Befehl folgenden Rest der Befehlszeile dem aufgerufenen Programm mitzuteilen.
Hiervon wird intensiv Gebrauch gemacht. Man kann beispielsweise den Ablauf des Programms abkürzen, wenn man wie bei PIP
die auszuführende Aktion gleich als Befehlsargument angibt. Oder
man beschreibt die auszuführende Aktion von vornherein durch ein
Befehlsargument wie bei DIR. Manche Programme bieten beides, die
Angabe des Arguments bereits im Befehl oder seine ausdrückliche
Anforderung im Lauf der Programmabarbeitung. Andere wiederum arbeiten nur dann zufriedenstellend, wenn bei ihrem Aufruf ein
passendes Befehlsargument angegeben wurde. Und wieder andere
scheren sich überhaupt nicht um irgendwelche Befehlsargumente.
Alles das hängt, um es noch einmal ausdrücklich zu betonen,
nicht von CP/M, sondern nur von dem Programm ab, welches das im
Befehl angegebene Argument verarbeitet. Und aus eben diesem
Grund gibt es für die Befehlsargumente keine allgemein vorgeschriebene Form außer der, daß sie eindeutig vom Befehlswort
selbst unterscheidbar sein müssen. Für diese Unterscheidung
reicht es in der Regel aus, das Argument durch einen Leerschritt
deutlich vom Befehl selbst abzusetzen.

Man kann einem CP/M-Befehl zur genaueren Angabe der auszuführenden Tätigkeit Argumente beigeben. Diese Argumente
müssen von dem Befehl durch (mindestens) einen Leerschritt
getrennt werden. CP/M gibt die betreffenden Argumente an
den jeweils aufgerufenen Befehl weiter. Art, Form und Anzahl der benötigten Argumente sind durch CP/M selbst nicht
vorgeschrieben, sondern richten sich ausschließlich nach
dem Programm, das diese Argumente verarbeiten soll.

Korrigieren der Befehlszeile: Löschen von Zeichen

In CP/M besteht die Möglichkeit, Tippfehler auf der Befehlszeile
zu korrigieren, solange diese noch nicht "abgeschickt", d.h.
noch nicht durch einen Wagenrücklauf abgeschlossen und dem Betriebssystem zur Bearbeitung übergeben worden ist.
Sehen wir uns ein vergleichsweise harmloses Beispiel an. Nehmen wir an, wir hätten uns beim Anfordern des Diskettenverzeichnisses geirrt, und statt DIR ein DIT eingetippt. Nach unseren
bisherigen Kenntnissen bleibt in diesem Fall nichts übrig, als
den Befehl abzuschließen:

A>DIT<CR>
DIT?

Und was, wenn eine Befehlsdatei namens "DIT.COM" vorhanden gewesen wäre, die möglicherweise die Hälfte der Diskette gelöscht hätte?

Da man sich aber vor Abschließen eines Befehls ansehen sollte, was man da befohlen hat, bleibt noch Hoffnung. Vielleicht erinnern Sie sich noch an die ersten Seiten unserer Einführung. Dort hatten wir bei der Besprechung des Unterschieds deutscher und amerikanischer Tastaturen auch auf eine Löschtaste namens "DELETE" oder "RUB OUT" hingewiesen. Wie wäre es, wenn wir es damit versuchen würden? Bezeichnen wir die Taste kurz als <DEL>, dann erhalten wir folgendes:

A>DIT<DEL>   ergibt auf dem Schirm   A>DITT_

Das sieht seltsam aus. Sehen wir uns an, was es bedeutet:

A>DITT<CR>
DI?

Offensichtlich hat CP/M den Befehl richtig verstanden, denn der letzte Buchstabe ist verschwunden. Aber was soll das Doppel-T auf dem Schirm?

Machen wir noch einen Versuch. Sehen wir uns an, was geschieht, wenn die Löschtaste mehrmals betätigt wird:

A>DIT<DEL><DEL>   ergibt auf dem Schirm   A>DITTI_

Und der Abschluß durch einen Wagenrücklauf bringt folgendes Schirmbild:

A>DITTI<CR>
D?

Die Löschtaste bewirkt also zweierlei. Das jeweils letzte Zeichen der Befehlszeile, das CP/M gerade kennt, wird entfernt. Und damit das klar wird, wiederholt CP/M dieses Zeichen in der Anzeige.

Und warum wird das Zeichen nicht einfach wieder vom Bildschirm gelöscht? Nun - als CP/M entwickelt wurde, arbeitete man noch in erster Linie mit Fernschreibern als Bedienungsstationen. Diese wiederum kennen nur eine einzige Arbeitsrichtung: vorwärts. Was einmal gedruckt ist, bleibt auf dem Papier stehen. Zu löschen ist da nichts.

Mit Erscheinen von CP/M-Version 2.0 jedoch hatten sich Bildschirmgeräte zur Bedienung von Mikrocomputern durchgesetzt. Und

so findet sich ab Version 2.0 eine Alternative zur Löschtaste,
der Rückwärtsschritt, englisch "back step" genannt. Wir werden
ihn durch <BS> bezeichnen. Damit geschieht folgendes:

A>DIT<BS>   ergibt auf dem Schirm   A>DI_

Das hat genau den angezeigten Effekt:

A>DI<CR>
DI?

Nach dem Löschen kann man wie gewohnt weiterarbeiten:

A>DIT<DEL>R   ergibt auf dem Schirm   A>DITTR_

bzw.

A>DIT<BS>R   ergibt auf dem Schirm   A>DIR_

In beiden Fällen wird nach Abschluß des Befehls durch einen Wagenrücklauf das Verzeichnis ausgedruckt.

Der Befehlspuffer

Der Hintergrund zu diesem Verhalten ist folgendes: CP/M legt die
auf der Befehlszeile eingegebenen Zeichen zunächst in einem besonderen Speicherbereich, dem sogenannten "Befehlspuffer" ab.
Erst wenn die Eingabe abgeschlossen ist, werden die in diesem
Speicherbereich stehenden Zeichen untersucht und die sich aus
ihnen ergebenden Aktionen durchgeführt.
   Genauer: Wenn CP/M seine Bereitschaftsmeldung ausgegeben hat,
dann wartet es auf Eingaben von der Tastatur. Jedes Zeichen, das
von dort kommt, wird untersucht und in dem Pufferspeicher abgelegt, wenn es sich bei ihm nicht um ein <DEL>, ein <BS>, ein
<CR> oder ein ähnliches "Steuerzeichen" handelt. Ein jedes in
den Puffer eingefügte Zeichen wird gezählt und das neu anzufü-
gende jeweils eine Speicherstelle weiter vom Pufferanfang entfernt untergebracht.
   So kam in unserem Beispiel das "D" in die erste Speicherstelle nach dem Pufferanfang, und der Zähler wurde auf den Wert 1
gesetzt. Das nächste eingetippte Zeichen war ein "I", das in der
zweiten Speicherstelle Platz fand, und der Zähler wurde um 1 auf
den Wert 2 weitergesetzt. Schließlich wurde ein "T" eingetippt
und in Pufferplatz Nummer 3 untergebracht, und der Zähler er-
hielt den Wert 3.

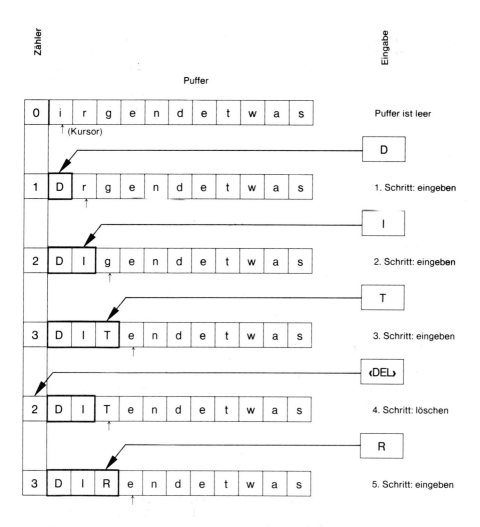

Das "T" aber war nur versehentlich eingetippt worden. Um es zu entfernen, hatten wir ein <DEL> eingegeben. CP/M hatte diese Eingabe untersucht, als nicht im Puffer abzulegendes Steuerzeichen erkannt und die zugehörige Aktion eingeleitet: Der Zähler wurde um einen Wert zurückgesetzt. Statt 3 enthielt er nur noch den Wert 2. Mit anderen Worten: CP/M "wußte" nur noch von zwei Eingaben im Befehlspuffer. Das als nächstes eingegebene Zeichen, im Beispiel das "R", wurde dann an der durch den Zählerstand bestimmten Stelle abgelegt: der dritten Pufferposition.

Auf diese Art und Weise kann man immer das jeweils letzte Befehlspufferzeichen löschen. Es bleibt zwar im Speicher stehen, doch wegen des zurückgenommenen Zählerstands ist es für CP/M praktisch unsichtbar. Je nach Löschbefehl (und CP/M-Version) wird das entfernte Zeichen dann entweder noch einmal auf der Anzeige wiederholt oder die Anzeige einfach um eine Position nach links gelöscht.

Steuerzeichen

Manchmal hat man einen schlechten Tag. Dann kann es vorkommen, daß die Befehlseingabe plötzlich so aussieht:

A>SUUYSHEEHGRNNREN_

In solchen Fällen braucht man schon Papier und Bleistift um sich davon zu überzeugen, daß tatsächlich der Befehl "SYSGEN" vorliegt. Ganz das Wahre ist das nicht. Man müßte die Möglichkeit haben, sich bei Bedarf den Inhalt des Befehlspuffers ausdrucken zu lassen, um eine derart verworrene Eingabe überprüfen zu können.

Nur - wie macht man CP/M so etwas klar? Jeder Buchstabe wird ja sofort in den Puffer aufgenommen, und ein Wagenrücklauf schließt den Befehl ab, ohne ihn noch einmal anzuzeigen. Die Korrekturtasten <DEL> oder <BS> fallen erst recht aus.

Wir brauchen irgendein zusätzliches Steuerzeichen, das sich von der Tastatur aus eingeben läßt und die Arbeit von CP/M so "umsteuert", daß dieses den Pufferinhalt auf den Schirm (oder Fernschreiber) ausgibt.

Der einzige Anhaltspunkt, den wir zunächst dazu haben, ist der ASCII-Kode. Wenn Sie die Tabelle im Anhang betrachten, dann dürfte Ihnen auffallen, daß sie in vier Gruppen zu je 32 Zeichen gegliedert ist. Von rechts nach links findet man im wesentlichen: Kleinbuchstaben, Großbuchstaben, Satzzeichen und Ziffern und dann noch eine Spalte, in der sich der Wagenrücklauf (CR) und der Rückwärtsschritt (BS) befinden. Das ist kein Zufall: Diese Spalte enthält die Zeichen, die zur Steuerung bestimmter Vorgänge dienen, sogenannte "Steuerzeichen".

Wie übermittelt man aber dem Computer von der Tastatur aus solche Steuerzeichen? Bei Wagenrücklauf oder Rückwärtsschritt war das verhältnismäßig einfach, denn für diese Zeichen ist auf der von uns als Muster genommenen Tastatur jeweils eine eigene Taste vorhanden. Bei den anderen Werten hilft nur noch eine besondere Umschaltung weiter, ähnlich der, mit der man von Klein- auf Großbuchstaben umschaltet.

"Steuerzeichen" sind nun im Englischen "control characters", und eine Taste mit der Bezeichnung "CONTROL" oder kurz "CTRL" findet sich auf den meisten amerikanischen Computertastaturen, die im ASCII-Kode arbeiten. Man bedient sie wie die Großbuchstabenumschaltung: Die Umschalttaste "CONTROL" wird niedergehalten und dann eine der anderen Tasten gedrückt. So sendet man statt eines "A" ein "CONTROL-A", statt eines "B" ein "CONTROL-B" usw. Der Kodewert, der dabei an den Computer übergeben wird, ist einfach zu ermitteln. Er entspricht der parallellaufenden Buchstabenspalte: Ein CONTROL-A sendet den Kodewert 1, ein CONTROL-B den Wert 2, ein CONTROL-C 3 usw. Auf diese Weise ergibt sich beispielsweise auch, daß der Rückwärtsschritt durch CONTROL-H und der Wagenrücklauf durch CONTROL-M befohlen werden kann.

Derartige Steuerzeichen spielen in CP/M eine zentrale Rolle. Daher: Wenn Ihre Tastatur nicht ausdrücklich über eine CONTROL-Umschaltung verfügt, dann muß es irgendeine andere Möglichkeit geben, diese Zeichen an den Computer zu übermitteln. Fragen Sie jemanden, der sich mit Ihrem Computer auskennt oder sehen Sie in Ihrem Handbuch nach. Sie müssen diese Möglichkeit herausfinden!

Die Schreibweise CONTROL-A, CONTROL-B usw. hat sich in der Literatur innerhalb von Texten zwar eingebürgert, ist aber oft zu unübersichtlich. Man hat sich daher noch auf eine Kurzschreibweise geeinigt, in der die Umschaltung auf Steuerfunktionen durch einen Zirkumflex oder einen Aufwärtspfeil vor dem Zeichen dargestellt wird. Statt CONTROL-A schreibt man also oft "^A", statt CONTROL-B "^B" usw.

Steuerzeichen für den Umgang mit dem Befehlspuffer

CP/M wertet bei der Eingabe der Befehlszeile eine Reihe von Steuerfunktionen aus. Diese bewirken folgendes:

^U - (von "undo" - rückgängig machen) löscht den Befehlspuffer, schließt die eingegebene Zeile auf dem Schirm oder Fernschreiber mit einem "#" ab zum Zeichen, daß der normale Fortgang der Arbeit hier abgebrochen wurde, und läuft eine neue Zeile an, wo man die Befehlseingabe wieder von vorne beginnen lassen kann.

^R - (von "retype" - neu tippen) schließt wie oben die Befehlszeile mit einem "#" ab und druckt den tatsächlichen Befehlspufferinhalt auf der Zeile darunter aus, worauf man mit der Eingabe fortfahren kann.

^E - (von "end line" - Zeile beenden) ist zur Gliederung der Befehlseingabe auf dem Schirm oder dem Fernschreiber hilfreich. Es bewirkt, daß dort eine neue Zeile angelaufen wird, beeinflußt den Befehlspuffer aber in keinem Fall.

Ab Version 2.0 wurden dem noch hinzugefügt:
^H - (d.h. ein Rückwärtsschritt BS), durch den das letzte Zei-
chen auf dem Bildschirm gelöscht wird.
^X - (das ist das Steuerzeichen "CAN" von "cancel" - für ungülig
erklären) löscht die Befehlszeile im Puffer und auf dem
Bildschirm. (In älteren Versionen wirkt ^X genau wie ^U.)
Außerdem gibt es noch das Löschzeichen DELETE (DEL) oder RUB
OUT, dessen Wirkung wir oben eingehend besprochen haben. Und ab
Version 2.0 kann man die Befehlszeile außer durch den Wagenrück-
lauf (^M, <CR>) auch durch einen Zeilenvorschub (^J, <LF> - von
"line feed") beenden.

Ältere CP/M-Versionen (1.4 und früher) setzen bei ^U, ^X oder
^R den Wagen oder Kursor immer ganz auf den linken Rand zurück.
Ab Version 2.0 beginnt die neue Zeile immer in der gleichen
Spalte wie die vorhergehende Zeile. Das verbessert bei kompli-
zierten Eingabevorgängen die Übersicht. (^E allerdings nimmt im-
mer den linken Rand als neuen Ausgangspunkt.)

Noch etwas ist im Verhalten ab Version 2.0 bemerkenswert. Betrachten wir beispielsweise folgende Eingabe:

A>DIT_

Löschen mit <DEL> ergibt:

A>DITT_

Geben wir jetzt einen weiteren Löschbefehl mit dem Rückwärtsschritt <BS>, dann wird die Zeile bis einschließlich des I
gelöscht:

A>D_

Der Effekt ist also derselbe wie bei einer Folge <BS>-Korrektur-
vorgänge. Das funktioniert auch nach mehreren <DEL>-Korrekturen.
Experimentieren Sie ein wenig damit. Es erspart oft den Einsatz
der ^R-Funktion.

Allerdings läuft dieser Vorgang rein mechanisch ab. Der Kursor wird immer nur bis zur durch den Zeichenzähler des Befehlspuffers gegebenen Spalte zurückgesetzt. Der Schirminhalt davor
bleibt unberührt. Wenn zwischen letzter <DEL>-Löschung und der
<BS>-Eingabe noch weitere Zeichen eingegeben wurden, kann das zu
einer unkorrekten Antwort führen:

A>DIT_

Wir löschen das T durch <DEL> und fahren mit der Eingabe fort:

A>DITTRB:_

An dieser Stelle merken wir, daß der Leerschritt zwischen R und
B vergessen wurde. Wenn wir jetzt einen Rückwärtsschritt <BS>
eingeben, dann erhalten wir folgendes Schirmbild:

A>DITT_

Das ist bestimmt nicht der eingegebene Befehl. Hier hilft nur
noch das Neuausgeben des Befehlspuffers mit CONTROL-R:

A>DITT#
  DIRB_

Mehrfachnamen

Die Form, in der Dateien als Befehlsargument angeben werden
können, ist allerdings noch unbefriedigend. Nehmen wir beispielsweise an, wir müßten wissen, welche Befehlsdateien auf einer Diskette vorhanden sind. Der DIR-Befehl, wie wir ihn bis
jetzt kennen, taugt da nicht so recht:

A>DIR
A: MOVCPM   COM : PIP   COM : SUBMIT   COM : XSUB   COM
A: ED   COM : ASM   COM : DDT   COM : LOAD   COM
A: STAT   COM : SYSGEN COM : DUMP   COM : DUMP   ASM
A: BIOS   ASM : CBIOS   ASM : DEBLOCK ASM : DISKDEF LIB

Das wird rasch unübersichtlich, wenn die Diskette voller ist. Es
müßte möglich sein, nur die Dateien auslisten zu lassen, die -
völlig unabhängig vom eigentlichen Dateinamen - die Klassenbezeichnung COM aufweisen.
    Erinnern Sie sich an unsere Experimente im vorigen Kapitel.
Dort hatten wir ein ähnliches Problem: Wir mußten mit Hilfe von
PIP alle Dateien von der Diskette in Laufwerk A auf die Diskette
in Laufwerk B kopieren:

A>PIP
B:=A:.*

Statt die Dateinamen ausdrücklich anzugeben, steht hier sowohl
für die Namensangabe als auch für die Klassenbezeichnung ein

Stern: "alle". D.h. wir haben gefordert: "Kopiere auf die Diskette in Laufwerk B von der Diskette in Laufwerk A die Dateien
mit allen Namen aus allen Klassen."
    Damit läßt sich unser Problem lösen. Wir müssen nur befehlen:
"Liste aus dem Verzeichnis alle Dateien mit der Klassenbezeichnung COM auf." Versuchen wir es mit dem Stern:

```
A>DIR *.COM
A: MOVCPM    COM : PIP      COM : SUBMIT   COM : XSUB     COM
A: ED        COM : ASM      COM : DDT      COM : LOAD     COM
A: STAT      COM : SYSGEN   COM : DUMP     COM
```

Genau das wollten wir haben. Und wenn wir alle Dateien eines
bestimmten Namens, aber mit verschiedenen Klassenbezeichnungen
brauchen, dann läßt sich das ganz entsprechend machen. Beispielsweise so:

```
A>DIR DUMP.*
A: DUMP      COM : DUMP     ASM
```

Mitunter ist die Aufgabenstellung komplexer. Wenn wir beispielsweise von einer Datei lediglich wissen, daß sie einen vierstel-
ligen, mit "D" beginnenden Namen hat, aber ansonsten weder die
genaue Form noch die genaue Klassenbezeichnung kennen, dann kommen wir mit dem globalen "alle" nicht mehr weiter.
    Wir müssen uns präziser fassen, etwa so: "Liste alle Dateien
aus, deren Name aus vier Zeichen besteht, von denen das erste
ein D ist und die drei folgenden beliebig sind."
    Derartige Probleme treten recht häufig auf, so daß man in
CP/M auch auf Zeichenebene ein "alle" befehlen kann. Man verwendet hier ein Fragezeichen (?) an der betreffenden Stelle: "Ein
beliebiges Zeichen in dieser Position im Namen bzw. der Klassenbezeichnung."
    Unser Problem mit der vierstelligen und ansonsten unbekannten
Datei läßt sich hiermit lösen Wir geben einfach für jede unbe-
kannte Stelle ein Fragezeichen im Namen an:

```
A>DIR D???.*
A: DDT       COM : DUMP     COM : DUMP     ASM
```

Hundertprozentig funktioniert das offenbar nicht. Der Grund
liegt daran, wie CP/M einen solchen Dateinamen behandelt.
    Es werden in CP/M intern immer elf Stellen geführt, acht für
den Namen und drei für die Klassenangabe (der Punkt entfällt).
Nicht angegebene Stellen werden durch Leerzeichen aufgefüllt.

Wenn wir der Deutlichkeit halber die Leerzeichen durch Punkte
ersetzen, dann ergibt sich die Form, in der CP/M die im letzten
Versuch ausgelisteten Dateinamen "sieht", folgendermaßen:

```
DDT.....COM
DUMP....COM
DUMP....ASM
```

Ganz entsprechend wird die Suchvorgabe im Befehlsargument behandelt. Alle nicht angegebenen Stellen nach rechts bis zur
Grenze des Namens bzw. der Klassenbezeichnung werden mit Leerzeichen aufgefüllt. Und der Stern wird in so viele Fragezeichen
aufgelöst, wie zur Auffüllung nötig sind.
     Das Argument "D???.*" wird von CP/M also in folgende Form
gebracht (Punkte stehen wieder für Leerzeichen):

```
D???....???
```

CP/M geht nun das Diskettenverzeichnis von Anfang bis Ende durch
und sucht nach Namen, die auf diese Suchvorgabe passen. Das ist
dann der Fall, wenn alle nicht durch ein Fragezeichen vorgegebenen Zeichen in den entsprechenden Stellen genau übereinstimmen -
das gilt auch für Leerzeichen. Nur an den Stellen, an denen in
der Vorgabe ein Fragezeichen steht, kann jedes beliebige Zeichen
stehen - einschließlich eines Leerzeichens.
     Verdeutlichen wir das anhand der (etwas veränderten) dritten
Zeile unseres Beispielverzeichnisses:

A: DDT   COM : SYSGEN   COM : DUMP   COM : DUMP   ASM

CP/M führt diese Dateinamen auf der Diskette in Laufwerk A in
der Form (wir schreiben wieder Punkte statt Leerzeichen):

```
DDT.....COM    SYSGEN..COM    DUMP....COM    DUMP....ASM
```

Stellen wir unsere (der Deutlichkeit halber ebenfalls etwas veränderte) Suchvorgabe darunter und schreiben als "Suchergebnis"
für jedes übereinstimmende Zeichen ein "+", für jedes nicht mit
der Vorgabe übereinstimmende Zeichen ein "-" darunter, dann erhalten wir:

```
DDT.....COM    SYSGEN..COM    DUMP....COM    DUMP....ASM
D???....C??    D???....C??    D???....C??    D???....C??
+++++++++++    -+++--+++++    +++++++++++    +++++++++-++
 (paßt)        (paßt nicht)    (paßt)        (paßt nicht)
```

Der Einbezug der Leerzeichen in den Suchprozeß ist zusammen mit dem automatischen Auffüllen der Dateinamen mit Leerzeichen der Grund, weswegen wir in unserem Experiment nicht nur alle vier-stelligen, sondern auch die dreistelligen Namen erfaßt hatten. Und daß das mit der Erweiterung des Stern zu einer Serie von Fragezeichen seine Richtigkeit hat, können wir sofort nachprü-fen. Wenn wir nämlich alle Dateien wissen möchten, deren Name mit einem D beginnt, genügt es zu befehlen:

```
A>DIR D*.*
A: DDT      COM : DUMP     COM : DUMP     ASM : DEBLOCK   ASM
A: DISKDEF  LIB
```

Beachten Sie den Unterschied zu unserem vorigen Fall: "D???.*" hat alle Namen mit <u>höchstens</u> vier Stellen ausgelistet. "D*.*" dagegen hat die Namen jeder Länge erfaßt.

Allerdings muß man berücksichtigen, daß diese Funktion recht schematisch abläuft. Das bedeutet insbesondere, daß wir auf der Suche nach all jenen Dateien, deren Name mit einem D <u>aufhört</u>, nicht befehlen können:

```
A>DIR *D.*
A: MOVCPM  COM : PIP     COM : SUBMIT   COM : XSUB      COM
A: ED      COM : ASM     COM : DDT      COM : LOAD      COM
A: STAT    COM : SYSGEN  COM : DUMP     COM : DUMP      ASM
A: BIOS    ASM : CBIOS   ASM : DEBLOCK  ASM : DISKDEF   LIB
```

Das erfaßt alle Dateien ohne Unterschied. Alles nach einem Stern bis zur Grenze des jeweiligen Dateinamensbestandteils Vorgegebe-ne (d.h. bis zum Punkt beim Dateinamen oder einem sonstigen Trennzeichen bei der Klassenangabe) wird von CP/M unterschlagen. Wenn wir wirklich alle mit D endenden Dateien brauchen, dann bleibt nichts übrig, als Schritt für Schritt die Argumente "D.*", "?D.*","??D.*" usw. bis "???????D.*" zu verwenden. Ganz entsprechend gilt das für alle Gruppen unbekannter Länge inner-halb eines Namens selbst.

Um in einem Befehl alle Dateien mit beliebigen Zeichen an einer Stelle im Namen oder der Klassenangabe zu erfassen, verwendet man an dieser Stelle in der Angabe des Dateina-mens ein Fragezeichen. Mehrere nach rechts bis zur Grenze des Dateinamensbestandteils aufeinanderfolgende Fragezei-chen können durch einen Stern zusammengefaßt werden. Ins-besondere gibt ein Stern alleine an, daß alle Namen bzw. alle Klassen erfaßt werden sollen.

Die allgemeine Form von Dateinamen in CP/M

Wir wissen mittlerweile, daß ein Dateiname in CP/M aus zwei Teilen besteht, dem (maximal) achtstelligen Namen und der (maximal) dreistelligen Klassenbezeichnung. Weiter wissen wir, daß man in CP/M-Argumenten den Namen üblicherweise in der Form "Name.Klasse" angeben muß und daß CP/M diese Angabe für den internen Gebrauch in die Form "NNNNNNNNKKK" umwandelt, wobei "N" ein Zeichen des Namens und "K" eines der Klassenangabe darstellt (und auch ein Leerzeichen sein kann).

Diese Umwandlung bestimmt die allgemeine Form mit, die ein Name unter CP/M haben kann. Ganz allgemein gesprochen kann man für Name und Klasse jedes beliebige Zeichen verwenden, solange es den Umwandlungsprozeß nicht abbricht.

Wir haben bereits einige Zeichen kennengelernt, die den Umwandlungsprozeß abbrechen. Es handelt sich hier um alle jene Zeichen, die in normalen CP/M-Befehlsargumenten eine bestimmte, vorgegebene Bedeutung haben:

Leerzeichen - trennt verschiedene Befehlsbestandteile

. - trennt Name und Klassenbezeichnung

: - gibt an, daß es sich bei dem vorangehenden Namen um eine Computereinheit handelt (beispielsweise um ein Diskettenlaufwerk)

= - (Zuweisungszeichen) gibt beispielsweise bei PIP an, daß der links von "=" stehenden Einheit die rechts davon angegebenen Dateien übergeben werden sollen

← (oder _) - Dies kann in einigen Fällen (etwa bei PIP) statt des Gleichheitszeichens in Zuweisungen verwendet werden. Es ist für solche Ausgabegeräte gedacht, die hier einen nach links gerichteten Pfeil darstellen und macht deutlich, daß der rechts stehende Teil des Befehlsarguments dem links stehenden zugewiesen werden soll.

[ ] - fassen besondere Zusatzangaben zur betreffenden Datei oder Operation zusammen (beispielsweise hatten wir im ersten Kapitel mit [V] die nochmalige Überprüfung der kopierten Dateien erreicht)

Dazu kommen noch einige Zeichen, die wir bis jetzt noch nicht kennengelernt haben, nämlich:

, - trennt verschiedene, zusammengehörende Argumente voneinander

; - ähnliche Bedeutung

< > - fassen besondere Zusatzangaben zur betreffenden Datei oder Operation zusammen

Schließlich haben wir noch unsere beiden Suchzeichen "?" und
"*", die man wegen ihrer besonderen Bedeutung dann nicht in eine
Namens- oder Klassenangabe aufnehmen kann, wenn eine eindeutige
Benennung erforderlich ist.
Weitere Einschränkungen können durch die verschiedenen Anwendungsprogramme gegeben werden, die mit den Dateien arbeiten sollen. Beispielsweise wird manchmal gefordert, daß ein Name nur
Buchstaben und Ziffern enthalten darf, wobei das erste Zeichen
ein Buchstabe sein muß. Für CP/M im allgemeinen gilt jedoch:

In einem Dateinamen können alle (druckbaren) Zeichen verwendet werden mit Ausnahme des Leerzeichens und der Zeichen mit besonderer Bedeutung
$$< > . , ; : = ? * [ ] \_$$

Noch eine Bemerkung zum Umwandlungsmechanismus: Da CP/M den Namen oder die Klasse nach rechts mit Leerzeichen auffüllt, bewirkt die Angabe keines Namens oder keiner Klasse, daß der betreffende Dateinamensteil lauter Leerzeichen trägt. Und diese
werden, wie wir im vorigen Abschnitt gesehen haben, als vollgül-
tige Angaben behandelt.

Die Angabe des Laufwerks

Eine 'Datei kann sich - auch mit jeweils anderem Inhalt - unter
demselben Namen auf verschiedenen Disketten vorfinden. Denken
Sie beispielsweise an verschiedene Versionen eines Texts oder an
verschiedene Programme mit ähnlicher Grundfunktion, an verschiedene Tabellen o.ä. Ja, selbst wenn der Dateiinhalt nicht verschieden ist, gibt es häufig Situationen, in denen man genauer
angeben muß, welche Diskette gemeint ist. Beispielsweise dann,
wenn man sich vergewissern will, ob auf einer bestimmten Diskette die Datei PIP.COM vorhanden ist.
Nun kann man in CP/M nicht die Disketten unmittelbar angeben,
wohl aber, wie wir gesehen haben, die Laufwerke, in denen sich
diese Disketten befinden. Man fordert dann beispielsweise: "In
Laufwerk A: Die Datei PIP.COM" oder "In Laufwerk B: Die Datei
PIP.COM". Kurz gefaßt ergibt das "A:PIP.COM" bzw. "B:PIP.COM".
Diskettenlaufwerke sind wie Bildschirm oder Drucker sogenannte Peripheriegeräte des Computers. Ein Bezug auf derartige Peripheriegeräte wird in CP/M immer durch einen Doppelpunkt nach der
betreffenden Bezeichnung angegeben.
Wird kein Laufwerk angegeben, dann wird für den Dateinamen
immer das sogenannte "Bezugslaufwerk" angenommen. Welches das
ist, wird in der Bereitschaftsmeldung angegeben: "A>", "B>" usw.

Wichtig ist hier, daß die Laufwerksangabe innerhalb von CP/M anders als die Angabe des Dateinamens behandelt wird. Insbesondere bedeutet das, daß man eine Datei nicht automatisch in verschiedenen Laufwerken suchen lassen kann; d.h. man kann als Laufwerksbezeichnung kein Fragezeichen vorgeben:

A>DIR ?:PIP.COM

führt zu einer Fehlermeldung.
Wir können unsere Beschreibung von Dateinamen damit so zusammenfassen:

Ein Dateiname besteht aus drei Teilen: der Laufwerksangabe, dem eigentlichen Namen und der Klassenbezeichnung. Die Laufwerksangabe besteht aus einem Buchstaben (bei CP/M 2.2 zwischen "A" und "P"), dem ein Doppelpunkt folgt. Fehlt die Laufwerksangabe, so ist das jeweilige Bezugslaufwerk gemeint. Der Name umfaßt maximal acht, die Klassenangabe maximal drei Zeichen. Name und Klassenangabe werden durch einen Punkt voneinander getrennt. Bei der eindeutigen Angabe von Dateinamen oder Dateiklasse sind alle Zeichen erlaubt außer den Zeichen mit besonderer Bedeutung:
Leerzeichen < > . , ; : = ? * ' '
Zur zusammenfassenden Angabe mehrerer Dateien können die Suchzeichen "?" und "*" im Namens- oder Klassenbestandteil verwendet werden (nicht aber bei der Laufwerksangabe!). Sie bewirken die Suche nach beliebigen Zeichen an der gegebenen Stelle im Dateinamen. Der Stern ist dabei eine abkürzende Form für mehrere sich nach rechts bis zur jeweiligen Namensgrenze erstreckende Fragezeichen.

KAPITEL 3

WIE CP/M DISKETTEN VERWALTET

Nachdem wir uns im vorigen Kapitel die Angabe von Dateien und die Grundform von CP/M-Befehlen angesehen haben, wollen wir hier in Grundzügen betrachten, wie CP/M den Zugriff auf die Diskettendateien und den Speicherplatz auf den Disketten verwaltet. Das ist vor allem deshalb wichtig zu wissen, weil man einigen Fehlfunktionen und einem drohenden Datenverlust dadurch vorbeugen kann, daß man ermittelt ob und wieviel Speicherplatz auf den Disketten gerade zur Verfügung steht und in welcher Form man auf die betreffenden Dateien zugreifen kann. Im Mittelpunkt der Betrachtungen in diesem Kapitel hier wird daher stehen, wie man die verschiedenen Angaben deuten kann, die man von CP/M über die Diskettenbelegung und den Zugriff auf die Dateien erhält.

Vorbereitung

Für die folgenden Überlegungen ist es wichtig, daß wir eine gemeinsame Ausgangsbasis haben. Starten Sie daher bitte Ihr CP/M-System mit der im ersten Kapitel angefertigten Kopie der Systemdiskette neu, d.h. so, daß das System neu von der Diskette in den Speicher geladen wird und Sie die übliche Startmeldung erhalten. In unserem Beispielfall sieht das so aus:

```
48 K CP/M Ver. 2.2
A>_
```

Überprüfen Sie das Verzeichnis auf dieser Diskette. Es sollte unverändert sein.

```
A>DIR
A: MOVCPM   COM : PIP      COM : SUBMIT   COM : XSUB     COM
A: ED       COM : ASM      COM : DDT      COM : LOAD     COM
A: STAT     COM : SYSGEN   COM : DUMP     COM : DUMP     ASM
A: BIOS     ASM : CBIOS    ASM : DEBLOCK  ASM : DISKDEF  LIB
```

Legen Sie dann die im vorigen Kapitel angefertigte Diskette mit der Kopie von PIP in Laufwerk B ein und prüfen Sie auch das nach:

A>DIR B:
B: PIP   COM

Übertragen Sie dann auch auf diese Diskette in Laufwerk B das
CP/M-System (der vom Benutzer eingetippte Text ist unterstri-
chen):

A>SYSGEN<CR>
SYSGEN VER 2.0
SOURCE DRIVE NAME (OR RETURN TO SKIP)A
SOURCE ON A, THEN TYPE RETURN<CR>
FUNCTION COMPLETE
DESTINATION DRIVE NAME (OR RETURN TO REBOOT)B
DESTINATION ON B, THEN TYPE RETURN<CR>
FUNCTION COMPLETE
DESTINATION DRIVE NAME (OR RETURN TO REBOOT)<CR>

A>_

Schließlich und endlich sollten Sie die Diskette in Laufwerk B
noch einmal überprüfen, ob sich wirklich nichts an ihrem Inhalt
verändert hat:

A>DIR B:
B: PIP   COM

Führen Sie bitte alle diese Schritte - insbesondere auch die
letzte Überprüfung der Diskette in Laufwerk B - durch. Sonst
kann es sein, daß sich Ihre Testergebnisse beträchtlich von den
hier beschrieben unterscheiden. Und wenn Sie das System nicht
richtig auf die zweite Diskette übertragen lassen, dann kann es
sein, daß Ihr Computer im Verlauf des Versuchs "durchgeht" und
die Diskettenaufzeichnungen möglicherweise zerstört. Folgen Sie
daher bitte den Beispielen hier und in den nächsten Experimenten
so buchstabengetreu, wie es Ihr System zuläßt.

Der freie Diskettenspeicherplatz

Oftmals hängt die Art und Weise der Anwendung eines bestimmten
Programms, ja dessen Anwendung überhaupt davon ab, daß ausreichend freier Speicherplatz auf den Disketten im Computersystem
verfügbar ist. Viele Programme benötigen beispielsweise für ihre
Arbeit einen "Diskettenpuffer", d.h. sie legen während ihrer Arbeit auf der Diskette vorübergehend Dateien für umfangreiche
Zwischenergebnisse an. Diese "Zwischendateien" werden später

zwar wieder entfernt, zum Betrieb des jeweiligen Programms sind
sie jedoch unbedingt notwendig. Oder es ist von vornherein bekannt, daß - beispielsweise bei Kopieroperationen - eine Datei
bestimmter Länge auf der Zieldiskette Platz finden muß.
So betrifft eine der häufigsten Fragen an das System den
Speicherplatz auf den gerade arbeitenden Disketten. Dabei geht
es sowohl um den Platz, den die verschiedenen Aufzeichnungen
belegen, als auch um den jeweils noch frei verfügbaren Speicherbereich.
Man spricht in diesem Zusammenhang vom "Zustand", vom "Status" des Systems. Dieser Status bestimmt die Art und Weise, in
der das System eingesetzt werden kann. Nur wenn er der betrachteten Aufgabe angemessen ist (wenn beispielsweise genügend
freier Speicherplatz auf den Disketten vorliegt), läßt sich die
Arbeit ohne Schwierigkeiten erledigen.
Den Systemstatus erhält man mit einem Hilfsprogramm. Es trägt
die Bezeichnung STAT.COM, was von "status" oder auch - der Les-
art von Digital Research nach - von "statistics" kommt, denn mit
seiner Hilfe lassen sich alle nur denkbaren Übersichtsinformati-
onen (eben "statistics") zum Betriebszustand des Systems gewin-
nen. Wie jeder andere externe CP/M-Befehl, so wird auch dieses
Programm einfach durch Angabe seines Namens aufgerufen, in unserem Beispiel so:

A>STAT<CR>
A: R/W, Space: 147k
B: R/W, Space: 233k

(Die Zahlenwerte hängen vom System ab. Sie werden bei Ihnen
möglicherweise anders sein.)

    "A:" und "B:" bezeichnen die Diskette in Laufwerk A und Lauf-
werk B. "Space" gibt den jeweils noch freien Speicherplatz an.
Auf der Diskette in Laufwerk A stehen also noch 147, auf der in
Laufwerk B noch 233 KBytes zur Verfügung. (Das kleine "k" ist
amerikanischer Stil; gemeint sind hier immer 1024 Bytes.)
    Ohne weiteres Argument angewendet, liefert der STAT-Befehl
also eine Angabe über den derzeit verfügbaren freien Diskettenspeicherplatz.

Der Schreib/Lese-Zustand

Bei dem "R/W" hingegen handelt es sich um eine Abkürzung für
"read or write", "Lesen oder Schreiben". Sie besagt, daß man von
der betreffenden Diskette sowohl Daten lesen als auch Daten auf

sie schreiben kann. Die Bedeutung dieser Angabe können wir aus einem kleinen Experiment erschließen.
Vertauschen Sie die Disketten in den Laufwerken und sehen Sie sich dann die Verzeichnisse an:

```
A>DIR
A: PIP      COM
A>DIR B:
B: MOVCPM   COM : PIP     COM : SUBMIT  COM : XSUB    COM
B: ED       COM : ASM     COM : DDT     COM : LOAD    COM
B: STAT     COM : SYSGEN  COM : DUMP    COM : DUMP    ASM
B: BIOS     ASM : CBIOS   ASM : DEBLOCK ASM : DISKDEF LIB
```

Soweit sind das keine Überraschungen. Und der Diskettenstatus? (Beachten Sie, daß die STAT-Diskette jetzt in Laufwerk B liegt.)

```
A>B:STAT
A: R/O, Space: 147k
B: R/O, Space: 233k
```

Hier fällt zunächst auf, daß sich das "R/W" aus unserem ersten Versuch in "R/O" geändert hat. Diese Abkürzung steht für "read only", "nur Lesen". Ihre Bedeutung erschließt sich aus dem Versuch, den STAT-Befehl von der Diskette in Laufwerk B auf die in Laufwerk A zu kopieren:

```
A>PIP A:=B:STAT.COM<CR>
```

CP/M greift auf die Diskettenlaufwerke zunächst ganz wie gewohnt zu, bricht die Arbeit dann aber mit folgender Meldung ab:

Bdos Err On A: R/O_

"Bdos" steht für "basic disk operating system", also den Kern von CP/M, das "Grundbetriebssystem für Disketten", "Err" ist die Abkürzung für "error", "Fehler", und "Bdos Err" zusammen gibt an, daß das Betriebssystem bei der Befehlsausführung einen Fehler entdeckt hat. Es folgt die Angabe, wo der Fehler aufgetreten ist: "On A:", "auf (der Diskette in) Laufwerk A:". "R/O" wiederum bezeichnet diesen Fehler genauer: Die Diskette ist "read only", "nur lesbar". Alles in allem also haben wir sinngemäß folgende Fehlermeldung erhalten:

Fehler vom Betriebssystem auf Laufwerk A entdeckt: Die Diskette ist nur lesbar!

Was bedeutet das? Nun - wir haben versucht, im Zuge des PIP-
Befehls etwas (die Datei STAT.COM) auf die Diskette in Laufwerk
A zu schreiben. Das aber läßt CP/M gegenwärtig nicht zu: Es hat
die Disketten in Nur-Lese-Zustand versetzt, eine Sicherheitsmaß-
nahme, mit der eine ungewollte Veränderung des Disketteninhalts
verhindert werden soll.
    Wie aber weiter? Der Kursor steht hinter der Fehlermeldung,
und sonst geschieht nichts. Vermutlich wartet CP/M auf eine Eingabe. Tippen wir also irgendetwas:

Bdos Err On A: R/O<CR>

CP/M greift daraufhin auf die Diskette in Laufwerk A zu und meldet sich schließlich normal mit "A>" zurück.
    Sehen wir nach, was geschehen ist. Zunächst einmal sind da
die Diskettenverzeichnisse:

```
A>DIR
A: PIP      COM
A>DIR B:
B: MOVCPM  COM : PIP    COM : SUBMIT  COM : XSUB    COM
B: ED      COM : ASM    COM : DDT     COM : LOAD    COM
B: STAT    COM : SYSGEN COM : DUMP    COM : DUMP    ASM
B: BIOS    ASM : CBIOS  ASM : DEBLOCK ASM : DISKDEF LIB
```

Hier hat sich nichts verändert. Insbesondere ist das gewünschte
Statusprogramm STAT.COM nicht auf die Diskette in Laufwerk A
kopiert worden. Und der Diskettenzustand selbst?

```
A>B:STAT
A: R/W, Space: 233k
B: R/W, Space: 147k
```

Hier hat sich allerdings etwas getan: Die beiden Laufwerke wurden als "R/W" gemeldet, die Disketten in ihnen können jetzt offensichtlich auch beschrieben werden. Versuchen wir es:

```
A>PIP A:=B:STAT.COM
```

Diesmal erfolgt keine Fehlermeldung. Das System greift nacheinander mehrfach auf beide Laufwerke zu, hat also offensichtlich
die gewünschte Datei kopiert. Das läßt sich nachprüfen:

```
A>DIR
A: PIP      COM : STAT    COM
```

Der automatische Schreibschutz

Stellen wir die verschiedenen Meldungen, die der STAT-Befehl geliefert hatte, noch einmal übersichtlich zusammen:

vor Vertauschen:	nach Vertauschen:	nach Fehlermeldung:
A: R/W, Space: 147k	A: R/O, Space: 147k	A: R/W, Space: 233k
B: R/W, Space: 233k	B: R/O, Space: 233k	B: R/W, Space: 147k

Vergleichen Sie hier die Angaben über den verfügbaren Speicherplatz. Im Ausgangszustand steht auf der Diskette in Laufwerk A
noch 147, auf der in B noch 233 KBytes freier Speicherplatz zur
Verfügung. Dann haben wir die Disketten vertauscht und eine er-
neute Angabe über den verfügbaren Speicherplatz angefordert: in
Laufwerk A 147 KBytes, in Laufwerk B 233 KBytes - derselbe Stand
wie vorher, also eindeutig falsch! Dafür aber sind die Disketten
in diesen Laufwerken von CP/M in R/O-Zustand versetzt worden.
   Nach der Fehlermeldung und ihrer Bestätigung durch einen Tastendruck hat sich das Betriebssystem die Situation offensichtlich genauer angesehen: Jetzt weiß es von der Diskette in Laufwerk A, daß sie 233 KBytes Platz bietet, und von der in Laufwerk
B, daß auf ihr 147 KBytes untergebracht werden können - und der
Schreibschutz ist wieder aufgehoben.
   Das Geheimnis liegt in der Art, wie CP/M auf ein Diskettenlaufwerk zugreift. Das heißt - genau betrachtet sind es zwei Ge-
heimnisse.
   Zum ersten: Beim allerersten Zugriff auf ein Laufwerk geht
CP/M das Verzeichnis auf der dort vorhandenen Diskette durch und
legt eine Tabelle darüber an, welche Abschnitte der Diskette mit
gültigen Aufzeichnungen belegt und welche noch frei sind. Diese
Tabelle (und nicht das Verzeichnis selbst) dient dem STAT-Pro-
gramm als Grundlage zur Berechnung des freien Speicherplatzes
und CP/M zur Auswahl neuer Aufzeichnungsabschnitte.
   Zum zweiten: Zusätzlich berechnet CP/M eine Quersumme über
den Inhalt jedes Verzeichnisabschnitts und legt den so ermittelten Wert in einer besonderen Prüftabelle ab.
   Und nun kommt der eigentliche Trick: Immer dann nämlich, wenn
CP/M später auf das Verzeichnis zugreift, berechnet es die Quersumme über den Inhalt des gerade betrachteten Verzeichnisabschnitts. Dieser Wert wird mit dem verglichen, der in der Prüftabelle festgehalten ist. Weicht nun der berechnete Wert von dem
in der Tabelle festgehaltenen ab, dann ist das ein untrügliches
Zeichen dafür, daß die Diskette in der Zwischenzeit ausgewech-
selt worden ist. Dies vermerkt CP/M intern in geeigneter Form.
Und dieser Vermerk wiederum bewirkt, daß der Inhalt des betref-

fenden Diskettenlaufwerks nicht mehr verändert werden darf: Es
ist als R/O markiert.
    Da bei diesem Vorgang die Belegungstabelle nicht verändert
wird, kann STAT natürlich auch nur das Speicherangebot der zuerst verwendeten Diskette ermitteln. Daher kommen die Speicher-
platzangaben in unserem Versuch. Für richtige STAT-Ergebnisse
muß CP/M ein Diskettenwechsel ausdrücklich mitgeteilt werden.

Der Warmstart

Eine solche Mitteilung hat CP/M in Experiment offensichtlich erhalten, als wir nach der Fehlermeldung

                    Bdos Err On A: R/O

eine Taste gedrückt hatten.
    Doch muß es dazu nicht erst zu einer Fehlermeldung kommen.
Man kann CP/M auch anders mitteilen, daß es sich die Diskettenlaufwerke neu ansehen soll, auf der von uns im Augenblick betrachteten Bedienungsebene beispielsweise mit CONTROL-C.
Sehen wir uns das an. Der gegenwärtige Stand der Dinge ist:

```
A>DIR
A: PIP      COM : STAT      COM
A>DIR B:
B: MOVCPM   COM : PIP       COM : SUBMIT    COM : XSUB     COM
B: ED       COM : ASM       COM : DDT       COM : LOAD     COM
B: STAT     COM : SYSGEN    COM : DUMP      COM : DUMP     ASM
B: BIOS     ASM : CBIOS     ASM : DEBLOCK   ASM : DISKDEF  LIB
A>STAT
A: R/W, Space: 227k
B: R/W, Space: 147k
```

Vertauschen der Disketten ergibt die Situation:

```
A>DIR
A: MOVCPM   COM : PIP       COM : SUBMIT    COM : XSUB     COM
A: ED       COM : ASM       COM : DDT       COM : LOAD     COM
A: STAT     COM : SYSGEN    COM : DUMP      COM : DUMP     ASM
A: BIOS     ASM : CBIOS     ASM : DEBLOCK   ASM : DISKDEF  LIB
A>DIR B:
B: PIP      COM : STAT      COM
A>STAT
A: R/O, Space: 227k
B: R/O, Space: 147k
```

69

Wenn wir jetzt ein CONTROL-C eingeben, dann greift das System sofort auf die Diskette in Laufwerk A zu und meldet sich dann wie gewohnt zurück:

A>^C
A>_

Der STAT-Befehl gibt Aufschluß über den neuen Systemzustand:

A>STAT
A: R/W, Space: 147k

Das ist alles! CP/M "weiß" nach dem CONTROL-C nur noch von einem einzigen aktiven Diskettenlaufwerk. Die Diskette dort ist jedoch korrekt erfaßt und kann sowohl gelesen als auch beschrieben werden. Das ist (in diesem Fall!) die gleiche Situation, die nach dem völligen Neustart des Systems vorliegt.

In beiden Fällen wird das Betriebssystem von der Diskette in den ihm zugeteilten Speicherplatz geladen. Im Unterschied zum völligen Neustart jedoch (dem sogenannten "Kaltstart", englisch "cold start") wird bei einem solchen "Warmstart" der systemabhängige BIOS-Teil nicht verändert. Lediglich die systemunabhängigen CP/M-Teile, in der Hauptsache also das BDOS, werden von der Diskette gelesen. Das hat den Vorteil, daß irgendwelche im BIOS-Teil vorgewählte Besonderheiten bei der Verbindung zu den Peripherieeinheiten unberührt bleiben. Wichtig ist daran:

Durch einen Warmstart wird das CP/M-System in einen ganz bestimmten Ausgangszustand versetzt, durch den die Disketten in den Laufwerken völlig neu erfaßt werden können.

Dabei stellt sich das System auf den "kleinstmöglichen" Ausgangszustand ein, aktiviert also nur die unbedingt nötigen Laufwerke. In unserem Fall ist dies das Laufwerk A.

Nach einem Warmstart kann man wie gewohnt auf der CP/M-Bedienungsebene weiterarbeiten, beispielsweise so:

A>DIR B:
B: PIP   COM : STAT   COM

Wenn wir jetzt den Systemzustand nachprüfen:

A>STAT
A: R/W, Space: 147k
B: R/W, Space: 227k

erhalten wir genau das Ergebnis, das wir bereits zu Anfang hatten: CP/M hat sich die Diskette in Laufwerk B angesehen, die interne Belegungsabelle aufgebaut und die Diskette zum Lesen und Schreiben freigegeben.

Der Warmstart mittels CONTROL-C wird im übrigen nur dann ausgeführt, wenn der Befehl ganz am Anfang der Befehlszeile angegeben wird. Wenn wir auch nur einen einzigen Leerschritt voransetzen, wird das CONTROL-C nicht mehr als Warmstartbefehl erkannt:

```
A> ^C
?
```

Das dient in erster Linie dem Schutz vor Fehlbedienungen. Wir werden darauf noch zurückkommen.

Eine weitere wichtige Besonderheit vieler unter CP/M arbeitender Programme können wir anhand von PIP verfolgen. Aktivieren wir beispielsweise das zweite Diskettenlaufwerk, rufen dann das PIP-Programm auf und verlassen es gleich wieder

```
A>DIR B:
B: PIP      COM : STAT      COM
A>STAT
A: R/W, Space: 147k
B: R/W, Space: 227k
A>PIP
*<CR>
```

dann erhalten wir den Systemzustand:

```
A>STAT
A: R/W, Space: 147k
```

Das liegt ganz einfach daran, daß PIP wie die meisten anderen CP/M-Programme automatisch mit einem Warmstart beendet wird. Nur wenige, meist recht einfache Programme verhalten sich wie STAT, das den Systemzustand (selbstverständlich!) unbeeinflußt läßt.

In der Regel wird ein unter CP/M arbeitendes Programm durch einen automatischen Warmstart beendet. Das Betriebssystem befindet sich danach im Grundzustand.

Es wäre dann im Prinzip möglich, die Disketten in den nicht aktivierten Laufwerken auszuwechseln. Dies bringt allerdings ein beträchtliches Fehlerrisiko mit sich, wenn ein Programm zufällig einmal nicht (wie beispielsweise STAT) mit einem automatischen

Warmstart abschließt. Man sollte sich daher als feste Gewohnheit einprägen:

Teilen Sie dem CP/M-Betriebssystem jeden Diskettenwechsel ausdrücklich durch CONTROL-C mit!

Das Bezugslaufwerk

Bis jetzt haben wir hauptsächlich mit Laufwerk A gearbeitet, alle Dateinamen bezogen sich zunächst einmal hierauf. Man spricht in diesem Zusammenhang von dem "Bezugslaufwerk", dem "default drive" im Englischen.

Es gibt aber eine ganze Reihe von Einsatzfällen, bei denen man hauptsächlich mit Programmen und Daten auf einer Diskette in einem anderen Laufwerk arbeiten muß. Dann ist es sehr umständlich, ja manchmal sogar unmöglich, jedesmal den Laufwerksnamen anzugeben. Für diese Fälle kann man in CP/M das Bezugslaufwerk ändern, indem man in der Befehlszeile einfach den neuen Laufwerksnamen gefolgt von einem Doppelpunkt angibt.

Wechseln wir beispielsweise den Bezug von Laufwerk A auf Laufwerk B:

A>B:<CR>
B>_

CP/M meldet das jeweilige Bezugslaufwerk vor dem Bereitschaftszeichen. Das vereinfacht die Bedienung wesentlich.

Die Tatsache, daß ein beliebiges Laufwerk im System zum Bezug erklärt werden kann, hat mehrere Konsequenzen. Die eine davon betrifft (in modernen CP/M-Systemen) den Warmstart mit CONTROL-C oder - automatisch - beim Abschluß eines Anwendungsprogramms. Sehen wir uns das an:

B>^C

CP/M greift zunächst auf Laufwerk A zu. (Es liest von dort die für den Warmstart benötigten Teile des Betriebssystems herunter.) Darauf meldet es sich allerdings mit B als Bezugslaufwerk zurück:

B>^C
B>_

(Falls Sie hier ein "A>" erhalten haben: Dies ist eine Funktion des BIOS-Teils. CP/M stellt eine Information über die gegenwär-

tig aktive Bezugsdiskette zur Verfügung, die von einigen älteren
Systemen jedoch nicht ausgenutzt wird. Dies ist jedoch einfach
zu beheben. Wenden Sie sich gegebenenfalls an Ihren Händler.)

Das Betriebssystem weiß jetzt von zwei Diskettenlaufwerken:

B>STAT
A: R/W, Space: 147k
B: R/W, Space: 227k

Noch eine Beobachtung ist wesentlich:

Bei einem Warmstart wird ebenso wie beim Kaltstart das
CP/M-Betriebssystem von der Diskette in Laufwerk A geladen.

Das hat die wichtige Folge, daß nur die jeweils in Laufwerk A
verwendete Diskette ein System auf den äußeren Spuren zu tragen
braucht. Das allerdings muß unbedingt gewährleistet sein!
Die Festlegung eines Bezugslaufwerks hat noch eine wichtige
Folge bei der Programmerstellung: Auch von einem Programm aus
greift man auf Dateien durch Angabe ihres Names zu. Und genau
wie bei der Bedienung des Systems von Hand wird auch hier entweder ein Laufwerk ausdrücklich benannt oder das Bezugslaufwerk
verwendet. Dieser Bezug hat den wichtigen Vorteil, daß das betreffende Programm von der Systemzusammenstellung unabhängig
wird. Man braucht sich nicht auf ein bestimmtes Laufwerk festzulegen, sondern kann das vom Benutzer erst beim Arbeiten mit dem
Programm bestimmte Bezugslaufwerk verwenden.
Es ist wichtig, auf diesen Punkt zu achten, denn die verschiedenen Programme verhalten sich völlig unterschiedlich in
ihren Anforderungen an die von ihnen benutzten Dateien. Manche
schreiben ein bestimmtes Diskettenlaufwerk für bestimmte Daten
oder Programmteile vor, andere benutzen das Bezugslaufwerk für
alle Diskettenzugriffe, wenn nicht ausdrücklich etwas anderes
befohlen wird. Wieder andere benutzen das Bezugslaufwerk nur für
Zwischenergebnisse und einige wenige Programme schließlich bieten den Luxus, daß sie sich bei Bedarf ein passendes Laufwerk
selbst aussuchen können (da das aber einige über den normalen
Verkehr mit dem CP/M-Betriebssystem hinausgehende Programmierung
erfordert, wird es - leider - nur selten gemacht; wir werden das
in einem späteren Band genauer behandeln). Sie müssen sich auf
alle Fälle vor dem ersten Einsatz eines neuen CP/M-Programms
genauestens über diese Anforderungen an die Diskettenlaufwerke
informieren.

Der belegte Speicherplatz

Bleiben wir noch etwas beim Systemstatus. Bis jetzt können wir lediglich erfragen, wieviel Platz auf den im System gerade aktiven Diskettenlaufwerken noch verfügbar ist. Oft aber braucht man auch eine Auskunft darüber, wieviel Speicherplatz eine bestimmte Datei auf der Diskette belegt.
Es liegt nahe, dies mit einem Argument zum STAT-Befehl zu ermitteln, z.B. so:

A>STAT PIP.COM

```
Recs   Bytes   Ext Acc
 58     8k      1 R/W A:PIP.COM
Bytes Remaining On A: 147k
```

Das ist mehr als erwartet. Zunächst: Die erwünschte Information ist offensichtlich vorhanden. Wir haben eine Angabe zur Datei PIP.COM auf der Diskette in Laufwerk A erhalten. Und es ist in der mit "Bytes" bezeichneten Spalte offensichtlich der von ihr belegte Speicherplatz mitgeteilt worden, nämlich 8 KBytes. Weiter können wir ohne weiteres die letzte Zeile entschlüsseln: "Bytes Remaining On A: 147k" - "Auf (der Diskette in) Laufwerk B verbleiben 147 KBytes Speicherplatz".

Wie CP/M den Diskettenplatz verwaltet

Die übrigen Angaben vermitteln einen Einblick in die Art und Weise, wie CP/M eine Datei auf der Diskette verwaltet. Da haben wir zunächst die Spalte "Recs". Das steht für "records", zu deutsch "Aufzeichnungseinheiten". In CP/M umfaßt eine solche Aufzeichnungseinheit gerade 128 Bytes, soviel wie in einen (Standard-)Diskettensektor paßt. Die Spalte "Recs" gibt an, wieviele solche Aufzeichnungseinheiten die Datei tatsächlich umfaßt. In der Regel unterscheidet sich dies von dem Wert, der sich aus der Spalte "Bytes" ergibt. Rechnen wir nach:

```
        "Bytes":  8 x 1024 Bytes  =  8192 Bytes
        "Recs":  58 x  128 Bytes  =  7424 Bytes
                                     ----------
        Das ist ein Unterschied von:  768 Bytes
```

Der Unterschied ergibt sich daraus, daß CP/M den auf der Diskette belegten Platz nicht Aufzeichnung für Aufzeichnung vermerkt, sondern in Blöcken von mehreren Aufzeichnungen. In unserem Fall eines 8-Zoll-Standardsystems sind das jeweils 1024 Bytes in 8 Aufzeichnungen. (Andere CP/M-Systeme können andere Werte aufweisen.)

Dieser von CP/M auf der Diskette reservierte Bereich wird in der Spalte "Bytes" angezeigt. Es ist, genau genommen, der für andere Aufzeichnungen nicht mehr verfügbare Platz. Wie weit er genutzt wird, gibt die Spalte "Recs" an.

Die Unterscheidung zwischen dem vom Betriebssystem auf der Diskette reservierten und dem tatsächlich belegten Speicherplatz ist wichtig zum Abschätzen, wieviel Information noch auf eine Diskette paßt. Nehmen wir beispielsweise an, wir wollten zwei Dateien TEST1.TXT und TEST2.TXT zu je 128 Bytes neu anlegen. Dann reserviert CP/M auf dieser Diskette für jede dieser Dateien einen Block von (in unserem Fall) 1 KByte. Das bedeutet, daß - obwohl wir nur zwei Sektoren für die gültigen Daten benötigen - in unserem Standardsystem mindestens zweimal acht freie Sektoren auf der Diskette vorliegen müssen, was 2 KBytes ausmacht.

So verschenkt CP/M auf jeder Diskette etwas Platz (im Mittel einen halben Block, im Standardsystem also 512 Bytes pro Datei). Andererseits aber wird so die Verwaltung des Diskettenspeicherplatzes wesentlich vereinfacht und beschleunigt. Die Belegungstabellen beispielsweise, die CP/M beim ersten Lesen (und beim Verändern des Inhalts) einer Diskette erstellt, erfassen nicht einzelne Sektoren, sondern immer solche Verwaltungseinheiten von (im Standardsystem) 1024 Bytes. Das verringert den Platz für die Tabellen und den Rechenaufwand bei ihrer Handhabung auf ein Achtel, was sich durchaus bemerkbar macht.

Verzeichniseinheiten (extensions)

Die folgende Spalte der Platzangabe in

```
Recs  Bytes  Ext Acc
 58     8k     1 R/W A:PIP.COM
Bytes Remaining On A: 147k
```

lautet "Ext", was für "extension" steht. Wörtlich heißt das "Erweiterung" und betrifft die Art, wie CP/M das Diskettenverzeichnis für eine Datei anlegt.

CP/M steht im Diskettenverzeichnis nicht unbeschränkt viel Platz zur Verfügung. Ein jeder Verzeichniseintrag kann (in der Standardversion) gerade 128 Aufzeichnungseinheiten zu je 128 Bytes, also gerade 16 KBytes erfassen. Im Schnitt aber sind die Dateien viel länger als 16 KBytes. Für eine solche Datei braucht man in CP/M daher weitere Verzeichniseinträge, Fortsetzungen des

jeweils vorangehenden Eintrags für diese Datei, "extensions".
Die Anzahl dieser Einträge wird in der Spalte "Ext" angegeben.
Auch diese Information über die belegten Verzeichniseinträge
ist zur Abschätzung des auf der Diskette verfügbaren Speicherplatzes wichtig. Denn das Diskettenverzeichnis hat unter CP/M
nur eine begrenzte Länge. In Standardsystemen kann es 64 Einträge aufnehmen. Ist dieser Platz ausgeschöpft, dann kann nichts
weiter auf die Diskette geschrieben werden.
Ein Extrembeispiel möge das beleuchten: Sind alle Dateien
kürzer als 16 KBytes, dann entspricht die Zahl der möglichen
Verzeichniseinträge der Zahl der auf der Diskette unterbringba-
ren Dateien: 64 Stück. Das hat die Folge, daß bei kurzen Dateien
die Diskette nur zum Teil genutzt wird. Im Extremfall, wenn jede
Datei gerade einen gültigen Datensektor, also 128 Bytes umfaßt,
sind das 64 x 128 Bytes, d.h. gerade 8 KBytes nutzbare Daten auf
einer Diskette die (im Standardsystem) 241 KBytes festhalten
könnte!
Allerdings ist das wirklich ein Extrem. In der Praxis erweisen sich die von CP/M vorgegebenen Verwaltungsmöglichkeiten der
Diskette als voll und ganz ausreichend. Der verfügbare Platz
wird gut ausgenutzt und steht rasch zur Verfügung.
Noch eine Nachbemerkung: Diese Darstellung trifft in vollem
Umfang nur für Versionen vor 2.0 und für Standardversionen ab
2.0 zu. Ab Version 2.0 braucht die Zahl der von STAT angezeigten
16-KByte-"extensions" nicht mehr unbedingt mit der Zahl der Verzeichniseinträge zusammenzufallen (d.h. ein Verzeichniseintrag
kann u.U. mehrere solcher "logischer Einträge" umfassen).

Schreibschutz für einzelne Dateien

In CP/M 1.4 ist das alles, was man von STAT an Information erhält. Hier sieht die Meldung beispielsweise so aus:

RECS BYTS EX D:FILENAME.TYP
 58   8k 1 A:PIP.COM
BYTES REMAINING ON A: 147K

Ab Version 2.0 wird mehr geboten:

Recs Bytes Ext Acc
 58   8k   1 R/W A:PIP.COM
Bytes Remaining On A: 147k

Die zusätzliche Spalte "Acc" bedeutet "access", "Zugriff", und
die in ihr angegebene Information "R/W" ist uns bereits bekannt:

"read and write", "Lesen und Schreiben". Allerdings läßt schon die Tatsache, daß diese Angabe sich bei jeder neuen Datei wiederholt, darauf schließen, daß dadurch eine Eigenschaft ausgedrückt wird, die - ab Version 2.0 - nicht für die Diskette insgesamt, sondern für jede Datei einzeln bestimmt ist.

Und genau so ist es auch. Man kann ab Version 2.0 in CP/M für jede Diskettendatei gezielt bestimmen, ob sie schreibgeschützt sein soll oder nicht. Diese Information wird geeignet mit in das Diskettenverzeichnis aufgenommen und ist von dem allgemeinen Schreibschutz eines Diskettenlaufwerks unabhängig.

Man kann einen solchen Schreibschutz nach Belieben mit Hilfe des STAT-Befehls setzen oder wieder entfernen. Dazu muß nach dem Dateinamen ein passender Befehl gegeben werden, durch ein Dollarzeichen "$" (und einen Leerschritt) von ihm getrennt. Schützen wir beispielsweise die Datei PIP.COM:

```
A>STAT PIP.COM $_
```

Nach diesem Trennzeichen (vergessen Sie den führenden Leerschritt nicht, sonst versteht STAT Sie falsch) ist die der Datei neu zuzuweisende Eigenschaft anzugeben. Um die Datei als nur noch lesbar zu erklären, müssen wir "R/O" befehlen.

```
A>STAT PIP.COM $R/O
```

Daraufhin wird STAT geladen, die Datei PIP.COM im Verzeichnis aufgesucht und falls gefunden, so gemeldet:

```
A>STAT PIP.COM $R/O
PIP.COM
```

Wenn dann der neue Zugriffsvermerk im Verzeichniseintrag angebracht ist, bestätigt STAT die ausgeführte Aktion:

```
A>STAT PIP.COM $R/O

PIP.COM set to R/O
```

Nachprüfen ergibt die Meldung

```
A>STAT PIP.COM

Recs  Bytes  Ext Acc
  58    8k     1 R/O A:PIP.COM
Bytes Remaining On A: 147k
```

in der die Zugriffsbeschränkung "R/O" verzeichnet ist. Andere
Dateien wurden nicht beeinflußt, wie z.B. die Untersuchung von
STAT.COM zeigt:

A>STAT STAT.COM

Recs Bytes Ext Acc
 41   6k   1 R/W A:STAT.COM
Bytes Remaining On A: 147k

und auch der Diskettenzustand insgesamt (d.h. eigentlich der Zustand des Laufwerks) bleibt erhalten:

A>STAT A:
A: R/W, Space: 147k

Daß der Schreibschutz tatsächlich besteht, zeigt sich, wenn wir
versuchen, PIP von der Diskette in Laufwerk B herüberzukopieren:

A>PIP A:=B:PIP.COM

PIP greift wie üblich auf beide Disketten zu, meldet sich dann
aber mit

A>PIP A:=B:PIP.COM

DESTINATION IS R/O, DELETE (Y/N)?_

Das heißt "Ziel(datei) ist nur lesbar, löschen (Y/N)?", wobei Y
für "yes", "ja" und "N" für "no", "nein" steht.
    Wollen wir die Originaldatei unberührt lassen, so müssen wir
ein "N" eintippen (ein kleines "n" tut es im übrigen auch):

A>PIP A:=B:PIP.COM

DESTINATION IS R/O, DELETE (Y/N)?N
NOT DELETED

Mit "NOT DELETED" meldet PIP, daß es die Datei nicht gelöscht
hat. Ansonsten beendet es seine Arbeit ordnungsgemäß.
    Den Luxus der nochmaligen Nachfrage bietet von den Programmen
auf der Systemdiskette allerdings nur PIP. Fast alle anderen
derzeit erhältlichen Programme versuchen bedauerlicherweise die
Änderung des Dateiinhalts auf jeden Fall. Und das wiederum führt
zu einer Meldung vom Betriebssystem selbst.

Ein Beispiel auch dazu: Einer der Befehle, die CP/M unmittelbar versteht, ist ERA, was eine Abkürzung von "erase", "löschen" ist. Mit seiner Hilfe lassen sich Dateien aus dem Diskettenverzeichnis entfernen. ERA verlangt als Argument den Namen der zu löschenden Datei. Wenn wir nun versuchen, die eben schreibgeschützte Datei PIP.COM von der Diskette in Laufwerk A zu entfernen, dann geschieht folgendes:

A>ERA PIP.COM
Bdos Err On A: File R/O_

Diese Fehlermeldung kennen wir im Prinzip bereits von früher. Sie besagt: "Fehler vom Betriebssystem auf Laufwerk A entdeckt: Die Datei ist schreibgeschützt." Danach wartet CP/M auf eine Bestätigung durch den Benutzer. Drücken einer beliebigen Taste genügt, worauf wie im Fall der schreibgeschützten Diskette ein Warmstart durchgeführt wird.

Das allerdings kann bei anderen Programmen sehr unangenehm werden, weil dadurch in der Regel die derzeit behandelte Arbeit abgebrochen wird und damit die bis dahin erarbeiteten Daten verlorengehen können. Daher ist es wichtig, daß Sie vor Starten eines Anwendungsprogramms darauf achten, daß keine der von ihm zu verändernden Dateien schreibgeschützt ist.

Einen Schreibschutz einer Datei hebt man im übrigen ganz entsprechend wieder auf, beispielsweise so:

A>STAT PIP.COM $R/W

PIP.COM set to R/W

STAT hat jetzt den Schreibschutzvermerk für PIP.COM im Diskettenverzeichnis entfernt. Damit läßt sich PIP wieder ganz nach Belieben verändern, was Sie selbst nachprüfen können.

Beachten Sie die Unterscheidung zwischen dem allgemeinen Schreibschutz und dem dateiorientierten. Der allgemeine Schreibschutz bezieht sich nicht auf eine Diskette, sondern immer auf ein Diskettenlaufwerk. Er wird durch einen Warmstart automatisch wieder aufgehoben. Der dateiorientierte Schreibschutz dagegen wird fest auf der Diskette vermerkt und bleibt erhalten, bis man ihn ausdrücklich wieder löscht. Insbesondere kann ihn kein Warmstart beeinflussen.

KAPITEL 4

WIE MAN MIT DATEIEN UMGEHT

Wir wissen jetzt, wie man Dateinamen angibt und wie CP/M Disketten verwaltet. Damit ist es an der Zeit sich anzusehen, wie man eigentlich unter CP/M mit Dateien umgeht. Dies wollen wir im vorliegenden Kapitel anhand eines einfachen Beispiels tun. Es geht hier darum, ein erstes Gefuhl für die verschiedenen Werkzeuge zu entwickeln, die CP/M zum Umgang mit Dateien bereitstellt.

Die Grundoperationen mit Dateien

Dateien entstehen, werden verändert und vergehen: Zunächst müssen die nötigen Daten gesammelt und zusammengefaßt werden: Die Datei ist zu erzeugen. Dann sind in der Datei festgehaltenen Daten zu verarbeiten. Und schließlich muß man nicht mehr benötigte Dateien wieder von der Diskette entfernen: Man muß sie löschen.

Das Löschen einer CP/M-Datei

Vergleichen wir die Aufgabe mit der entsprechenden für eine Kartei: Um dort eine Information zu entfernen, kann man beispielsweise die Eintragungen auf den entsprechenden Karten ausradieren oder durchstreichen. Oder man entfernt die betreffenden Karten ganz aus der Datei.

Entsprechend verfährt man mit einer Datei. Man kann die Aufzeichnungen geeignet überschreiben (wie man beispielsweise ein Tonband löscht). Oder man sorgt dafür, daß der von ihnen belegte Diskettenplatz dem System für neue Dateien zur Verfügung steht. Und das bedeutet: Man muß die Verwaltungseinträge für die Datei aus dem Diskettenverzeichnis entfernen.

Diesen Weg beschreitet CP/M - allerdings nicht ganz so radikal. Wenn eine Datei zu löschen ist, dann werden die betreffenden Einträge nicht vollständig aus dem Diskettenverzeichnis entfernt; das Betriebssystem markiert sie lediglich als ungültig. Dadurch werden sie beim Durchsehen des Verzeichnisses nicht mehr erfaßt und können bei nächster Gelegenheit wiederverwendet werden.

Außerdem wird, wie bei jeder Veränderung des Disketteninhalts, die Belegungstabelle (und natürlich auch die Tabelle der Verzeichnisprüfsummen) für das betreffende Laufwerk auf den neuesten Stand gebracht: Die Blöcke, die in den jetzt als ungültig vermerkten Verzeichniseinträgen erfaßt waren, werden in der Tabelle wieder freigegeben. Da CP/M sich beim Untersuchen des Speicherplatzes nach der Belegungstabelle richtet, stehen sie erst dadurch für neue Speicheroperationen zur Verfügung.

Erzeugen und Verarbeiten von Dateien

Das Löschen einer Datei ist (in CP/M) ein vom jeweiligen Dateiinhalt völlig unabhängiger, rein mechanisch im Diskettenverzeichnis ablaufender Vorgang. Etwas anders sieht es mit dem Erzeugen und erst recht mit dem Verarbeiten von Dateien aus. Hier kommt es sehr wohl auf den Inhalt an, ist es beispielsweise wichtig, ob es sich um eine Text- oder eine rein binäre Datei handelt, müssen bestimmte Anforderungen an die Form der Daten erfüllt werden usw.

Was CP/M betrifft, ist allen Dateien nur gemein, daß mindestens ein Verzeichniseintrag anzulegen ist und daß die zugehörigen Daten in die richtigen Sektoren geschrieben werden. Dies sind im wesentlichen technische Fragen, denen wir uns - soweit es für den Umgang mit CP/M überhaupt benötigt wird - erst im dritten Teil dieses Buchs zuwenden werden. Alles andere betrifft bereits die konkrete Form der Daten, und darum kümmert sich in der Regel CP/M überhaupt nicht.

Etwas komplizierter ist das Verarbeiten von Dateien. Im einfachsten Fall sind die in einer Datei festgehaltenen Informationen lediglich zu lesen. Dazu muß das Betriebssystem anhand des Diskettenverzeichnisses den Dateiinhalt korrekt auffinden und gegebenenfalls das Dateiende bestimmen können (damit man nicht versehentlich mehr Bytes von der Diskette übernimmt als aufgezeichnet worden sind). Wir werden später sehen, daß CP/M hier vom Prinzip her ein paar Schwierigkeiten bereitet.

Eine erste Bekanntschaft mit ED

Sehen wir uns das alles am Beispiel einer einfachen Textdatei an. Eine Textdatei zu erzeugen beinhaltet zweierlei, nämlich das Erzeugen der Datei selbst und die Aufnahme eines Texts in sie. Beides läßt sich mit Hilfe eines sogenannten Editors, eines Programms zur Aufnahme und Bearbeitung von Texten erledigen. Auf unserer Systemdiskette befindet sich ein solcher Editor unter dem Namen "ED.COM".

Als erstes erhebt sich die Frage danach, wie man das ED-Programm ordnungsgemäß aufruft. Um es lediglich in den Arbeitsspeicher des Rechners zu laden und dort zu betreiben, würde im Prinzip die Angabe

A>ED

genügen. Doch wir wollen ja eine bestimmte Datei schaffen und in ihr einen Text ablegen. Der Name dieser Datei muß ED irgendwie mitgeteilt werden. Wir müssen also wissen, wie man ED einen solchen Dateinamen bekanntgibt.

Prinzipiell gibt es zwei Möglichkeiten: Das Programm erwartet den Namen als Argument auf der Befehlszeile, oder es fordert ihn im Zuge der Abarbeitung irgendwie von selbst an. Beides kann auch kombiniert sein, wie wir es im Falle von PIP gesehen haben.

Durch reines Überlegen läßt sich diese Frage allerdings nicht lösen. Man muß schon in der Programmbeschreibung nachschlagen und zwar, bevor man überhaupt einen Versuch zur Abarbeitung unternimmt. Bringt man diese Geduld nicht auf, so kann für nichts garantiert werden. ED ist ein Musterbeispiel dafür.

Beim Aufruf von ED muß unbedingt ein Dateiname als Befehlsargument angegeben werden. Fehlt das Argument, so reagiert ED in recht zufälliger Art und Weise. Es kann dann vorkommen, daß irgendwelche Dateien auf der Diskette ganz oder teilweise gelöscht werden!

Nennen wir unsere Datei einfach TEST und geben ihr die Klasse TXT. Dann können wir den Aufruf vervollständigen zu:

A>ED TEST.TXT<CR>

Der Editor ED.COM wird daraufhin wie gewohnt geladen und meldet sich (ab CP/M-Version 2.0) mit:

NEW FILE
   : *

"NEW FILE" besagt sinngemäß: "Die Datei wird neu angelegt", und der Stern ist das Bereitschaftszeichen von ED, nach dem der Editor zunächst einen Befehl erwartet. Dieser Stern befindet sich bei dem mit CP/M-Version 1.4 gelieferten Editor ganz am linken Zeilenrand. Hier, ab Version 2.0, ist er etwas eingerückt und durch einen Doppelpunkt abgetrennt, als ein Zeichen, daß die automatische Zeilennumerierung aktiv ist. Bei CP/M-Version 1.4 ist diese Numerierung beim Start von ED abgeschaltet, weshalb hier der Stern am linken Rand erscheint.

Jetzt kann man ED zu einer der folgenden Arbeiten benutzen:
- einen Text von der Tastatur oder von einer Diskettendatei in
  den Computer (d.h. in dessen Arbeitsspeicher) eingeben,
- einen einmal eingegebenen Text verändern oder ergänzen,
- einen eingegebenen und eventuell veränderten Text in einer
  Diskettendatei speichern.
Diese Grundvorgänge sind in eine Reihe von Unteroperationen auf-
gegliedert, deren Ausführung ED ausdrücklich befohlen werden
muß. ED wertet dazu den ersten nach dem Bereitschaftszeichen
angegebenen Buchstabe als Befehl, als Abkürzung der englischen
Bezeichnung der auszuführenden Operation.
   Beschränken wir uns für den Anfang darauf, über die Tastatur
einen kurzen Text in den Computer einzugeben und diesen von ED
in die beim Aufruf benannte Datei eintragen zu lassen. Der Befehl "eingeben" heißt im Englischen "input" und wird für ED zu
einem "i" abgekürzt:

NEW FILE
   : *i_

(Geben Sie ein kleines "i" an! Bei einem großen "I" würde ED allen eingegebenen Text automatisch in Großschreibung umwandeln.)

Da noch weitere Argumente folgen können, müssen wir den Befehl
ausdrücklich durch einen Wagenrücklauf abschließen:

NEW FILE
   : *i<CR>
   1: _

Damit wartet der Editor auf eine Textangabe. Die Eins gibt (nur
zur Orientierung) die Nummer der einzugebenden Textzeile an: Wir
arbeiten in der ersten Zeile. Und der Doppelpunkt grenzt diese
Zeilennummer gegen den eingegebenen Text ab. (In CP/M-Version
1.4 stünde jetzt der Kursor ganz am linken Bildschirmrand.)
   Tippen wir einen Text ein und lassen ihn von ED in der Datei
TEST.TXT ablegen:

NEW FILE
   : *i<CR>
   1: Dies ist unsere erste selbstgetippte Dateizeile.<CR>
   2: _

(Sollten Sie sich vertippt haben, können Sie das vor Abschluß
der Zeile durch <CR> mit den üblichen Steuertasten korrigieren.)

84

Und was jetzt? Offensichtlich erwartet ED nach dem Wagenrücklauf am Abschluß der ersten Zeile eine neue Zeilenangabe und
dann eine weitere Zeile und dann noch eine und noch eine... Wir
mmüssen dem Editor irgendwie mitteilen, daß wir mit der Texteingabe fertig sind. In CP/M hat man hierfür das Steuerzeichen
CONTROL-Z (^Z) vereinbart, das in unserem Fall so wirkt:

```
NEW FILE
   : *i<CR>
   1: Dies ist unsere erste selbstgetippte Dateizeile.<CR>
   2: ^Z
   : *
```

Jetzt hat ED offensichtlich die Betriebsart "Texteingabe" verlassen und erwartet einen neuen Befehl. Wir könnten uns jetzt
beispielsweise den bislang eingetippten Text ansehen, könnten
ihn korrigieren, umstellen, streichen oder sonst verändern, oder
wir könnten ED veranlassen, ihn in der angegebenen Datei zu
speichern.
   Beschränken wir uns auf das bisher Erreichte. Das bedeutet,
wir müssen ED lediglich noch mitteilen, daß wir mit der Arbeit
fertig sind und den eingegeben Text gespeichert haben wollen.
Das wiederum geschieht einfach dadurch, daß man die Editorarbeit
überhaupt beendet, wofür es einen besonderen Befehl gibt: "end",
abgekürzt "e" (die Schreibweise, groß oder klein, ist hier im
übrigen unwesentlich):

```
NEW FILE
   : *i<CR>
   1: Dies ist unsere erste selbstgetippte Dateizeile.<CR>
   2: ^Z
   : *e
```

Das Betriebssystem greift daraufhin auf Laufwerk A zu und meldet
sich dann wie gewohnt auf CP/M-Ebene mit "A>" zurück.

Wie man eine Textdatei ansehen kann (TYPE)

Sehen wir uns an, was wir erreicht haben. Da ist zunächst einmal
die Frage, ob die gewünschte Datei TEST.TXT überhaupt angelegt
worden ist:

```
A>DIR TEST.TXT
A: TEST    TXT
```

Mit STAT läßt sich eine erste Aussage zum Inhalt machen:

A>STAT TEST.TXT

Recs Bytes Ext Acc
  1   1k   1 R/W A:TEST.TXT
Bytes Remaining On A: 146k

Leer ist die Datei offensichtlich nicht. Und was enthält sie?
    Zu den Grundbefehlen, die das Betriebssystem unmittelbar ver-
steht, gehört neben "DIR" auch "TYPE" - "austippen". TYPE übernimmt als Argument den Namen einer Textdatei, und gibt ihren
Inhalt auf der Bedienungsstation aus. Wir erhalten damit für
unseren Fall:

A>TYPE TEST.TXT
Dies ist unsere erste selbstgetippte Dateizeile.

Sicherungsdateien (BAK-Dateien)

Doch das ist noch nicht alles, was ED geliefert hat. Denn listen
wir das Diskettenverzeichnis aus

```
A>DIR
A: MOVCPM   COM : PIP     COM : SUBMIT  COM : XSUB    COM
A: ED       COM : ASM     COM : DDT     COM : LOAD    COM
A: STAT     COM : SYSGEN  COM : DUMP    COM : DUMP    ASM
A: BIOS     ASM : CBIOS   ASM : DEBLOCK ASM : DISKDEF LIB
A: TEST     BAK : TEST    TXT
```

dann finden wir noch eine Datei namens TEST.BAK auf der Diskette
vor. Versuchen wir herauszubekommen, was es damit auf sich hat:

A>STAT TEST.*

Recs Bytes Ext Acc
  0   0k   1 R/W A:TEST.BAK
  1   1k   1 R/W A:TEST.TXT
Bytes Remaining On A: 146k

A>TYPE TEST.BAK

A>_

Nichts! Die Datei ist leer.

Die Dateien TEST.TXT und TEST.BAK waren vor dem Einsatz von ED auf unserer Diskette nicht vorhanden. Folglich haben sie für Ed irgendeine Bedeutung. Welche, das läßt sich durch etwas Experimentieren herausbekommen. Rufen wir ED erneut auf:

```
A>ED TEST.TXT
 : *
```

Diesmal fehlt die Meldung "NEW FILE". ED hat offensichtlich die Datei TEST.TXT richtig auf der Diskette erkannt und versucht, mit ihr zu arbeiten. Geben wir einfach - nur zur Markierung dieses zweiten Durchgangs - noch eine Zeile ein:

```
 : *i
1: Das haben wir neu eingegeben.
2: ^Z
 : *e
```

Auf der Diskette hat das Folgendes bewirkt. Da sind zunächst die formalen Dateieigenschaften:

```
A>STAT TEST.*
```

```
Recs  Bytes  Ext Acc
  1    1k     1 R/W A:TEST.BAK
  1    1k     1 R/W A:TEST.TXT
Bytes Remaining On A: 145k
```

Und das enthalten die beiden Dateien:

```
A>TYPE TEST.TXT
Das haben wir neu eingegeben.
Dies ist unsere erste selbstgetippte Dateizeile.
```

```
A>TYPE TEST.BAK
Dies ist unsere erste selbstgetippte Dateizeile.
```

Noch wissen wir aber nicht was geschieht, wenn wir keinen Text in eine neue Datei eingeben. Sehen wir auch das an:

```
A>ED VERSUCH.TEX
```

```
NEW FILE
 : *e
```

A>STAT VERSUCH.*

```
Recs  Bytes  Ext Acc
 0     0k     1 R/W A:VERSUCH.BAK
 0     0k     1 R/W A:VERSUCH.TEX
Bytes Remaining On A: 145k
```

Und wenn die Textdatei bereits existiert, erhalten wir, wenn die
Datei unverändert bleibt:

A>ED TEST.TXT
  : *e

A>STAT TEST.*

```
Recs  Bytes  Ext Acc
 1     1k     1 R/W A:TEST.BAK
 1     1k     1 R/W A:TEST.TXT
Bytes Remaining On A: 145k
```

A>TYPE TEST.TXT
Das haben wir neu eingegeben.
Dies ist unsere erste selbstgetippte Dateizeile.
A>TYPE TEST.BAK
Das haben wir neu eingegeben.
Dies ist unsere erste selbstgetippte Dateizeile.

Ordnen wir unsere Beobachtungen:
- Wenn der Editor ED aufgerufen wird, dann sieht er offensichtlich zunächst im Verzeichnis der betreffenden Diskette nach,
  ob die als Argument angegebene Datei vorhanden ist.
- Ist die Datei nicht vorhanden, dann erzeugt ED zwei neue Dateien, eine mit dem angegebenen Dateinamen und der angegebenen
  Dateiklasse und eine mit dem angegebenen Namen und der Klassenbezeichnung BAK. Beide Dateien sind zunächst leer.
- Wird ein Text eingegeben, so legt ED ihn in der im Aufruf angegebenen Datei ab.
- Ist die betreffende Datei bereits vorhanden, dann wird der
  neue Text dem alten Inhalt der angegebenen Datei angefügt.
- Der alte Inhalt der im Aufruf angegebenen Datei geht jedoch
  nicht verloren, sondern wird in die Datei mit der Klassenbezeichnung BAK übertragen und zwar unabhängig davon, ob etwas
  eingegeben wurde oder nicht.
So hat die BAK-Datei die Aufgabe, den alten Inhalt zu sichern.
Dadurch kann man im Fall eines Irrtums immer zur jeweils letzten

Fassung zurückkehren. Eine solche Sicherungsdatei verringert die Gefahr, alle bis dahin erarbeiteten Ergebnisse durch einen Bedienungs- oder Systemfehler zu verlieren. Von dieser Aufgabe rührt die Klassenbezeichnung her: "BAK" ist die Abkürzung von "back-up copy", zu deutsch "Sicherungskopie".

Es handelt sich hier um ein für CP/M zentrales Konzept: Viele unter CP/M arbeitende Programme verwenden BAK-Dateien, um die jeweils zuletzt erarbeiteten Daten zu sichern.

Allerdings muß dabei ein Punkt besonders beachtet werden: In der BAK-Datei wird immer nur der letzte Inhalt der bezogenen Datei gesichert. Man muß insbesondere aufpassen, daß nicht versehentlich die Sicherungsaufzeichnung einer anderen Datei mit diesem Namen, aber verschiedener Klassenbezeichnung verlorengeht.

Ein Beispiel:

A>ED TEST.TEX

NEW FILE
    : *i
  1: Dies ist ein neuer Versuch.
  2: ^Z
    : *e

Das ergibt die Dateien:

A>STAT TEST.*
 Recs Bytes Ext Acc
   0   0k   1 R/W A:TEST.BAK
   1   1k   1 R/W A:TEST.TEX
   1   1k   1 R/W A:TEST.TXT
Bytes Remaining On A: 145k

Und diese Dateien haben den Inhalt:

A>TYPE TEST.TXT
Das haben wir neu eingegeben.
Dies ist unsere erste selbstgetippte Dateizeile.

A>TYPE TEST.TEX
Dies ist ein neuer Versuch.

Die Sicherungsdatei jedoch ist jetzt leer, denn sie bezieht sich auf die neu angelegte (also ursprünglich leere) Datei TEST.TEX. Die alte Sicherungsaufzeichnung von TEST.TXT ist verloren.

Umbenennen von Dateien

Am einfachsten begegnet man derartigen unangenehmen Situationen, indem man von vornherein dafür sorgt, daß keine Dateien mit gleichem Namen unter verschiedenen Klassenbezeichnungen bearbeitet werden. Doch gibt es Fälle, in denen sich das von der Aufgabenstellung her nicht vermeiden läßt, oder in denen man Sicherungsaufzeichnungen über mehrere Stufen hinweg führen möchte (beispielsweise, um den Fortgang einer Arbeit zu protokollieren). Man muß hier einen Weg finden, die Sicherungsaufzeichnung selbst wieder zu sichern.

Im Prinzip läßt sich das mit PIP erreichen, etwa so:

```
A>PIP TEST.NR1=TEST.BAK
```

Doch das ist genau betrachtet mit Kanonen nach Spatzen geschossen, das BAK-Original wird beim nächsten Editoraufruf ja ohnehin gelöscht. Wir hätten den gleichen Effekt erreicht, hätten wir den Inhalt der Datei auf der Diskette völlig unberührt gelassen und statt dessen lediglich im Diskettenverzeichnis ihren Namen von TEST.BAK in TEST.NR1 geändert.

Unter CP/M erreicht man dies - vorausgesetzt, die betreffende Datei ist nicht schreibgeschützt - mit Hilfe des Befehls REN (von "rename" - umbenennen). Die Form des REN-Befehls entspricht dem von PIP her gewohnten Muster:

$$\text{REN } <\text{alter Dateiname}>=<\text{neuer Dateiname}>$$

(Die spitzen Klammern sollen dabei wieder andeuten, daß es sich be den Dateinamen um ganze Einheiten handelt.)

Unser Problem hätte damit also die folgende Form:

```
A>REN TEST.NR1=TEST.BAK
```

Beim gegenwärtigen Stand der Dinge ergäbe das:

```
A>STAT TEST.*
Recs  Bytes  Ext Acc
   0     0k    1 R/W A:TEST.NR1
   1     1k    1 R/W A:TEST.TEX
   1     1k    1 R/W A:TEST.TXT
```

Das ist hier wegen der leeren Datei nicht unbedingt sinnvoll, aber das Prinzip scheint zu stimmen. Wir sollten uns allerdings davon überzeugen, daß der Inhalt der umbenannten Datei tatsächlich unberührt bleibt. Benennen wir beispielsweise TEST.TEX in TEST.NR2 um. Gegenwärtig steht dort der Text:

A>TYPE TEST.TEX
Dies ist ein neuer Versuch.

Benennen wir das um:

A>REN TEST.NR2=TEST.TEX

Der Inhalt dieser "neuen" Datei sieht dann so aus:

A>TYPE TEST.NR2
Dies ist ein neuer Versuch.

In vielen Fällen steht man vor der Wahl, eine Datei entweder umzubenennen oder sie umzukopieren. Halten wir daher einige wichtige Unterschiede beider Operationen ausdrücklich fest:
- Das Kopieren einer Datei in eine andere erfordert zusätzlichen Diskettenplatz. Beim Umbenennen dagegen wird keinerlei zusätzlicher Platz auf der Diskette benötigt.
- Besonders bei langen Dateien braucht das Kopieren mit PIP seine Zeit. Das Umbenennen dagegen geht sehr viel rascher vor sich, da hier nur die relativ kurze Verzeichnisinformation zu ändern ist.
- Beim Kopieren einer Datei bleibt die ursprüngliche Fassung unter ihrem alten Namen erhalten und kann weiterverarbeitet werden, ohne die Kopie zu beeinträchtigen.
- Das Umbenennen ist auf die gerade vorliegende Diskette beschränkt. Kopieren dagegen ermöglicht die Übertragung auf eine andere Diskette.
So empfiehlt sich das Umbenennen in all jenen Fällen, in denen Zeit oder Diskettenplatz gespart werden muß. Das Umkopieren dagegen ist angebracht, wenn eine zusätzliche Sicherungsaufzeichnung benötigt wird und mit dem Original weitergearbeitet werden soll. Und es ist natürlich dann der einzige Weg, wenn man Sicherungsaufzeichnungen zur Archivierung auf getrennten Disketten benötigt. Man wird von Fall zu Fall entscheiden müssen, welche der beiden Operationen sinnvoller ist.

Fehler und Fehlermeldungen

Beim Umgang mit einem komplizierten Werkzeug, wie es ein Computer ist, sind Bedienungsfehler - auch bei geübten Anwendern -

durchaus die Regel. Mit der Korrektur der Eingabe haben wir uns oben beschäftigt. Was aber geschieht, wenn man dem Computer einen falschen Befehl gegeben hat, wenn man etwas von ihm will, was er entweder nicht "versteht" oder so nicht ausführen kann?

Am geschicktesten wäre es natürlich, würde der Rechner derartige Fehlbedienungen von selbst korrigieren. Das aber ist in vielen Fällen unmöglich. Man kann jedoch dafür sorgen, daß der Computer die wichtigsten Fehler wenigstens erkennt und irgendeine passende Aktion durchführt. Dann muß man nur noch dafür sorgen, daß der Benutzer von dem Fehler erfährt und möglichst auch davon, welcher Art dieser Fehler ist. Mit anderen Worten: Der Computer muß eine Fehlermeldung ausgeben.

Es hängt sehr vom jeweiligen Programm, von der Art des Fehlers und von dem Zusammenhang ab, in dem er aufgetreten ist, welche Fehlermeldungen man erhält und was zur Abhilfe zu tun ist. Das kann vom Nichtbeachten der betreffenden Eingabe über die Ausgabe ein einfachen Fragezeichens oder eines Fehlerkodes bis hin zur ausführlichen Beschreibung des Fehlers und der einzuleitenden Abhilfemaßnahmen reichen. Und genauso vielfältig sind die Reaktionsmöglichkeiten auf einen solchen Fehler.

In aller Regel muß man das betreffende Programm kennen, muß seine Aufgabe und seine Bedienung verstanden haben, um Abhilfe schaffen zu können. Oft reicht es aus, die Eingabe noch einmal zu wiederholen. Manchmal aber werden recht komplizierte Arbeiten notwendig, um zu retten, was noch zu retten ist. Und manchmal leider bleibt nichts übrig, als wieder von vorne zu beginnen.

Grund zur Panik besteht jedoch nur höchst selten. Nur bei wenigen Fehlern ist alle Arbeit verloren. In vielen Fällen kann man wesentliche Reste der Arbeit retten - wenn man weiß, was geschehen ist und was man tun muß. Das allerdings läßt sich kaum allgemeinverbindlich sagen. Es hängt von der Arbeit des Programms, von der Art des Fehlers und von dem Zusammenhang ab, in dem der Fehler aufgetreten ist. Hier gibt es nur eines:

Bevor Sie mit einem Programm arbeiten, müssen Sie
- wenigstens die Grundzüge seiner Bedienung wissen (Aufruf, Art und Angabe der Befehle u.ä.),
- mindestens ungefähr wissen, was das Programm wann macht (damit Sie die Situation bei einem Fehler einschätzen können),
- die wichtigsten Fehlermeldungen, ihre Bedeutung und Abhilfe kennen und
- (ganz wichtig!) ein Handbuch oder eine sonst geeignete Beschreibung der Bedienung des Programms und der von ihm erkannten und gemeldeten Fehler bereitliegen haben.

Solche Informationen kann man in der Regel aus der jeweiligen Bedienungsanleitung, dem Anwenderhandbuch oder besser noch von im Umgang mit dem Programm Erfahrenen erhalten. Manchmal hilft auch der Hersteller oder der Händler weiter, von dem das Programm (oder das Gerät) erworben wurde. Und wenn einmal alles das nicht vorhanden ist, dann bleibt nichts übrig, als gestützt auf die in ähnlichen Fällen erworbenen Kenntnisse zu experimentieren. (Auch das will bei der Arbeit mit Computern gelernt sein; hier zählt jede Stunde Erfahrung im Umgang mit dem Gerät.)

Fehlerbeispiel 1: Falsche STAT-Angabe

Wir hatten oben bereits erwähnt, daß es darauf ankommt, die Argumente zum STAT-Befehl in der richtigen Form anzugeben. Insbesondere reagiert STAT höchst verschieden, je nachdem, ob man um das Dollarzeichen herum Leerschritte einfügt oder wegläßt.
Sagen wir, die Datei TEST.TXT solle schreibgeschützt werden. Der exakte Befehl dazu lautet bekanntlich:

A>STAT TEST.TXT $R/O

Zwischen Dateinamen und Dollarzeichen muß (mindestens) ein trennendes Leerzeichen stehen, zwischen Dollarzeichen und Befehlsargument R/W dagegen keines. Sehen wir uns - nur um ein Gefühl dafür zu bekommen - an, was geschieht, wenn wir uns nicht an diese Vereinbarung halten:

A>STAT TEST.TXT$R/O   (Der Leerschritt vor dem $ fehlt.)

```
Recs  Bytes  Ext Acc
   1    1k     1 R/W A:TEST.TXT
Bytes Remaining On A: 145k
```

A>STAT TEST.TXT $ R/O   (Ein Leerschritt zuviel nach dem $.)

Invalid File Indicator ("Dateioperation ist falsch bezeichnet")

A>STAT TEST.TXT$ R/O   (Eine Kombination beider Fehler.)

Invalid File Indicator

A>STAT TEST.TXT $R/O   (Und so wäre es richtig gewesen.)

TEST.TXT set to R/O

Im praktischen Betrieb ist der erste Fehler der Gefährlichere. Denn hier erhält man eine gewohnte, wenn auch nicht die für den gewünschten Fall vorgesehene Reaktion. Es geschieht bei der routinemäßigen Arbeit leicht, daß man derartige Fehler nicht mehr wahrnimmt. Man achtet hier nur noch auf ein vom Üblichen abweichendes Systemverhalten, auf eine ausdrückliche Fehlermeldung.

Gefährlich kann es hier werden, wenn man später im guten Glauben, die Datei sei schreibgeschützt, eine Kopier- oder (globale) Löschoperation versucht - oder schlimmer noch, wenn jemand anderes mit der Diskette arbeitet und versehentlich die Datei löscht, ohne daß es bemerkt wird. Es gibt hier nur eine Hilfe:

Achten Sie genauestens auf jede Reaktion des Systems. Auch eine gewohnte Meldung kann einen Fehler bedeuten!

Die Abhilfe bei derartigen STAT-Bedienungsfehlern ist im übrigen simpel: Man wiederholt den Befehl in der richtigen Form.

Fehlerbeispiel 2: Kopieren einer nicht vorhandenen Datei (CP/M-Zwischendateien)

Ein anderer Fall: Kopieren mit PIP. Wie reagiert PIP eigentlich, wenn eine nicht vorhandene Datei irgendwohin übertragen werden soll? Betrachten wir zum Beispiel folgenden Fall:

A>PIP* VERS1.TXT=VERS2.TXT

NO FILE: =VERS2.TXT
A>_

Das soll bedeuten: "Keine Datei gefunden, die auf das Argument '=VERS2.TXT' paßt."

Da sich das Betriebssystem ordnungsgemäß mit "A>" zurückgemeldet hat, ist die Abhilfe hier klar: Man muß den Befehl richtig wiederholen.

Wir wissen jedoch noch nicht, ob sich zwischen der Befehlsangabe "PIP VERS1.TXT=VERS2.TXT" und der Fehlermeldung "NO FILE: =VERS2.TXT" irgendetwas auf der Diskette verändert hat. Sehen wir uns dazu die VERS-Dateien an:

A>STAT VERS*.*

```
Recs  Bytes  Ext Acc
   0    0k      1 R/W A:VERS1.$$$
Bytes Remaining On A: 145k
```

PIP hat offensichtlich beim Versuch, etwas in die Datei VERS1.
TXT zu kopieren, zunächst einmal eine Zwischendatei VERS1.$$$
angelegt und erst dann nachgesehen, ob die Herkunftsdatei
VERS2.TXT überhaupt vorhanden ist. Als das nicht der Fall war,
hat es die leere $$$-Datei einfach auf der Diskette belassen.
   Wir sind hier einer wichtigen Eigenschaft vieler unter CP/M
arbeitender Programme auf die Spur gekommen: dem Prinzip der
Zwischendatei.
   PIP löscht hier nicht einfach die alte Datei, bevor die neue
angelegt wird, sondern schreibt die betreffende Information erst
einmal in eine Zwischendatei mit der Klassenbezeichnung $$$ und
sieht dann erst nach, ob die alte Information gelöscht und die
Zwischendatei umbenannt werden soll.
   Dieses Verhalten von PIP hat eine wichtige Folge: Während der
Kopieroperation befinden sich auf der Zieldiskette sowohl die
Informationen der ursprünglich dort liegenden Zieldatei und dazu
noch die Informationen der neu angelegten Zwischendatei. Beide
belegen auf der Diskette Platz! Und dieser Platz kann im Zuge
der Operation ausgeschöpft werden, bevor das letzte Byte in die
Zieldatei übertragen worden ist. PIP bricht dann mit folgender
Fehlermeldung ab:

                    DISK WRITE ERROR: ...

Das besagt sinngemäß: "Beim Schreiben auf die Diskette ist ein
Fehler aufgetreten."
   Als erste Reaktion sollten Sie in diesem Fall den freien
Speicherplatz auf der Diskette überprüfen. Ist er Null (oder
nahe Null, da mitunter die zuletzt übertragenen Blöcke noch
nicht im Verzeichnis vermerkt sind), dann entfernen Sie am be-
sten die alte Zieldatei von der Diskette und befehlen die Ko-
pieroperation neu. Ist dagegen noch genügend Raum übrig, dann
liegt möglicherweise ein Fehler im Gerät vor. In diesem Fall
müssen Sie anderweitig Hilfe suchen.

ED und Zwischendateien:
1. Ein behebbarer Fehler

Auch ED erzeugt eine $$$-Zwischendatei. Sie nimmt die jeweils
neue Textversion auf und wird erst beim Abschluß der Arbeit ähn-
lich wie bei PIP umbenannt. Das gewährleistet, daß der ursprüngliche Text solange wie möglich unangetastet bleibt. Normalerweise merkt man nichts davon. Es gibt aber eine Reihe von Bedienungsfehlern, bei denen diese Datei erhalten bleibt. Wir wollen
uns hier zwei typische Fälle ansehen.

Nehmen wir an, wir wollten in der Datei TEST.TXT lediglich etwas nachsehen. Sie sei beim Aufruf von ED schreibgeschützt:

A>STAT TEST.TXT $R/O

TEST.TXT set to R/O

Dann erhalten wir von ED zunächst einmal eine Meldung:

A>ED TEST.TXT

** FILE IS READ/ONLY **
    : *_

Sie besagt: "Die Datei ist schreibgeschützt (nur lesbar)". Es handelt sich hierbei um eine besondere Form der Fehlermeldung, die keinen Programmabbruch nach sich zieht: Lediglich eine Warnung wird gegeben. Man kann danach, wie das Bereitschaftszeichen ausweist, zunächst wie gewohnt weitermachen - hat allerdings nicht die gesamten Möglichkeiten zur Verfügung.
    In der Praxis ist nun durchaus möglich, daß sich irgendwo im Zuge der Durchsicht eine zu korrigierende Stelle auftut. Dann geschieht oft etwas Typisches: Man denkt nicht mehr an die Warnung und korrigiert, obwohl das eigentlich nicht erlaubt ist. Vollziehen wir so etwas nach, indem wir eine Zeile einfügen:

    : *i
    1: Diese Zeile ist im R/O-Betrieb eingegeben worden.
    2: ^Z
    : *_

Und dann versuchen wir das nächstliegende, nämlich diese Änderung in die Datei aufzunehmen:

    : *e

Was das Betriebssystem zunächst einmal übel vermerkt:

Bdos Err On A: File R/O_

Also: "Fehler vom Betriebssystem auf der Diskette in Laufwerk A entdeckt: Die Datei ist schreibgeschützt."
    Ein beliebiger Tastendruck bestätigt dem Betriebssystem, daß die Meldung gelesen worden ist, worauf es wie gewohnt einen Warmstart durchführt und sich mit "A>" zurückmeldet.

So weit, so schlecht. Insbesondere, wenn die Änderung umfang-
reich war, kann das recht peinlich werden. Was ist zu tun?
Nun - das erste in einem solchen Fall ist: Man sieht sich an,
was vorliegt. In unserem Beispiel ergibt das:

A>STAT TEST.*

```
Recs  Bytes  Ext Acc
  2    1k    1 R/W A:TEST.$$$
  1    1k    1 R/O A:TEST.TXT
Bytes Remaining On A: 144k
```

A>TYPE TEST.TXT
Das haben wir neu eingegeben.
Dies ist unsere erste selbstgetippte Dateizeile.

A>TYPE TEST.$$$
Diese Zeile ist im R/O-Betrieb eingegeben worden.
Das haben wir neu eingegeben.
Dies ist unsere erste selbstgetippte Dateizeile.

TEST.$$$ enthält wie erwartet die geänderte Fassung. Wie müssen
nur noch nachholen, was ED automatisch macht: die Dateien umbe-
nennen. Dazu ist zunächst der Schreibschutz aufzuheben:

A>STAT TEST.TXT $R/W

TEST.TXT set to R/W

Dann muß TEST.TXT in TEST.BAK umbenannt werden:

A>REN TEST.BAK=TEST.TXT

Und schließlich erhält die Zwischendatei ihren Namen:

A>REN TEST.TXT=TEST.$$$

Alles das hat folgendes ergeben:

A>STAT TEST.*

```
Recs  Bytes  Ext Acc
  1    1k    1 R/O A:TEST.BAK
  2    1k    1 R/W A:TEST.TXT
Bytes Remaining On A: 144k
```

97

Die Situation ist nicht selten, daß man im Zuge irgendeiner Aufgabe versehentlich eine schreibgeschützte Datei verändern möchte. Wenn das betreffende Programm eine Zwischendatei angelegt hat, ist die Situation einfach zu retten:

Wenn im Zuge der Programmbearbeitung mit der Meldung:
Bdos Err On ...: File R/O
ein Schreibschutz gemeldet wird, dann kann der bis dahin erarbeitete Inhalt in vielen Fällen durch Aufheben des Schreibschutzes der zu verändernden Datei und geeignetes Umbenennen gerettet werden - vorausgesetzt, das Programm hat die neue Information in einer Zwischendatei angelegt und hat erst nach deren ordnungsgemäßen Abschluß versucht, die Dateien umzubenennen.

Wesentliche Voraussetzung dafür ist natürlich, daß man weiß, was das Programm wann mit den Dateien anfängt, hier also, ob tatsächlich eine Zwischendatei angelegt wurde, welchen Namen sie trägt (es muß nicht immer eine $$$-Klasse sein!) und welche Daten sie zum betreffenden Zeitpunkt enthält. Das läßt sich manchmal aus dem Handbuch, oft von Leuten, die mit dem Programm umgehen, und fast immer durch gezieltes Experimentieren herausbekommen.

Leider ist es durchaus nicht selbstverständlich, daß von einem Programm erarbeitete Ergebnisse zunächst in einer Zwischendatei abgelegt werden. Bei derartigen Programmen, ist die Gefahr eines Datenverlusts natürlich wesentlich höher. Es empfiehlt sich daher beim Programmkauf auch auf diesen Punkt zu achten.

ED und Zwischendateien:
2. Ein katastrophaler Fehler und etwas zum Abschluß von Dateien

CP/M hat eine folgenreiche Schwachstelle: die Möglichkeit, unter bestimmten Bedingungen mittels CONTROL-C ein laufendes Programm mit einem Warmstart abzubrechen.

Das kann immer dann geschehen, wenn ein Programm sich des im BDOS-Teil enthaltenen Unterprogramms zur Eingabe in einen Zeilenpuffer bedient, und wenn bei einer solchen Eingabe CONTROL-C als erstes Zeichen eingetippt wird.

Das Problem wird besonders deutlich, wenn wir ED als Beispiel heranziehen. Bearbeiten wir beispielsweise unsere Experimentierdatei TEST.TXT:

A>ED TEST.TXT
: *

Um das folgende zu verstehen, müssen wir ein wenig weiter ausholen.

Es gibt drei verschiedene Stellen, in denen ein unter ED verarbeiteter Text steht:
- vor der Verarbeitung in der Ausgangsdatei (bei uns: TEST.TXT);
- während der Verarbeitung im internen Computerspeicher;
- nach der Verarbeitung in der Zwischendatei (hier: TEST.$$$).

Ganz allgemein gesehen arbeitet man mit ED dergestalt, daß man den benötigten Textabschnitt Zeile um Zeile von der Ausgangsdatei in den Arbeitsspeicher holt, dort den Anforderungen gemäß verändert und das Ergebnis ausdrücklich in die Zwischendatei schreibt.

Das Übernehmen einer Zeile erfolgt mit dem Befehl "A" (für "append", eigentlich also ein "Anfügen" der Zeile an den bisherigen Speicherinhalt), und alle Zeilen lassen sich durch Voransetzen von "#" erfassen:

```
   : *#A
 1: *_
```

ED hat jetzt den Inhalt der Originaldatei in den Arbeitsspeicher übertragen. Kümmern wir uns nicht weiter darum, sondern schreiben alle Zeilen gleich mit dem Befehl "W" (für "write" – "schreiben") in die Zwischendatei:

```
 1: *#W
   : *_
```

Kommen wir zur Demonstration: Geben wir (an erster Stelle der neu zu übernehmenden Befehlszeile) ein CONTROL-C an.

```
   : *^C
A>_
```

Das System hat einen Warmstart durchgeführt und so unser Editorprogramm abgebrochen. Was nun? Befragen wir STAT:

```
A>STAT TEST.*
```

```
 Recs  Bytes  Ext Acc
    0     0k     1 R/W A:TEST.$$$
    1     1k     1 R/W A:TEST.TXT
Bytes Remaining On A: 145k
```

Die Zwischendatei ist leer! Wie ist das zu verstehen?

Nun - wenn wir tatsächlich etwas auf die Diskette geschrieben haben, dies aber beim Abfragen des Verzeichnisses nicht erscheint, kann kann die einzige Folge nur lauten: CP/M weiß nichts davon. Mit anderen Worten: Die Information über die neu belegten Diskettensektoren ist nicht im Diskettenverzeichnis festgehalten worden.

Und so ist das auch. Wir müssen unter CP/M drei Schritte beim Arbeiten mit einer Datei unterscheiden:

1. Die Datei wird erzeugt.

In unserem Fall hat ED den Namen TEST.$$$ in den nächst erreichbaren freien Verzeichniseintrag eingeschrieben, dort aber noch keinerlei Belegungsvermerk angebracht.

2. Es wird etwas in die Datei eingeschrieben.

Das bedeutet: CP/M sucht anhand der Belegungstabelle den nächst erreichbaren freien Aufzeichnungsabschnitt auf der Diskette auf und legt die betreffende Information dort ab. Das muß im Diskettenverzeichnis vermerkt werden. Müßte das Betriebssystem für jeden solche Operation nun wieder zu den Verzeichnisspuren zurückkehren, dann würde das ziemlich viel Zeit verschlingen (das Verschieben des Kopfs dauert!). Damit wäre aber ein wesentlicher Vorteil von Diskettenspeichern, ihre Arbeitsgeschwindigkeit, von vornherein zunichte. Folglich geht man hier anders vor: Beim ersten Zugriff auf die Datei (dem sogenannten Eröffnen der Datei - wir kommen hierauf noch zurück) wurde der betreffende Verzeichniseintrag von der Diskette an eine bestimmte Stelle im Arbeitsspeicher übertragen. In diesem Abbild des Verzeichniseintrags wird die neu geschriebene Aufzeichnung vermerkt. Damit das dem System bei einem späteren Zugriff auf die Diskette auch bekannt bleibt, ist vor dem Abschluß der Arbeit noch eine weitere Operation notwendig:

3. Die Datei muß abgeschlossen werden.

Das heißt nichts weiter, als daß zum Abschluß der Arbeit mit einer Datei der betreffende Verzeichniseintrag ausdrücklich aus dem Arbeitsspeicher in das Diskettenverzeichnis übertragen wird. Erst dann sind die Aufzeichnungen auch nach einem Warmstart vom System erkennbar.

Gerade dieser Dateiabschluß aber geschieht nicht, wenn unter CP/M ein Programm mitten in der Arbeit durch ein CONTROL-C abgebrochen wird. Das liegt daran, daß das BIOS-Unterprogramm, das den Warmstart ausführt, keine Ahnung hat, ob und wo im Arbeitsspeicher die betreffende Verzeichnisinformation steht. Und das wiederum hat zur Folge, daß die ganze Arbeit bis dahin für die Katz war: Ein katastrophaler Fehler ist aufgetreten.

Anhalten der Textausgabe

Ein Problem ist uns bis jetzt noch nicht zum Bewußtsein gekommen, nämlich: Was geschieht eigentlich, wenn die auf dem Bildschirm darzustellenden Texte mehr als 24 Zeilen (die Länge eines Standardbildschirms) umfassen?
Sehen wir uns beispielsweise den Inhalt der Datei BIOS.ASM (oder einer anderen längeren ASM-Datei) an:

A>TYPE BIOS.ASM<CR>

CP/M greift auf die Diskette in Laufwerk A zu und beginnt, vorausgesetzt die Datei BIOS.ASM ist wirklich vorhanden, mit dem Auslisten und listet und listet... BIOS.ASM ist eine recht lange Datei, und wenn Sie ein schnell arbeitendes Bildschirmgerät besitzen, dann ist es sehr wahrscheinlich, daß Sie davon gerade die Schlußzeilen deutlich lesen können. Da steht die Anzeige nämlich - endlich - wieder still.
Einige CP/M-Versionen haben (im systemspezifischen BIOS-Teil) Vorkehrungen dafür getroffen, und listen immer nur einen Schirminhalt auf einmal aus. Dann wird angehalten, bis der Benutzer den Befehl zum Weitermachen gibt. Das ist in einigen Fällen recht praktisch, in anderen aber sehr umständlich, wenn man beispielsweise in einer langen Datei für irgendein Stück in der Mitte erst ein paar Dutzend Male eine Taste drücken muß. Aus diesem Grund ist diese Möglichkeit - so überhaupt vorhanden - zumeist abschaltbar gestaltet.
So ergibt sich von selbst die Notwendigkeit, die laufende Ausgabe nach Belieben anhalten und wieder in Gang setzen zu können. Bei CP/M ist hierfür ein besonderes Steuerzeichen vorgesehen: CONTROL-S (für "start/stop scroll" - "Bildbewegung auf dem Schirm starten oder stoppen"). Solange die Textausgabe läuft, kann sie jederzeit durch ^S angehalten werden. Ein zweites ^S setzt die Sache wieder in Bewegung.
Man braucht im übrigen nicht unbedingt ^S, um eine angehaltene Anzeige wieder laufen zu lassen. Jede andere Taste erfüllt denselben Zweck. Aber Vorsicht:
Man kann eine laufende Ausgabe (zumindest bei TYPE, aber auch bei einigen anderen Programmen) abbrechen, indem man irgendeine beliebige Taste drückt. Dann steht die Anzeige, das System meldet sich zurück, und alle weiteren Startversuche sind zwecklos - es sei denn, Sie wiederholen die ganze Ausgabeoperation wieder von vorne.
Bei nicht ganz einwandfreien Tastaturen (die hin und wieder bei einem Tastendruck das betreffende Zeichen mehrmals an den

Computer senden - eine als "Tastenprellen" bezeichnete Unart) kann es vorkommen, daß gerade dann, wenn man die Ausgabe nach einem ^S besonders elegant wieder starten möchte, die ganze Geschichte abgebrochen wird, weil nach der "Fortsetzungstaste" noch ein weiteres Zeichen übergeben wurde, was CP/M dann als Abbruchsbefehl ansieht.

Ausdrucken von Texten

Bis jetzt haben wir uns nur darum gekümmert, was auf dem Bildschirm unseres Standardcomputers geschieht. Wenn aber mit längeren Texten gearbeitet werden muß, zeigt sich die Beschränktheit der Bildschirmausgabe recht bald: Man kann den Text nirgends dauerhaft festhalten.

Dem läßt sich nur durch Ausgeben auf einen Drucker abhelfen. CP/M bietet hier gleich zwei Möglichkeiten: Mitprotokollieren der Bildschirmausgabe auf dem Drucker und ausdrückliches Ausdrucken einer Textdatei unter Umgehen der Bildschirmausgabe.

Dazu muß natürlich im System ein Drucker vorhanden und im BIOS-Teil richtig angeschlossen sein. Wir wollen das hier voraussetzen. Falls Sie Schwierigkeiten haben sollten, fragen Sie am besten jemanden, der sich mit dem System auskennt.

Zunächst zum Mitprotokollieren der Bildschirmausgabe. Das ist besonders bequem, wenn man keine besonderen Formanforderungen an den Ausdruck stellt und die Bildschirmausgabe des betreffenden Texts ohnehin benötigt.

Drücken Sie CONTROL-P (für "print" - "drucken"). Das schaltet den Drucker der Bildschirmausgabe parallel. Alles, was der Computer zum Bildschirm sendet, wird ab diesem Augenblick auch an den Drucker weitergeleitet. Dies erfolgt bis zu einem weiteren CONTROL-P oder bis zu einem Warmstart, der in CP/M auch den Drucker wieder abschaltet.

Es ist üblicherweise leicht zu erkennen, ob der Drucker mitläuft oder nicht. In vielen Fällen wird die Ausgabe wesentlich verlangsamt, denn jetzt bestimmt der Drucker das Tempo: CP/M gibt das betreffende Zeichen auf den Schirm aus, wartet dann, bis der Drucker zur Übernahme bereit ist, sendet das Zeichen an den Drucker und kehrt erst dann zum auszuführenden Programm zurück. Nur bei den modernsten Druckern, die einen großen "Pufferspeicher" besitzen, merkt man (zumindest zu Beginn der Arbeit) nichts, da die übertragenen Zeichen dort in einen schnell arbeitenden Speicher aufgenommen und aus diesem erst Stück für Stück zum Ausdruck abgerufen werden. Erst wenn dieser Pufferspeicher voll ist, zeigt sich in irgendeiner Form eine Verzögerung bei der Bildschirmausgabe.

Das Mitprotokollieren der Bildschirmausgabe ist in einigen Fällen recht praktisch. In der Regel aber weist es beträchtliche Nachteile auf. So werden beispielsweise mögliche Seitengrenzen völlig ignoriert, der Drucker arbeitet fort und fort - recht unangenehm besonders dann, wenn man mit Einzelblättern arbeitet.

Dieser und anderen Anforderungen kann man einfach mit PIP gerecht werden, vorausgesetzt, der Text liegt bereits in einer Diskettendatei vor. Der Grundbefehl dazu lautet:

PIP LST:=<Dateiname>

wobei LST für "listing device", wörtlich "Auslistgerät", steht und in unserem Fall den Drucker im System bezeichnet. Der Doppelpunkt gibt an, daß es sich beim Ziel der Datenübertragung nicht um eine Datei namens LST, sondern um das Gerät LST handelt. "<Dateiname>" schließlich ist irgendein beliebiger (eindeutig gegebener!) Name einer Textdatei. Mit

A>PIP LST:=TEST.TXT

erhalten wir in unserem Falle auf dem Drucker die Ausgabe:

Diese Zeile ist im R/O-Betrieb eingegeben worden.
Das haben wir neu eingegeben.
Dies ist unsere erste selbstgetippte Dateizeile.

Und CP/M meldet sich im Anschluß wie gewohnt zurück.

Beachten Sie, daß der Text nicht zum Bildschirm gesendet worden ist. Dort haben wir lediglich die Zeilen stehen:

A>PIP LST:=TEST.TXT
A>_

Man kann in dem Befehl weitere Wünsche äußern, beispielsweise zur Zeilen- und Seitenlänge, kann sich die Zeilen durchnumerieren lassen u.a.m. Auf all das wollen wir erst später eingehen. Eine praktische Sonderform des Druckbefehls sei aber dennoch angemerkt: Die Ausgabe an die PRN-Einheit.

"PRN" ist die Abkürzung für "printer", "Drucker". Es handelt sich im Grunde um dasselbe Gerät wie bei LST, aber die Ausgabe wird anders behandelt.

PIP PRN:=<Dateiname>

"formatiert" die Ausgabe folgendermaßen:

- Alle Zeilen werden durchnumeriert.
- Pro Seite werden 60 Zeilen ausgegeben, dann erhält der Drucker
  (durch das Steuerzeichen CONTROL-L, "form feed" - Formular-
  vorschub) den Befehl, mit der nächsten Seite weiterzumachen.
  Das bewirkt üblicherweise einen raschen Vorschub des Papiers
  bis zur nächsten Seitengrenze.
- Tabulatoren werden alle 8 Schritte gesetzt, was bedeutet, daß
  bei dem ASCII-Zeichen <TAB> (oder CONTROL-I) die nächste durch
  8 teilbare Spalte angelaufen wird. Dies ist besonders beim
  Ausdrucken von Programmtexten wichtig.

Das Wichtige und Interessante an der Ausgabe zur PRN-Einheit
ist, daß man so eine Beschränkung vieler preiswerter Drucker
umgehen kann. Dort beginnt der Ausdruck nämlich immer ganz an
der linken Papierkante - äußerst unangenehm, wenn man etwas ab-
heften möchte. Durch die Zeilennummerierung mittels PRN jedoch
erreicht man einen automatischen Einzug um 9 Spalten, gerade
richtig für einen Heftrand. Die Zeilennummern stören dabei kaum.
(Natürlich muß der restliche Text auf die Zeilen passen.)

- - - - - - -

Das beschließt unsere kurze Übersicht zum Umgang mit (Text-)
Dateien. Natürlich gibt es hier noch sehr viel mehr zu wissen,
wir werden auf das Wichtigste davon in den folgenden Kapiteln
eingehen. Im nächsten Kapitel wollen wir noch einmal kurz zur
Bit- und Byte-Ebene hinuntersteigen, bevor wir den einführenden
Teil unseres Buchs endgültig abschließen und zu einer etwas sy-
stematischeren Darstellung übergehen werden.

KAPITEL 5

WERKZEUGE ZUM UMGANG MIT BITS UND BYTES

Was wir bis jetzt kennengelernt haben, reicht für den Alltagsumgang mit CP/M in vielen Punkten aus. Dennoch gibt es manchmal Situationen, in denen man ein wenig tiefer in das System hinuntersteigen muß, beispielsweise dann, wenn man zu entscheiden hat, ob es sich bei einer unbekannten Datei um einen Text handelt oder nicht. In diesen Fällen braucht man noch mehr Möglichkeiten, muß man sich eine Datei auch auf binärer Ebene ansehen und mit Bits und Bytes umgehen können. Wir wollen hier ein paar der Standardwerkzeuge, die CP/M zu diesem Zweck bietet, kennenlernen.

Eine Textdatei

Sehen wir uns an, wie in einem CP/M-System ein Text dargestellt wird und was man auf binärer Ebene mit ihm machen kann. Beispielsweise ist die Frage zu lösen, wie man ohne Austippen erkennt, ob es sich um einen Text handelt. Denn das Austippen einer unbekannten Datei kann zu Komplikationen führen. Handelt es sich nämlich nicht um eine Textdatei, so enthält sie oftmals Bytes, die als ASCII-Zeichen verstanden irgendwelche unkontrollierbaren Systemreaktionen bis hin zum totalen Stillstand auslösen können. Besser ist es in solchen Fällen, sich die Kodewerte unmittelbar anzusehen und aufgrund dieser Darstellung über das weitere Vorgehen entscheiden.

Untersuchen wir das anhand einer einfachen Textdatei namens TEST.TXT. Dazu sollten zuerst alle etwa vorhandenen TEST-Dateien gelöscht werden:

A>STAT TEST.* $R/W

TEST.$$$ set to R/W
TEST.TXT set to R/W
A>ERA TEST.*

Mit Hilfe von ED können wir dann ein einfaches TEST-Beispiel anlegen (denken Sie daran, daß <CR> für die Wagenrücklauftaste steht):

A>ED TEST.TXT

NEW FILE
```
    : *i
  1 : Dies ist Zeile 1.<CR>
  2 : Dies ist Zeile 2.<CR>
  3 : <CR>
  4 : <CR>
  5 : ^Z
    : *e
```

Wir haben auf der Diskette:

A>STAT TEST.*

```
Recs  Bytes  Ext Acc
   0    0k     1 R/W A:TEST.BAK
   1    1k     1 R/W A:TEST.TXT
Bytes Remaining On A: 145k
```

Von ihnen ist die Sicherungsdatei TEST.BAK leer, und die Datei TEST.TXT enthält:

A>TYPE TEST.TXT
Dies ist Zeile 1.
Dies ist Zeile 2.

Eine Datei auf binärer Ebene ansehen (DUMP)

Auf der von Digital Research gelieferten CP/M-Systemdiskette findet sich die Programmdatei DUMP.COM, mit der man den Inhalt einer Datei nach den binären Werten seiner Bytes anzeigen lassen kann, z.B.:

A>DUMP TEST.TXT

```
0000 44 69 65 73 20 69 73 74 20 5A 65 69 6C 65 20 31
0010 2E 0D 0A 44 69 65 73 20 69 73 74 20 5A 65 69 6C
0020 65 20 32 2E 0D 0A 0D 0A 0D 0A 1A 1A 1A 1A 1A 1A
0030 1A 1A 1A 1A 1A 1A 1A 1A 1A 1A 1A 1A 1A 1A 1A 1A
0040 1A 1A 1A 1A 1A 1A 1A 1A 1A 1A 1A 1A 1A 1A 1A 1A
0050 1A 1A 1A 1A 1A 1A 1A 1A 1A 1A 1A 1A 1A 1A 1A 1A
0060 1A 1A 1A 1A 1A 1A 1A 1A 1A 1A 1A 1A 1A 1A 1A 1A
0070 1A 1A 1A 1A 1A 1A 1A 1A 1A 1A 1A 1A 1A 1A 1A 1A
```

Hexadezimalzahlen

Das sieht schlimmer aus als es ist. Die zweistelligen Zahlen-
und Buchstabengruppen sind die Werte der jeweiligen Bytes. Immer
16 davon werden auf einer Zeile wiedergegeben und am linken Rand
durchgezählt:
Die Zahl in der ersten Zeile (0000) gibt den Wert 0 wieder,
die in der zweiten Zeile (0010) den Wert 16, die in der dritten
(0020) steht für 32 usw. Von Zeile zu Zeile immer 16 Werte. Von
Zeile zu Zeile wird die "Zehnerstelle" um 1 weitergezählt und
jedesmal sind dadurch 16 Werte erfaßt worden. Wir haben es hier
demzufolge mit einem besonderen Sechzehner-Zahlensystem zu tun,
dem sogenannten Hexadezimalsystem.
Jede Stelle bietet hier 16 Zählmöglichkeiten:

$$0 \quad 1 \quad 2 \quad 3 \quad 4 \quad 5 \quad 6 \quad 7 \quad 8 \quad 9$$

Hier sind die Ziffern ausgeschöpft, also zählt man mit Buchstaben weiter:

$$A \quad B \quad C \quad D \quad E \quad F$$

Dabei steht A für den Wert "Zehn", B für "Elf", C für "Zwölf", D
für "Dreizehn", E für "Vierzehn" und F schließlich für "Fünf-
zehn" - ein einfacher, wenn auch etwas gewöhnungsbedürftiger
Trick.
So erklären sich die Kombinationen auf der rechten Seite: 0A
hat den (dezimalen) Wert 0x16+10=10, 0D steht für den dezimalen
Wert 0x16+13=13, 1A für 1x16+10=26 und 2E für 2x16+14=46. Das
geht im Prinzip bis zur Hexadezimalzahl FF=15x16+15=255. Und das
wiederum ist gerade der größtmögliche Wert, der mit den 8 Bits
eines Bytes darstellbar ist.

Warum ausgerechnet Hexadezimalzahlen?

Hier liegt der Schlüssel. Es besteht eine einfache Beziehung
zwischen Hexadezimalzahlen und den ihnen entsprechenden Bitmustern. Jeder Hexadezimalziffer (kurz: hex) entspricht ein binärer Wert wie folgt:

hex	binär	hex	binär	hex	binär	hex	binär
0	0000	4	0100	8	1000	C	1100
1	0001	5	0101	9	1001	D	1101
2	0010	6	0110	A	1010	E	1110
3	0011	7	0111	B	1011	F	1111

Mit anderen Worten: Wir haben es hier mit einer Kurzschreibweise für die verschiedenen Bytes zu tun. So steht 0A eigentlich
für das Byte 00001010, und 0D steht für 00001101, 1A gibt die
Bitkombination 00011010 und 2E die Kombination 00101110 wieder,
während FF schließlich das Byte 11111111 vertritt.

Mit Hilfe von Hexadezimalzahlen läßt sich die recht verwir-
rende und platzfressende Auflistung von jeweils acht Bits für
jedes Byte in zwei Ziffern übersichtlich zusammenfassen, ohne
daß der Zusammenhang mit der ursprünglichen Darstellung verlorengeht.

ASCII-Werte, Zeilen- und Textendzeichen

Diese Bits und Bytes sind nun nicht irgendetwas, sondern sie
haben in einer sinnvollen Datei auch genau festliegende Bedeutungen. Das können beispielsweise Zahlenwerte sein, Computerbe-
fehle oder auch Textzeichen, letztere in CP/M üblicherweise nach
dem ASCII-Kode verschlüsselt. Kennt man die jeweiligen Kodierun-
gen, dann kann man in vielen Fällen allein aus der hexadezimalen
Auslistung mit DUMP die betreffende Datei einstufen.

In unserem Beispiel wissen wir von vornherein, daß es sich um
eine Textdatei handelt. Schlüsseln wir also die Bitmuster anhand
der ASCII-Tabelle im Anhang auf:

```
0000 44 69 65 73 20 69 73 74 20 5A 65 69 6C 65 20 31
      D  i  e  s     i  s  t     Z  e  i  l  e     1
0010 2E 0D 0A 44 69 65 73 20 69 73 74 20 5A 65 69 6C
      . CR LF D  i  e  s     i  s  t     Z  e  i  l
0020 65 20 32 2E 0D 0A 0D 0A 0D 0A 1A 1A 1A 1A 1A 1A
      e     2  . CR LF CR LF CR LF
```

Zwei besondere Eigenschaften für Textdateien unter CP/M können
wir hieraus ablesen. Zunächst:
- CR steht für "carriage return", Wagenrücklauf
- LF steht für "line feed", Zeilenvorschub
Unter CP/M wird demnach ein (üblicherweise, es gibt ein paar
Ausnahmen) jedes Zeilenende durch das ASCII-Zeichenpaar CR und
LF (kurz: CRLF), also durch einen Wagenrücklauf gefolgt von ei-
nem Zeilenvorschub wiedergegeben.

Eine weitere, ganz wichtige Besonderheit von Textdateien ist
die Art, das Textende zu bezeichnen. Erinnern Sie sich: CP/M
speichert die aufzuzeichnenden Daten in 128-Byte-Einheiten (den
"records"). Weitere Feinheiten werden nicht berücksichtigt. Üblicherweise ist das jeweilige Programm dafür zuständig, hier das
genaue Ende zu erkennen. Texte jedoch machen eine Ausnahme: Hier

hat man sich unter CP/M auf eine bestimmte Endmarkierung geeinigt: Das Zeichen CONTROL-Z, hexadezimal 1A.

Es gibt Programme, die diese Textendmarkierung auch dann fordern, wenn das letzte Textzeichen mit dem Sektorende zusammen-
fällt. Oft geht man davon aus, daß hier ohnehin das Dateiende
ist und läßt so das abschließende CONTROL-Z entfallen (das sonst
eine eigene 128-Byte-Einheit für sich selbst in Anspruch nehmen
würde). Einige Texteditoren (nicht aber ED) machen hiervon Gebrauch. Das führt bei Programmen, die ein CONTROL-Z erwarten,
manchmal zu scheinbar unerklärlichen Fehlern.

So hilft es manchmal, sich den zu verarbeitenden Text hexadezimal auslisten zu lassen und ihn nach dem richtigen Abschluß
durch 1A zu untersuchen.

Oder: Manche Programme erlauben keinen Leerschritt zwischen
dem letzten Wort einer Zeile und dem die Zeile abschließenden
CRLF-Paar. So etwas ist in einem bloßen Austippen mit TYPE o.ä.
nicht zu entdecken, wohl aber mit Hilfe von DUMP.

Auslisten mit DDT

DUMP ist unkompliziert zu bedienen, das Ergebnis aber nur recht
mühsam auszuwerten, wenn man mehr als nur einen groben Überblick
über die betreffende Datei braucht. Das hat seinen Grund darin,
daß DUMP in der vorliegenden Form lediglich hexadezimale Zeichenkodes und sonst nichts von sich gibt. Wenn man es mit dem
Auswerten von Programmen oder von Texten zu tun hat, ist das
zuwenig.

In erster Linie zum Auswerten von Programmdateien enthält die
von Digital Research gelieferte Systemdiskette ein DDT.COM ge-
nanntes Programm. "DDT" ist die Abkürzung von "Dynamic Debugging
Tool", was in etwa "Werkzeug zur dynamischen Fehlersuche (in
Programmen)" bedeutet. Als solches enthält DDT u.a. die Möglichkeit, den hexadezimalen Dateiinhalt in Form von Programmbefehlen
und - in unserem Zusammenhang wichtig - nach seiner ASCII-Bedeu-
tung auslisten zu lassen.

Es gibt verschiedene Möglichkeiten, DDT aufzurufen. Die einfachste ist, den Namen der zu untersuchenden Datei in der Befehlszeile als Argument anzugeben:

```
A>DDT TEST.TXT
DDT VERS 2.2
NEXT  PC
0180 0100
-_
```

DDT meldet sich mit einer Versionsangabe ("DDT VERS 2.2" in unserem Fall) und einigen statistischen Mitteilungen über die gerade zu untersuchende Datei: NEXT gibt die Nummer (die "Adresse") der Speicherstelle an, die als nächste belegt würde; PC
steht für "Program Counter", "Programmzähler", und ist für die
Arbeit mit dem zu untersuchenden Programm von Interesse - wir
kommen später noch einmal darauf zurück. Der Strich "-" schließlich ist das Bereitschaftszeichen von DDT zur Befehlsübernahme.

Uns interessiert hier von dem Dutzend Befehlen, die DDT versteht, die Möglichkeit, einen Text hexadezimal auslisten zu lassen. Ähnlich wie ED verwendet auch DDT für die Befehle einen
Buchstaben, der das (englische) Befehlswort abkürzt. Wir benötigen einen "DUMP" der zu untersuchenden Datei, für DDT abgekürzt
mit "D" (die Schreibweise, groß oder klein, ist im übrigen
egal):

```
-D
0100 44 69 65 73 20 69 73 74 20 5A 65 69 6C 65 20 31 Dies ist Zeile 1
0110 2E 0D 0A 44 69 65 73 20 69 73 74 20 5A 65 69 6C ...Dies ist Zeil
0120 65 20 32 2E 0D 0A 0D 0A 1A 1A 1A 1A 1A 1A 1A 1A e 2............
0130 1A 1A 1A 1A 1A 1A 1A 1A 1A 1A 1A 1A 1A 1A 1A 1A ................
0140 1A 1A 1A 1A 1A 1A 1A 1A 1A 1A 1A 1A 1A 1A 1A 1A ................
0150 1A 1A 1A 1A 1A 1A 1A 1A 1A 1A 1A 1A 1A 1A 1A 1A ................
0160 1A 1A 1A 1A 1A 1A 1A 1A 1A 1A 1A 1A 1A 1A 1A 1A ................
0170 1A 1A 1A 1A 1A 1A 1A 1A 1A 1A 1A 1A 1A 1A 1A 1A ................
0180 1A 84 12 13 C3 69 01 D1 2E 00 E9 0E 10 CD 05 00 .....i.........
0190 32 5F 1E C9 21 66 1E 70 2B 71 2A 65 1E EB 0E 11 2..!f.p+q*e....
01A0 CD 05 00 32 5F 1E C9 11 00 00 0E 12 CD 05 00 32 ...2_.........2
01B0 5F 1E C9 21 68 1E 70 2B 71 2A 67 1E EB 0E 13 CD _..!h.p+q*g.....
-
```

Das ist schon interessanter als das Ergebnis des DUMP-Programms.
DDT listet drei verschiedene Blöcke aus: Ganz links stehen die
Adressen, an welche die Datei in den Speicher geladen worden
ist. In der Mitte befindet sich die hexadezimale Auslistung der
Datei, die wir bereits von DUMP her kennen. Und rechts davon
schließlich ist das für uns wichtigste: Eine Auflistung der AS-
CII-Entsprechungen der hexadezimalen Bytewerte. Jedes druckbare
ASCII-Zeichen in der zu untersuchenden Datei ist im Klartext
angegeben. Zeichen, die nicht ohne weiteres gedruckt werden
können oder die im ASCII-Kode nicht erfaßt sind, werden durch
einen Punkt wiedergegeben.

Einige wichtige Unterschiede zu DUMP sollten wir allerdings
festhalten. Zunächst: DUMP listet Dateiinhalte auf, wie sie auf
der Diskette vorliegen, DDT dagegen listet den Inhalt eines be-

stimmten Speicherbereichs, in den - in unserem Fall - die Datei
geladen worden ist. Dieser Bereich beginnt bei Standard-CP/M-
Versionen immer mit der hexadezimalen Adresse 100 (also bei der
Speicherstelle mit der (dezimalen) Nummer 256). In unserem Beispiel merkt man das daran, daß die links stehende Zählung mit
0100 statt wie bei DUMP mit 0000 beginnt.
   Zweitens: Bei dem einfachen D-Befehl, wie wir ihn oben angewendet haben, werden immer 12 Zeilen auf einmal ausgelistet, ein
halber Standard-Bildschirm voll. Dabei kümmert sich DDT nicht um
irgendwelche Dateigrenzen; es listet aus, was in dem betreffenden Speicherbereich steht. Es gibt normalerweise kein Ende, an
dem die Auslistung aufhört. Man muß sich die unter NEXT angezeigte Adresse merken. Bis hierhin reicht die gültige Information, alles andere stand vorher schon im Speicher und ist normalerweise unbrauchbar. In unserem Beispiel haben wir ab Adresse
180 den Rest eines Programms stehen: 1A 84 12 13 C3 usw.
   Drittens: Die Arbeit mit DDT beschränkt sich im Gegensatz zu
DUMP nicht auf das Auslisten der betreffenden Datei. Ganz wichtig ist, daß man die in den Speicher geladene Information auch
verändern kann. Das geschieht mit Hilfe des Setzbefehls "set",
der für DDT zu einem einfachen S abgekürzt wird. S erhält als
Argument die hexadezimale Adresse der zu verändernden Speicherstelle und ermöglicht die gezielte Überprüfung und eventuelle
Änderung einzelner Bytes im Speicher. (Dabei darf zwischen dem
Befehl "S" und dem Argument kein Leerzeichen stehen!) Sehen wir
uns beispielsweise die Bytes ab Adresse 120 an:

```
-s120
0120 65 _          (Das ist das abschließende "e" von "Zeile 2".)
```

Lassen wir das "e" wie es ist, dann genügt die Eingabe eines
einfachen Wagenrücklaufs:

```
-s120
0120 65 <CR>
0121 20 _          (Das ist der Leerschritt nach dem "e".)
```

Lassen wir auch diesen Wert unberührt und gehen wir zum nächsten
über:

```
-s120
0120 65 <CR>
0121 20 <CR>
0122 32 _          (Das ist die Ziffer "2".)
```

Hier haben wir eine Stelle erreicht, wo sich sinnvoll etwas ändern läßt. Machen wir eine Vier (hexadezimal 34) daraus. Dazu
braucht lediglich der neue Zahlenwert eingetippt und mit einem
Wagenrücklauf abgeschlossen zu werden.

```
-s120
0120 65 <CR>
0121 20 <CR>
0122 32 34<CR>
0123 2E _                        (Das ist der Punkt am Satzende.)
```

Brechen wir hier ab. Dazu muß ein Punkt eingetippt werden:

```
-s120
0120 65 <CR>
0121 20 <CR>
0122 32 34<CR>
0123 2E .
-
```

DDT meldet sich wieder mit seinem Bereitschaftszeichen zur Befehlsübernahme. Sehen wir uns an, ob die Änderung Erfolg hatte.
Dabei können wir uns die überflüssigen Zeilen ersparen, wenn dem
Auslistbefehl D passende Argumente beigegeben werden. In unserem
Fall brauchen wir die Adresse der Speicherstelle, in der das
erste auszulistende Textzeichen steht, und die Adresse der Stelle, die das letzte Zeichen enthält:

```
-D100,12F
0100 44 69 65 73 20 69 73 74 20 5A 65 69 6C 65 20 31 Dies ist Zeile 1
0110 2E 0D 0A 44 69 65 73 20 69 73 74 20 5A 65 69 6C ...Dies ist Zeil
0120 65 20 34 2E 0D 0A 0D 0A 1A 1A 1A 1A 1A 1A 1A 1A e 4...........
-_
```

Noch aber steht die Änderung nur im Speicher, nicht in der Diskettendatei. Um sie dauerhaft zu machen ist leider einiger Umstand erforderlich.

Mit DDT geänderte Dateien festhalten: SAVE

Zunächst muß man die DDT-Arbeit abbrechen. Dazu genügt ein CON-
TROL-C zur Einleitung eines Warmstarts:

```
-^C
A>_
```

Der Warmstart wiederum läßt in einem richtig ausgelegten Standardsystem den Speicherinhalt von Adresse 100 bis zum Anfang von
CP/M nicht unverändert. Wir haben die Datei also noch im Speicher von Adresse 100 bis Adresse 12A einschließlich stehen. Diesen Speicherinhalt müssen wir in eine Datei schreiben.
Für derartige Aufgaben ist in CP/M der Befehl SAVE (in etwa:
"Rette den Speicherinhalt auf Diskette") vorgesehen:

$$\text{SAVE } <\text{Dateiumfang}> <\text{Dateiname}>$$

Der <Dateiname> bereitet keine Schwierigkeiten. Jeder vollständige und eindeutig angegebene CP/M-Dateiname ist zugelassen.
Eine unter diesem Namen etwa bereits vorhandene Datei wird
gelöscht und durch die neu zu speichernde ersetzt. Wählen wir
wieder TEST.TXT, dann erhalten wir die Form:

$$\text{SAVE } <\text{Dateiumfang}> \text{ TEST.TXT}$$

Kompliziert wird es beim <Dateiumfang>. SAVE verlangt hier in
dezimaler Form die Anzahl von je 256 Bytes umfassenden "Seiten"
ab Speicheradresse 100 (hexadezimal).
256 verschiedene Werte sind gerade mit einem Byte erfaßbar.
Hier liegt der Grund für diese vom Gewohnten abweichende Seitenlänge im SAVE-Befehl. Man braucht zur Berechnung des Platzbe-
darfs für eine mit SAVE zu speichernde Datei nur noch das höherwertige Byte der Speicheradresse auszuwerten. Sehen wir uns das
an ein paar Beispielen an:

Reicht die Information im Speicher von hexadezimal 0100 bis einschließlich:	dann ist die folgende Anzahl Seiten zu speichern:
01FF	1
0200	2
02FF	2
151A	1x16+5=21
A0F0	10x16+0=160

Zur Berechnung der mit SAVE zu speichernden 256-Byte-Seiten müssen wir also wissen, in welcher Speicheradresse das letzte Byte
zu finden ist. Mit Hilfe von DDT läßt sich das herausbekommen:
Die letzte Speicheradresse ist gerade der nach dem Laden einer
Datei unter NEXT angezeigte Wert minus 1. Da DDT immer ganze
128-Byte-Abschnitte auf einmal lädt, hätten wir in den Beispielen die folgenden NEXT-Angaben erhalten:

belegt bis einschließlich:	DDT zeigt unter NEXT an:	zu speichernde Seiten hexadezimal	dezimal
01FF	0200	1	1
0200	0280	2	2
02FF	0300	2	2
151A	1580	15	21
A0F0	A100	A0	160

Die Berechnung gestaltet sich (im Standardsystem) so ganz einfach:

Die beiden höchstwertigen Stellen des unter NEXT angegebenen Werts werden in dezimale Form gebracht. Endet NEXT mit den Ziffern "00", dann ist davon eine 1 abzuziehen. Das Ergebnis ist die Anzahl der von SAVE auf die Diskette zu schreibenden Speicherseiten.

Unser Beispiel belegt nach all dem für den SAVE-Befehl gerade eine 256-Byte-Seite im Speicher. Wir können es also folgendermaßen aus dem Speicher in die Diskettendatei TEST.TXT übertragen:

A>SAVE 1 TEST.TXT

Prüfen wir das Ergebnis nach:

A>TYPE TEST.TXT
Dies ist Zeile 1.
Dies ist Zeile 4.

Und die formalen Dateieigenschaften lauten:

A>STAT TEST.*

Recs Bytes Ext Acc
   0   0k   1 R/W A:TEST.BAK
   2   1k   1 R/W A:TEST.TXT
Bytes Remaining On A: 145k

Zwei Beobachtungen sind hier anzumerken.
- SAVE löscht die alte Datei unter dem vorgegebenen Namen, legt aber keine BAK-Sicherungsdatei davon an. (TEST.BAK ist nämlich immer noch leer.)
- Die Datei TEST.TXT belegt jetzt auf der Diskette zwei Aufzeichnungseinheiten ("records"), obwohl sich die tatsächliche Textlänge gegenüber vorher nicht geändert hat. Das spiegelt

die Tatsache wider, daß wir mit SAVE 256-Byte-Seiten statt
128-Byte-Einheiten behandeln müssen.

Anwendungen hexadezimaler Dateiübersichten

Hexadezimale Auslistungen sind eigentlich als Werkzeug zum Entwickeln und Austesten von Programmen gedacht. Dennoch gibt es
ein paar Anwendungsgebiete, in denen sich hexadezimale Auslistungen auch für den Programmierlaien lohnen.

Da ist beispielsweise zu entscheiden, ob es sich bei einer
unbekannten Datei um einen Text, um ein Programm oder um sonst
eine binäre Information handelt. Hier leistet DUMP gute Dienste.
Listen Sie die Datei (möglichst vollständig) aus und achten Sie
auf besonders häufig vorkommende Bytewerte.

- Textdateien enthalten sehr häufig die hexadezimalen Werte 20
  (Leerschritt) und ganz typisch die Zeilenendkombinationen CRLF
  0D 0A.
- Programme für den 8080-Prozessor sind in der Regel durch folgende häufig anzutreffende Bytes gekennzeichnet: C3 (das ist
  der Sprungbefehl JMP), oft in Dreierzyklen: C3 xx xx C3 xx xx;
  C9 (der RET-Befehl) und CD (der CALL-Befehl), letzterer auch
  oft in Dreierzyklen.
- Programme für den Z80-Prozessor haben ähnliche Kennzeichen wie
  die für den 8080-Prozessor und zusätzlich noch eine ausgespro-
  chene Häufung von DD-, ED- und FD- Werten, oft in Viererzyklen
  (es handelt sich um die Umschaltung vom 8080- zum Z80-Kode),
  außerdem findet man den Wert 18 (den JR-Befehl) recht häufig.
  ED, DD und FD sind in 8080-Programmen relativ selten, ihre
  Häufung in einem Programm läßt fast immer auf Z80-Spezifikati-
  on schließen. Das zu wissen, ist deshalb wichtig, weil (fast)
  alle 8080-Programme auch von Z80-Prozessoren bearbeitet werden
  können, umgekehrt aber kaum ein Z80-Programm auf einem 8080-
  oder 8085-Mikroprozessor läuft.

In der Regel wird man an einem Programm kaum etwas ändern, es
sei denn zur Beseitigung vom Hersteller erkannter Fehler nach
dessen genauer Anleitung. Es gibt aber eine Ausnahme.

Die meisten Programme zum Betrieb unter CP/M sind im eng-
lischsprachigen Bereich entstanden. Das hat insbesondere die
Folge, daß der gesamte Dialog und die Fehlermeldungen in Englisch abgefaßt sind - eine für weniger Sprachkundige höchst un-
befriedigende Situation. Dem läßt sich mit einiger Vorsicht abhelfen:
- Machen Sie sich vor allem anderen eine Sicherungsaufzeichnung
  von dem zu bearbeitenden Programm (zusätzlich zur archivierten
  Kopie).

- Laden Sie dann das Programm mit "DDT <Dateiname>" und schreiben Sie sich den Wert von NEXT auf.
- Listen Sie dieses Programm mit Hilfe von "D" aus (ein einfacher D-Befehl bringt jeweils die nächsten 12 Zeilen auf den Bildschirm; Sie brauchen hier also keine Argumente). Achten Sie dabei auf die ASCII-Wiedergabe im rechten Auslistungsblock und notieren Sie sich die Adressen, an denen Meldungen stehen. Gehen Sie so zunächst das gesamte Programm durch.
- Mit diesem Überblick bewaffnet sollten sie jetzt gezielt die möglicherweise zu bearbeitenden Meldungen erfassen. Verwenden sie dazu den D-Befehl mit der jeweiligen Anfangsadresse. (Wenn Sie kein Komma danach angeben, werden wieder 12 Zeilen ab dieser Adresse ausgelistet.) Am besten protokollieren Sie das mit CONTROL-P auf dem Drucker mit.
- Jetzt kommt das Schwierigste: Sie müssen passende deutsche Texte finden, die auf keinen Fall länger als die Originale sein dürfen. Mit etwas Überlegung und klugem Einsatz von Abkürzungen läßt sich das oft machen.
- Diese Texte müssen dann mit gebührender Vorsicht unter Zuhilfenahme der ASCII-Tabelle und des Befehls "S" in das Programm an die Stellen der englischen Originale übertragen werden.
- Brechen Sie dann DDT mit CONTROL-C ab und speichern Sie das geänderte Programm mit Hilfe von SAVE.
- Schließlich empfiehlt es sich, das Ganze noch einmal - eventuell zusammen mit passenden Hilfsprogrammen - auf eine frische Diskette zu kopieren und diese Aufzeichnung auf Herz und Nieren zu testen, bevor sie in den ernsthaften Einsatz übernommen wird.

Es gibt noch eine ganze Reihe weiterer Einsatzmöglichkeiten, die sich von Fall zu Fall ergeben. Wir wollen es bei diesen Beispielen bewenden lassen. Auf alle Fälle: Nutzen Sie die Werkzeuge, die Ihnen mit CP/M an die Hand gegeben sind, ruhig voll aus, auch wenn Sie niemals Programme schreiben möchten. Immer dann, wenn Sie mit dem Computer mehr zu tun haben als nur fertige Programme laufen zu lassen, werden Sie diese Hilfen zu schätzen wissen.

- - - - - - -

Damit sind wir am Ende unserer elementaren Einführung angelangt. Wir haben das Wichtigste besprochen, was man zur erfolgreichen Arbeit mit CP/M-Programmen und -Systemen wissen muß. Und wir haben uns - wichtiger noch - ein allgemeines Vorstellungsgerüst geschaffen, das zur Einschätzung und Einordnung der folgenden strafer und systematischer gefaßten Teile notwendig ist.

```
****************************************************************
*                                                              *
*                     Zweiter Teil                             *
*                                                              *
*                  VOM UMGANG MIT CPM                          *
*                                                              *
****************************************************************
```

KAPITEL 6

DIE GRUNDSTRUKTUR VON CP/M

Das Betriebssystem CP/M besteht im wesentlichen aus einer Sammlung von Hilfsprogrammen für Ein- und Ausgabeoperationen. Sie
sind am oberen Ende eines zusammenhängenden Schreib-Lese-Spei-
chers untergebracht und werden von den sie nutzenden Programmen
über eine standardisierte Schnittstelle angesprochen. Der genau-
en Auslegung dieser Schnittstelle werden wir uns im dritten Teil
widmen. An dieser Stelle hier werden wir uns in erster Linie mit
der logischen und physischen Gliederung eines CP/M-Systems be-
fassen.

Allgemeine Anforderungen

Um etwas Sinnvolles zu tun, benötigt ein Mikroprozessor ein Programm, d.h. eine im Arbeitsspeicher des Computers abgelegte Folge von Befehlen. Diese Befehle sind in dem binären Wert der in
Frage kommenden Speicherbytes verschlüsselt. Sie werden vom Prozessor einer nach dem anderen entschlüsselt und die ihnen entsprechenden, bei der Konstruktion des Prozessors festgelegten
Aktionen ausgeführt. Im einzelnen geht das so vor sich:
- Der Prozessor "führt Buch" über die jeweils zu entschlüsselnde
  Speicherstelle, indem er deren Adresse in einem internen Speicher, dem sogenannten Programmzähler festhält.
- Der Befehl an der durch den Programmzähler gegebenen (der "adressierten") Stelle wird im ersten Schritt in ein "Befehlsregister" im Prozessor geholt und entschlüsselt.

- Nach dieser Befehlsübernahme wird der Programmzählerinhalt um Eins weitergesetzt und "zeigt" damit auf die nächste Speicherstelle, das nächste Programmbyte.
- Wenn möglich wird der Befehl jetzt abgearbeitet. Nun lassen sich aber nur wenige Befehle vollständig in einem einzigen Byte verschlüsseln. So benötigt z.b. der Befehl "Addiere zu dem zuletzt berechneten Ergebnis den Wert 235" für die Wertangabe 235 ein eigenes Byte. Der Befehl lautet hier eigentlich: "Addiere zu dem zuletzt berechneten Ergebnis den im nachfolgenden Byte stehenden Wert". Hat er ihn entschlüsselt, dann "weiß" der Prozessor, daß er noch den Wert der nächsten Speicherstelle braucht. Deren Adresse steht bereits im Programmzähler, also kann der zu verarbeitende Wert ganz entsprechend einem Befehl in eine geeignete Stelle im Prozessor geholt und zu dem dort festgehaltenen letzten Ergebnis addiert werden. Auch hierbei wird Programzählerinhalt um Eins weitergezählt.
- Ist dergestalt ein Befehl ausgeführt, dann zeigt der Programmzähler auf die Speicherstelle, in welcher der nächste Befehl zu finden ist. Dieser wird nach demselben Grundmuster in den Prozessor übernommen, dekodiert und, eventuell unter Zuhilfenahme des Inhalts der nächsten Speicherstelle(n), bearbeitet.
In dieser Art und Weise wird das Programm nach und nach abgearbeitet. Allerdings ist das eben vorgestellte Grundmuster nicht flexibel genug. Da man immer nur den nächsten Befehl in der Programmabfolge abarbeiten kann, sind logische Alternativen der Art "Wenn das letzte Ergebnis den Wert Null hat, dann addiere eine Eins, sonst subtrahiere eine Eins" nicht zu bewältigen.
Der Grund liegt darin, daß hier zwei verschiedene Befehlsfolgen vorliegen müssen, aber je nach Bedingung nur eine von ihnen abgearbeitet werden darf. Man braucht komplexere Abläufe, z.B.:
- "Wenn das letzte Ergebnis den Wert Null hat, dann springe zur Speicherstelle mit der Adresse xxxx und arbeite die dort stehenden Befehle ab, ansonsten mache mit dem hier unmittelbar folgenden Befehl weiter."
- Diesem Befehl folgt dann "Subtrahiere eine Eins", was ausgeführt wird, wenn das Ergebnis einen Wert ungleich Null hatte, während
- in Speicherstelle xxxx der Befehl "Addiere eine Eins" steht. Dieser Befehl wird ausgeführt, wenn der Prozessor zu Adresse xxxx "gesprungen" ist.
In der Regel holt der Prozessor aufgrund des Befehls "Springe zu der in den beiden nachfolgenden Bytes abgelegten Adresse" das nächste und übernächste Byte aus dem Programm in ein internes Zwischenregister und lädt dann diese Adresse in den Programmzähler. Damit wird der nächste Befehl (und alle folgenden) von der

im Sprungbefehl angegeben Adresse übernommen: Der Prozessor ist
zu der angegebenen Programmstelle "gesprungen".
Das hat eine für unsere folgenden Betrachtungen wichtige Konsequenz: Die Lage eines Programms im Arbeitsspeicher ist nicht
beliebig!
Dadurch, daß das Programm feste Adressen enthalten muß, kann
es nur richtig abgearbeitet werden, wenn an den jeweils ange-
sprungenen Speicherstellen auch die richtigen Befehle stehen.
Der Ort dafür wird bei der Programmerstellung ein für allemal
festgelegt.
Sprünge werden auch beim Aufruf von Unterprogrammen eingesetzt. Soll ein Unterprogramm abgearbeitet werden, dann springt
das Programm zur betreffenden Speicherstelle, arbeitet die dort
stehenden Befehle ab und kehrt dann (mit Hilfe eines besonderen
Mechanismus) zu dem Befehl zurück, der im Hauptprogramm auf den
Unterprogrammsprung folgt: Es scheint, als wäre nur ein (besonders komplizierter) Befehl im Hauptprogramm abgearbeitet worden.
Auch beim Sprung zu derartigen Unterprogrammen kommt es auf
die exakte Speicheradresse an, die fest im Unterprogrammaufruf
vorgegeben ist. Das hat eine wesentliche Konsequenz im Zusammenhang mit Betriebssystemen, die ja im wesentlichen Sammlungen von
Unterprogrammen sind.
Springt man nämlich die betreffenden Stellen im Betriebssystem unmittelbar an, dann ist man auf Gedeih und Verderb an
diese Version gebunden. Jede im Lauf der Zeit notwendige Be-
triebssystemänderung zieht in der Regel eine Verschiebung der
Unterprogrammadressen nach sich. Das wiederum bewirkt, daß man
bei einem Sprung an die in der alten Version gültigen Adressen
jetzt völlig andere Befehle erreicht: Das Programm ist unbrauchbar geworden.
Um das zu verhindern, geht man in CP/M einen indirekten Weg:
Man springt nicht das Unterprogramm selbst an, sondern eine Art
"Verteilerstelle" an einem ein für allemal festliegenden Speicherplatz. Dieser Stelle übergibt man eine Information über die
Aufgabe, die das Betriebssystem ausführen soll und überläßt die
eigentliche Auswahl und Abarbeitung dem Betriebssystem. So kann
gewährleistet werden, daß ein Programm auch mit späteren Versionen richtig arbeitet oder auch dann, wenn das Betriebssystem an
einem anderen Platz im Speicher liegt, was insbesondere beim
Programmaustausch zwischen verschiedenen Computern der Fall ist.

Die Speichereinteilung unter CP/M

Ausgehend von diesen Anforderungen wurde für Mikrocomputer, die
mit CP/M als Betriebssystem arbeiten, eine ganz bestimmte Spei-

chereinteilung geschaffen. CP/M nutzt den RAM-Bereich des Arbeitsspeichers aus, also jenen Bereich, in den man beliebig Daten einschreiben und wieder auslesen kann. Dieser muß für CP/M-Version 2.2 mindestens 20 KBytes, für Version 1.4 mindestens 16 KBytes lückenlos umfassen. Nach oben hin ist in Stufen von jeweils einem Kilobyte alles möglich bis hin zu einem Speicherausbau von 64 KBytes.

Unter CP/M wird der RAM-Bereich wie folgt gegliedert:

- In den höchsten Adressen befindet sich das Betriebssystem selbst. Seine Lage und sein Umfang ist von System zu System verschieden und kann auch auf ein und demselben Computersystem je nach den Anforderungen verschieden gestaltet sein.

- Für den Verkehr mit diesem Betriebssystemteil wurden einige der niedrigsten Adressen im betrachteten Arbeitsspeicherbereich fest reserviert. Sie enthalten in erster Linie Sprungbefehle, die zum Betriebssystem hinführen und etwas Platz zur Übergabe umfangreicher Werte. Insgesamt wird genau eine Seite für derartige Kommunikationsaufgaben bereitgestellt: die niedrigsten 256 Bytes, zumeist "Grundseite" oder englisch "base page" genannt.

- Von dieser Grundseite bis zum Anfang des Betriebssystems selbst befindet sich der für Anwenderprogramme nutzbare Bereich. Er wird "TPA", "transient program area" genannt, zu deutsch etwa "Bereich für nicht ständig geladene Programme"; wir werden vom "Arbeitsbereich" sprechen. CP/M nimmt ohne Ausnahme an, daß Programme (COM-Dateien) an der Untergrenze des Arbeitsbereichs beginnen und springt nach dem Laden einer Programmdatei immer dorthin.

Standard- und Sonderversionen von CP/M

Die Adressen in der Grundseite und der Beginn des Arbeitsbereichs liegen im gegebenen System unveränderlich fest. Für den Wert dieser Adressen gibt es jedoch verschiedene Möglichkeiten.

Im Standardsystem beginnt die Grundseite mit der Adresse Null und der Arbeitsbereich für Anwenderprogramme mit der hexadezimalen Adresse 100. Die Mehrzahl der unter CP/M arbeitenden Systeme entspricht dieser Vereinbarung. Ein Programmaustausch zwischen ihnen ist ohne große Schwierigkeiten möglich.

Nicht alle in Frage kommenden Mikrocomputer jedoch beginnen mit ihrem RAM-Bereich auf Adresse Null. Einige Versionen, wie beispielsweise die verbreiteten TRS-80-Systeme, haben aus technischen Gründen hier den Nur-Lese-Speicher, den ROM-Bereich liegen. Für diese Systeme hat man Sonderversionen von CP/M geschaffen, bei denen die Grundseite oberhalb des ROM-Bereichs beginnt.

Am häufigsten findet man die Adresse 4200 hexadezimal, womit hier der Arbeitsbereich bei Adresse 4300 anfängt.

Dies ist ungemein wichtig, denn infolge des veränderten Adreßbereichs kann man zwischen Standard- und derartigen Sonderversionen keine Programme austauschen.

Es gibt eine Reihe von Firmen, allen voran der Programmvertrieb Lifeboat (mit der deutschen Filiale Intersoft), die sich derartiger Sonderversionen für die verschiedensten Rechner (und Diskettenformate!) angenommen haben und sowohl das CP/M-Betriebssystem als auch viele der Standardprogramme für CP/M an die verschiedenen Systeme angepaßt liefern.

Wenn Sie unsicher sind, wo die Anfangsadresse in Ihrem System liegt, dann laden Sie am besten irgendeine COM-Datei mit DDT. Der unter "PC" angezeigte Wert ist die Anfangsadresse des TPA-Bereichs. Mit dieser Adresse müssen alle Programme beginnen, die auf Ihrem Computer laufen sollen. Achten Sie beim Kauf und Programmaustausch darauf!

Wir werden uns im folgenden immer am Standardsystem orientieren: Die Grundseite beginnt mit Adresse Null, der Arbeitsbereich mit Adresse 100 hexadezimal.

Die Einteilung des Betriebssystems selbst

Zu Beginn unserer Betrachtungen hatten wir herausgearbeitet, daß das CP/M-Betriebssystem aus zwei Hauptbestandteilen besteht, nämlich dem die eigentliche Arbeit verrichtenden und systemunabhängigen "Grundbetriebssystem für Disketten" ("basic disk operating system", abgekürzt BDOS) und dem systemspezifischen "Grundsystem zur Ein- und Ausgabe" ("basic input/output system", abgekürzt BIOS). Beide werden beim Kaltstart von den Systemspuren der Diskette in Laufwerk A an einen vorgegebenen Ort an der Spitze des zur Verfügung stehenden Speicherbereichs geladen.

Ein Programm nimmt über die Grundseite mit diesen Betriebssystemteilen Kontakt auf. Ein Sprungbefehl in Adresse Null führt zur Warmstartprogramm im BIOS-Teil und bewirkt ein Neuladen des BDOS-Systems von der Systemdiskette in Laufwerk A. Ein weiterer Sprungbefehl in Adresse 5 stellt die Verbindung mit den BDOS-Routinen her. Diese Sprungbefehle werden beim Kalt- und Warmstart vom BIOS-Teil in die Grundseite geschrieben.

Auf diese Weise "synchronisiert" sich das Betriebssystem selbst. Ist der BDOS/BIOS-Bereich beispielsweise in einem kleinen System an einer niedrigen Speicheradresse angesiedelt, dann wird beim Laden je ein Sprungbefehl mit einer passenden niedrigen Zieladresse in die Speicherstellen 0 und 5 geschrieben. Befindet sich das System dagegen weit oben im Speicher, dann werden beim Laden auch die Zieladressen in diesen Sprüngen entsprechend hoch angesetzt.

Wichtig ist, daß ein Anwenderprogramm niemals unmittelbar mit dem Betriebssystem verkehren muß, sondern sich immer nur auf diese beiden Sprungbefehle in der Grundseite zu beziehen braucht. Das macht viel von der Einfachheit des Programmaustauschs zwischen (vergleichbaren) CP/M-Systemen aus.

Der Bedienungsprozessor (CCP)

Zusammen mit BDOS und BIOS wird noch ein eigenständiges Programm von den Systemspuren geladen, dessen Aufgabe der Verkehr mit dem Benutzer ist: der Bedienungsprozessor, zu englisch "console command processor", kurz CCP.

Es ist dieser Bedienungsprozessor CCP, der die Bereitschaftsmeldung ("A>") ausgibt, der Befehle von der Tastatur übernimmt und die zugehörigen Diskettenaktionen einleitet. Die "internen" oder "eingebauten" CP/M-Befehle, von denen wir bis jetzt gesprochen haben, betreffen eigentlich nur dieses CCP-Programm. Das BDOS-System selbst versteht keine Befehle dieser Art.

Der Bedienungsprozessor unterscheidet sich von den üblichen Programmen allerdings in einigen Punkten:
- Er wird beim Kalt- und Warmstart mit den anderen Systembestandteilen zusammen geladen, bildet also keine eigenständige Datei auf der Diskette.
- Das CCP-Programm befindet sich anders als alle Anwendungsprogramme von vornherein immer im oberen Speicherbereich, unmittelbar unter dem BDOS-Teil. Ein Kalt- oder Warmstart schließt mit einem Sprung zum Anfang des Bedienungsprozessors ab.
- Es ist das CCP-Programm, das die Programmdateien (mit der Klassenbezeichnung COM) von der Diskette in den Arbeitsbereich in Anschluß an die Grundseite lädt und dort ihre Abarbeitung einleitet.

Der für Programme verfügbare Speicherbereich

Mit dem Laden eines Programms in den Arbeitsbereich und den Sprung zu dessen Anfangsadresse ist die Arbeit des Bedienungsprozessors im Grunde erledigt. Der von ihm belegte Speicherteil kann anderweitig verwendet werden.

Zu diesem Zweck muß das betreffende Programm allerdings "wissen", bis wohin der für seine Arbeit verfügbare Speicherbereich reicht, denn dieser ist ja von System zu System verschieden groß. Die Information darüber bieten die beiden Sprungbefehle in der Grundseite eines CP/M-Systems. Der BDOS-Sprung auf Adresse 5 führt zur ersten vom BDOS-System belegten Speicherstelle. Der Warmstartsprung auf Adresse 0 führt zur dritten vom BIOS benötigten Speicherstelle. Diese Adressen stehen jeweils in den beiden dem eigentlichen Befehlsbyte folgenden Bytes, d.h. zum BDOS-Teil in den Speicherplätzen Nummer 6 und 7, zum BIOS-Teil in den Speicherplätzen Nummer 1 und 2.

Soll das betreffende Programm die BDOS-Möglichkeiten nutzen, dann steht ihm demzufolge der Speicher bis zu der Adresse offen, die um 1 unter dem in den Speicherplätzen 6 und 7 abgelegten Wert liegt. In den seltenen Fällen, in denen das Programm seine eigene Disketten- und Ein-/Ausgabeverwaltung enthält, kann sogar der vom BDOS-Teil belegte Speicherbereich mitbenutzt werden. In diesem Fall ist der Speicher bis zur um 4 verminderten Adresse in Speicherstelle 1 und 2 verfügbar.

Bei dieser Vorgehensweise geht auf alle Fälle der CCP-Teil verloren. Er muß also mit dem Abschluß des jeweiligen Programms erneuert werden, in Extremfällen der BDOS-Teil gleich mit.

Hier liegt der Grund für den ausdrücklichen Warmstart. Durch ihn werden die möglicherweise veränderten Betriebssystemteile BDOS und CCP wieder erneuert und dann die weitere Arbeit dem Bedienungsprozessor übergeben. Dies geht gut, solange der BIOS-Teil nicht verändert wurde, denn dort befindet sich das Ladeprogramm. Wurde auch dieser Teil aus irgendeinem Grund zerstört, dann bleibt nichts, als das System von Grund auf neu zu laden.

Wenn ein Programm dagegen nur begrenzten Speicherbedarf hat, dann steht ihm die Möglichkeit offen, unter bestimmten Bedingungen zu dem - jetzt unveränderten - Bedienungsprozessor zurückzukehren. Dieser behandelt ein neu geladenes Programm nämlich so, als wäre es ein von ihm abzuarbeitendes Unterprogramm. Endet das Programm mit einem Rücksprungbefehl und ist CCP noch intakt, dann wird der Warmstart überflüssig. Der Bedienungsprozessor übernimmt hier wieder das Steuer. Von den uns bis jetzt bekannten Programmen benutzt beispielsweise STAT diese Möglichkeit.

Kanäle und Peripheriegeräte

Zum Computersystem gehören neben Disketten und Speicher noch die Geräte zur Ein- und Ausgabe von Daten aus der bzw. an die "Umwelt" des Rechners. Vieles von den CP/M-Besonderheiten in diesem Zusammenhang läßt sich historisch verstehen. So waren zur Entstehungszeit von CP/M folgende Peripheriegeräte verbreitet:
- Fernschreiber als Konsole (Ein- und Ausgabe),
- schnelle Zeilendrucker zum Ausdrucken größerer Datenmengen,
- Lochstreifenstanzer und -leser (oft in Verbindung mit dem Fernschreiber) zur Massenspeicherung von Daten.

Auf diese "Umweltbedingungen" ist CP/M zurechtgeschneidert. Es wickelt seine Ein- und Ausgabeoperationen mit vier Peripherieeinheiten ab:

CON: -   der Konsole zum unmittelbaren Benutzerverkehr
RDR: -   (reader) dem Lochstreifenleser
PUN: -   (punch) dem Lochstreifenstanzer
LST: -   (list) dem schnellen Drucker für Auslistungen

Genau betrachtet sind dies Kanäle für den Datenverkehr. Sie enden im BIOS-Teil, und dort erst wird festgelegt, mit welchem Gerät gearbeitet wird. Zum Beispiel kann der RDR-Kanal von einem auf Wiedergabe geschalteten Tonbandgerät gespeist werden und der PUN-Kanal in einem auf Aufnahme geschalteten Tonbandgerät enden.

Ja, ein Kanal kann sogar "blind" enden, braucht also kein tatsächlich vorhandenes Gerät anzusteuern, solange die betreffenden "Treiberprogramme" im BIOS in geeigneter Form zum aufrufenden Programm zurückkehren. So reicht zur Arbeit mit CP/M bereits die Konsole (und mindestens eine Diskettenstation) aus.

Auf der anderen Seite kommt es heute häufig vor, daß als Konsole ein Bildschirmgerät verwendet wird und dann noch zwei Drukker vorhanden sind: beispielsweise ein schneller Matrixdrucker für Auslistungen und ein langsamer Schönschreibdrucker für Korrespondenzangelegenheiten. Das wiederum wirft die Frage auf, über welchen Kanal welcher Drucker anzuschließen ist.

Im Prinzip könnte man einen der Drucker über den PUN-Kanal anschließen, doch macht das bei vielen kommerziell erhältlichen Programmten Schwierigkeiten, die derartige Arbeiten durchaus nur über den LST-Kanal abwickeln wollen. Man hat daher in CP/M die Möglichkeit geschaffen, jeden Kanal noch einmal zwischen je vier Geräten umzuschalten. Dazu wurden bestimmte Bezeichnungen vorgeprägt:

- Für den Konsolenkanal CON:
  = TTY: (teletype) ein Fernschreibgerät
  = CRT: (cathode ray tube) ein Bildschirmgerät
  = BAT: (batch) Hier handelt es sich um eine abstrakte Einheit zur "Stapelverarbeitung" (englisch: "batch processing"), bei der die Eingabe vom RDR-Kanal kommt und die Ausgabe zum LST-Kanal geht. Das ermöglicht die automatische Abarbeitung vorher "aufgestapelter" Aufgaben. Diese Form des Computerbetriebs hat heute jedoch an Bedeutung verloren.
  = UC1: (user console 1) eine vom Benutzer selbst festgelegte Konsoleneinheit zur Datenein- und -ausgabe
- Für den Leserkanal RDR:
  = TTY: (teletype) die Eingabe vom Lochstreifenleser im Fernschreiber

= PTR: (paper tape reader) die Eingabe von einem besonderen
(schnellen) Lochstreifenleser
= UR1: (user reader device 1) ein vom Benutzer festgelegtes
Lesegerät
= UR2: (user reader device 2) ein weiteres vom Benutzer fest-
gelegtes Lesegerät
- Für den Stanzerkanal PUN:
= TTY: (teletype) die Ausgabe an die Stanzereinheit im Fern-
schreiber
= PTP: (paper tape punch) die Ausgabe an einen besonderen
(schnellen) Lochstreifenstanzer
= UP1: (user punch 1) ein vom Benutzer festgelegtes Ausgabe-
gerät
= UP2: (user punch 2) ein weiteres vom Benutzer festgelegtes
Ausgabegerät
- Für den Druckerkanal LST:
= TTY: (teletype) der Druckerteil des Fernschreibers
= CRT: (cathode ray tube) die Ausgabe auf den Bildschirm
= LPT: (line printer) die Ausgabe auf den schnellen (Zeilen-)
Drucker im System
= UL1: (user list device 1) eine vom Benutzer festgelegte
Auslisteinheit
In unserem Beispiel könnte man etwa folgende Einteilung wählen:
- CRT: das Bildschirmgerät als allgemeine Konsoleneinheit
- LPT: den Matrixdrucker als Standardauslisteinheit
- UL1: den Schönschreibdrucker als alternative Ausgabeeinheit
Die anderen Kanäle können blind enden oder werden besser noch
auf je ein passendes dieser drei Peripheriegeräte umdirigiert.
Das ermöglicht es dann, eine Ausgabe an den Drucker je nach Be-
darf auf den Matrix- oder den Schönschreibdrucker zu lenken. Die
eigentliche Umschaltung zwischen diesen Geräten kann durch das
betreffende Anwendungsprogramm erfolgen. In der Regel wird man
aber STAT für diesen Zweck verwenden, worauf wir gleich noch
zurückkommen werden.
   Diese Gliederung in vier Kanäle, die ihrerseits wieder zwischen vier Geräten umgeschaltet werden können, rührt von den
Mikrocomputer-Entwicklungssystemen von Intel her, für die CP/M
ursprünglich entworfen wurde. Sie besaßen seinerzeit nur diese
Ein- und Ausgabemöglichkeiten, die noch dazu aus technischen
Gründen (die Umschaltung erfolgt über vier zu einem Byte zusam-
mengefaßte Zweibitkodes - siehe Teil 3) nicht erweiterbar waren.
So kommt es unter anderem, daß unter den Ein-Ausgabekanälen einer fehlt: der für Diskettendateien (über den man beispielsweise
die Konsoleneingabe von einer Datei übernehmen und die Ausgabe
zu einer anderen Datei leiten könnte). Das ist nicht unüberwind-

lich, im Vergleich zu anderen Betriebssystemen (z.B. UNIX) jedoch ein wenig ein Ärgernis.
Aus diesen Urgründen stammt auch eine heute noch weit verbreitete Bezeichnungsweise: Statt von Kanälen spricht man von
"logischen Peripherieeinheiten" (die im "logischen" Teil, dem
Programmtext verwendet werden), und die von ihnen gespeisten
bzw. sie versorgenden Geräte werden "physische Einheiten" genannt (da sie tatsächlich, "physisch" vorhanden sind). Wir werden jedoch bei der anschaulicheren Gliederung in Kanäle und Peripheriegeräte bleiben.

Das allgemeine Befehlsformat

In der Regel richten sich die unter CP/M arbeitenden Programme
nach einer vorgegebenen Form für die jeweiligen Befehle. Dem
liegt ein allgemeines Grundmuster zugrunde:

<Befehl> <Argumente>

wobei im Fall des Bedienungsprozessors CCP der <Befehl> entweder
eines der Befehlsworte ERA, DIR, REN, SAVE, TYPE, USER (ab CP/M-
Version 2.2) oder ein gültiger Dateiname sein muß.
Handelt es sich um einen Dateinamen, dann sucht CCP auf der
in Frage kommenden Diskette nach einer COM-Datei dieses Namens
und lädt sie in den Arbeitsbereich. Die <Argumente> werden diesem Programm dann über einen Pufferspeicher in der Grundseite
des Arbeitsspeichers übergeben.
Im Fall von Dateien gibt es zwei Formen für die <Argumente>:

<Dateiliste>

oder

<Zieldatei>=<Dateiliste>

wobei die letztere Form im Fall von Informationsübertragungen,
Umbenennungen oder ähnlichen Operationen angewendet wird, bei
denen ein aus den angegebenen Dateien der <Dateiliste> erarbei-
tetes Ergebnis einer bestimmten <Zieldatei> zugewiesen werden
soll. So etwas ist beispielsweise bei PIP-Operationen der Fall.
Die <Dateiliste> schließlich besteht aus einem oder mehreren,
in der Regel durch Kommas voneinander getrennten Dateinamen, die
ihrerseits wieder die Form

<Laufwerk>:<Name>.<Klasse>

haben. Dabei kann für das <Laufwerk> ein Buchstabe zwischen A und P verwendet werden (das entspricht maximal sechzehn Laufwerken), oder die Angabe kann zugunsten des Bezugslaufwerks entfallen. Der <Name> umfaßt maximal acht, die <KLasse> maximal drei Zeichen aus dem druckbaren Teil des ASCII-Zeichensatzes mit Ausnahme des Leerschritts und der Sonderzeichen

$$< > . , ; : = ? * [ ] \_$$

In einigen Fällen kann man anstelle eines Dateinamens auch einen passenden der oben angegebenen Kanäle CON:, RDR:, PUN: oder LST: verwenden.

Den Argumenten in dieser Form können noch weitere Angaben zur Arbeit der betreffenden Programme beigesellt werden. Das geschieht normalerweise indem man sie in eckige, manchmal auch in spitze Klammern einschließt oder indem man sie geeignet von den übrigen Argumenten abtrennt, zumeist durch ein vorangehendes Dollarzeichen ($). Als Faustregel gilt dabei:
- Haben die Zusatzargumente für einen bestimmten der in der <Dateiliste> aufgeführten Namen eine Bedeutung, so werden sie diesem in Klammern unmittelbar beigesellt.
- Gelten die Zusatzargumente für die ganze Befehlszeile, so werden sie - zumeist durch ein Dollarzeichen abgetrennt - an das Ende der Befehlszeile gesetzt.
Es handelt sich hierbei im wesentlichen um die Vereinbarungen von Digital Research, an die sich auch viele Programme anderer Hersteller halten. Dies muß aber nicht so sein, so daß es auch hier unumgänglich ist, die Bedienungsanleitung der betreffenden Programme genau zu studieren.

Eindeutige und Mehrfachnamen

CP/M gestattet zwei Formen von Dateinamen: die eindeutige Angabe, die sich auf genau eine Datei bezieht, und die Mehrfachangabe, die mehrere Dateien erfassen kann.

Die eindeutige Angabe erfolgt ausschließlich mit den für Dateinamen zugelassenen ASCII-Zeichen. Mehrfachnamen können demgegenüber Fragezeichen (?) oder Sterne (*) enthalten. Dabei ist der Stern eine Kurzschreibweise für eine ununterbrochen bis zum Namens- bzw. Klassenende reichende Kette von Fragezeichen.

Ein Fragezeichen in einem Dateinamen behandelt beim Durchsuchen des Diskettenverzeichnisses alle an dieser Stelle vorgefundenen Zeichen als passend, während sonst nur die genau übereinstimmenden Zeichen berücksichtigt werden. (Eine genaue Beschreibung dieses Suchvorgangs steht in Kapitel 2.)

Mehrfachnamen können nicht in allen Fällen als Argument eingesetzt werden. Insbesondere kann man sie nicht als CCP-Befehle
verwenden. Es gibt aber auch darüber hinaus viele Fälle, in denen es sinnlos wäre, Mehrfachnamen zu verwenden. Wir werden in
der nachfolgenden Beschreibung immer angeben, ob Mehrfachnamen
möglich sind. Dabei soll sich die Angabe

<Einfachname>

auf eindeutig gegebene Dateinamen und die Angabe

<Mehrfachname>

auf die Möglichkeit von Mehrfachangaben beziehen, während

<Dateiname>

in der Regel die Wahl offenläßt.
Des weiteren bezieht sich ein "Dateiname" in der Regel auf
die Kombination aus Namen und Klasse. Wenn genauere Angaben notwendig sind, werden wir immer von "Name" oder "Klasse" sprechen.

Steuerzeichen

Bei einigen Formen der Ein- und Ausgabe von Texten werden unter
CP/M bestimmte Steuerzeichen ausgewertet, die zumeist durch
gleichzeitiges Drücken von CONTROL-Umschaltung und einer Buch-
stabentaste erzeugt werden. Wir werden deren ASCII-Standardbe-
zeichung in der Regel in Großbuchstaben in spitzen Klammern angeben. Zur Bezeichnung von CONTROL-Umschaltungen verwenden wir
im Text normalerweise die Darstellung CONTROL-X, in tabellarischen Aufstellungen normalerweise die Kurzform ^X, wobei das "X"
hier einen der Buchstaben "A" bis "Z" oder ein Satzzeichen vertritt.
Im einzelnen erkennt CP/M folgende Steuerzeichen:
- bei der Eingabe:
    <DEL> - (delete, rubout) löscht das zuletzt eingegebene Zei-
          chen und zeigt dies durch eine Wiederholung des ge-
          löschten Zeichens auf der Konsolenausgabe an.
    <BS> - (backstep, auch CONTROL-H) löscht das Zeichen sowohl
          im Eingabepuffer als auch auf dem Bildschirm (erst
          ab CP/M 2.0).
    ^U - ("undo") löscht die gerade eingegebene Zeile und
          zeigt dies durch ein "#" am Zeilenende an, bevor in
          der nächsten Zeile die Eingabe neu übernommen wird.

^X   - (<CAN>, "cancel") löscht die gesamte gerade eingegebene Zeile auch auf dem Bildschirm (erst ab CP/M
2.0).

^R   - ("retype") bricht die Anzeige der laufenden Eingabe
mit einem "#" ab und wiederholt den tatsächlichen
Inhalt des betreffenden Eingabepuffers auf der nächsten Zeile.

^E   - ("end line") beginnt eine neue Zeile auf der Konsolenausgabe. Dies dient lediglich der besseren Lesbarkeit und hat keinen Einfluß auf die im Eingabepuffer festgehaltenen Zeichen. Insbesondere wird das
CONTROL-E nicht mit in den Puffer aufgenommen.

<CR> - ("carriage return", Wagenrücklauf, auch CONTROL-
M) beendet die Puffereingabe und übergibt die eingegebenen Zeichen dem Programm; dieselbe Funktion hat

<LF> - ("line feed", Zeilenvorschub, auch CONTROL-J) ab
CP/M 2.0.

^C   - an erster Stelle (am Pufferanfang) eingegeben bricht
das laufende Programm mit einem Warmstart ab.

- bei der Ausgabe:

^S   - ("start/stop") hält eine laufende Ausgabe bis zum
nächsten Tastendruck an.

^P   - ("printer") schaltet den Drucker (über den LST-Kanal) der Konsolenausgabe bis zum nächsten CONTROL-P
oder Warmstart parallel.

Dateimerkmale

Ab CP/M-Version 2.0 lassen sich einer Datei verschiedene Merkmale zuordnen. Zwei davon werden derzeit benutzt: Schreibschutz
und Systemeigenschaft.

Schreibgeschützte Dateien können nur gelesen, nicht aber in
irgendeiner Form verändert werden. Das schließt Umbenennungen
mit ein. Der Versuch, eine schreibgeschützte Datei zu verändern,
führt in jedem Fall zu der Systemfehlermeldung:

Bdos Err On <Laufwerk>: File R/O

wobei <Laufwerk> ein Großbuchstabe zwischen "A" und "P" ist. Auf
einen nachfolgenden beliebigen Tastendruck antwortet das Betriebssystem in jedem Fall mit einem Warmstart.

Unabhängig vom Schreibschutz kann eine Datei auch zur Systemdatei erklärt werden. Eine Systemdatei unterscheidet sich in
CP/M von einer normalen Datei dadurch, daß sie im Verzeichnis
nicht mit ausgelistet wird. Weitere Konsequenzen bestehen für

PIP (das Systemdateien normalerweise nicht kopiert) und den Editor ED (der keine Arbeit mit Systemdateien gestattet). Andere schwerwiegende Konsequenzen gibt es derzeit nicht. Insbesondere ist die Systemeigenschaft nicht an den Schreibschutz gekoppelt.

Die Dateimerkmale werden im Diskettenverzeichnis in den Dateinamen jeweils im höchstwertigen Bit der acht ASCII-Zeichen des Namens bzw. der drei ASCII-Zeichen der Klasse festgehalten. Ist dieses Bit auf den Wert 1 gesetzt, dann hat die Datei die zugeordnete Eigenschaft, hat es den Wert 0, dann ist die betreffende Eigenschaft aufgehoben.

Der Schreibschutz wird so im ersten Zeichen der Klassenbezeichnung, die Systemeigenschaft im zweiten Zeichen der Klassenbezeichung festgehalten. Das dritte Zeichen der Klassenbezeichnung sowie das fünfte bis achte Zeichen des Namens sind von Digital Research für weitere Dateimerkmale reserviert. Das erste bis vierte Zeichen des Namens steht Anwendungsprogrammen frei. Mit Hilfe von BDOS-Funktionen können alle Programme diese Dateimerkmale beliebig setzen, löschen und untersuchen (siehe dazu Teil 3).

Benutzerbereiche

Ab Version 2.0 gestattet CP/M die Arbeit mit einer Diskette durch bis zu 32 unabhängige Benutzer, von denen jeder eine Nummer zwischen 0 und 31 erhält. Mit ihr werden die Verzeichniseinträge der von ihm verwendeten Dateien gekennzeichnet, so daß ein Benutzer nur in dem Bereich arbeiten kann, der seiner Benutzernummer entspricht. Der Zugriff auf Dateien aus anderen Benutzerbereichen ist ihm verwehrt.

Eine Ausnahme ist PIP, mit dem Programme aus einem Benutzerbereich in den anderen kopiert werden können. Aber auch hier können Programme aus anderen Benutzerbereichen lediglich gelesen, nicht aber verändert werden.

Benutzerbereiche dienen hier in erster Linie dem ungestörten Diskettenaustausch zwischen dem Mehrbenutzer-Betriebssystem MP/M und dem Einbenutzer-Betriebssystem CP/M. Dadurch lassen sich alle Informationen auf einer unter MP/M angelegten Diskette auch unter CP/M auswerten. Ansonsten empfiehlt es sich, normalerweise im Benutzerbereich 0 zu bleiben, der beim Kaltstart automatisch angewählt wird.

Besonderheit:
- Der Bedienungsprozessor CCP verarbeitet nur 16 der 32 im BDOS möglichen Benutzerbereiche.

KAPITEL 7

CCP-FUNKTIONEN

Grundaufgabe

Der Bedienungsprozessor CCP ("console command processor") verarbeitet einen kleinen Satz von internen Befehlen zum allgemeinen Umgang mit Disketten. Programme lassen sich mit ihm aus COM-Dateien in den Arbeitsbereich übertragen und dort abarbeiten. Außerdem kann man das Bezugslaufwerk und (ab CP/M-Version 2.0) den Benutzerbereich auswählen.

Aufruf, Kommunikation

Das CCP-Programm wird beim Kalt- und Warmstart unmittelbar unterhalb das BDOS geladen, ohne den übrigen Inhalt des Arbeitsbereichs zu verändern. Es arbeitet mit der Bedienungsstation (der Konsole) zusammen, der man zu Protokollzwecken durch CONTROL-P die über den LST-Kanal angeschlossene Druckereinheit parallelschalten kann.
Der Bedienungsprozessor meldet seine Betriebsbereitschaft durch

Laufwerk>_

am linken Bildschirmrand, wobei "Laufwerk" die Bezeichnung des gerade aktiven Bezugslaufwerks ist und einen der Buchstaben "A" bis "P" annehmen kann.

Übersicht über die CCP-Befehle

Die vom Bedienungsprozessor verarbeiteten Befehle führen Aufgaben aus zwei Hauptbereichen durch. Da sind zum einen Befehle zum Umgang mit dem jeweiligen Diskettenverzeichnis:

      DIR   —   (directory) Diskettenverzeichnis ansehen
      ERA   —   (erase) eine Datei aus dem Verzeichnis löschen
      REN   —   (rename) eine Datei im Verzeichnis umbenennen
Zwei weitere Befehle betreffen den Umgang mit den Dateien selbst:
      TYPE   —   den Inhalt einer Textdatei austippen lassen
      SAVE   —   den Inhalt des Arbeitsbereichs in einer Datei ablegen

Schließlich gibt es (ab CP/M-Version 2.0) noch einen reinen Verwaltungsbefehl:
USER - Benutzerbereich für die Diskettenarbeit umschalten
Er ergänzt die Auswahl des Bezugslaufwerks, die durch Angabe des betreffenden Laufwerksnamens mit nachfolgendem Doppelpunkt geschieht.
Jeder andere Befehl wird von CCP als Name einer COM-Befehlsdatei angesehen, die auf der angegebenen Diskette gesucht wird. Das Programm wird in den Arbeitsbereich geladen und mit einem Unterprogrammaufruf zur Anfangsadresse dieses Bereichs abgearbeitet. Bleibt dabei der CCP-Bereich intakt und die Rückkehradresse im Stapelspeicher richtig erhalten (siehe dazu Teil 3), dann kann man mit einem normalen Unterprogrammrücksprung (dem RET-Befehl) zum Bedienungsprozessor zurückkehren. Andernfalls ist ein Warm- oder Kaltstart erforderlich.

Besonderheit:

- Alle CCP-Befehle werden automatisch in Großschreibung umgewandelt. Das bedeutet insbesondere, daß man durch CCP nicht auf Dateien zugreifen kann, die Kleinbuchstaben im Dateinamen enthalten.

Allgemein auftretende Fehler:

==> Keine Diskette im angegebenen Laufwerk
==> Laufwerkstür nicht geschlossen
==> Laufwerksname ungültig

Meldung: Bdos Err On <Laufwerk>: Select

Abhilfe: Eine beliebige Taste drücken, was einen Warmstart auslöst, Laufwerk in Ordnung bringen und den Befehl wiederholen.

==> Der Dateiname enthält ungültige Zeichen.
==> Die COM-Datei liegt auf der angegebenen Diskette nicht vor.

Meldung: Der Befehl wird gefolgt von einem Fragezeichen wiederholt.
Abhilfe: Den Befehl in richtiger Form neu angeben, eventuell ausdrücklich einen Laufwerksnamen angeben oder das Bezugslaufwerk ändern; die Diskette überprüfen.
Ab Version 2.0: den Benutzerbereich überprüfen.

Auswahl des Bezugslaufwerks

Befehlsformat:

<Laufwerk>:

wobei <Laufwerk> einer der Buchstaben "A" bis "P" sein muß. Dies entspricht bis zu 16 Laufwerksbezeichnungen.

Wirkung:

Aktiviert das angegebene <Laufwerk> als Bezugslaufwerk und meldet sich mit dem Namen des neuen Bezugslaufwerks vor dem Bereitschaftszeichen ">" zurück.

Das Verzeichnis auf der in dem neu zum Bezug erklärten Laufwerk befindlichen Diskette wird überprüft. War das Laufwerk seit dem letzten Warmstart (oder einer Neuinitialisierung des Systems durch ein Programm) noch nicht aktiviert, dann wird eine neue Belegungstabelle und eine Prüfsummentabelle zum Verzeichnis angelegt.

Legt in der Grundseite einen Laufwerkskode (zwischen 0 und 15) in den vier niedrigstwertigen Bits von Speicherstelle 4 ab und gibt anschließend dem BDOS-System der Befehl zur Laufwerksumschaltung. Der Kode in Speicherstelle 4 ist unabhängig vom im BDOS geführten Benutzerbereich und dient in erster Linie dem Warmstartprogramm im BIOS zur Laufwerksauswahl.

Fehler:

==> Keine Diskette im Laufwerk
==> Laufwerkstür nicht geschlossen

Meldung: Bdos Error On <Laufwerk>: Select

Abhilfe: Legen Sie eine Diskette ein und schließen Sie die Laufwerkstür. Ein beliebiger Tastendruck bewirkt einen neuen Warmstart.

==> Das Laufwerk existiert nicht in dem System

Meldung: Bdos Error On <Laufwerk>: Select

Dieser Fehler wird bei der Diskettenumschaltung durch das BDOS-System im BIOS-Teil entdeckt und dem BDOS-System gemeldet.

Der Fehler ist katastrophal in dem Sinne, daß nach einem Warmstart aufgrund der Information in Speicherstelle 4 erneut versucht wird, dieses Laufwerk zu aktivieren. Dies führt dann immer wieder zur selben Fehlermeldung.

Abhilfe: System völlig neu durch einen Kaltstart laden.

==> Die Laufwerksangabe ist ungültig (liegt nicht zwischen "A" und "P")

Meldung: Dies führt zunächst zur selben Fehlermeldung wie oben. Beim folgenden Warmstart allerdings wird versucht, ein anderes Laufwerk zu aktivieren, und zwar:
"Q:" wird in Laufwerk "A" übersetzt,
"R:" wird in Laufwerk "B" übersetzt,
und so weiter, da beim Setzen von Speicherstelle 4 nur die vier niedrigstwertigen Bits ausgewertet werden.

Abhilfe: Falls kein gültiges Laufwerk aktiviert wird: System zu einem Kaltstart veranlassen.
Sonst den Befehl in richtiger Form wiederholen.

==> Laufwerksangabe vergessen (nur ":")

Meldung: CCP meldet sich mit seinem normalen Bereitschaftszeichen zurück.

Abhilfe: Befehl in richtiger Form wiederholen.

==> Gerätekennzeichen (Doppelpunkt) vergessen

Meldung: CCP versucht eine Datei dieses Namens von der Diskette im Bezugslaufwerk zu laden. In der Regel wird sie nicht gefunden und wie üblich gemeldet:

<Laufwerksname>?

Abhilfe: Befehl in richtiger Form wiederholen.

Umschalten zwischen Benutzerbereichen

Befehlsformat:

USER <n>

wobei <n> die Nummer des neuen Bereichs (zwischen 0 und 15) ist.

Wirkung:
Legt den Wert der Benutzernummer <n> in den höherwertigen vier Bits von Speicherstelle 4 in der Grundseite ab und ruft

dann das Unterprogramm zur Umschaltung des Benutzerbereichs im BDOS auf.
    Die Information in Speicherstelle 4 ist unabhängig von der im BDOS geführten Benutzernummer. Sie dient lediglich dazu, nach einem Warmstart neben dem Bezugslaufwerk auch den gerade gewählten Benutzerbereich zu erhalten.

Fehler:

==> Benutzernummer zu groß
==> Benutzerargument keine Zahl

Meldung: <arg>?

                wobei <arg> das im Befehl angegebene Benutzerargument
                ist.
Abhilfe: Befehl richtig wiederholen.

==> Benutzerargument fehlt

Meldung: Ein einfaches Fragezeichen.
Abhilfe: Befehl richtig wiederholen.

Diskettenverzeichnis ansehen

Befehlsformat:
                DIR
                DIR <Laufwerk>:
                DIR <Einfachname>
                DIR <Mehrfachname>
Wirkung:
    Listet die im Verzeichnis der Diskette im angegebenen Laufwerk vorhandenen Dateien aus, sofern sie nicht die Systemeigenschaft besitzen. Fehlt die Laufwerksangabe im Dateinamen, dann wird das Bezugslaufwerk verwendet. Die Anzeige erfolgt in CP/M-Version 2.2 in der Form:

L: NNNNNNNN KKK : NNNNNNNN KKK : NNNNNNNN KKK : NNNNNNNN KKK

wobei "L" den Laufwerksnamen ("A" bis "P"), "N" ein Zeichen des Namens und "K" ein Zeichen der Klasse vertritt.
    Enthält das Diskettenverzeichnis keine auf den <Dateinamen> passenden Dateien dann wird die Meldung
                NO FILE
ausgegeben (in früheren Versionen: NOT FOUND).

Besonderheiten:
- DIR ohne Argument oder nur mit einem Laufwerksnamen angegeben hat dieselbe Wirkung wie die Angabe des Mehrfachnamens *"*.*"*.
- DIR berücksichtigt nur die Einträge für den gerade gewählten Benutzerbereich. Befindet sich keine Datei für den gegenwärtigen Benutzer im Verzeichnis, so wird NO FILE gemeldet.
- Befinden sich zu einem DIR-Argument nur Systemdateien auf der Diskette, so meldet sich CCP ohne weitere Angaben mit seinem normalen Bereitschaftszeichen zurück. Insbesondere wird keine "NO FILE"-Meldung ausgegeben.
- DIR listet die Dateien in genau der Reihenfolge auf, in der sie im Verzeichnis vorkommen. Dies ist in manchen Fällen bei der Einschätzung der Effektivität des Dateizugriffs nützlich.

Dateien löschen

Befehlsformat:

ERA <Einfachname>
ERA <Mehrfachname>

Wirkung:
Durchsucht das Verzeichnis und löscht alle auf den Dateinamen passenden Dateien. Das Löschen geschieht, indem das erste Byte des betreffenden Eintrags auf den hexadezimalen Wert E5 gesetzt wird.
Enthält das Diskettenverzeichnis keine passende Datei, so wird ab Version 2.0

NO FILE

gemeldet (in früheren Versionen "NOT FOUND").

Besonderheiten:
- ERA durchsucht das Verzeichnis vom Anfang her und löscht passende Dateien, sobald diese entdeckt werden. Dies macht sich bemerkbar, wenn bei Mehrfachnamen eine Datei schreibgeschützt ist. Es werden alle Dateien bis hin zur schreibgeschützten gelöscht. Bei der schreibgeschützten Datei bricht die Arbeit mit einer Fehlermeldung ab. Alle danach auftetenden Dateien werden nicht mehr behandelt.
- Wird mit "ERA *.*" der Befehl zum Löschen aller Dateien gegeben, dann holt der Bedienungsprozessor vor dem Zugriff auf die Diskette zuerst eine Bestätigung ein:

ALL (Y/N)

Geben Sie ein "Y" oder "y" als Bestätigung ein und drücken Sie anschließend die Wagenrücklauftaste. Jede andere Taste bewirkt den Abbruch der ERA-Operation.

- ERA bearbeitet nur die Dateien des gegenwärtig aktiven Benutzerbereichs. So werden insbesondere bei der Gesamtlöschung mit "ERA *.*" nur die zu diesem Benutzerbereich gehörenden Dateien entfernt. Alle anderen Benutzerbereichen zugeordneten Informationen bleiben erhalten.

- ERA löscht <u>alle</u> nicht schreibgeschützten Dateien des betreffenden Benutzerbereichs, insbesondere auch Systemdateien.

Hinweis: Machen Sie es sich zur Regel, eine Systemdatei immer auch gegen Überschreiben zu schützen. Ungeschützte Dateien im Verzeichnishintergrund sind extrem gefährdet.

Fehler:

==> Eine oder mehrere zu löschende Dateien sind schreibgeschützt.

Meldung: Bdos Err On <Laufwerk>: File R/O

Abhilfe: Drücken sie eine beliebige Taste, was einen Warmstart des Systems veranlaßt. Das weitere Vorgehen richtet sich nach der vorliegenden Aufgabe.
- Es sollten wirklich alle angegebenen Dateien gelöscht werden:
Heben Sie mit STAT den Schreibschutz für die Dateien auf und wiederholen Sie den Löschbefehl.
- Es wurde ein Mehrfachname angegeben, der (im Verhältnis zu den zu löschenden) einige wenige nicht zu löschende, schreibgeschützte Dateien abdeckt:
Versuchen Sie einen Namen zu finden, der exakt auf die zu löschenden Dateien paßt und wiederholen Sie damit den Befehl.
Ist dies nicht möglich, so versuchen Sie, die Dateien in mehreren Gruppen zu löschen.
Macht dies immer noch zuviel Aufwand, so heben Sie mit STAT den Schreibschutz für die nicht zu löschenden Dateien auf, benennen sie in ungefährdete (aber einfach wiedererkennbare) Dateien um, wiederholen Sie dann den Löschbefehl, geben den umbenannten Dateien ihre ursprünglichen Namen zurück und stellen schließlich den Schreibschutz wieder her.
Macht auch dies zu viel Aufwand, so kopieren Sie am besten die gefährdeten Dateien auf eine andere Diskette oder in einen anderen Benutzerbereich, heben

dann den Schreibschutz auf, löschen alle in Frage
kommenden Dateien, kopieren die zu erhaltenden Datei-
en wieder zurück und setzen ihren Schreibschutz wieder intakt.
- Ist auch das nicht sinnvoll möglich, so bleibt
nichts, als die Dateien einzeln mit Einfachnamen zu
löschen.

Hinweis: Wenn von vornherein absehbar ist, daß viele der anfallenden Dateien wieder auf einmal gelöscht werden müssen, andererseits aber keine eigene Diskette angelegt
werden soll, dann empfiehlt es sich, den Benutzerbereich zu wechseln und diesen dann später ohne Gefähr-
dung der Originaldateien am Stück zu löschen.

==> Der Name erfaßt auch Dateien, die erhalten bleiben sollen,
aber nicht schreibgeschützt sind.

Meldung: Dieser Fall ist gefährlich, da hier keinerlei Fehlermeldung vom System aus erfolgt.
Abhilfe: Erproben Sie die Wirkung bei allen Mehrfachnamen vorher
mit Hilfe von DIR oder STAT. Erst wenn hier alles in
Ordnung ist, sollten Sie den Löschbefehl geben.
Legen Sie von gefährdeten oder wertvollen Dateien immer
Sicherungskopien auf einer anderen Diskette an. So kann
eine versehentlich gelöschte Aufzeichnung bei Bedarf
wieder zurückkopiert werden.

Dateien umbenennen

Befehlsformat:
    REN <neuer Dateiname>=<alter Dateiname>
    REN <neuer Dateiname>+<alter Dateiname>

Beide Formen haben dieselbe Wirkung. Der Pfeil "+" ist bei den
meisten Systemen eine Unterstreichung "_".

Wirkung:
    Sucht im Diskettenverzeichnis nach einer Datei mit dem <alten
Dateinamen> und ändert diesen in den <neuen Dateinamen> um. Alle
übrige Information bleibt erhalten.

Besonderheiten:
- Bei der Umbenennung von Diskettendateien gehen alle im Original gesetzten Dateimerkmale verloren.

- REN verarbeitet ausschließlich eindeutig gegebene Namen sowohl für die alte als auch für die neue Dateibezeichnung.

Fehler:

==> Die alte Datei ist schreibgeschützt.

Meldung: Bdos Err On <Laufwerk>: File R/O

Abhilfe: Lösen Sie durch irgendeine Taste einen Warmstart aus, heben den Schreibschutz auf und wiederholen den Befehl.

==> Die alte Datei existiert nicht auf der Diskette.

Meldung: NO FILE

Abhilfe: Prüfen Sie nach, ob die richtige Diskette eingelegt ist oder ob ein Schreibfehler im Namen vorliegt.

==> Es existiert bereits eine Datei mit dem neuen Dateinamen.

Meldung: FILE EXISTS

Abhilfe: Prüfen Sie nach, ob die richtige Diskette eingelegt ist oder ob ein Schreibfehler vorliegt. Wiederholen Sie in diesem Fall den Befehl. Andernfalls müssen Sie einen anderen Namen für die Datei suchen oder die bereits vorhandene Datei geeignet umbenennen oder löschen.

==> Die alte Datei ist mit einem Mehrfachnamen angegeben.

Meldung: <alter Dateiname>?

Abhilfe: Benennen Sie die einzelnen Dateien für sich um. Verwenden Sie PIP zur Zusammenfassung mehrerer Einzeldateien.

==> Die neue Datei ist mit einem Mehrfachnamen angegeben.
==> Das Zuweisungszeichen ("=" oder "+") ist falsch oder fehlt.

Meldung: <REN-Argument>?

         wobei das gesamte Argument des REN-Befehls, wie es im Befehlspuffer steht, angegeben wird.
Abhilfe: Hier muß ein Schreibfehler vorliegen. Wiederholen Sie den Befehl in richtiger Form.

==> Die Laufwerksangaben im alten und neuen Dateinamen stimmen nicht überein.

Meldung: <alter Dateiname>?

Abhilfe: Hier muß ein Schreibfehler vorliegen. Wiederholen Sie den Befehl. Geben Sie das Laufwerk nur einmal an.

Den Inhalt einer Textdatei austippen lassen

Befehlsformat:
                    TYPE <Einfachname>
Wirkung:
    Der Inhalt der angegebenen Datei wird Byte für Byte zur Konsolenausgabe gesendet. Diese interpretiert jedes empfangene Byte als ein auszugebendes Zeichen (in der Regel im ASCII-Kode), und gibt es entsprechend aus.

Besonderheiten:

- Die laufende Ausgabeoperation kann jederzeit durch Drücken einer beliebigen Taste (außer CONTROL-S) abgebrochen werden.
- CONTROL-S hält wie üblich die Ausgabeoperation an. Jede beliebige andere Taste außer CONTROL-C setzt die Ausgabe fort. Wird CONTROL-C bei stillstehender Ausgabe gedrückt, dann wird ein Warmstart durchgeführt.
- Soll der Drucker der Ausgabe parallelgeschaltet werden, dann muß die CONTROL-P-Taste vor dem Abschluß der TYPE-Befehlszeile gedrückt werden. Es gibt keine Möglichkeit, den Drucker während des Ausgabevorgangs an- oder abzuschalten. Es genügt im übrigen, den CONTROL-P-Befehl unmittelbar vor dem den TYPE-Befehl abschließenden Wagenrücklauf zu geben.
- TYPE arbeitet sinnvoll nur bei Textdateien, die von dem jeweiligen Ausgabegerät richtig verstanden werden können.
    = Prüfen Sie unbekannte Dateien vor dem Austippen mit DUMP oder DDT nach, wie wir es in Kapitel 5 beschrieben haben!

Fehler:

==> Die angegebene Datei existiert nicht.

Meldung: <Dateiname>?

Abhilfe: Prüfen sie nach, ob die richtige Diskette in das Laufwerk eingelegt ist oder ob ein Schreibfehler vorliegt.

Den Inhalt des Arbeitsspeichers (TPA) in einer Datei ablegen

Befehlsformat:

    SAVE <Seitenzahl> <Einfachname>

Wirkung:

    Schreibt den Inhalt der angegebenen Zahl von Speicherseiten (256-Byte-Einheiten) beginnend mit der Anfangsadresse des Arbeitsspeicherbereichs in die angegebene, neu angelegte Datei (siehe Kapitel 5).

Besonderheiten:

- Die Zahl der Speicherseiten muß dezimal angegeben werden. Sie läßt sich beispielsweise mit Hilfe von DDT ermitteln.
- In den CP/M-Versionen vor 2.0 wurde beim SAVE-Befehl der Inhalt des TPA-Bereichs zerstört (er wurde gleichzeitig für Verwaltungsaufgaben genutzt). Diese Zusatzaufgaben sind ab Version 2.0 in einen eigenen Speicherbereich verlegt worden, so daß man hier den SAVE-Befehl beliebig oft geben kann.
- Eine etwa bereits unter dem angegebenen Namen vorhandene Datei wird durch den SAVE-Befehl gelöscht. Werden Sicherungsaufzeichnungen benötigt, so müssen sie vor dem SAVE-Befehl ausdrücklich durch Umbenennen mit REN angefertigt werden. (Der REN-Befehl läßt den Arbeitsbereich unverändert.)

Fehler:

==> Es wurden zuwenig Seiten angegeben.

Meldung: Keine

Abhilfe: Wenn der Fehler rechtzeitig vor dem Laden einer neuen Datei entdeckt wird, dann kann ab CP/M-Version 2.0 der SAVE-Befehl mit der richtigen Seitenangabe wiederholt werden.

    In früheren Versionen ist die Arbeit verloren!

==> Diskette oder Diskettenverzeichnis sind voll.

Meldung: NO SPACE

Abhilfe: Ab Version 2.0 haben Sie die Chance, die Information noch einmal auszuschreiben. Löschen Sie entweder eine passende alte Datei oder schreiben Sie die Information auf eine andere Diskette. (Sie können dazu gegebenenfalls einen Warmstart mit CONTROL-C durchführen lassen. Der Speicherinhalt wird dadurch nicht verändert.)

==> Die angegebene Datei ist schreibgeschützt.

Meldung: Bdos Err On <Laufwerk>: File R/0

Abhilfe: Lassen Sie diese Datei unverändert! (Um den Schreibschutz aufzuheben, müßte STAT in den TPA-Bereich geladen werden, was die aufzuzeichnende Information zerstö-
ren würde.) Schreiben Sie die TPA-Information vorübergehend in eine anders benannte Zwischendatei. Dann,
wenn die Aufzeichnung sicher ist, können Sie den
Schreibschutz der alten Datei aufheben, sie löschen und
die eben angelegte Zwischendatei mit REN umbenennen.

Die leere Befehlsdatei (GO.COM)

Wenn der Bedienungsprozessor eine COM-Befehlsdatei lädt, verändert er den Inhalt des Arbeitsspeichers nur soweit, wie Daten
vorliegen und springt dann zum Anfang des Arbeitsspeicherbereichs. Das hat eine bemerkenswerte Konsequenz:
    Ist die COM-Datei leer, dann wird der Arbeitsspeicherbereich
nicht verändert, sondern versucht, seinen Inhalt als Programm zu
bearbeiten. Das ermöglicht es, ein bereits geladenes und irgendwie abgebrochenes Programm neu zu starten, ohne es erneut von
der Diskette holen zu müssen.
    Legen Sie sich dazu eine eigene leere Befehlsdatei (bei-
spielsweise mit dem Namen GO.COM) an:

                        SAVE 0 GO.COM

Durch Aufruf von "GO" können Sie jederzeit ein bereits geladenes
Profgramm neu starten.

Neuanlage eines Benutzerbereichs

Dies funktioniert nicht bei allen Programmen, da manche besondere Initialisierungen vornehmen, die einen Wiederanlauf verhindern. Jedoch läßt sich PIP problemlos neu starten. Das kann genutzt werden, um einen neuen Benutzerbereich anzulegen.
    Schalten Sie mit USER in den neuen, leeren Bereich um und
legen dort eine GO-Befehlsdatei an. Gehen Sie dann zu Benutzer 0
zurück, laden PIP ohne Argumente und brechen es sofort wieder
durch einen Wagenrücklauf ab. Dann gehen Sie in den neuen Bereich, starten PIP erneut durch GO und kopieren es schließlich
aus dem alten Benutzerbereich herüber (siehe Kapitel 9). Von da
ab können Sie nach Belieben weiterarbeiten.

KAPITEL 8

STAT-FUNKTIONEN

Grundaufgabe

Der externe Befehl STAT (von "statistics" oder - der Aufgabe ge-
rechter werdend - von "status") dient dazu, sich einen Überblick
über die wichtigsten Systemeigenschuften zu verschaffen und
diese, soweit möglich, gezielt zu verändern. Dies betrifft sowohl die Peripheriegeräte (Ein- und Ausgabe, Massenspeicherein-
heiten) als auch Speicherbedarf und Merkmale von Dateien.

Aufruf, Kommunikation

STAT wird über CCP mit einer vollen Befehlszeile

> STAT
> STAT <Argumente>

aufgerufen. Es führt unmittelbar die angegebenen Argumente aus
und fordert keinerlei Eingabe an. Die Ausgabe der STAT-Meldungen
erfolgt über die Konsole, der zu Protokollzwecken durch CONTROL-
P der über den LST-Kanal verfügbare Drucker parallelgeschaltet
werden kann.

Besonderheit:
- STAT schließt nicht mit einem Warmstart ab, sondern kehrt unmittelbar zum Bedienungsprozessor zurück.

Übersicht über die STAT-Befehle

Die die in den <Argumenten> auf der CCP-Befehlszeile angegebenen STAT-Befehle umfassen die Gruppen:
- peripherieorientierte Befehle:
  = STAT USR:
    liefert eine Übersicht über die auf der Diskette vorliegen-
    den Benutzerbereiche und gibt die aktive Benutzernummer an
  = STAT DEV:
    liefert eine Tabelle, in der das jedem Ein-Ausgabekanal der-
    zeit zugewiesene Gerät aufgeführt ist

= STAT <Kanal>:=<Gerät>:
weist dem <Kanal> CON:, RDR:, PUN: oder LST: eines der vordefinierten <Geräte> zu
= STAT <Laufwerk>:=R/O
schützt das angegebene <Laufwerk> gegen Schreibzugriffe
- dateiorientierte Befehle:
= STAT
liefert Angaben über den Schreibschutz der Laufwerke und
über den noch frei verfügbaren Speicherplatz
= STAT <Laufwerk>:
liefert eine Angabe über den freien Speicherplatz auf der im
<Laufwerk> vorhandenen Diskette
= STAT <Dateiname>
liefert einen Überblick über die angegebenen Dateien, über
den von ihnen belegten und den auf der Diskette noch verfügbaren Speicherplatz; ab Version 2.0 auch die Dateimerkmale
= STAT <Dateiname> $<Merkmal>
setzt bzw. löscht die vordefinierten Dateimerkmale
- Hilfsbefehle:
= STAT DSK:
= STAT <Laufwerk>:DSK:
liefert einen tabellarischen Überblick über die Eigenschaften der derzeit aktiven Disketten
= STAT VAL:
liefert eine Tabelle der STAT-Befehle und -Befehlsargumente

Benutzerbereich feststellen

Befehlsformat:

STAT USR:

Wirkung:
Meldet die gegenwärtig aktive Benutzerbereichsnummer und die
Benutzernummern aller im Bezugslaufwerk verzeichneten Dateien:

Active User : <Benutzernummer>
Active Files: <Liste der Benutzerbereiche mit Dateien>

Beispiel:
- Der Benutzer Nummer 7 arbeitet mit einer Diskette, auf der Dateien in den Bereichen 1, 7, 13 und 25 angelegt sind:

A>STAT USR:

Active User : 7
Active Files: 1 71325

Besonderheiten:
- Bei der Ermittlung der vorhandenen Benutzerbereiche werden nur
  die Dateien auf der Diskette im Bezugslaufwerk untersucht.
- Es werden alle im Verzeichnis vorliegenden Dateien untersucht,
  unabhängig von irgendwelchen Merkmalen.
- STAT USR: benutzt zur Ermittlung des aktiven Benutzerbereichs
  ein BDOS-Programm. Es fragt nicht die Information in Speicherstelle 4 ab (vgl. den USER-Befehl in Kapitel 7). Daher werden
  alle 32 Benutzerbereiche erfaßt.

Fehler:

==> Eine Laufwerksangabe steht vor USR:
    (beispielsweise: "STAT B:USR:" beim Versuch, die Diskette in
    Laufwerk B: untersuchen zu lassen.)

Meldung: STAT sieht in diesem Falle USR: als Dateiname an, der
         auf der Diskette im angegebenen Laufwerk gesucht wird.
         In aller Regel führt dies zur Meldung

                        File Not Found

         oder die allgemeinen Angaben zur Datei USR auf der im
         angegebenen Laufwerk befindlichen Diskette werden in
         der üblichen Form gemeldet.
Abhilfe: Geben Sie vor USR: niemals ein Laufwerk an! Wählen Sie
         im Bedarfsfalle erst das Bezugslaufwerk neu und rufen
         Sie dann wieder STAT auf.

Gerätezuordnungen ermitteln

Befehlsformat:
                        STAT DEV:
Wirkung:
    Untersucht die in Speicherstelle 3 in der Grundseite (dem
sogenannten "IOBYTE" (siehe Teil 3), von "input/output assignment byte" - "Byte zur Zuordnung von Ein- und Ausgabeeinheiten")
verschlüsselten Zuordnungen von Geräten an die Ein-Ausgabekanäle
CON:, RDR:, PUN: und LST: und gibt diese Information folgendermaßen an:

                    CON: is <Konsolengerät>
                    RDR: is <Lesergerät>
                    PUN: is <Stanzergerät>
                    LST: is <Druckergerät>

Beispiel:

```
A>STAT DEV:
CON: is CRT:        (Konsole: Bildschirmgerät)
RDR: is TTY:        (Leser:   Fernschreiber)
PUN: is TTY:        (Stanzer: Fernschreiber)
LST: is LPT:        (Drucker: Zeilendrucker)
```

Besonderheit:
- STAT DEV: prüft lediglich die Werte in Speicherstelle 3 nach.
Es untersucht in keiner Weise, ob diese Zuordnungen auch wirklich genutzt werden. Die Auswertung der IOBYTE-Information
ist ausschließlich Sache der BIOS-Routinen. In einfachen Geräten kann diese zusätzliche Aufgliederung der Kanäle unbeachtet
bleiben. Nähere Auskunft gibt das Computerhandbuch oder sonst
ein mit dem betreffenden System Erfahrener.

Gerätezuordnungen setzen

Befehlsformat:
                    STAT <Kanal>=<Gerät>
        STAT <Kanal 1>=<Gerät 1>,<Kanal 2>=<Gerät 2>,...
Wirkung:
    Weist den jeweiligen Kanälen die angegebenen Geräte zu, indem
im IOBYTE in Speicherstelle 3 der Grundseite der entsprechende
Schlüssel eingetragen wird.

Besonderheit:
- Wir haben hier den einzigen Fall, in dem einem STAT-Befehl
Mehrfachargumente beigegeben werden können. D.h. man kann mit
einem einzigen STAT-Befehl alle vier Zuordnungen bestimmen,
etwa so:

            STAT CON:=CRT:,RDR:=UR1,PUN:=UP1:,LPT:=TTY:

Fehler:

==> <Kanal> oder <Gerät> sind falsch angegeben.

Meldung: Invalid Assignment
                   ("Zuordnung fehlerhaft")

        STAT verändert das IOBYTE hier auf keinen Fall, selbst
        wenn es sich um das letzte Gerät der Liste handelt.
Abhilfe: Befehl in richtiger Form wiederholen.

==> Fehlerhafte Zuweisung an die "CON:"-Einheit.

Meldung: Der Computer reagiert nicht mehr.

         Dies tritt meist dann auf, wenn man der Konsole einen
         Drucker zuweist (manchmal ist es bequem, längere Bedie-
         nungssequenzen so über den Drucker zu protokollieren).
         Hier wurde entweder die Ausgabe blockiert (der Drucker
         ist nicht eingeschaltet) oder das System erhält keine
         Eingabe mehr (weil jetzt beispielsweise die Fernschrei-
         ber- statt der Konsolentastatur abgefragt wird).
Abhilfe: Vergewissern Sie sich, daß die Zuweisung stimmt und daß
         das Gerät auch wirklich als Konsoleneinheit arbeiten
         kann (im Handbuch nachschlagen oder fragen). Falls dies
         nicht zutrifft, müssen Sie einen Kaltstart einleiten,
         damit der IOBYTE-Wert neu definiert wird.
         Andernfalls ist nachzuprüfen, ob die angegebene Einheit
         betriebsbereit und richtig angeschlossen ist (Drucker
         einschalten u.ä.) und/oder ob die Eingabe jetzt nicht
         mehr von der Bedienungskonsole kommen darf.

Schreibschutz für ein Laufwerk aufstellen

Befehlsformat:
                    STAT <Laufwerk>:=R/O
Wirkung:
    Setzt einen BDOS-internen Vermerk, nach dem die Diskette in
dem betreffenden Laufwerk nicht mehr verändert werden kann.
    Der Schreibschutz kann durch einen Warm- oder Kaltstart (bzw.
von einem Programm durch Rücksetzen entweder der gesamten Diskettensteuerung oder - ab CP/M-Version 2.0 - gezielt dieses einen Laufwerks) aufgehoben werden.

Fehler:

==> Laufwerksangabe falsch.
==> Laufwerk noch nicht aktiviert und nicht betriebsbereit.

Meldung: Bdos Err On <Laufwerk>: Select

Abhilfe: Drücken Sie irgendeine Taste, machen Sie gegebenenfalls
         das Laufwerk betriebsbereit (einschalten, Diskette ein-
         legen und Laufwerkstür schließen) und wiederholen Sie
         dann die Schreibschutzbefehle für alle gewünschten
         Laufwerke.

==> Das Gleichheitszeichen fehlt oder die R/O-Anweisung ist fehlerhaft.

Meldung: Invalid Disk Assignment
                   ("Zuweisung an die Diskette fehlerhaft")

Abhilfe: Befehl in richtiger Form wiederholen.

Ermitteln des gegenwärtigen Diskettenzustands

Befehlsformat:
                            STAT
Wirkung:
   Gibt den Zustand aller im System derzeit aktivierten Laufwerke in einer Liste wie folgt an:

             <Laufwerk>: <Schreibschutz>, Space: <n>k

wobei <Laufwerk> ein Buchstabe zwischen "A" und "P", <Schreibschutz> entweder R/O (schreibgeschützt) oder R/W (überschreibbar) und <n> eine Zahl ist.
   R/O bzw. R/W geben den den Stand der BDOS-internen Schreibsperre für das betreffende Laufwerk wieder (s.o.); <n> teilt den noch verfügbaren Speicherplatz (in Kilobytes) mit.

Beispiel:

   A>STAT
   A: R/O, Space: 36k   (schreibgeschützt, 36 KBytes frei)
   C: R/W, Space: 147k   (nicht geschützt, 147 KBytes frei)

Ermitteln des freien Speicherplatzes auf einer Diskette

Befehlsformat:
                       STAT <Laufwerk>:
Wirkung:
   Gibt den auf der Diskette im angegebenen Laufwerk derzeit verfügbaren Speicherplatz in der Form

             Bytes Remaining On <Laufwerk>: <n>k

an, wobei <n> die freie Speichergröße in Kilobytes ist.

Dies ist eine Sonderform des folgenden Befehls:

Ermitteln des Zustands von Dateien

Befehlsformat:

> STAT <Einfachname>
> STAT <Mehrfachname>

Wirkung:

Gibt die Speicherbelegung und (ab CP/M-Version 2.0) den Schreibschutz- und Systemzustand der angegebenen Dateien in einer Liste wie folgt wieder:

```
Recs  Bytes  Ext Acc
 r1    b1k    e1  z1  <Laufwerk>:<Dateiname>
 r2    b2k    e2  z2  <Laufwerk>:(<Dateiname>)
Bytes Remaining On <Laufwerk>: <n>k
```

r1,r2 = Anzahl der tatsächlich belegten Aufzeichnungseinheiten zu je 128 Bytes

b1,b2 = Größe des auf der Diskette durch Aufzeichnungsblöcke reservierten Bereichs in Kilobytes

e1,e2 = Anzahl der (logischen) Verzeichniseinträge für je 16 KBytes Dateiumfang

z1,z2 = Stand des Schreibschutzes für die Datei: R/W oder R/O

(...) = der <Dateiname> bezeichnet eine Systemdatei

<n> = Anzahl des noch verfügbaren Speicherplatzes in KBytes

Beispiel:

A>STAT B:*.*

```
Recs  Bytes  Ext Acc
 213   27k    2  R/W  B:WERTE.DAT
  52    7k    1  R/O  B:ED.COM
  58    8k    1  R/O  B:(PIP.COM)
Bytes Remaining On B: 74k
```

Die Diskette enthält (im gerade aktiven Benutzerbereich) drei Dateien, von denen zwei (DATEI.TXT und ED.COM) im DIR-Verzeichnis ausgelistet werden, während die dritte (PIP.COM) als das Systyemmerkmal trägt und so im DIR Verzeichnis nicht auftaucht. Die beiden COM-Befehlsdateien sind schreibgeschützt (R/O), WERTE.DAT kann verändert werden.

Die Datei in der ersten Zeile belegt tatsächlich $213 \times 128 = 27264$ Bytes, für die $27 \times 1024 = 27648$ Bytes reserviert sind. Sie muß in zwei logischen Verzeichniseinträgen erfaßt werden, für die beiden anderen reicht je ein Eintrag aus.

Insgesamt sind für diesen Benutzerbereich derzeit 27+7+8=42 KBytes auf der Diskette reserviert.
Die relativ niedrige frei verfügbare Speichergröße von 74 KBytes deutet auf weitere Benutzerbereiche hin (mit STAT USR: zu erfahren). Wäre nur ein Benutzer vorhanden, so müßten (auf einer 8-Zoll-Standarddiskette) noch 241-42=199 KBytes frei sein.

Besonderheiten:

- Das oben angegebene Auslistformat entspricht den Anforderungen von CP/M-Version 2.0. Frühere Versionen haben ein etwas anderes Format, hier wäre im Beispiel aufgeführt worden:

```
RECS BYTS EX D:FILENAME.TYP
 213  27k  2 B:WERTE.DAT
  52   7k  1 B:ED.COM
  58   8k  1 B:PIP.COM
BYTES REMAINING ON B: 199K
```

- Die "extents"-Angabe fällt nur in Version 1.4 und in Standardausführungen von Version 2.2 mit der Zahl der Verzeichniseinträge zusammen. Allgemein gibt ein "extent" einen 16 KBytes erfassenden "logischen" Verzeichniseintrag an. Je nach Aufbau des Systems, abhängig von der Organisation der Disketten, kann ein Verzeichniseintrag unter CP/M-Version 2.2 bis zu 128 KBytes erfassen (d.h. bis zu 8 "extents" zu je 16 KBytes). Die genaue Größe läßt sich für Berechnungen mit STAT DSK: erschließen (s.u.).
- Man kann ab CP/M-Version 2.0 noch eine weitere Angabe anfordern, wenn man den Befehl durch "$S" (von "size", Größe) genauer bestimmt. Man erhält dann eine weitere Spalte ausgelistet, beispielsweise so:

A>STAT B:*.* $S

```
Size  Recs  Bytes  Ext Acc
2048   213   27k    2 R/W B:WERTE.DAT
  52    52    7k    1 R/O B:ED.COM
  58    58    8k    1 R/O B:(PIP.COM)
Bytes Remaining On B: 74k
```

Wurde die Datei sequentiell angelegt, dann fällt "Size" mit der "Recs"-Angabe zusammen. Andernfalls wird hier die "virtuelle" Größe einer unmittelbar angelegten Datei angegeben, die "Löcher" haben kann (siehe dazu Kapitel 15).

Dateimerkmale bestimmen

Befehlsformat:

STAT <Einfachname> $<Merkmal>
STAT <Mehrfachname> $<Merkmal>

Dabei ist <Merkmal> eine der Angaben:
R/O - (read only) Schreibschutz setzen
R/W - (read/write) Schreibschutz aufheben
SYS - (system) Systemeigenschaft setzen
DIR - (directory) Systemeigenschaft aufheben

Wirkung:

Setzt bzw. löscht in den betreffenden Dateinamen im Verzeichnis die Merkmalsflaggen wie folgt:
R/O - setzt Bit 7 im ersten Zeichen der Klassenbezeichnung
R/W - löscht Bit 7 im ersten Zeichen der Klassenbezeichnung
SYS - setzt Bit 7 im zweiten Zeichen der Klassenbezeichnung
DIR - löscht Bit 7 im zweiten Zeichen der Klassenbezeichnung

(Bit 7 ist das höchstwertige, achte Bit im Zeichen; Setzen eines Bits bedeutet, ihm den Wert 1 zu geben; Löschen gibt ihm den Wert 0.)
Die genaue Bedeutung dieser Dateimerkmale wird am Ende von Kapitel 6 besprochen.

Besonderheiten:
- Nicht alle Programme nutzen diese Merkmale wirklich aus. Um mit Programmen arbeiten zu können, die für CP/M-Versionen vor 2.0 erstellt worden sind, ist es manchmal notwendig, alle Merkmale für die betreffende Datei aufzuheben.
- STAT gestattet nur den Zugriff auf die angegebenen Merkmalsflaggen. Um andere Flaggen zu beeinflussen, insbesondere die für Anwendungsprogramme freigegebenen achten Bits in den ersten vier Zeichen des Dateinamens, muß man unmittelbar die im BDOS-System gegebene Möglichkeit benutzen (siehe Teil 3).

Fehler:

==> Das Leerzeichen zwischen Dateinamen und Dollarzeichen fehlt.

Meldung: Auslisten der betreffenden Dateieigenschaften.

Abhilfe: Befehl in richtiger Form wiederholen.

==> Ein Leerzeichen zwischen Dollarzeichen und Merkmalsangabe.
==> Ungültige Merkmalsangabe.

Meldung: Invalid File Indicator

Abhilfe: Befehl in richtiger Form wiederholen

Diskettenmerkmale ermitteln

Befehlsformat:
                     STAT DSK:
                     STAT <Laufwerk>:DSK:
Wirkung:

Untersucht die in einer Tabelle im BIOS-Teil angegebenen Disketteneigenschaften und listet sie in folgender Form aus:

```
        X: Drive Characteristics
    nnnnn: 128 Byte Record Capacity
     nnnn: Kilobyte Drive Capacity
      nnn: 32  Byte Directory Entries
      nnn: Checked  Directory Entries
     nnnn: Records/ Extent
      nnn: Records/ Block
       nn: Sectors/ Track
        n: Reserved Tracks
```

Die erste Form des Befehls gibt eine Liste für alle derzeit aktiven Laufwerke, die zweite erfaßt nur das verlangte <Laufwerk>.
Die Zeilen bedeuten von oben nach unten:

- Eigenschaften für Laufwerk X:
- kann nnnn Aufzeichnungseinheiten zu je 128 Bytes aufnehmen,
- kann nnnn Kilobytes speichern
- verfügt über nnn Verzeichniseinträge zu je 32 Bit
- davon werden nnn Einträge (für den R/0-Test) untersucht
- ein Verzeichniseintrag beschreibt nnnn Aufzeichnungseinheiten
- ein Aufzeichnungsblock faßt nnn Aufzeichnungseinheiten
- eine Diskettenspur faßt nn Sektoren
- n Spuren sind für das Betriebssystem reserviert

Beispiel:

Ein System mit einer Standarddiskette in Laufwerk A, einer
Diskette mit doppelter Genauigkeit in Laufwerk B und einem Fest-

plattenlaufwerk als Nummer C kann beispielsweise folgende Werte liefern:

A>STAT DSK:

```
    A: Drive Characteristics
 1944: 128 Byte Record Capacity
  243: Kilobyte Drive  Capacity
   64: 32  Byte Directory Entries
   64: Checked  Directory Entries
  128: Records/ Extent
    8: Records/ Block
   26: Sectors/ Track
    2: Reserved Tracks

    B: Drive Characteristics
 4800: 128 Byte Record Capacity
  600: Kilobyte Drive  Capacity
  128: 32  Byte Directory Entries
  128: Checked  Directory Entries
  128: Records/ Extent
   16: Records/ Block
   64: Sectors/ Track
    2: Reserved Tracks

    C: Drive Characteristics
65536: 128 Byte Record Capacity
 8192: Kilobyte Drive  Capacity
  128: 32  Byte Directory Entries
    0: Checked  Directory Entries
 1024: Records/ Extent
  128: Records/ Block
   58: Sectors/ Track
    0: Reserved Tracks
```

Besonderheiten:

- Diese Möglichkeit gibt es erst ab Version 2.0, ab der die Disketteneigenschaften vom BIOS- und nicht mehr vom BDOS-Teil bestimmt werden. Ältere Versionen entsprechen entweder der Standardversion unter CP/M 2.0, oder sie sind auf besondere Disketteneigenschaften "zurechtgestrickt" (insbesondere bei Systemen, die mit Minidisketten arbeiten). In diesem Fall muß die vom Hersteller übermittelte Information zu Rate gezogen werden.

- Da die Disketteninformation im BIOS bereitgestellt wird, hängt es von dessen Auslegung ab, ob die Angaben immer gleich bleiben oder ob sie von Diskette zu Diskette wechseln. Ausgebaute Systeme erkennen automatisch, um was für eine Diskette es sich jeweils handelt und erneuern die Diskettenbeschreibung entsprechend. (Die richtige Beschreibung ist wichtig, da sie zentrale. Informationen für die Arbeit des BDOS-Teils enthält!)

Übersicht über die STAT-Befehle

Befehlsformat:

                 STAT VAL:

Wirkung:

    Gibt eine Liste der in STAT möglichen Befehle in folgender Form aus:

```
Temp R/O Disk: d:=R/O
Set Indicator: d:filename.typ $R/O $R/W $SYS $DIR
Disk Status   : DSK: d:DSK:
User Status   : USR:
Iobyte Assign:
CON: = TTY: CRT: BAT: UC1:
RDR: = TTY: PTR: UR1: UR2:
PUN: = TTY: PTP: UP1: UP2:
LST: = TTY: CRT: LPT: UL1:
```

Besonderheit:

- Versionen vor 2.0 listen nur die letzten vier Zeilen aus.

KAPITEL 9

PIP-FUNKTIONEN

Grundaufgabe

PIP bedeutet "peripheral interchange processor", zu deutsch
"Prozessor zum Informationsaustausch zwischen Peripherieeinhei-
ten", wobei unter Peripherieeinheiten Diskettendateien und die
über die Ein-Ausgabekanäle CON, RDR, PUN und LST angeschlossenen
Geräte zu verstehen sind. Mit Hilfe von PIP lassen sich Daten
von einer derartigen Peripherieeinheit zu einer anderen übertra-
gen, beispielsweise ist möglich:
- Kopieren einer Diskettendatei in eine andere,
- Kopieren ganzer Disketten,
- Ausdrucken des Inhalts einer Textdatei,
- Auslisten des Inhalts einer Textdatei auf dem Bildschirm,
- Zusammenfügen mehrerer Einzeldateien zu einer Gesamtdatei,
- Erstellen von Dateiauszügen,
- Umformen von Textdateien (Groß- in Kleinschreibung, Verändern
  der Seitenlänge, Verändern der Zeilenlänge u.ä.).

Aufruf, Kommunikation

PIP wird über CCP als Befehl aufgerufen, wozu zwei Möglichkeiten
zur Verfügung stehen:

                        PIP <Argumente>
oder
                        PIP

Im ersten Fall führt PIP unmittelbar die in der Befehlszeile
angegebenen <Argumente> aus und kehrt dann mit einem Warmstart
zum Bedienungsprozessor zurück. Im zweiten Fall wird PIP geladen
und meldet sich dann mit einem Stern ("*") als Bereitschaftszeichen. PIP übernimmt dann einen Befehl, führt ihn aus und fordert
den nächsten an. Wird nur ein Wagenrücklauf eingegeben, löst PIP
einen Warmstart aus und kehrt zum Bedienungsprozessor zurück.
    Meldungen werden von PIP immer an die Bedienungseinheit aus-
gegeben, wie von dort auch alle Befehle übernommen werden. Der

155

übrige Datenverkehr erfolgt den Befehlen gemäß zwischen Diskettenlaufwerken, Konsole, Leser- oder Stanzereinheit oder dem
Drucker des Systems. Dazu gibt es noch die Möglichkeit, durch
Verändern von PIP zwei besondere, benutzerdefinierte Einheiten
zu bedienen. Die PIP-Befehle und -Meldungen lassen sich mitprotokollieren, wenn man durch CONTROL-P den über den LST-Kanal
verfügbaren Drucker der Konsolenausgabe parallelschaltet.

Grundform von PIP-Befehlen

Allgemein erhält PIP Befehle in der Form

<Zieldatei>=<Herkunftsliste>

oder auch

<Zieldatei>◆<Herkunftsliste>

gegeben (wobei der Pfeil "◆" in den meisten Systemen als Unterstreichung "_" dargestellt wird).
    Die <Zieldatei> kann immer nur eine einzige Diskettendatei
oder ein anderes zur Ausgabe geeignetes Peripheriegerät bezeichnen:

<Zieldatei> =   <Einfachname>
                       <Ausgabeeinheit>

wobei die <Ausgabeeinheit> einer der Kanäle CON, PUN, LST oder
eine der PIP-Sondereinheiten OUT oder PRN ist (s.u.).
    Die <Herkunftsliste> umfaßt einen oder mehrere durch Kommas
voneinander getrennte Dateinamen bzw. Namen von zur Eingabe
geeigneten Peripheriegeräten:

<Herkunftsliste> =   <Name 1>,...,<Name N>

wobei ein <Name> entweder ein eindeutig gegebener Dateiname oder
der Name einer Eingabeeinheit ist:

<Name> =   <Einfachname>
                       <Eingabeeinheit>

Dabei ist die <Eingabeeinheit> einer der Kanäle CON, RDR oder
eine der PIP-Sondereinheiten NUL, EOF oder INP (s.u.).

Besonderheiten:
- Ein von PIP angeforderter Befehl kann maximal 255 Zeichen umfassen.

- Datei- und Gerätenamen werden auch dann in Großschreibung umgewandelt, wenn der Befehl von PIP selbst angefordert worden
ist. Die einzige Ausnahme von der Umwandlung in Großschreibung
sind die Argumente zur S- und Q-Option (s.u.: PIP-Optionen).
- In der Regel läßt sich eine Kopieroperation unter PIP jederzeit durch Drücken einer beliebigen Taste abbrechen.
Eine wichtige Ausnahme:
= Kopieroperationen, die durch Mehrfachnamen angegebene Datei-
en erfassen, kann man (in CP/M-Version 2.2) nicht abbrechen!

Beispiele für PIP-Befehle

- Ausdrucken der Dateien TEST1.TXT und TEST2.TXT:

        PIP LST:=TEST1.TXT,TEST2.TXT

- Zusammenfassen der Textdateien TEST1.TXT und TEST2.TXT zu einer gemeinsamen Datei TEST.TXT:

        PIP TEST.TXT=TEST1.TXT,TEST2.TXT

- Das gleiche, wobei jedoch die Dateien durch einen auf der Kon-
solentastatur eingegebenen Kommentar voneinander getrennt werden sollen:

        PIP TEST.TXT=CON:,TEST1.TXT,CON:,TEST2.TXT

Besonderheiten:
- Diese Form der unmittelbaren Eingabe von der Tastatur in
eine Datei ist mit Vorsicht zu verwenden, da es hier keinerlei Möglichkeiten zur Korrektur von Tippfehlern gibt. Alles,
was man tippt, kommt unmittelbar in die Datei. Insbesondere
ist es nötig, am Zeilenende ausdrücklich die Kombination
<CR><LF> einzugeben.
- Das Ende der Tastatureingabe muß ausdrücklich durch ein CON-
TROL-Z signalisiert werden.

Eine Sonderform der PIP-Befehle

Üblicherweise verarbeitet PIP nur Befehle mit eindeutig gegebenen Dateinamen. Mehrfachnamen werden entweder mit Fehlermeldungen zurückgewiesen oder nicht korrekt verarbeitet. Außerdem
müssen Herkunft und Ziel der Übertragung vollständig angegeben
werden. Es gibt jedoch zwei Ausnahmefälle, in denen das nicht
notwendig ist.

– Kopieren zwischen zwei verschiedenen Laufwerken

Hier gibt es zwei Möglichkeiten: Zum einen das Kopieren mehrerer Dateien, die unter denselben Namen auf der Diskette im zweiten Laufwerk festgehalten werden sollen und zum anderen das Kopieren einer bestimmten Datei ohne Namensänderung von einem Laufwerk zum anderen.
Im ersten Fall genügt der Befehl

PIP <Laufwerk>:=<Mehrfachname>

PIP meldet dabei an die Konsole die jeweils kopierte Datei.

Besonderheit:
– Es gibt keine (sichere) Möglichkeit, eine solches Kopieren mehrerer durch einen Mehrfachnamen gegebener Dateien zu unterbrechen!

Im zweiten Fall reicht die Form:

PIP <Einfachname>=<Laufwerk>:

– Umarbeiten einer Datei auf dem gegebenen Laufwerk

Man kann mit PIP durch besondere Befehlsargumente eine Datei im Übertragungsprozeß verändern lassen (s.u.: PIP-Optionen). Hier kann man sich bei der Zielangabe auf das Laufwerk beschränken:

PIP <Laufwerk>:=<Einfachname>[<Optionen>]

Beispiel:

Ein häufiger Einsatzfall ist das Löschen des achten (höchstwertigen) Bits der Zeichen von Textdateien:

A>PIP A:=TEST.TXT[Z]

Der PIP-Kopiervorgang

PIP liest zunächst die Daten aus der bearbeiteten Herkunftsdatei in den noch verfügbaren Arbeitsbereich bis dieser voll ausgeschöpft oder das Dateiende erreicht worden ist. Dann wird die Information je nach Bedarf bearbeitet und in die <Zieldatei> übertragen. Eventuell wird noch geprüft, ob die Daten korrekt geschrieben worden sind und erst dann weiterkopiert.

Handelt es sich bei dem Ziel um eine Diskettendatei, dann werden die Daten zunächst in eine $$$-Zwischendatei geschrieben. Erst wenn diese Arbeit erfolgreich abgeschlossen wurde, wird eine etwa vorhandene <Zieldatei> gelöscht und die Zwischendatei umbenannt. Sollte die <Zieldatei> schreibgeschützt sein, so wird dazu zunächst beim Benutzer eine Erlaubnis eingeholt.

Kopieren von Dateimerkmalen durch PIP

Leider verhält sich PIP nicht einheitlich, was das Kopieren von Dateimerkmalen angeht. Man kann jedoch folgendes beobachten:
- Normalerweise legt PIP eine Datei ganz neu an. Dabei sind alle Dateimerkmale gelöscht.
- Muß PIP die zu kopierende Datei (bei Mehrfachnamen) erst aus dem Verzeichnis erfragen, dann werden die vorgefundenen Dateimerkmale mit in die Kopie übernommen.
- Ist die <Zieldatei> schreibgeschützt und wird sie auf Anforderung überschrieben, dann ist der Schreibschutz auch dann aufgehoben, wenn die anderen Merkmale mitkopiert worden sind.
- Wurde die Anfrage auf Überschreiben durch die W-Option unterdrückt, so ist keine der kopierten Dateien schreibgeschützt, gleich ob eine <Zieldatei> gelöscht werden mußte oder nicht.

PIP-Optionen

PIP bietet eine Anzahl sogenannter Optionen (Wahlmöglichkeiten) zur Bearbeitung der übertragenen Dateien an. Sie werden als Buchstaben, eventuell gefolgt von einem Argument, unmittelbar nach dem betreffenden Dateinamen in eckigen Klammern angegeben. Mehrere Optionen können - höchstens durch Leerzeichen getrennt - in der Klammer aufeinander folgen. Die Reihenfolge spielt dabei keine Rolle. Folgende Aufgabenbereiche werden erfaßt:
- Verändern des Inhalts von Textdateien
- Bearbeiten der Form von Textdateien
- Übertragen von Dateiausschnitten
- Festlegen spezieller Übertragungsbedingungen

- Verändern des Inhalts von Textdateien

L (lower case) Alle Großbuchstaben (des ASCII-Zeichensatzes) werden in Kleinbuchstaben umgeformt.

U (upper case) Alle Kleinbuchstaben (des ASCII-Zeichensatzes) werden in Großbuchstaben umgeformt.

Z (zero bit 7) Das höchstwertige, achte Bit (Bit 7) jedes AS-CII-Zeichens wird auf Null gesetzt.

- Bearbeiten der Form von Textdateien

N (number lines) Setzt den Textzeilen Zeilennummern voran, die mit 1 beginnen und von Zeile zu Zeile um 1 weitergezählt werden. Die Nummern belegen ein sechsspaltiges Feld, wobei führende Nullen unterdrückt werden. Der Nummer folgt ein Doppelpunkt und ein Leerschritt.

Beispiel:
- Zeile Nummer 123 mit dem Inhalt "Zeile 123" wird so ausgegeben:
Spalte: 1....6..9..........................
     123: Zeile 123

Eine alternative Darstellung der Zeilennummern ergibt:

N2 Hier werden immer sechs Ziffern mit allen führenden Nullen gedruckt. Es folgt kein Doppelpunkt. Dafür wird die Zeilennummer mit einem Tabulationsbefehl abgeschlossen:

Beispiel:
- Der Ausdruck von "Zeile 123" des letzten Beispiels hätte (bei 8-spaltiger Tabulation) folgende Form:
Spalte: 1....6..9..........................
     000123 Zeile 123

Tn (expand tabs) Ein Tabulationsbefehl im Text (das Steuerzeichen CONTROL-I) bewirkt das Anlaufen einer vorherbestimmten Spalte. Üblicherweise werden unter CP/M feste Spaltenbreiten von je acht Zeichen definiert.
Mit der T-Option werden die Tabulationsbefehle durch die passsende Zahl von Leerschritten ersetzt, wobei die Spaltenbreite "n" frei wählbar ist.

Dn (delete after column n) Blendet alle Zeichen aus der Übertragung aus, durch welche die Zeile die Länge "n" überschreiten würde.

Besonderheit:
- Der Wert von n muß zwischen 1 und 255 liegen. Werte größer als 255 werden von PIP nicht mehr korrekt verarbeitet.

F (filter form feeds from file) Ein "form feed" (CONTROL-L) ist ein Steuerzeichen für den Drucker, das einen Seitenvorschub bewirkt. Mit der F-Option werden alle derartigen CONTROL-L-Seitenvorschübe aus der Datei entfernt.

Pn (include page ejects) Dies führt die umgekehrte Aufgabe aus: Alle n Zeilen wird ein CONTROL-L-Steuerzeichen in den übertragenen Text eingeblendet. Dabei beginnt die Zählung mit jedem im Text vorgefundenen Seitenvorschub neu.

Besonderheiten:
- P nimmt eine Seitenlänge von 60 Zeilen an falls n = 1 ist oder die n-Angabe ganz fehlt.
- Die Zieldatei wird mit einem Seitenvorschub eingeleitet.
- Kein Seitenvorschub erfolgt beim Übergang von einer Datei zu einer anderen in der <Herkunftsliste>. Wird ein solcher benötigt, dann empfiehlt es sich eine Hilfsdatei anzulegen, die nur den Seitenvorschub enthält, und diese in die <Herkunftsliste> einzufügen.

- Übertragen von Dateiausschnitten

S<Text>^Z (start copying) Beginnt mit der Datenübertragung, wenn der <Text> in der Herkunftsdatei aufgefunden wurde. Ab dem <Text> werden alle Zeichen übertragen bis entweder die Herkunftsdatei ausgeschöpft oder ein Q-Befehl erkannt worden ist.

Q<Text>^Z (quit copying) Beendet die Kopieroperation, nachdem der <Text> übertragen worden ist.

Besonderheiten:
- Das CONTROL-Z darf nicht entfallen, da PIP sonst den betreffenden <Text> nicht finden kann.
- Man kann nur je eine S- und eine Q-Option pro Herkunftsdatei angeben. Werden mehrere verwendet, so arbeitet PIP nicht korrekt. (Man kann also nicht vom Ende eines Ausschnitts weitersuchen lassen.)
- Beachten Sie, daß bei der Befehlseingabe über den Bedienungsprozessor CCP alle Kleinbuchstaben in Großschreibung übergeführt werden. D.h. beim Befehl

A>PIP TEST.TXT=TEST1.TXT[sdas^Z]

sucht PIP nicht nach "das", sondern nach "DAS". Um nach Kleinbuchstaben zu suchen, muß der Befehl von PIP selbst angefordert worden sein:

A>PIP
*TEST.TXT=TEST1.TXT[sdas^Z]

- Die Echo-Option E arbeitet nicht korrekt beim Kopieren von Ausschnitten. Es wird hier nicht der tatsächlich übertragene Text angezeigt, sondern alle Zeilen, die bis zur Endstelle in den Puffer gelesen worden sind.

>>> Setzen Sie die S- und Q-Option mit Vorsicht ein!
>>> Vermutlich wegen eines Programmfehlers arbeitet
>>> insbesondere die Ausschnittkopierung nicht immer
>>> korrekt (es kommt häufig vor, daß nur die Zeile mit
>>> dem Starttext übertragen wird).

- Festlegen spezieller Übertragungsbedingungen

Die übrigen von PIP angebotenen Optionen umfassen:
- Überprüfen der Datenübertragung selbst,
- eine besondere Option zum Zusammenfassen binärer Dateien und
- den Verkehr mit speziellen Peripherieeinheiten (z.B. dem Lochstreifenleser oder einem Kassettenrekorder).
Dazu kommen ab CP/M-Version 2.0 noch drei Optionen, die auf die neuen Möglichkeiten zum Schreibschutz und zur Einteilung in Benutzerbereiche zugeschnitten sind.

- Überprüfen der Datenübertragung

E (echo) Wiederholt alle von einer Herkunftsdatei gelesenen Zeichen auf der Konsolenausgabe. Die E-Option ist sinnvoll nur bei Textdateien anwendbar und wurde in der Praxis vor allem zur Überprüfung der von einem Lochstreifenleser oder einem Kassettenrekorder gelesenen Information verwendet.
V (verify) Diese Option ist nur wirksam, wenn das Übertragungsziel eine Diskettendatei ist. Nach jedem Übertragungsschritt, wenn der Inhalt des Arbeitsspeichers in die neu anzulegende (Zwischen-)Datei geschrieben worden ist, wird dieser neue Dateiinhalt nochmals Byte für Byte mit dem Speicherinhalt verglichen. Stimmt alles überein, dann wird die Kopierarbeit fortgesetzt. Andernfalls bricht PIP die Arbeit ab mit der Meldung:

VERIFY ERROR: <Herkunftsliste>

- Zusammenfassen binärer Dateien

PIP geht bei Kopieroperationen prinzipiell davon aus, daß es sich bei den angegebenen Dateien um Textdateien handelt, die unter CP/M normalerweise mit dem Schlußzeichen CONTROL-Z (hexadezimal 1A) enden. Hier hat alle auf das Endzeichen folgende Information keine Bedeutung mehr.

Von dieser Kennzeichnung macht PIP Gebrauch, wenn es mehrere Dateien zu einer zusammenfassen soll. Es überträgt den Text nur bis zum CONTROL-Z (ohne dieses mit einzubeziehen) und schließt den Text aus der nächsten Herkunftsdatei unmittelbar an. Erst am Schluß der Zieldatei wird dann ein CONTROL-Z angefügt.

Dieser bequeme Vorgang wirkt sich jedoch hinderlich aus, wenn Programme oder sonstige Binärdateien zusammenzufassen sind. Hier muß die gesamte Herkunftsdatei vom ersten bis zum letzten Byte übertragen werden, was einer besonderen Option bedarf:

O (object file transfer) Behandelt die zu übertragene Datei als Befehls- oder Binärdatei und überträgt den gesamten Dateiinhalt einschließlich und über alle CONTROL-Z-Zeichen hinaus.

Besonderheiten:
- Befehlsdateien mit der Klassenbezeichnung COM werden von PIP automatisch als Binärdateien angesehen. Hier kann die Option entfallen.
- Das CONTROL-Z wird nur dann berücksichtigt, wenn mehrere Dateien zu einer zusammengefaßt werden sollen. Beim bloßen Kopieren einzelner Dateien wird immer die gesamte Aufzeichnung übertragen. Hier kann die Option ebenfalls entfallen.

- Kopieren in schreibgeschützte Dateien

Normalerweise muß zum Verändern einer Datei ein eventueller Schreibschutz ausdrücklich aufgehoben werden. PIP bietet hier einen anderen Weg. Ist die <Zieldatei> schreibgeschützt, dann fragt PIP nach Anlegen der $$$-Zwischendatei beim Benutzer an:

DESTINATION IS R/O, DELETE (Y/N)?_
(Zieldatei ist schreibgeschützt, löschen (Y/N)?)

Ein Y (oder y) steht für "yes" - "ja" - und bewirkt, daß PIP den Schreibschutz aufhebt, die Originaldatei löscht und die Zwischendatei umbenennt. Jede andere Eingabe wird als "nein" gewertet und veranlaßt PIP nach der Meldung

** NOT DELETED **

zum Löschen der $$$-Zwischendatei und Fortsetzen der Befehlsabarbeitung.

Wenn sicher ist, daß alle erfaßten Dateien verändert werden sollen, dann kann man die W-Option einsetzen:

W (write over R/O files) PIP ersetzt hier die Zieldatei auf alle Fälle durch die Zwischendatei.

Besonderheit:
- Die W-Option bezieht sich auf die <u>Zieldatei</u>. Man braucht also auch bei mehreren Dateien in der <Herkunftsliste> das W nur einmal im Befehl anzugeben.

- <u>Kopieren von Systemdateien</u>

PIP ist eines der wenigen CP/M-Programme, das die Systemeigenschaft von Dateien aktiv berücksichtigt: Systemdateien werden normalerweise nicht kopiert. Der Befehl

PIP A:=B:*.*

kopiert nur die von DIR erfaßten Dateien. Sollen auch Systemdateien übertragen werden, muß man das ausdrücklich verlangen:

R (read system files) Bewirkt, daß PIP auch Systemdateien überträgt.

- <u>Lesen von Dateien aus anderen Benutzerbereichen</u>

Normalerweise kann man unter CP/M ausschließlich auf die Dateien zugreifen, die sich im eigenen Benutzerbereich befinden. Man muß daher alle benötigten Dateien zunächst in diesen Bereich kopieren, wozu es eine besondere PIP-Option gibt.

Gn (get file from user area n) Kopiert die angegebene Datei vom Benutzerbereich n in den gegenwärtig aktiven Bereich.

Besonderheiten:
- PIP erfaßt (anders als CCP) alle 32 unter CP/M möglichen Benutzerbereiche.
- Man kann auch mit PIP aus einem anderen Benutzerbereich Daten lediglich lesen. Ein Verändern von Dateien in einem anderen Benutzerbereich ist nicht möglich. Insbesondere kann man keine Dateien aus dem eigenen in einen anderen Benutzerbereich übertragen.
- Zum Übertragen von PIP in einen neu anzulegenden Benutzerbereich siehe den Schluß von Kapitel 7.

- Verkehr mit speziellen Peripherieeinheiten

Die durch PIP-Optionen erfaßten speziellen Peripherieeinheiten
betreffen in erster Linie die Eingabe über einen Lochstreifenleser oder einen Kassettenrekorder. Beide haben im wesentlichen
die Funktion, den Datenaustausch mit Systemen aufrechtzuerhal-
ten, die keine Disketten als Massenspeicher benutzen.
Hier spiegelt sich die Situation wider, die vorlag, als CP/M
geschaffen wurde. Damals gab es für Mikrocomputer auf Basis des
8080-Prozessors Programme im wesentlichen nur auf Lochstreifen
im sogenannten Hexadezimalformat der Firma Intel, in dem die
Information als im ASCII-Kode lesbare Hexadezimalzahlen festgehalten wird. Die Aufzeichnungen sind dort in kleine Abschnitte
aufgeteilt und durch die Angabe der Anfangsadresse des jeweiligen Speicherabschnitts und eine Quersumme (die sogenannte Prüfsumme, englisch "checksum") gegen Übertragungsfehler gesichert.
Zur Handhabung solcher "Intel-Hex"-Aufzeichnungen besitzt PIP
besondere Prüfroutinen, die durch die H- bzw. die I-Option aktiviert werden. Dazu kommt noch eine Option, welche die Übertragung von auf Lochstreifen oder Bandkassetten aufgezeichneten
(ASCII-)Daten in Diskettendateien vereinfacht:

B (block mode transfer) Bewirkt die Übertragung von Textdaten in
  einzelnen Blöcken. PIP speichert in diesem Fall die von der
  Herkunftsdatei übernommenen Daten zunächst in einem Pufferbereich im Arbeitsspeicher, bis ein Stoppzeichen (CONTROL-S, der
  ASCII-Kode "XOFF" - "Gerät abgeschaltet") eingegangen ist.
  Daraufhin wird die im Puffer festgehaltene Information in die
  <Zieldatei> übertragen und schließlich mit der Übernahme eines
  weiteren Datenblocks weitergemacht. Der Vorgang endet mit einem CONTROL-Z.
H (hex data transfer) Hier werden die von der Herkunftsdatei
  übernommenen Daten daraufhin überprüft, ob sie dem von Intel
  definierten Hexadezimalformat entsprechen.
I (ignore end records) Bewirkt, daß die mit den Zeichen ":00"
  beginnenden Aufzeichnungen der Herkunftsdateien nicht mit
  übertragen werden.
  (Mit ":00" wird das jeweilige Dateiende angezeigt. Man kann so
  mit der I-Option mehrere "Intel-Hex"-Dateien zu einer zusammenfügen.)

Besonderheiten:
- Die I-Option aktiviert automatisch die Hexadezimalformat-
  Überprüfung. Man braucht also nicht zusätzlich noch die H-
  Option mit anzugeben.

- Die H-Option wird auch dann automatisch aktiviert, wenn die <Zieldatei> die Klassenbezeichnung HEX hat und die Daten nicht von einer Diskettendatei stammen (in der Regel also, wenn man vom Lochstreifenleser in eine HEX-Datei liest).
- Wenn beim Übertragen einer Intel-Hex-Datei ein Lesefehler festgestellt und gemeldet worden ist, besteht aufgrund der PIP-Meldung

CORRECT ERROR, TYPE RETURN OR CTL-Z

die Möglichkeit, die betreffende Aufzeichnung wiederholen zu lassen. Man setzt einfach den Lochstreifen genügend weit zurück und startet die Übertragung neu, nachdem PIP von der Bedienungstastatur durch einen Wagenrücklauf mitgeteilt worden ist, daß es weiterlesen kann. Sollte die betreffende Aufzeichnung generell unbrauchbar sein, dann kann man sie durch einen einfachen Wagenrücklauf ignorieren lassen und zur nächsten Aufzeichnung übergehen. (Die so entstandene Datei läßt sich später beispielsweise mit ED korrigieren.) Als Alternative kann man die Übertragung durch Eingeben eines CONTROL-Z-Endzeichens ganz beenden.
- Allgemein läuft die Übertragung, bis von der Herkunftsdatei ein CONTROL-Z empfangen wurde. Stammen die Daten vom RDR-Kanal, dann kann man die Übertragung auch von der Konsole her beenden: PIP prüft nach jedem vom Lochstreifenleser übernommenen Zeichen, ob ein CONTROL-Z eingetippt worden ist und bricht gegebenenfalls die Kopierarbeit ab.
- Wird beim Kopieren von einer Diskettendatei das Dateiende erreicht, ohne daß ein CONTROL-Z empfangen wurde, dann fordert PIP diesen Wert ausdrücklich an durch

END OF FILE, CTL-Z?

Zusammenfassung der PIP-Optionen

B (block mode transfer) Liest Blöcke bis jeweils CONTROL-S (ASCII <XOFF>).

Dn (delete after column n) Läßt alle Textzeichen unberücksichtigt, welche die nte Spalte überschreiten.

E (echo transfer) Stellt alle gelesenen (Text-)Zeichen auf der Konsolenausgabe dar.

F (remove form feeds) Entfernt alle Seitenvorschübe (CONTROL-L) aus dem übertragenen Text.

Gn (get from user n) Kopiert eine Datei aus Benutzerbereich n.

H   (hex data transfer) Prüft nach, ob die gelesenen Daten
         dem Hexadezimalformat nach der Intel-Definition ent-
         sprechen.

I   (ignore end records) Läßt in "Intel-Hex"-Dateien alle
         Aufzeichnungen unberücksichtigt, die mit ":00" einge-
         leitet werden. Aktiviert die H-Option.

L   (lower case) Wandelt alle Großbuchstaben in Klein-
         schreibung um.

N   (add line numbers) Setzt allen Textzeilen Nummern vor-
         an. Unterdrückt führende Nullen und schließt die Zei-
         lennummer mit einem Doppelpunkt ab.

N2   (add line numbers, alternate version) Setzt allen
         Textzeilen Nummern vorun. Druckt alle führenden Nullen
         und schließt mit einem Tabulationsbefehl (CONTROL-1).

O   (object file transfer) Überträgt den gesamten Dateiin-
         halt ohne Prüfung auf CONTROL-Z. (Nur bei Zusammenfas-
         sung von Nicht-COM-Dateien nötig.)

Pn   (insert page breaks) Fügt alle n Zeilen einen Seiten-
         vorschub-Befehl (CONTROL-L) ein. Die <Zieldatei> wird
         mit CONTROL-L eingeleitet.

Q<Text>^S (quit copying) Beendet die Kopierarbeit, nachdem der
         <Text> übertragen worden ist.

R   (read system file) Gestattet die Übertragung von Sy-
         stemdateien.

S<Text>^S (start copying) Beginnt die Kopierarbeit mit dem
         <Text>.

Tn   (expand tabs) Setzt die Spaltenbreite für den Tabula-
         tionsbefehl auf n und ersetzt alle Tabulationsbefehle
         (CONTROL-I) durch die passende Zahl von Leerzeichen.

U   (upper case) Wandelt alle Kleinbuchstaben in Groß-
         schreibung um.

V   (verify) Überprüft die Aufzeichnung in der <Zielda-
         tei>. Nur bei Übertragung zu Diskettendateien.

W   (write over R/O files) Überschreibt schreibgeschützte
         Dateien ohne Rückfrage.

Z   (zero bit 7) Löscht das höchstwertige Bit (Bit 7) in
         allen übertragenen ASCII-Zeichen.

Besonderheiten:

- Ungültige Optionsanforderungen (A, C, J, K, M, X oder Y) werden von PIP einfach ignoriert.
- Bei Meldungen werden die in den Optionsklammern stehenden Zeichen "wörtlich" an die Konsolenausgabe übertragen. Das betrifft vor allem das CONTROL-Z, das in diesem Fall als Steuer-

zeichen gesendet wird. Bei einigen Bedienungsstationen wird hierdurch der Schirm gelöscht (womit auch die Meldung verschwindet). Hier kann man nur versuchen, die Meldungen durch CONTROL-P mitprotokollieren zu lassen. Oder man muß raten...

Besondere PIP-Einheiten

Zur Vereinfachung der Übertragungsarbeit sind in PIP besondere Einheiten vordefiniert, die Spezialaufgaben wahrnehmen können. Sie werden je nach Aufgabe in der <Herkunftsliste> oder in der <Zieldatei> verwendet.

- Druckerausgabe

PRN: (printer) Dies bewirkt die Übertragung über den LST-Kanal mit automatischer Zeilenumerierung, Seitenvorschub alle 60 Zeilen und Tabulationsspalten von 8 Zeichen Breite. Es entspricht den Optionen [NPT8].

Besonderheit:
- Man kann auch bei PRN andere Optionen wählen. Beispielsweise kann man die Datei TEST.TXT folgendermaßen mit vierspaltiger Tabulationsbreite ausdrucken:

A>PIP PRN:=TEST.TXT[T4]

- Ausgabe an den Lochstreifenstanzer

Die beiden folgenden speziellen PIP-Einheiten sind in erster Linie zum Verkehr mit dem Lochstreifenstanzer gedacht.

NUL: (nulls) Sendet 40 "Nullbytes" (vom Wert 0) an die Zieldatei. Dient zum Erzeugen des Vor- und Nachspanns von Lochstreifenaufzeichnungen.

EOF: (end of file) Sendet eine Textendmarkierung (CONTROL-Z).

- Spezielle Einheiten zur Definition durch den Benutzer

Für besondere Aufgaben, die mit den normalen PIP-Möglichkeiten nicht erfaßt werden, stehen zwei zusätzliche PIP-Einheiten zur Verfügung. Dazu müssen passende Unterprogramme geschrieben und in PIP an den im Bereich von hexadezimal 10A bis 1FF vorgesehenen Stellen eingefügt werden. Sie werden von PIP aus aufgerufen, indem man eine der beiden folgenden Einheiten angibt.

INP: (input) Benutzerdefinierte Eingabeeinheit: Sie wird von PIP über die hexadezimale Adresse 103 aufgerufen und muß das eingegebene Zeichen an Speicherstelle Nummer 109 (hexadezimal) ablegen, bevor zu PIP zurückgesprungen wird.

OUT: (output) Benutzerdefinierte Ausgabeeinheit: Sie wird von PIP über die hexadezimale Adresse 106 aufgerufen und erhält das auszugebende Zeichen in Prozessorregister C (siehe Teil 3 zur Bedeutung von Prozessorregistern).

Besonderheit:
- INP: und OUT: sind so vordefiniert, daß sie bei einem versehentlichen Aufruf keinen Schaden anrichten können:
  = OUT: kehrt einfach zum aufrufenden PIP-Teil zurück;
  = INP: liefert das Endzeichen CONTROL-Z als "Eingabe".

PIP-Fehlersituationen

- Allgemeine Fehler

==> Der PIP-Befehl für eine CP/M-Version nach 2.0 soll unter Version 1.4 eingesetzt werden.

Meldung: REQUIRES CP/M 2.0 OR NEWER FOR OPERATION

Abhilfe: Verwenden Sie also nur das der jeweiligen Betriebssystemversion angepaßte Programm.

==> Die Aufzeichnung auf der Diskette ist fehlerhaft.

Meldung: DISK READ ERROR
                oder
           Bdos Error On <Laufwerk>: Bad Sector
               ("defekter Sektor")

Abhilfe: In der Regel ist dieser Fehler katastrophaler Natur: Die Aufzeichnung ist in irgendeiner Weise beschädigt worden.
Im Falle der BDOS-Fehlermeldung kann man sich unter Umständen behelfen. Ist der Fehler beim Lesen aufgetreten ist und handelt es sich um eine Textdatei mit bekanntem Inhalt, so antworten Sie mit einem Wagenrücklauf.
Das veranlaßt PIP, den zuletzt gelesenen Sektor einfach nochmal zu kopieren und mit der Arbeit fortzufahren. Die neue Datei kann anschließend beispielsweise mit ED bearbeitet und so u.U gerettet werden.

==> Die Zieldiskette ist voll.

Meldung: DISK WRITE ERROR

Abhilfe: Überzeugen Sie sich mit STAT, daß dies wirklich der
         Fall ist (die Diskette kann u.U. auch beschädigt oder
         eine zufällige Störung kann aufgetreten sein). Wieder-
         holen Sie die Kopieroperation mit einer neuen Diskette
         oder spalten Sie (bei Zusammenfassen mehrerer Dateien)
         die neue Datei geeignet auf.
         Oft hilft es auch, eine etwa bereits vorhandene Zielda-
         tei zu löschen und dann die Kopieroperation zu wieder-
         holen.

==> Das Diskettenverzeichnis ist voll.

Meldung: NO DIRECTORY SPACE

Abhilfe: Sie können entweder überflüssige Dateien löschen (den-
         ken Sie an eine etwa bereits vorhandene Zieldatei) oder
         die Diskette wechseln.

==> Das Laufwerk mit der Zieldiskette ist schreibgeschützt.

Meldung: CANNOT CLOSE DESTINATION FILE
                   ("Zieldatei kann nicht geschlossen werden")

Abhilfe: Falls der Kopierbefehl in Ordnung ist, genügt es einen
         Warmstart auszulösen (das hebt den Schreibschutz der
         Laufwerke auf) und den Befehl zu wiederholen.
         Ansonsten wiederholen Sie den Befehl in richtiger Form.

==> Die auf die Diskette geschriebenen und die von PIP in den
    Speicher geladenen Daten stimmen nicht überein.

Meldung: VERIFY ERROR

         Diese Fehlermeldung wird nur bei der V-Option gegeben.
         Drei Fälle können hauptsächlich hierzu führen:
         - Eine zufällige Störung im Zuge der Übertragung.
         - Eine fehlerhafte oder volle Diskette.
         - Ein fehlerhafter Speicherbaustein im Arbeitsbereich
           (oder eine fehlerhafte PIP-Version).
Abhilfe: Wiederholen Sie den Befehl. Tritt der Fehler erneut
         auf, dann wechseln Sie die Zieldiskette.

Ist der Fehler auch dann nicht beseitigt, dann können Sie es mit einer PIP-Version von einer anderen Diskette versuchen. Sollte in diesem Fall alles glatt gehen, dann ist die verwendete PIP-Version irgendwie beschädigt worden. Ersetzen Sie sie durch eine neue Kopie. Wenn auch das nichts genutzt hat, ist höchstwahrscheinlich Ihr Computer beschädigt. Gehen Sie kein weiteres Risiko ein! Lassen Sie das Gerät umgehend reparieren.

- Fehler bei der Dateiangabe

==> Eine Herkunftsdatei existiert nicht wie angegeben.

Meldung: NOT FOUND <Herkunftsliste>

Abhilfe: Verwenden Sie die R-Option, falls es sich um eine Systemdatei handelt. Ansonsten muß ein Schreibfehler vorliegen. Korrigieren Sie den Befehl.
Wenn Sie die G-Option verwendet haben: Überprüfen Sie die Nummer des Benutzerbereichs.

==> Die Dateien in der <Herkunftsliste> sind nicht durch Kommas getrennt.

Meldung: CANNOT READ: <Herkunftsliste>
                            INVALID SEPARATOR: <Herkunftsliste>

Abhilfe: Korrigieren Sie den Befehl.

==> Die Benutzernummer ist falsch (größer als 31).

Meldung: INVALID USER NUMBER: <Herkunftsliste>

Abhilfe: Korrigieren Sie den Befehl.

- Fehler bei der Angabe von Ein-Ausgabekanälen

==> Ein ungültiges Gerät wurde angegeben (Herkunft oder Ziel).

Meldung: INVALID FORMAT: <Kanal>:

(Tritt auf beispielsweise bei "PTN:" statt "PRN:" und ähnlichen Schreibfehlern.)

Abhilfe: Korrigieren Sie den Befehl.

==> Eine Mehrfachdatei wurde als Ziel angegeben.

Meldung: INVALID FORMAT: <Zieldatei>

Abhilfe: Sie können als <Zieldatei> nur eindeutig gegebene Da-
         teinamen oder eines der von PIP erkannten Ausgabegeräte
         angeben. Korrigieren Sie den Befehl entsprechend.

==> Das als Ziel angegebene Gerät ist nicht zum Schreiben geeig-
    net.

Meldung: CANNOT WRITE: <Kanal>:

         Dieser Fehler tritt auf, wenn als Ziel RDR:, NUL:, EOF:
         oder INP: angegeben worden ist.
Abhilfe: Korrigieren Sie den Befehl.

==> Ein Gerät der <Herkunftsliste> ist nicht zum Lesen geeignet.

Meldung: CANNOT READ: <Kanal>:

         Tritt auf bei PUN:, LST:, PRN: oder OUT:.
Abhilfe: Korrigieren Sie den Befehl.

- Fehler bei der Angabe von Dateiausschnitten

==> Anfangstext tritt nicht auf.

Meldung: START NOT FOUND: <Herkunftsliste>

Abhilfe: Wenn der Text Kleinbuchstaben enthält und der Befehl
         vom Bedienungsprozessor CCP aus gegeben wurde: Laden
         sie PIP ohne Argument und wiederholen Sie den Befehl
         nach der "*"-Anforderung.
         Sonst kann es sein, daß im zu durchsuchenden Text hin
         und wieder Bit 8 auf 1 gesetzt ist: Wählen Sie zusätz-
         lich die Z-Option.
         Andernfalls enthält die Datei den Text nicht oder ein
         Schreibfehler liegt vor: Korrigieren Sie den Befehl.

==> Endtext wird nicht gefunden.

Meldung: QUIT NOT FOUND: <Herkunftsliste>

Abhilfe: Wie oben.

==> Denken Sie daran, daß (in CP/M-Version 2.2) die Optionen S
==> und Q nicht immer korrekt arbeiten. Zumindest wenn Sie S und
==> Q gemeinsam angegeben haben, müssen Sie sich ausdrücklich
==> von dem Ergebnis überzeugen. Besser noch benutzen Sie einen
==> Editor zur Anfertigung von Textausschnitten.

- Fehler beim Umgang mit "Intel-Hex"-Dateien

==> Das Dateiende wurde erreicht, ohne daß ein CONTROL-Z folgt.

Meldung: END OF FILE, CTL-Z?

Abhilfe: Beenden Sie die Übertragung ausdrücklich über die Ta-
         statur mit einem CONTROL-Z (alle anderen Eingaben wie-
         derholen die Fehlermeldung).
         Wenn mehrere Hexadezimaldateien verbunden werden sol-
         len, dann muß außer für die letzte Datei jedesmal die
         I-Option angefordert werden.

==> Ein nicht hexadezimaler Zahlenwert wurde empfangen.
==> Die Aufzeichnung bricht vor der Prüfsumme ab.

Meldung: INVALID DIGIT
         gefolgt von der fehlerhaften Zeile und der Aufforderung
            CORRECT ERROR, TYPE RETURN OR CTL-Z

Abhilfe: PIP fordert hier zur Korrektur des Fehlers auf. Diese
         Korrektur ist bei Eingabe vom Lochstreifenleser mög-
         lich, indem der Streifen um eine Aufzeichnung zurückge-
         setzt und dann ein Wagenrücklauf (RETURN) eingetippt
         wird.
         Sollte das keine Abhilfe bringen, oder erfolgt die Ko-
         pieroperation nicht von einem Lochsrtreifenleser, dann
         empfiehlt es sich, entweder die Aufzeichnung mit einem
         Wagenrücklauf ignorieren zu lassen oder die ganze Ope-
         ration durch ein CONTROL-Z abzubrechen.

==> Die aus der Aufzeichnung berechnete Prüfsumme (checksum)
    stimmt nicht mit der gelesenen überein.

Meldung: CHECKSUM ERROR
         gefolgt von der fehlerhaften Zeile und der Aufforderung
            CORRECT ERROR, TYPE RETURN OR CTL-Z

Abhilfe: Wie oben.

==> Die Aufzeichnung enthält mehr Datenziffern als (in den beiden ersten Ziffern nach dem Doppelpunkt) angegeben ist.

Meldung: RECORD TOO LONG
         gefolgt von der fehlerhaften Zeile und der Aufforderung
         CORRECT ERROR, TYPE RETURN OR CTL-Z
         Dies ist (in CP/M-Version 2.2) vor allem immer dann der
         Fall, wenn beim Verketten mehrerer Dateien über die
         Endaufzeichnung ":00" hinausgelesen worden ist.
Abhilfe: Wie oben.

KAPITEL 10

TEXTBEARBEITUNG MIT ED

Grundaufgabe

ED ist ein Programm zur Anlage und Veränderung von Textdateien.
Mit seiner Hilfe lassen sich
- Textdateien erzeugen,
- Texte in vorhandene Dateien einfügen,
- Texte aus vorhandenen Dateien löschen,
- Texte in vorhandenen Dateien umgruppieren
und mit Einschränkungen auch
- Textausschnitte erstellen und
- vorhandene Textdateien zusammenfügen.

Aufruf, Kommunikation

ED wird über CCP aufgerufen, wobei die zu bearbeitende Datei mit
angegeben werden muß:

ED <Einfachname>

Das Programm legt eine $$$-Zwischendatei mit dem Namen der zu
bearbeitenden Datei an und untersucht, ob die Originaldatei
bereits existiert. Ist dies der Fall, dann wird sie zur
Bearbeitung eröffnet, andernfalls wird sie neu erzeugt.

Besonderheit:
- Es ist unbedingt notwendig, beim Aufruf von ED einen Dateina-
men anzugeben! Fehlt er, so ist die Reaktion undefiniert, was
bis zum Blockieren des Systems oder gar zum Datenverlust füh-
ren kann.

Der Editor meldet sich ab CP/M-Version 2.0 mit

: *

(in früheren Versionen mit einem einfachen Stern am linken
Rand). Dem geht die Meldung "NEW FILE" voran, wenn die Original-
datei neu angelegt worden ist.

Die weitere Kommunikation mit dem Benutzer erfolgt über die Konsole. Man kann den Dialog über den LST-Kanal mitprotokollieren, wenn man (bei der Befehlseingabe) CONTROL-P befiehlt.

Wirkungsweise von ED

Die Arbeit von ED ähnelt der von PIP: Der Text aus der Originaldatei wird über einen Pufferspeicher in eine $$$-Zwischendatei kopiert. Bei erfolgreichem Abschluß der Arbeit werden die Dateien umbenannt. Im Unterschied zu PIP kann man hier jedoch den Kopiervorgang steuern und in den übertragenen Text eingreifen:
- Man kann eine Zeile nach der anderen aus der Originaldatei in den Puffer abrufen.
- Man kann aus dem Puffer eine Zeile nach der anderen in die Zwischendatei ausschreiben lassen.
- In den im Pufferspeicher befindlichen Text kann man an beliebiger Stelle Zeichen und Zeilen einfügen.
- Und man kann beliebige Zeichen oder Zeilen aus dem im Pufferspeicher befindlichen Text löschen.
Für die eigentliche Arbeit mit dem Text sind zwei Beobachtungen wesentlich:
- Der Text kann nur beeinflußt werden, solange er sich im Pufferspeicher befindet.
- Es gibt im Prinzip nur eine Arbeitsrichtung: vorwärts, aus der Originaldatei in den Pufferspeicher und aus dem Pufferspeicher in die Zwischendatei.
Den Text im Pufferspeicher kann man wie folgt bearbeiten:
- Neuer Text kann eingefügt werden von
  = der Bedienungstastatur oder von
  = einer (besonderen) Diskettendatei aus.
- Beliebige Textstellen lassen sich
  = aufsuchen,
  = löschen oder
  = gezielt verändern.
- Dabei kann man den jeweils vorliegenden Text
  = zeilenweise oder
  = seitenweise (in 23-Zeilen-Einheiten) ansehen.

Was ist ein Text?

Eine von ED zu verarbeitende Datei darf nur ASCII-Zeichen enthalten. Sie sind in Zeilen zusammengefaßt, wobei anders als für die meisten CP/M-Programme keine größte Zeilenlänge vorgeschrieben ist. Eine Zeile umfaßt alle Zeichen bis zur Zeilenendmarkierung CRLF.

Diese Gliederung in Textzeilen ist vor allem für den Verkehr
zwischen den Dateien und dem Pufferspeicher wichtig: Texte werden zeilenweise in den Pufferspeicher bzw. in die Zeichendatei
übertragen. Der im Pufferspeicher befindliche Text selbst wird
dagegen als Folge einzelner ASCII-Zeichen betrachtet, wobei das
Zeilenende CRLF als zwei Zeichen (Wagenrücklauf <CR> und Zeilenvorschub <LF>) zählt.

Wie man sich im Text orientiert

Man kann mit ED an beliebiger Stelle im Pufferspeicher Textstel-
len einfügen, löschen, verändern oder umgruppieren. Neben der
Angabe des jeweiligen Befehls erfordert das auch eine Angabe der
Stelle, an welcher der Befehl ausgeführt werden soll.
Am natürlichsten wäre es, den betreffenden Text auf dem Bildschirm darzustellen und den jeweiligen Ort durch den Kursor zu
bezeichnen. Doch ED ist so ausgelegt, daß man mit den verschiedensten Bedienungsstationen arbeiten kann, vom einfachen Fernschreiber, der nur vorwärts drucken kann, bis hin zu hochmoder-
nen, mit allen Schikanen ausgerüsteten Bildschirmgeräten. Diese
Universalität bedingt, daß man sich auf den geringsten Standard
einigt, und das ist nun mal der Bedienungs"komfort", den ein
Fernschreiber zu bieten vermag.
Es gibt zwei Verfahren, sich in einer solchen Situation auf
eine bestimmte Textstelle zu beziehen. Das eine arbeitet rein
formal und verlangt die Angabe der Nummer der betreffenden Zeile
und eventuell der des in ihr zu bearbeitenden Zeichens. Das andere ist inhaltsorientiert und gestattet es, nach bestimmten Regeln ein vorgegebenes Textstück aufzusuchen.
Es ist jedoch viel zu umständlich (und auch überflüssig), in
jedem Befehl ausdrücklich mit allem Drum und Dran die zu bearbeitende Stelle zu bezeichnen. Man hat daher ED so ausgelegt,
daß er sich die jeweils letzte Stelle merken kann. Dies geschieht einfach dadurch, daß man den betreffenden Ort, seinen
Abstand vom Textanfang besonders festhält. Mit anderen Worten:
Man hat einen "Textzeiger" geschaffen, der immer auf den als
nächsten zu bearbeitenden Platz im Pufferspeicher zeigt.
Wir wollen uns hier darauf einigen, daß der Textzeiger immer
die Stelle der nächsten Einfügeoperation bezeichnet. Am Pufferende steht er so hinter dem letzten eingetragenen Textzeichen,
am Pufferanfang bezeichnet er das erste vorhandene Textzeichen.
Gelöscht wird dieser Vereinbarung gemäß immer das Zeichen unmittelbar hinter dem Textzeiger.
Dieser Textzeiger ist nun kein statisches Gebilde, sondern
folgt der jeweils mit dem Text ausgeführten Operation. Wird ein

Zeichen eingefügt, dann rückt er automatisch einen Platz vor, wird eines gelöscht, dann wird er einen Platz zurück gestellt. Er sollte ohne weiteren Eingriff immer dahin zeigen, wo man ihn am ehesten vermutet.

Da man aber normalerweise den Platz im Text hin und wieder wechselt, hier etwas einfügt und da etwas löscht, gibt es Befehle, mit denen sich der Textzeigerstand beeinflussen läßt. Mit ihnen läßt er sich auf den Anfang einer Zeile, auf ein bestimmtes Zeichen in der Zeile oder auf eine vorgegebene Textstelle setzen, unmittelbar hinter den angegebenen Text, bereit für neue Eingabeoperationen.

Um nun nicht jeden Ort im Text einzeln angeben zu müssen, erklärt man den Zeiger zum Bezugspunkt. So läßt sich beispielsweise befehlen: "Lösche 132 Zeichen!", was meint, die 132 Zeichen, die mit dem Textzeiger beginnen, aus dem Text zu entfernen. Und man kann - für einige Befehle zumindest - eine Richtung angeben: vom Textzeiger zum Textende hin oder vom Textzeiger zum Textanfang hin. Diese Richtungsangabe ist in ED der Einfachheit halber in der Angabe des Abstands vom Textzeiger verschlüsselt: Positive Zahlen bewirken die Arbeit in Richtung auf das Textende, negative Zahlen arbeiten zum Textanfang hin.

Die Form von ED-Befehlen

ED erhält seine Befehle in folgender allgemeiner Form:

$$\text{<Richtung><Anzahl><Befehl><Textinhalt>}$$

Wesentlichster Bestandteil ist der <Befehl>, ein Einzelbuchstabe, der das (englische) Befehlswort abkürzt. Die Schreibweise ist ohne Bedeutung, wenn kein Text erfaßt werden soll. Im anderen Fall wird angegebene <Textinhalt> automatisch in Großbuchstaben umgeformt, wenn der <Befehl> ein Großbuchstabe ist. Die ED-Befehle umfassen folgende fünf Aufgabenbereiche:
- Textübertragung in den und aus dem Puffer,
- Verschieben des Textzeigers im Textpuffer,
- Text anzeigen,
- Verändern des Texts im Puffer,
- Abschluß der Textbearbeitung und einige
- Hilfsbefehle für besondere Anwendungen.
Die drei anderen Befehlsbestandteile <Anzahl>, <Richtung> und <Textinhalt> dienen dazu, den Befehl genauer zu fassen.

Die <Anzahl> gibt an, wieviele Zeichen oder Zeilen der Befehl umfaßt. Sie kann als ganze Zahl zwischen 1 und 65535 angegeben werden. Dabei gibt es ein paar Vereinfachungen und Sonderfälle:

- Wird keine <Anzahl> angegeben, dann ist der Wert 1 gemeint.
- Wird soviel wie möglich gewünscht, dann kann man ein Doppel-
  kreuz "#" verwenden. Es entspricht dem Wert 65535.
- Schließlich gibt es noch für die Operationen, die den Textpuffer füllen oder leeren, eine Sondervereinbarung: Der Wert 0
  (Null) füllt den Textpuffer maximal bis zur Hälfte bzw. leert
  ihn bis er höchstens noch halb voll ist.

Es gibt hier ein paar Ausnahmen, auf die wir in den ausführlichen Befehlsbeschreibungen eingehen werden.

Die <Richtung> wird, wo erforderlich, durch ein positives
oder negatives Vorzeichen bestimmt: Positive Werte beziehen sich
auf die Arbeit vom Textzeiger zum Textende, negative geben die
Richtung zum Textanfang an. Fehlt das Vorzeichen, dann wird immer ein "+" angenommen.

Im Gegensatz zu diesen Zahlenangaben muß ein etwa benötigter
<Textinhalt> immer nach dem Befehl stehen. Der Text muß dem Be-
fehlsbuchstaben dabei unmittelbar, ohne eingeschobene Leerzeichen folgen und erstreckt sich entweder bis zum Ende der Befehlszeile oder bis zum üblichen CP/M-Textendzeichen CONTROL-Z.

Das CONTROL-Z ist vor allem dann wichtig, wenn mehrere Befehle nacheinander auf der Befehlszeile angegeben werden. Ohne die
Abgrenzung würde der folgende Befehl mit zum <Textinhalt> zählen. Es lohnt sich, sorgfältig darauf zu achten, denn ein feh-
lendes CONTROL-Z gehört zu den häufigsten ED-Bedienungsfehlern.

Bezug auf Zeilennummern

Oft ist es praktisch, sich statt auf einzelne Zeichen auf ganze
Zeilen zu beziehen. ED erlaubt es, jedem Befehl eine Zeilennummer folgendermaßen voranzustellen:

<Zeilennummer>:

(Der Doppelpunkt ist wichtig! Er unterscheidet diese Angabe von
der sonst üblichen Angabe einer Anzahl.)

Dies bewirkt, daß zuerst der Textzeiger auf den Anfang der
betreffenden Zeile gestellt und dann der folgende Befehl wie
üblich ausgeführt wird.

Man kann durch Zeilennummern auch einen Abstand angeben. Dies
erfolgt durch

:<Zeilennummer>

und bedeutet: Vom Textzeiger aus (vor- oder rückwärts) bis einschließlich zu der angegebenen Zeile.

Sehr bequem ist schließlich die Kombination beider Angaben als Intervall:

<Anfangszeile>::<Endzeile>

was den Textzeiger auf die <Anfangszeile> stellt und den Befehl von da aus vor- oder rückwärts bis zur <Endzeile> ausführt. Wichtig - und eine häufige Fehlerquelle - ist hier allerdings der doppelte Doppelpunkt: Wenn hier nur ein Doppelpunkt steht, dann wird die <Endzeilen>-Angabe als <Anzahl> angesehen; und das kann katastrophale Folgen haben...

Übersicht über die ED-Befehle

Man kann mit ED folgende Arbeiten ausführen:

- Textübertragung in den und aus dem Puffer

nA	Textzeilen aus der Originaldatei an den Textpuffer anfügen
nW	Textzeilen aus dem Textpuffer in die Zwischendatei ausschreiben
nX	Textausschnitte in eine vorübergehende Hilfsdatei ausschreiben
R	Text aus der Hilfsdatei am Textzeiger einfügen
R<Datei>	Text aus <Datei>.LIB am Txtzeiger einfügen

- Verschieben des Textzeigers im Textpuffer

+/-B	Textzeiger an den Textanfang oder das Textende stellen
+/-nC	Textzeiger um n Zeichen verschieben
+/-nL	Textzeiger um n Zeilen verschieben
nF<Text>	Das n-te Auftreten des <Texts> aufsuchen
nN<Text>	Wie F, liest aber bei Bedarf neue Zeilen aus der Originaldatei

- Text anzeigen

+/-n	Textzeiger verschieben und die erreichte Zeile austippen
+/-nT	n Textzeilen austippen
+/-nP	n Bildschirmeinheiten austippen und Textzeiger verschieben

- Verändern des Texts im Puffer

I   In Textmodus umschalten
I<Text>^Z   Den <Text> einfügen, ohne den Befehlsmodus zu ver-
             lassen
I<Text><CR> Desgleichen, Zeilenende mit eingefügen
+/-nD   n Zeichen löschen
+/-nK   n Zeilen löschen
nS<zu entfernen>^Z<einzufügen>^Z
             <zu entfernenden> Text gegen <einzufügenden> aus-
             tauschen
J<zu suchen>^Z<einzufügen>^Z<zu entfernen bis>^Z
             Nach dem <zu suchenden> Text den <einzufügenden>
             Text unterbringen und von da an bis zum dritten
             Befehlsargument löschen

- Abschluß der Textbearbeitung

E   Arbeit normal beenden
H   Den laufenden Durchgang beenden und Datei neu zur
             Bearbeitung eröffnen
O   Zurückkehren zum Zustand des letzten ED-Aufrufs
             der Datei
Q   ED ohne Dateiänderung wieder verlassen

- Hilfsbefehle

nM<Befehle> Die <Befehle> zu einer n-mal abzuarbeitenden Ein-
             heit zusammenfassen
OV   Pufferspeicherbelegung angeben
+/-V   Die Angabe von Zeilennummern ein oder ausschalten
+/-U   Die generelle Großbuchstabenumwandlung ein- oder
             ausschalten
nZ   n Sekundenbruchteile pausieren

Textübertragung in den und aus dem Puffer

Wird ED aufgerufen, dann eröffnet das Programm die zu bearbeitende Originaldatei, liest aber nichts aus ihr aus. Der Benutzer
muß selbst die notwendigen Zeilen aus der Originaldatei in den
Puffer holen bzw. von dort in die Zwischendatei schreiben.

nA (append) Fügt die nächsten n Textzeilen aus der Originaldatei
   an das Textpufferende an. Der Inhalt der Originaldatei wird
   dabei nicht verändert.

Besonderheiten:
- Das Anfügen von Zeilen an das Pufferende erfolgt unabhängig vom Stand des Textzeigers und verändert ihn nicht. Man kann anschließend an der alten Textstelle weiterarbeiten.
- Sonderformen des Arguments n:
  #A liest alle (verbliebenen) Zeilen der Originaldatei in den Puffer bis entweder die Datei ausgeschöpft oder der Puffer voll ist. (Im letzteren Fall wird der Fehler ">" gemeldet.)
  0A liest soviele der verbliebenen Zeilen aus der Originaldatei bis diese entweder ausgeschöpft oder der Pufferspeicher zur Hälfte gefüllt ist.
  A liest eine einzige Zeile aus der Originaldatei.
- Wenn alle Zeilen der Originaldatei erfaßt worden sind, werden weitere A-Befehle (ohne besondere Fehlermeldung) ignoriert.

nW (write out) Schreibt n Textzeilen vom Textpufferanfang an das Ende der Zwischendatei. Die in die Datei übertragenen Zeilen werden aus dem Puffer entfernt

Besonderheiten:
- Werden mit dem W-Befehl Zeilen ausgeschrieben, dann paßt ED den Stand des Textzeigers der veränderten Situation an. Wurde auch die vom Textzeiger bezeichnete Zeile ausgeschrieben, so bleibt der Zeiger am Pufferanfang stehen.
- Sonderformen des Arguments n:
  #A schreibt den gesamten Textpufferinhalt aus.
  0A schreibt soviele Zeilen aus, daß der Puffer höchstens halb voll ist. Ist der Puffer noch nicht bis zur Hälfte gefüllt, dann wird nichts geschrieben.
  A schreibt genau eine (die erste) Zeile des Textpuffers in die Zwischendatei aus.

Mit den Befehlen X und R kann man Textausschnitte verschieben.

nX ("Xfer" = transfer) Schreibt einen Textausschnitt von n Zeilen Umfang beginnend beim Textzeiger in eine Hilfsdatei. Die Hilfsdatei hat die Bezeichnung X$$$$$$.LIB und wird beim (ordnungsgemäßen) Verlassen des Editors gelöscht.

Besonderheiten:
- Die Zählung beginnt mit der Zeile, in welcher der Textzeiger steht. Dabei wird von der ersten Zeile nur der Teil übertragen, der beim Textzeiger anfängt. Ansonsten werden ganze Zeilen in die Hilfsdatei geschrieben.

- 1X (oder X) überträgt den Rest der Zeile ab dem Textzeiger bis einschließlich des Zeilenendes CRLF.
- Ist die Hilfsdatei nicht leer, dann werden die neu   zu übertragenden Zeilen an das Ende des bereits vorliegenden Dateiinhalts angefügt.
- 0X (Null-X) löscht die Hilfsdatei.
- Wird der Editor über CONTROL-C verlassen, dann bleibt der Name X$$$$$$$.LIB der Hilfsdatei im Diskettenverzeichnis zwar erhalten, doch ist der Dateiinhalt normalerweise verloren, da die Datei nicht geschlossen wurde.

R (read) Fügt den in der Hilfsdatei festgehaltenen Text an der durch den Textzeiger gegebenen Stelle in den Pufferspeicher ein.

Besonderheiten:
- Ist keine Zwischendatei vorhanden, dann meldet ED dies durch den Kennbuchstaben "0" (von "open error").
- Die Hilfsdatei X$$$$$$$.LIB bleibt auf der Diskette nicht erhalten und eignet sich folglich nicht dazu, zur späteren Verwendung Ausschnitte aus dem Text herzustellen.
- Der R-Befehl verändert den Inhalt der Hilfsdatei in keiner Weise. Das ermöglicht es, bestimmte Textausschnitte beliebig oft zu wiederholen.
- Der durch einen R-Befehl übertragene Text muß ganz in den verbliebenen Pufferspeicherplatz passen. Er wird sonst nur teilweise übertragen und dann der Fehler ">" gemeldet. Hier hilft nur, mit Hilfe des W-Befehls genügend Raum zu schaffen, die unvollständig eingefügten Zeilen wieder zu streichen und den R-Befehl zu wiederholen.
- Beachten Sie, daß der Inhalt der Hilfsdatei zeilenorientiert ist. Es wird in der Regel nicht genügen, den betreffenden Text nur umzukopieren, er muß anschließend noch geeignet bearbeitet werden.
- Vorsicht ist geboten bei auf den R-Befehl folgenden Bezügen auf eine bestimmte Zeile. Wie bei (fast) allen Einfügeoperationen, die nicht im Eingabemodus erfolgen, verliert ED in der vorliegenden CP/M-Version 2.2 die Synchronisation, wenn Zeilenenden (CRLF-Sequenzen) übertragen werden. Die neu angegebenen Zeilennummern stimmen nicht mehr überall mit denen überein, die man nach dem Einfügen zu erwarten hätte. Wenn der exakte Bezug wichtig ist, müssen Sie zum Textanfang (mit dem B- oder gegebenenfalls dem H-Befehl) zurückkehren, um den internen Zeilenzähler wieder mit dem Textinhalt in Übereinstimmung zu bringen.
Dies gilt auch für die folgende Variante des R-Befehls.

Eine alternative Form des R-Befehls ermöglicht es, beliebige "Bibliotheksdateien" (englisch: "library files") in den zu bearbeitenden Text aufzunehmen.

R<Datei> Fügt den in der angegebenen Datei (mit der Klassenbezeichnung LIB) festgehaltenen Text an der durch den Textzeiger gegebenen Stelle in den Pufferspeicher ein.

Besonderheiten:

- Der R-Befehl erfaßt nur LIB-Dateien. Sollen auch andere Texte einbezogen werden, dann müssen die betreffenden Dateien erst umbenannt oder umkopiert werden.
- Ist die einzufügende Datei nicht vorhanden, dann meldet ED dies durch den Kennbuchstaben "0".
- Achten Sie darauf, daß die einzufügenden Dateiinhalte nicht zu lang sind. Der R-Befehl gestattet auch hier nicht das Kopieren von Ausschnitten. Unter Umständen muß man die LIB-Datei in mehrere Teile zerlegen.

- Verschieben des Textzeigers im Textpuffer

Die eigentliche Arbeit mit dem Text erfordert zweierlei: Angabe der Befehle (Einfügen, Löschen usw.) und die Angabe der Stelle im Textpuffer, an welcher der jeweilige Befehl ausgeführt werden soll. Für diese Ortsangabe muß der Textzeiger auf den benötigten Platz gestellt werden können.

Besonderheit:

- Falls nicht (mittels des U-Befehls) generell auf Großschreibung geschaltet worden ist, kommt es bei allen folgenden Befehlen, die einen Text bearbeiten, auf die Befehlsschreibweise an:
  = Wird der Befehl als Großbuchstabe angegeben, dann werden alle Textangaben in Großschreibung umgewandelt.
  = Wird der Befehl als Kleinbuchstabe angegeben, dann bleibt der Text so, wie er eingegeben worden ist.

+/-B (begin) Stellt den Textzeiger an den Anfang (+) oder an das Ende (-) des im Pufferspeicher festgehaltenen Textes.

+/-nC (move characters) Verschiebt den Textzeiger um n Positionen in Richtung auf das Textende (bei positivem n) oder auf den Textanfang (bei negativem n).

Besonderheiten:
- Der Textzeiger kann nicht über das Textende bzw. den
  Textanfang hinaus bewegt werden. Ist das Argument n zu
  groß, wird der Zeiger lediglich auf den Anfang bzw. das
  Ende gestellt.
- Man kann den Textzeiger mit dem C-Befehl ohne weiteres
  in eine andere Zeile schieben. Dabei ist zu beachten,
  daß das Zeilenende zwei Zeichen zählt: Um vom Ende der
  einen zum Anfang der nächsten Zeile zu kommen, muß man
  "2C" befehlen, "C" alleine würde den Textzeiger nur hinter den Wagenrücklaufbefehl CR stellen.
- Der Textzeiger kann nicht über das Textende bzw. den
  Textanfang hinaus bewegt werden. Ist das Argument n zu
  groß, wird der Zeiger lediglich auf den Anfang bzw. das
  Ende gestellt.
- Mit dem Befehl "<Zeile>:nC" kann man unmittelbar in der
  angegebenen <Zeile> arbeiten: "<Zeile>:" stellt zunächst
  den Textzeiger auf den betreffenden Zeilenanfang, und
  der Befehlsrest verschiebt den Textzeiger von da aus.
- Um den Textzeiger an das Ende einer Zeile zu stellen,
  kann man den Befehl "<Zeile>:-2C" verwenden. Dabei ist
  die durch <Zeile> gegebene Nummer um Eins größer als die
  Nummer der gewünschten Zeile zu wählen.
+/-nL (move lines) Verschiebt den Textzeiger um n Zeilen in
Richtung auf das Textende oder auf den Textanfang.

Besonderheiten:
- Der L-Befehl stellt den Textzeiger immer an den Zeilenanfang.
- Der Befehl "0L" stellt den Textzeiger an den Anfang der
  Zeile, in der er sich gerade befindet.
- Die Befehlskombination "L-2C" oder kann verwendet werden, um den Textzeiger an das Ende der Zeile zu stellen,
  in der er sich gerade befindet.
- Der Textzeiger kann nicht über das Textende bzw. über
  den Textanfang hinaus bewegt werden. Insbesondere bewirkt "#L", daß der Zeiger an das Textende und "-#L",
  daß er an den Textanfang gestellt wird.

Die bisher betrachteten Befehle arbeiten relativ abstrakt: Sie
gestatten keinerlei Bezug auf den konkret vorliegenden Textinhalt. Das ist oft ein Nachteil, da so der Benutzer selbst die
betreffende Textstelle aufsuchen muß. Diese oft mühsame Arbeit
wird durch die beiden folgenden Befehle wesentlich erleichtert,
mit denen ein Bezug auf ein konkretes Textstück möglich ist.

Besonderheit:
- Der in diesen Befehlen anzugebende <Text> kann höchstens 100 Zeichen umfassen.

nF<Text> (find) Sucht beginnend beim Textzeiger das n-te Auftreten des <Texts> in Richtung Textende auf und stellt den Zeiger hinter den so gefundenen <Text>.

Besonderheiten:
- Wird der <Text> im Pufferspeicher nicht vorgefunden, dann meldet ED dies mit dem Zeichen "#". Der Textzeiger bleibt in diesem Fall unverändert.
- Man kann auch Zeilengrenzen mit in den zu suchenden Text einbeziehen. Für diesen Zweck wird ein CONTROL-L an der betreffenden Stelle in den <Text> eingefügt, z.B. in:

fFortsetzung^Lnaechste Zeile^Z

- Um die Suche mit einer bestimmten Zeile beginnen zu lassen, kann man befehlen: "<Zeile>:nF<Text>". In diesem Fall bleibt der Textzeiger am Anfang der angegebenen <Zeile> stehen, falls der <Text> nicht aufgefunden wurde.

nN<Text> (next occurrence) Wirkt wie F mit dem Unterschied, daß so lange neue Zeilen aus der Originaldatei eingelesen werden, bis der angegebene <Text> gefunden worden ist.

Besonderheiten:
- Im einzelnen unterscheidet sich der N-Befehl wie folgt von F. Wird der <Text> im Pufferspeicher nicht vorgefunden, dann werden alle Zeilen in die Zwischendatei ausgeschrieben und anschließend der Puffer wieder bis maximal zur Hälfte aus der Originaldatei gefüllt. Dies wiederholt sich bis entweder der <Text> gefunden wurde oder alle Zeilen in den Zwischenspeicher übertragen worden sind. Das bedeutet, daß bei Nichtauffinden des gewünschten <Texts> der Textpuffer leer und alle Zeilen aus der Originaldatei in die Zwischendatei übertragen worden sind. Um von hier aus mit der Arbeit weitermachen zu können, muß man erst mit dem H-Befehl (s.u.) zum Textanfang zurückkehren.
- Man kann mit der Kombination von H-und N-Befehl recht bequem den jeweils erreichten Stand der Bearbeitung festhalten und dann mit der Arbeit fortfahren:

= Die Stelle, an der die Arbeit wieder aufgenommen
  werden soll, wird mit irgendeiner eindeutigen Zei-
  chenfolge markiert, beispielsweise mit "&&&".
= Dann wird mit dem H-Befehl der bis dahin erreichte
  Stand gespeichert und die Datei neu eröffnet.
= Mit "N&&&^Z-3D" wird die markierte Stelle automatisch aufgesucht und die Markierung gelöscht, worauf man die Textbearbeitung fortsetzen kann.

Text anzeigen

Da ED prinzipiell auch mit einem einfachen Fernschreiber als
Bedienungsstation arbeiten soll, hat man Sorge getragen, daß nur
so viel Text ausgedruckt wird, wie im gegebenen Fall unbedingt
notwendig ist. Insbesondere hat das zur Folge, daß man sich die
Übersicht über den gerade berabeiteten Textausschnitt ausdrücklich selbst schaffen muß. Dem dienen die folgenden Befehle.

Besonderheit:

- Falls nicht (mittels des U-Befehls) generell auf Großschreibung geschaltet worden ist, kommt es bei allen folgenden Befehlen, die einen Text bearbeiten, auf die Schreibweise an:
  = Wird der Befehl als Großbuchstabe angegeben, dann werden al-
    le Textangaben in Großschreibung umgewandelt.
  = Wird der Befehl als Kleinbuchstabe angegeben, dann bleibt
    der Text so, wie er eingegeben worden ist.

+/-n Verschiebt den Textzeiger wie bei +/-nL und tippt dann die
     erreichte Zeile aus.

Besonderheit:
- Gibt man lediglich einen Wagenrücklauf ein, so wird die
  nächste Zeile ausgedruckt. Auf diese Weise kann man bequem den Textpufferinhalt Zeile um Zeile untersuchen.

+/-nT (type) Tippt n Textzeilen vom bzw. bis zum Textzeiger aus.

Besonderheiten:
- Der T-Befehl läßt den Textzeiger unberührt. Er dient in
  erster Linie dazu, sich einen Überblick über das jeweilige Arbeitsergebnis zu verschaffen.
- Zwei Sonderformen des Arguments n sind wichtig:
  = 0T tippt den Inhalt der Zeile, in welcher der Textzei-
    ger steht, bis zum letzten Zeichen vor dem Zeiger.

= T tippt den Inhalt der Zeile, die den Textzeiger enthält, ab dem Zeiger bis einschließlich zum Zeilenende.
- Die Kombination "0TT" stellt die Zeile dar, in welcher
der Textzeiger steht, ohne diesen zu verrücken.
- Einen Überblick über die gerade bearbeitete Stelle erhält man beispielsweise mit dem Befehl "-11T12T0T", der
elf Zeilen vor und hinter dem Textzeiger und im Anschluß
daran die Stelle des Textzeigers selbst wiedergibt.
- Wird durch den T-Befehl eine Zeile unvollständig ausgedruckt, dann erfolgt die Bereitschaftsmeldung "*" unmittelbar nach dem letzten Textzeichen. Das gleicht den
Mangel etwas aus, daß ED keine Marke an der Stelle des
Textzeigers (etwa einen Pfeil "^" o.ä.) ausgibt.

Für zusammenhängende Textstücke besser geeignet ist der Befehl:

+/-nP (print pages) Verschiebt den Textzeiger um n Textblöcke
von je einer Bildschirmlänge (i.d.R. 23 Zeilen) in Richtung auf das Textende oder den Textanfang und tippt von da
ab einen solchen Textblock aus (wenn positiv, den Block
nach dem Textzeiger, wenn negativ, den Block davor). Der
Zeiger wird an den Anfang des angezeigten Blocks gestellt.

Besonderheiten:
- Die Form "0P" ist von besonderer Bedeutung. Hier bleibt
der Textzeiger, wo er gerade steht, und der auf ihn fol-
gende Block von einer Bildschirmseite wird ausgedruckt.
- "B0P" stellt der Zeiger auf den Textanfang und tippt die
erste Textseite aus.
- "-B-P-B" tippt die letzte Textseite aus und stellt den
Zeiger dann auf das Textende, bereit zum weiteren Ergän-
zen des Texts.
- Der P-Befehl erfaßt nur abgeschlossene Zeilen. Das be-
deutet beim Ausdruck der letzten im Pufferspeicher vor-
liegenden Textseite, daß eine dort etwa angefangene
Zeile nicht mit ausgegeben wird. Man muß den Befehl "-B-
P-B" für diesen Fall ergänzen zu "-B-P-B0T".

Verändern des Texts im Puffer

ED bietet drei Möglichkeiten an, den durch den Textzeiger gege-
benen Pufferspeicherinhalt unmittelbar zu beeinflussen:
- Einfügen von Text,
- Löschen von Text,
- Ersetzen von Text.

Besonderheiten:

- Falls nicht (mittels des U-Befehls) generell auf Großschreibung geschaltet worden ist, kommt es bei allen folgenden Befehlen, die einen Text bearbeiten - auch beim einfachen I-Befehl auf die Befehlsschreibweise an:
  = Wird der Befehl als Großbuchstabe angegeben, dann werden al-
    le Textangaben in Großschreibung umgewandelt.
  = Wird der Befehl als Kleinbuchstabe angegeben, dann bleibt
    der Text so, wie er eingegeben worden ist.
- Wenn im Befehlstext eine Zeilengrenze erfaßt werden soll, dann
  kann man dies durch ein CONTROL-L im <Text> fordern.

I (insert) Schaltet in Eingabemodus um und fügt den nachfolgend
von der Konsole eingegebenen Text an der durch den Textzeiger
gegebenen Stelle ein. Kehrt mit CONTROL-Z zum Befehlsmodus zurück, wobei der Textzeiger hinter dem zuletzt eingegebenen
Zeichen steht.

Besonderheiten:
- Die im Eingabemodus eingegebenen Zeichen werden von ED unmittelbar ausgewertet - also nicht (wie die Befehlseingabe)
  vom BDOS-Teil bearbeitet. Das bringt eine andere Behandlung
  der Steuerzeichen mit sich. Für CP/M-Version 2.2 gilt:
  = CONTROL-C ist im Eingabemodus "entschärft". Es führt nicht
    zu einem Warmstart. Statt dessen wird es in den Text mit
    aufgenommen und als "^C" gemeldet.
  = CONTROL-U und CONTROL-X löschen wie gewohnt die gerade
    eingegebene Zeile, wobei CONTROL-U allerdings die alte
    Eingabe nicht durch ein "#" abschließt.
  = Der Rückwärtsschritt <BS> (oder CONTROL-H) ist wie CON-
    TROL-X bei der Arbeit auf dem Bildschirm wirksam. Er
    löscht das jeweils letzte Zeichen vom Schirm. Die Wirkung
    von <BS> ist auf die gerade bearbeitete Zeile beschränkt.
    Der Versuch, über den Zeilenanfang hinaus zu löschen wird
    von ED ignoriert.
  = Demgegenüber wirkt die Löschtaste <DEL> ("delete" oder
    "rub out") auf den gesamten Text. Allerdings ist die Reak-
    tion, besonders bei der Arbeit am Bildschirm, etwas ver-
    wirrend. Wenn ED eine <DEL>-Eingabe empfängt, dann wieder-
    holt es sie zunächst einmal an das Ausgabegerät. Bei vie-
    len Bildschirmgeräten wird dadurch ein rechteckiger Block
    dargestellt. Erst dann wird das vor dem Textzeiger stehen-
    de Zeichen gelöscht und auf dem Schirm wiederholt.

= Zur Angabe des Zeilenendes genügt es, die Wagenrücklauftaste (<CR>) zu drücken. ED fügt automatisch einen Zeilenvorschub (LF) an.
- Bei der Eingabe wird von ED der interne Zeilenzähler weiter-
geführt. Dies zeigt sich insbesondere, wenn die Zeilenangabe
eingeschaltet ist: Nach jedem Wagenrücklauf wird am linken
Rand die neue Zeilennummer wiedergegeben.

I<Text>^Z (insert text) Fügt den angegebenen, bis zum CONTROL-Z
reichenden <Text> an der durch den Textzeiger bezeichneten Stelle ein, ohne den Befehlsmodus zu verlassen.

Besonderheit:
- Man kann in den <Text> Zeilengrenzen mit aufnehmen,
indem man das Zeilenende durch CONTROL-L bezeichnet.

I<Text><CR> (insert text) Wie oben, nur daß das abschließende
Zeilenende mit eingefügt wird.

Besonderheit:
- Bei Eingabe einer oder mehrerer vollständiger Zei-
len (mit CRLF-Endzeichen) im Befehlsmodus verliert
ED in der hier betrachteten CP/M-Version 2.2 die
Synchronisation des internen Zeilenzählers mit den
tatsächlich im Textpuffer vorhandenen Zeilen. Ist
eine exakte Numerierung notwendig, so muß man (mit
"B" oder "H") zurück zum Dateianfang, damit ED den
Zeilenzähler neu einsynchronisieren kann.

Die beiden folgenden Befehle dienen dazu, einen Text zu löschen.

Besonderheit:

- Seien Sie bei allen Löschbefehlen besonders vorsichtig bei der
Angabe von Zeilenintervallen der Form "<Anfangszeile>::<End-
zeile>"! Es müssen beide Doppelpunkte vorhanden sein, sonst
wird die Angabe der <Endzeile> als <Anzahl> der zu löschenden
Zeichen oder Zeilen verstanden, was sich insbesondere beim K-
Befehl katastrophal auswirkt.
Am sichersten ist es, vor umfangreichen Löschoperationen dieser Art den bis dahin erreichten Stand mit dem H-Befehl festzuhalten, dann die Textstelle mit dem N-Befehl neu aufzusuchen
(vgl. die Bemerkung beim N-Befehl) und jetzt erst den Löschbefehl zu geben. Wenn dann etwas schiefgeht, kann man mit dem O-
Befehls jederzeit zum Originalzustand zurückkehren.

+/-nD (delete) Löschen von n Zeichen ab dem Textzeiger in Richtung auf das Textende oder auf den Textanfang.

Besonderheit:
- Soll ein Zeilenende mit gelöscht werden, so sind dafür zwei Zeichen (CR und LF) zu zählen.

+/-nK (kill lines) Löschen von n Zeilen ab dem Textzeiger in Richtung auf das Textende oder auf den Textanfang.

Besonderheiten:
- Der K-Befehl löscht von der Zeile, die den Textzeiger enthält, nur den auf den Zeiger folgenden (oder bei negativem Argument den ihm vorangehenden) Teil. Soll diese Zeile ganz gelöscht werden, dann kann man "0LnK" oder "0KnK" befehlen.
- "0K" löscht den Anfang der Zeile bis zum Textzeiger.
- "1K" oder "K" löscht den Rest der Zeile ab dem Textzeiger (einschließlich der Zeilengrenze CRLF).
- "#K" löscht alles ab dem Textzeiger bis zum Textende.

Mit den beiden folgenden Befehlen lassen sich kurze Textstücke durch andere Texte ersetzen. Beide suchen nach einem vorgegebenen Textstück und führen dann die zugehörige Aktion aus.

Besonderheit:
- Wenden Sie diese Befehle mit Vorsicht an, insbesondere, wenn sie automatisch wiederholt werden sollen. Prüfen Sie jede Stelle nach: Unabsichtliche Änderungen kommen leicht vor.

nS<zu entfernen>^Z<einzufügen>^Z
(substitute text) Sucht beginnend beim Textzeiger in Richtung auf das Textende das n-te Auftreten des <zu entfernenden> Texts und ersetzt ihn durch die <einzufügenden> Zeichen.

Besonderheiten:
- Ein beliebiger Tastendruck stoppt die wiederholte Anwendung des S-Befehls.
- Mit "nS<zu entfernen>^Z^Z" lassen sich alle n <zu entfernenden> Textstücke ersatzlos streichen.

J<zu suchen>^Z<einzufügen>^Z<zu entfernen bis>^Z
(juxtaposition - "Aneinanderfügung") Sucht beginnend beim Textzeiger in Richtung auf das Textende den <zu suchenden> Text, fügt dahinter den <einzufügenden> Text ein und löscht

von da ab alles bis zu dem Text, der als <zu entfernen bis> angegeben wurde, ohne diesen jedoch zu verändern. Der Textzeiger bleibt hinter dem eingefügten Text stehen.

Besonderheiten:
- Mit "J<zu suchen>^Z<einzufügen>^Z^Z" läßt sich ein <einzufügender Text> gezielt hinter eine <zu suchende> Textstelle setzen, ohne andere Textbestandteile zu beeinflussen.
- Nach der Angabe von Digital Research sollte man auch dem J-Befehl ein Wiederholungsargument n voransetzen können. Es empfiehlt sich jedoch dringend, dies nicht zu tun, da die Wiederholung in der betrachteten CP/M-Version 2.2 nicht korrekt arbeitet. (Verwenden Sie den M-Befehl, wenn Sie eine Wiederholung brauchen.)

Abschluß der Textbearbeitung

Es gibt vier verschiedene Möglichkeiten, die Arbeit mit ED geordnet abzuschließen:
- Beenden der Textbearbeitung, zurück zu CP/M,
- Beenden der Textbearbeitung mit automatischem Neuaufruf von ED (zurück zum - veränderten - Textanfang),
- Abbruch der Textbearbeitung ohne Änderung, zurück zur Originaldatei und
- Abbruch der Textbearbeitung ohne Änderung, zurück zu CP/M.

Besonderheit:
- Da diese vier Befehle die Arbeit mit dem Text wesentlich beeinflussen, werden sie von ED nur dann akzeptiert, wenn sie alleine auf der Befehlszeile angegeben werden.

E (end) Normales Ende der Textbearbeitung: Überträgt den Rest des Textpuffers in die Zwischendatei und fügt daran den noch nicht bearbeiteten Rest der Originaldatei an. Schließt die Dateien und benennt sie um.

H (go to text head) Wirkt wie der E-Befehl mit dem Unterschied, daß ED weiter aktiv bleibt, so als ob die betreffende Datei neu zur Bearbeitung aufgerufen worden wäre. Angewendet bei langen Dateien zum Festhalten wichtiger Zwischenschritte.

Besonderheit:
- Der H-Befehl ist ein wichtiger Schutz gegen Datenverlust durch Fehlbedienung oder sonstige Systemfehler. Geben Sie ihn so häufig wie sinnvoll vertretbar!

O (back to original) Löscht die Zwischendatei und kehrt zur Bearbeitung der Originaldatei zurück. Notwendig bei umfassenden, nicht korrigierbaren Fehlern.

Q (quit) Löscht die Zwischendatei und beendet die ED-Arbeit ohne jegliche Dateiänderung.

Besonderheiten:
- Bei den Befehlen O und Q, die einen Verlust des bearbeiteten Texts bedeuten würden, fragt ED noch einmal ausdrücklich nach:

O-(Y/N)   bzw.   Q-(Y/N)

Geben Sie "Y" oder "y" ein, wenn Sie abbrechen wollen. Alle anderen Angaben bewirken, daß der Befehl ignoriert wird.

Hilfsbefehle

nM<Befehle>
(macro) Faßt die nachfolgend bis zum Zeilenende oder bis zu einem CONTROL-Z-Endzeichen angegebenen <Befehle> zu einer Einheit zusammen, die n mal abgearbeitet wird.

Besonderheiten:
- Die durch M zusammengefaßten Befehle werden unendlich oft abgearbeitet, wenn das Argument n fehlt, oder wenn es den Wert Null oder Eins hat. Die Abarbeitung stoppt hier nur, wenn ein Fehler auftritt oder eine Taste gedrückt wurde.
- Die Ausführung der in M zusammengefaßten Befehle kann jederzeit durch irgendeinen Tastendruck abgebrochen werden.
- M ist besonders nützlich beim wiederholten Ersetzen von Texten, da er eine Kontrolle über die Aktion erlaubt, z.B.:

Ms<zu entfernen>^Z<einzufügen>^Z0TT10Z^Z

Dies führt jeweils eine Ersetzung durch (achten Sie auf das kleine "s"), zeigt dann die neue Zeile an ("0TT") und wartet ein paar Sekunden ("10Z") bis zur nächsten Runde.

OV (verify memory) Gibt eine Übersicht über den Pufferspeicherplatz in der Form:

<noch frei>/<insgesamt verfügbar>

Die Angabe erfolgt in Bytes. Dies läßt sich sinnvoll verwenden, um abzuschätzen, ob eine (bekannte) LIB-Datei in den Textpuffer gelesen werden kann.

193

+/-V (verify line numbers) Schaltet die Angabe von Zeilennummern
ein (+) oder aus (-).

Besonderheiten:
- Die Zeilennummern sind lediglich als Hilfe beim Arbeiten
  mit ED gedacht. Sie werden nicht mit in die bearbeitete
  Datei aufgenommen.
- Wenn eingeschaltet, werden die Zeilennummern am linken
  Rand als maximal fünfstellige Zahl zwischen 1 und 65535
  angegeben (der Zeilenzähler umfaßt 16 Bits). Ihnen folgt
  ein Doppelpunkt und dann ein Leerschritt. Führende Nullen
  werden unterdrückt.
- Die Nummer der Zeile, in der gerade der Textzeiger steht,
  wird vor dem Bereitschaftszeichen zur Befehlsübernahme
  ("*") angegeben. Die Nummer ist durch fünf Leerschritte
  ersetzt, wenn der Puffer leer ist oder wenn der Textzeiger hinter der letzten Textzeile steht.
- Ist die Zeilennumerierung abgeschaltet, dann gibt ED sein
  Befehlsanforderungszeichen "*" ganz am linken Rand aus.
- Die Zeilennummern werden intern völlig unabhängig vom V-
  Befehl gezählt, d.h. man kann jederzeit von "+V" auf "-V"
  übergehen und umgekehrt, ohne den Zeilenzähler zu beeinflussen.

+/-U (upper case) Schaltet die generelle Umwandlung des eingegebenen Texts in Großbuchstaben ein (+) oder aus (-).

Besonderheiten:
- Der U-Befehl hat Vorrang vor der impliziten Umwandlungs-
  angabe durch die Schreibweise des Befehlsbuchstabens.
  Wenn "+U" befohlen wurde, wird der eingefügte, zu suchen-
  de oder zu ersetzende Text immer in Großschreibung umgewandelt. Wenn "-U" befohlen wurde, dann wird die Umwandlung der Schreibweise durch die Schreibweise des jeweiligen Befehls gesteuert:
  = Großbuchstaben wandeln den Text in Großschreibung um,
  = Kleinbuchstaben lassen den Text unverändert.
- Eine der Schwächen von ED ist, daß bei Großbuchstabenumwandlung die Anzeige des gerade eingegebenen Text nicht
  auch schon in Großbuchstaben erfolgt.

nZ (sleep, "schlafen" - von "ZZZ" für den Schnarchlaut) Bewirkt,
daß der Editor vor Ausführen des nächsten Befehls n Sekundenbruchteile wartet. (Der genaue Wert hängt vom Computer ab, er
liegt in der Gegend von 0,1 bis 0,5 Sekunden pro Einheit.)

ED-Fehlermeldungen

ED ist ziemlich spartanisch ausgestattet, was die Erkennung und Meldung von Fehlern angeht. Ab CP/M-Version 2.0 gemeldet:

BREAK <Fehler> AT <letzter Befehl>

In vorangehenden Versionen war man noch sparsamer:

<zuletzt bearbeitetes Zeichen><Fehler>

Für das Feld <Fehler> in der Meldung stehen vier Zeichen zur Verfügung, die folgende Fälle unterscheiden:

? - ED hat den Befehl nicht erkannt.
> - ("zu lang") entweder ist der Textpuffer voll oder in einem Befehlstext sind zuviele Zeichen angegeben.
\# - (number error) Der Befehl kann nicht so oft wie verlangt angewendet werden (insbesondere bei F, S und M).
0 - (open error) Die durch einen R-Befehl zu lesende LIB-Datei liegt nicht vor (oder kann nicht eröffnet werden).

Zwei weitere Fehlerfälle werden von ED im Klartext gemeldet:

==> Die zu bearbeitende Datei ist schreibgeschützt.

Meldung: FILE IS R/O

Abhilfe: Dies ist nur die Warnung. Man kann die Datei nach wie vor ansehen. Beim E- oder H-Befehl wird die Zwischendatei ordnungsgemäß geschlossen, das BDOS meldet jedoch:

Bdos Err On <Laufwerk>: File R/O

Heben Sie dann den Schreibschutz mit STAT auf und benennen Sie die Dateien geeignet um.

==> Es wird versucht, eine Systemdatei zu bearbeiten.

Meldung: "SYSTEM" FILE NOT ACCESSIBLE
                   ("Systemdatei ist nicht erreichbar")

Abhilfe: Heben Sie die Systemeigenschaft mit STAT auf und wiederholen Sie dann den Befehl.

Eine notwendige Nachbemerkung

ED ist ein Minimalprogramm, sowohl was seine Fähigkeiten als auch was seinen Speicherplatz angeht. Zwar ist durchaus brauchbar mit ihm zu arbeiten, doch es steckt im Vergleich zu anderen modernen Editorprogrammen voller Schwächen (und Fehlern). ED eignet sich in erster Linie zur Programmentwicklung in kleinen Systemen. Wenn Sie jedoch vorhaben, intensiv Texte zu bearbeiten, dann sollten Sie sich eines der auf dem Markt angebotenen Textbearbeitungsprogramme für CP/M-Systeme zulegen. Die Auswahl reicht hier von relativ unkomplizierten Editoren zur Programmerstellung bis hin zu komplexen Paketen, mit denen ganze Bücher hergestellt werden können. (So ist dieses Buch hier vom ersten Entwurf bis hin zur Druckvorlage auf einem CP/M-System mit dem Texteditor "WordStar" entstanden.)

KAPITEL 11

SUBMIT UND XSUB

Es kommt häufig vor, daß bestimmte Aufgaben immer wieder in der gleichen Art durchgeführt werden sollen, oder daß eine komplizierte Aufgabe eine genau vorgeschriebene Folge von Bedienungsschritten erfordert, von der nicht abgewichen werden darf. Dies sind Situationen, in denen es besser und praktischer wäre, könnte man die Aufgabe in Ruhe vorformulieren, dann dem Computer zur Abarbeitung übergeben und sich ansonsten darauf beschränken, das automatisch ablaufende Geschehen zu überwachen.

SUBMIT-Grundfunktion

CP/M bietet eine solche Möglichkeit mit dem externen Befehl SUBMIT ("übergib"). Sie wird in drei Schritten genutzt:
- Die Aufgabe wird mit einem Editor (beispielsweise mit ED) formuliert und unter einem passenden Namen in einer Datei der Klasse SUB abgelegt.
- Die Ausführung leitet SUBMIT ein. Aufgerufen mit dem Namen der SUB-Datei erarbeitet er eine Datei $$$.SUB, welche die Befehle in einer für den Bedienungsprozessor passenden Form enthält.
- Die weitere Arbeit übernimmt CCP. Er untersucht bevor er seine Bereitschaft zur Befehlsübernahme meldet, ob auf der Diskette in Laufwerk A eine $$$.SUB-Datei vorliegt. Ist dies der Fall, liest er von dort einen Befehl, legt ihn in im Befehlspuffer ab, löscht ihn aus der Datei und arbeitet schließlich den Pufferinhalt ab. Dies wiederholt sich, bis $$$.SUB leer und aus dem Diskettenverzeichnis gelöscht ist, worauf CCP die weiteren Befehle wieder vom Benutzer anfordert.

Vorgaben in Aufgabendateien

In dieser Form taugt SUBMIT für bis in die letzte Einzelheit vorformulierte Arbeiten, nicht aber für Aufgaben, die mit geringen Änderungen immer gleich ablaufen, wie beispielsweise:

```
STAT <Datei> $R/W
ED <Datei>
STAT <Datei> $R/O
```

Mit diesem Dreizeiler, könnte man ihn als Aufgabendatei "EDIE-RE.SUB" formulieren, wäre die Arbeit mit schreibgeschützten sicherer geworden. Man braucht nur einen Weg, SUBMIT mitzuteilen, welche <Datei> von Fall zu Fall zu bearbeiten ist. Naheliegend ist, so etwas beim SUBMIT-Aufruf mit anzugeben, etwa so:

> SUBMIT EDIERE TEST.TXT

was SUBMIT veranlaßt, die Aufgabendatei EDIERE.SUB so zu behandeln, als sei dort der Dateiname TEST.TXT angegeben:

> STAT TEST.TXT $R/W
> ED TEST.TXT
> STAT TEST.TXT $R/O

Das Problem ist nur, wie man so etwas in der Aufgabe formulieren soll. Wir haben die Bezeichnung <Datei> als eine Art "Platzhalter" verwendet, die beim tatsächlichen Aufruf durch den in der Befehlszeile angegebenen Namen zu ersetzen wäre. Es ist üblich hier von "Parametern" zu sprechen, die beim Aufruf geeignet ersetzt werden; doch werden wir den etwas anschaulicheren Begriff "Vorgaben" verwenden.

Im Prinzip wäre es durchaus möglich, irgendwelche in spitze Klammern gefaßte Bezeichnungen anzugeben, wie wir das oben getan haben. Doch macht das Schwierigkeiten, sobald mehrere Vorgaben gemacht werden müssen. Betrachten wir z.B. folgenden Fall:

Wir wollen aus der Datei TEST.TXT mit Hilfe von ED einen Ausschnitt erstellen, der den Namen TEST1.XZP erhalten solle. Dabei darf weder die Originaldatei TEST.TXT noch eine etwa vorliegende Sicherungsdatei TEST.BAK verändert werden. Wir müssen vorher also einiges um- und nachher wieder zurückbenennen. Formulieren wir dazu eine Aufgabendatei "EXZERPT.SUB" (von "exzerpieren" — einen Auszug erstellen):

> REN XXXXXXXX=TEST.BAK
> ED TEST.TXT
> REN TEXT1.XZP=TEST.TXT
> REN TEST.TXT=TEST.BAK
> REN TEST.BAK=XXXXXXXX

Das rettet in der ersten Zeile die Sicherungsdatei, indem sie in "XXXXXXXX" umbenannt wird, bearbeitet dann den gewünschten Auszug mit ED. Hierbei entsteht der Auszug als Datei TEST.TXT und die alte Originaldatei als TEST.BAK. Diese werden in den folgenden Schritten dann so umbenannt, daß die gewünschte Situation

entsteht: Die Auszugsdatei TEST1.XZP und die unberührten Originale TEST.TXT und TEST.BAK.
   Um diese Aufgabe allgemeiner anwendbar zu machen, braucht man
mindestens zwei Vorgaben im Aufruf: Den Namen der Datei, aus der
ein Auszug zu erstellen ist und den Namen der Datei, in die der
Auszug kommen soll. Nur - wie stellt man jetzt sicher, daß diese
Befehlsvorgaben in der $$$.SUB-Datei an die richtigen Stellen
kommen.
   Es gibt verschiedene Möglichkeiten, so etwas in den Griff zu
bekommen. Bei SUBMIT hat man sich zu einer einfachen Numerierung
entschlossen:

SUBMIT-Vorgaben

Die Vereinbarung lautet so:

Sollen in einer SUB-Aufgabendatei bestimmte Befehlsteile
durch im Aufruf übermittelte Vorgaben ersetzt werden, dann
markiert man diese Stellen im Aufgabentext durch je ein
Dollarzeichen ($), dem unmittelbar die Nummer der betref-
fenden Vorgabe folgt. SUBMIT ersetzt beim Anlegen der
$$$.SUB-Datei die $-Marken im Aufgabentext durch die im
Befehl gegebene Vorgabe. Die Vorgaben sind im Befehl durch
mindestens ein Leerzeichen voneinander zu trennen und müssen in der Reihenfolge angegeben werden, die ihrer Numerierung im Aufgabentext entspricht.

Wichtig ist dabei, daß diese Vorgaben ohne weitere Verarbeitung
in den Aufgabentext eingefügt werden.
   Wichtig ist weiter, daß man im Aufruf alles vorgeben kann,
was kein Leerzeichen enthält, also beispielsweise auch vollständige Dateiangaben der Art "TEST1.XZP" oder Zahlen oder sonstige
Zeichen.
   Wegen der wörtlichen Ersetzung müssen wir unsere Aufgabe EX-
ZERPT.SUB mit drei Vorgaben $1, $2 und $3 formulieren, denn wir
brauchen jeweils getrennt: den Namen der Originaldatei, die
Klassenangabe der Originaldatei und schließlich einen vollständigen Dateinamen für den erarbeiteten Ausschnitt:

```
REN XXXXXXXX=$1.BAK
ED $1.$2
REN $3=$1.$2
REN $1.$2=$1.BAK
REN $1.BAK=XXXXXXXX
```

Der Aufruf

SUBMIT EXZERPT TEST TXT TEST1.XZP

ersetzt dann $1 durch TEST, $2 durch TXT und $3 durch TEST1.XZP
und ergibt genau die ursprüngliche Aufgabenstellung:

```
REN XXXXXXXX=TEST.BAK
ED TEST.TXT
REN TEXT1.XZP=TEST.TXT
REN TEST.TXT=TEST.BAK
REN TEST.BAK=XXXXXXXX
```

Und soll aus der Datei PROG.ASM von Laufwerk C die Datei AUS-
ZUG.LIB auf Laufwerk B erstellt werden, dann befiehlt man:

SUBMIT EXZERPT   C:PROG ASM   B:AUSZUG.LIB

(Hier haben wir zur Gliederung der Vorgaben mehrere Leerzeichen
eingesetzt.)

Wenn nun aber ein Dollarzeichen als Vorgabekennung dient, was
macht man dann mit Befehlen, die ein selbst solches Dollarzeichen benötigen? Wie gibt man beispielsweise folgenden Befehl an:

STAT *.COM $R/O

Es gibt hierzu eine "Standardmethode", die auch unter anderen
Bedingungen angewendet wird: Soll ein derartiges Sonderzeichen
selbst als Befehlszeichen eingesetzt werden, so wird es einfach
verdoppelt. In unserem Fall:

Soll in einer Aufgabendatei ein Dollarzeichen ($) in einem
Befehl unmittelbar verwendet werden, so muß es verdoppelt
werden: $$.

Der STAT-Befehl schreibt sich in der SUB-Aufgabendatei dann so:

STAT *.COM $$R/O

Ein doppeltes Dollarzeichen wird von SUBMIT immer auf ein ein-
ziges zurückgeführt. So kann man mit folgender Aufgabe alle $$$-
Zwischendateien löschen:

ERA *.$$$$$

Abbruch einer automatischen Abarbeitung

Der Bedienungsprozessor tippt einen aus der $$$.SUB-Datei über-
nommenen Befehl erst einmal auf der Konsolenausgabe aus. Un-
mittelbar danach prüft er, ob währenddessen eine Taste auf der
Bedienungstastatur gedrückt worden ist. Falls ja, dann bricht er
die Arbeit ab, löscht die Arbeitsdatei $$$.SUB und erwartet
seine weiteren Befehle wie üblich von der Konsole.
   Die Abarbeitung wird ebenfalls abgebrochen, wenn CCP einen in
der Arbeitsdatei vorgefundenen Befehl nicht versteht. Dazu wird
$$$.SUB gelöscht. Entsprechend verfährt PIP bei einem Fehler.
   STAT dagegen läßt die Arbeitsdatei auch bei einem Fehler auf
der Diskette, ebenso wie viele andere Programme. Das gilt auch
für CCP, wenn einer der eingebauten Befehle zwar erkannt, aber
nicht ausgeführt werden konnte. So wird beispielsweise die Abar-
beitung auch dann fortgesetzt, wenn die Umbenennung mit REN we-
gen Fehlens der Originaldatei nicht durchgeführt werden konnte -
ein in der Regel sinnvolles Verhalten.

Kommentare in Aufgabedateien

Der Bedienungsprozessor hat (jedenfalls in CP/M-Version 2.2) die
Eigenschaft, daß alle Befehlszeilen, die mit einem der nicht in
Dateinamen zugelassenen Sonderzeichen

$$< > . , ; : = ? * [ ] \_$$

beginnen, einfach ignoriert werden. Das gilt auch dann, wenn
diese Zeilen in einer Aufgabe auftauchen. So bewirkt

        STAT *.SUB
        :STAT *.COM
        STAT *.ASM

nach dem SUBMIT-Aufruf, daß zwar alle drei Befehlszeilen von CCP
auf der Konsole wiederholt werden, doch wird STAT nur in der
ersten und in der dritten Zeile aufgerufen.
   Dieses Verhalten kann man sich zunutze machen, um Kommentare,
Meldungen an den Benutzer und ähnliche nicht abzuarbeitende An-
gaben in eine Aufgabendatei mit aufzunehmen. So kann man bei-
spielsweise auch bestimmte Aktionen vom Benutzer verlangen:

        : LEGEN SIE JETZT DISKETTE NUMMER 015 IN LAUFWERK B EIN.
        : DRUECKEN SIE RETURN, WENN SIE FERTIG SIND.
        PIP

Der PIP-Befehl wirkt hier lediglich als vorübergehender Stopp im Programm: PIP wird geladen, meldet sich mit einem Stern und wartet auf eine Eingabe. Man kann in Ruhe die verlangte Aktion ausführen und dann durch ein RETURN einen Warmstart einleiten, der schließlich die Abarbeitung der Aufgabe fortsetzt.

Verkettung von Aufgabendateien

Es gibt Fälle, in denen es sich empfiehlt, den SUBMIT-Befehl von einer Aufgabendatei aus aufrufen zu lassen. Betrachten wir zum Beispiel die allgemeine EXZERPT-Aufgabe. In der Praxis kann der Fall eintreten, bei dem man häufig aus einer TXT-Datei einen Auszug erstellen muß, der denselben Namen wie die Originaldatei und die Klassenbezeichnung LIB tragen möge. Von den drei Vorgaben im EXZERPT-Aufruf

SUBMIT EXZERPT TEST TXT TEST.LIB

braucht man hier eigentlich nur noch den Dateinamen TEST. Warum also den Umstand machen? Legen wir doch einfach eine weitere Aufgabendatei namens AUSZUG.SUB an, die diese Arbeit erledigt:

SUBMIT AUSZUG TEST

Die Aufgabe in dieser Datei beschränkt sich auf die Zeile:

SUBMIT EXZERPT $1 TXT $1.LIB

Bedenken Sie dabei allerdings, wie SUBMIT arbeitet: Es legt eine Datei $$$.SUB an; eine etwa bereits vorhandene "$$$.SUB"-Datei wird gelöscht. Das heißt, man kann nicht von einer Aufgabe aus eine andere aufrufen und dann wieder zurückkehren. So schlägt z.B. folgender Versuch fehl:

SUBMIT EXZERPT $1 TXT $1.LIB
STAT $1.LIB $$R/O

Der STAT-Befehl in der zweiten Zeile wird nie erreicht, weil die "$$$.SUB"-Datei bereits in der ersten Zeile durch eine andere des gleichen Namens ersetzt wird.

Man kann von einer SUB-Aufgabendatei aus wiederum einen SUBMIT-Befehl geben. Dieser Befehl schließt jedoch die betrachtete Aufgabendatei ab.

Programme automatisch bedienen: XSUB

SUBMIT arbeitet nur auf CCP-Ebene, d.h. man kann lediglich Befehlsdateien aufrufen und abarbeiten lassen. Das reicht für viele Fälle aus. Manchmal jedoch ist es wünschenswert, einen Prozeß noch weiter so zu automatisieren, daß die aufgerufenen Programme durch die Aufgabendatei auch bedient werden können. Verdeutlichen wir das an unserem EXZERPT-Beispiel. Der Auszug wird hier mit ED geschaffen, indem man beispielsweise alle nicht benötigten Zeilen am Dateianfang löscht, dann die in den Auszug zu übernehmenden Zeilen in die Zwischendatei kopiert und den Rest wieder löscht. Für einen Auszug ab der 237. Zeile mit einer Länge von 50 Zeilen könnte das so aussehen:

```
*236MAK<CR>              (löscht die ersten 236 Zeilen)
*50MAW<CR>              (kopiert 50 Zeilen)
*10M#AB#K<CR>          (löscht den Rest des Originaltexts)
          (die "10" gewährleistet ein rechtzeitiges Ende)
*E<CR>                  (beendet die Arbeit)
```

Ab CP/M-Version 2.0 läßt sich auch so etwas mit dem Hilfsprogramm XSUB.COM ("extended SUBMIT functions" – erweiterte SUBMIT-Funktionen) automatisieren. XSUB arbeitet nur mit SUBMIT zusammen. Es wird von der Aufgabe geladen und schaltet sich zwischen BDOS-Teil und die Konsoleneingabe. Alle Konsoleneingaben, die ein Programm anfordert (genauer: alle Eingaben in einen Puffer) werden von XSUB abgefangen, das dem Programm anstelle der Tastatureingabe die nächste Zeile aus der Arbeitsdatei übergibt.
    Mit der Zahl der am Dateianfang zu löschenden Zeilen als vierter und der Zahl der auszuziehenden Zeilen als fünfter Vorgabe können wir die EXZERPT-Aufgabendatei wie folgt erweitern:

```
XSUB
REN XXXXXXXX=$1.BAK
ED $1.$2
$4MAK
$5MAW
10M#AB#K
E
REN $3=$1.$2
REN $1.$2=$1.BAK
REN $1.BAK=XXXXXXXX
```

Hier wird als erstes XSUB geladen und aktiviert. Dann wird eine eventuell vorhandene BAK-Sicherungsdatei gerettet und der Editor

ED aufgerufen. Bis dieser ausdrücklich (mit dem E-Befehl aus der siebten Zeile) verlassen wird, tritt XSUB in Aktion: Jedesmal wenn ED einen Befehl anfordert, überträgt es die nächstfolgende $$$.SUB-Zeile in den ED-Befehlspuffer, wo sie abgearbeitet wird. Der Rest macht dann wie gewohnt auf CCP-Ebene weiter.

Um einen 87-zeiligen Auszug AUSZUG.LIB aus der Datei TEST.TXT ab Zeile 194 zu erhalten, brauchen wir nur noch zu befehlen:

SUBMIT EXZERPT TEST TXT AUSZUG.LIB 193 87

Steuerzeichen in SUB-Aufgabendateien

Den Angaben der CP/M-Dokumentation nach könnte man im Prinzip Steuerzeichen in Aufgabendateien dadurch einfügen, daß man sie in der gewohnten Schreibweise "^X" angibt. Sie werden von SUBMIT aufgrund eines Programmfehlers jedoch (zumindest in CP/M-Version 2.2) nicht akzeptiert. SUBMIT meldet bei jedem Zeichen mit einem ASCII-Kodewert kleiner als 32:

Invalid Control Character in Line <n>
("Ungültiges Steuerzeichen in Zeile <n> vorgefunden")

und bricht dann die Übersetzung ab, ohne eine Arbeitsdatei $$$.SUB angelegt zu haben.

Dieser Fehler läßt sich relativ einfach beheben, wenn Sie ein Standardsystem besitzen. Man muß lediglich mit DDT den Wert eines Bytes im SUBMIT-Programm verändern:

```
A>DDT SUBMIT.COM
DDT VERS 2.2
NEXT   PC
0600 0100
-L441
   0441 SUI 61        (Subtrahiert den ASCII-Wert "a" vom Zeichen.)
   . . .
```

Hier steckt der Fehler: Man muß den Wert eines großen "A" (hexadezimal: 41) subtrahieren. Ändern Sie dazu den Wert in Speicherstelle 442 ab und speichern Sie die verbesserte Version:

```
-S442
0442 61 41
0443 32 .
-^C
A>SAVE 5 SUBMIT.COM
```

Allerdings können Sie auch dann nicht alle Steuerzeichen verwenden. Da der Text unmittelbar aus der Datei in den CCP-Befehlspuffer übertragen wird, werden alle die Steuerzeichen nicht ausgewertet, die sonst das BDOS erfaßt, insbesondere CONTROL-C und CONTROL-P. Steuerzeichen jedoch, die erst vom betreffenden Programm ausgewertet werden, lassen sich so übergeben, wie beispielsweise CONTROL-Z für PIP oder ED.

Zur Arbeitsweise von SUBMIT

Das Programm SUBMIT erhält vom Bedienungsprozessor CCP in einem Pufferbereich in der Grundseite alle dem SUBMIT-Aufruf beigesellten Argumente übergeben. Als erstes sucht es nach einer Datei mit dem Namen des ersten Befehlsarguments und der Klassenbezeichnung SUB. Diese wird dann von hinten Zeile um Zeile in eine $$$.SUB-Datei umgesetzt, wobei $1, $2, $3 usw. aus den übrigen Vorgaben der Befehlszeile ersetzt werden.

Jeder Zeile der SUB-Aufgabendatei entspricht eine 128-Byte-Aufzeichnung in der Arbeitsatei. Dabei kommt der letzte Befehl der Aufgabendatei in die erste Aufzeichnung, der vorletzte in die zweite Aufzeichnung usw. Der erste Befehl aus der SUB-Aufgabendatei schließlich steht als letzte Aufzeichnung in $$$.SUB.

Diese Umkehrung der Befehlsreihenfolge erleichtert dem Bedienungsprozessor CCP seine Arbeit. Es ist einfacher, eine Aufzeichnung aus der $$$.SUB-Datei zu löschen, wenn sie am Ende als wenn sie am Anfang steht.

(Falls Sie sich mit der BDOS-Arbeit bereits auskennen: CCP eröffnet die Datei, liest die letzte vorhandene Aufzeichnung, zählt die Aufzeichnungsanzahl in der zugehörigen Dateibeschreibung um Eins herunter und schließt dann die Datei mit der so verringerten Länge wieder. Das hat die gleiche Wirkung, wie wenn die Datei von vornherein eine Aufzeichnung weniger gehabt hätte: Der BDOS-Teil weiß nur noch von dieser Dateilänge und wird beim nächsten Eröffnen der Datei die vorhergehende Aufzeichnung als letzte melden.)

Besonderheiten:
- SUBMIT legt die $$$.SUB-Datei immer auf der Bezugsdiskette an, selbst wenn die SUB-Aufgabendatei von der Diskette in Laufwerk A genommen wurde.
  Andererseits arbeitet CCP nur solche $$$.SUB-Dateien ab, die in Laufwerk A vorliegen. Dieser Umstand läßt sich u.a. nutzen, um die richtige Übersetzung nachzuprüfen: Erklären Sie ein anderes als Laufwerk A zum Bezug und befehlen Sie SUBMIT mit allen notwendigen Vorgaben. Die zugehörige $$$.SUB-Datei wird

auf der neuen Bezugsdiskette erzeugt und kann mit DDT angesehen werden. Sie enthält folgendermaßen gegliederte Aufzeichnungen:
= 1. Byte: Länge des Befehls (n)
= 2. bis (n+1)-tes Byte: Befehlstext
= (n+2)-tes Byte: 00
  (falls nicht Aufzeichnungsende)
= alle folgenden Bytes dieser Aufzeichnung enthalten irgendwelche ungültigen Informationen.
- Die Umwandlung der SUB-Aufgabendatei in eine Arbeitsdatei
  $$$.SUB wird abgeschlossen, sobald SUBMIT (nach der Auswertung
  der Vorgaben) eine Leerzeile entdeckt. Die "$$$.SUB"-Datei
  enthält dann nur die Befehle vom Ende der Aufgabendatei bis zu
  dieser Leerzeile.
- Insbesondere: Schließt die Aufgabendatei mit einer Leerzeile
  ab, dann wird überhaupt keine Arbeitsdatei $$$.SUB aufgebaut!
- Werden im Aufruf weniger Vorgaben angegeben, als in der Aufga-
  bendatei gefordert sind, dann werden die überzähligen $-Anga-
  ben bei der Übersetzung ohne weitere Meldung entfernt.
- Werden dagegen mehr Vorgaben angegeben, dann werden die über-
  zähligen Werte einfach unberücksichtigt gelassen.
- Da die Vorgabe rein textlich ersetzt werden, kann man auch
  Befehle als Vorgabe in Aufgaben mit angeben. D.h. die Zeile

$1

ist in SUBMIT voll zugelassen. Dies ist für komplizierte An-
wendungen manchmal hilfreich.
- Entsprechend kann man auch Teile von Namen in der Aufgabenda-
  tei mit Vorgaben verändern, so ergibt z.B.

STAT $1LIB.* $$R/O

für den Aufrufswert FOR den Befehl:

STAT FORLIB.* $R/O

und für die Angabe PLI als erster Vorgabe:

STAT PLILIB.* $$R/O

Zur XSUB-Arbeit

Wird XSUB angefordert, dann wird es - sofern es nicht bereits
aktiv ist - zunächst normal geladen und dann an das Ende des

Arbeitsbereichs verschoben. Dort fängt es alle Befehle an das BDOS ab, untersucht sie und ersetzt alle Tastatureingaben in einen (jeweils vom aufrufenden Programm bereitgestellten) Puffer durch die jeweils nächste Zeile der Arbeitsdatei $$$.SUB. Auch diese Texte werden von CCP an die Konsole gemeldet, wo man wie üblich die Arbeit abbrechen kann.

Ist XSUB bereits aktiv, dann antwortet es auf eine erneute Aufforderung mit dem Hinweis:

Xsub Already Present

Bei jedem Warmstart, bei dem noch eine derartige Arbeitsdatei vorliegt, bleibt XSUB aktiv und meldet das durch

(xsub active)

in der Zeile vor der CCP-Bereitschaftsmeldung. XSUB wird (ab CP/M-Version 2.2) erst dann entfernt, wenn ein Warmstart ohne Vorliegen einer "$$$.SUB"-Datei ausgeführt wird.

Es empfiehlt sich hierauf zu achten, da XSUB auch dann aktiv bleibt, wenn die Aufgabe ohne automatischen Warmstart endet. Folgt nämlich ein Befehl, der von der gepufferten Eingabe Gebrauch macht, dann greift XSUB jedesmal zunächst auf Laufwerk A zu und gibt erst nachdem es sich überzeugt hat, daß kein $$$.SUB vorliegt, die Eingabe über die Tastatur frei.

SUBMIT-Fehlermeldungen

SUBMIT erkennt bei der Auswertung einer SUB-Aufgabendatei außer den oben angemerkten Fällen noch folgende Fehler:

==> Die verlangte SUB-Datei liegt nicht vor.

Meldung: Error On Line 001 No 'SUB' File Present

Abhilfe: Wenn sich die SUB-Datei auf einer anderen Diskette befindet: Geben Sie das Laufwerk mit im Aufruf an. Andernfalls korrigieren Sie den Befehl.

==> Die Befehlszeile umfaßt (nach Auswertung der Vorgabe) mehr als 128 Zeichen.

Meldung: Error On Line <n> Command Too Long

Abhilfe: Vereinfachen Sie den Befehl.

==> Die Diskette ist so voll, daß die Arbeitsdatei $$$.SUB keinen Platz mehr findet.

Meldung: Disk Write Error

Abhilfe: Löschen Sie überflüssige Dateien oder versuchen Sie es mit einer anderen Diskette in Laufwerk A.

==> Das Verzeichnis auf der Diskette in Laufwerk A ist voll.

Meldung: Directory Full

Abhilfe: Wie oben.

Zwei abschließende Hinweise

Erstens:
   SUBMIT-Operationen laufen wegen des für jeden Befehl notwendigen Diskettenzugriffs relativ langsam ab. Dennoch empfiehlt es sich, von dieser Gelegenheit immer dann Gebrauch zu machen, wenn
- die Arbeiten in gleicher oder ähnlicher Weise wiederholt werden sollen und wenn
- die Arbeit umfangreich und so komplex ist, daß Konzentrationsfehler zu befürchten sind.

Zweitens:
   "SUBMIT" ist, muß man es oft angeben, eklig viel Tipperei. Es ist besser die Befehlsdatei in etwas Kurzes umzubenennen. "DO" (d.h. "mach", "führe aus") tut hier - insbesondere wenn Sie ein wenig Englisch gewöhnt sind - gute Dienste, und vor allem ist es erfreulich kurz. (Prüfen Sie dann aber bei der Übernahme fremder Programme, ob dort nicht vielleicht ein "SUBMIT" ausdrücklich aufgerufen wird!)

```
****************************************************************
*                                                              *
*                     Dritter Teil                             *
*                                                              *
*              CP/M FÜR FORTGESCHRITTENE                        *
*                                                              *
****************************************************************
```

KAPITEL 12

ETWAS ÜBER DEN 8080-PROZESSOR

Zum Verständnis der nachfolgenden Kapitel ist eine Grundvorstellung nötig, wie ein Mikrocomputer auf Basis des 8080-Prozessors seine Arbeit verrichtet, wie ein Programm aussieht und welche Begriffe in diesem Zusammenhang wichtig sind. Dies wollen wir uns hier erarbeiten. Dabei werden im wesentlichen nur Softwarefragen behandelt, Hardwarebesonderheiten des Prozessors oder des Mikrocomputersystems werden bestenfalls gestreift (dazu gehören auch Spezialitäten wie beispielsweise die Unterbrechungshandhabung). Des weiteren beschränken wir uns im Einklang mit der CP/M-Dokumentation auf den 8080-Prozessor und lassen die Z80-Erweiterungen außer Betracht.

Diese Einführung soll und kann nicht das gründliche Studium der Besonderheiten des jeweiligen Mikroprozessors, der Programmierung, des Umgangs mit dem System als Ganzem ersetzen. Sie soll ein Vorstellungsgerüst zum Verständnis entwickeln - nicht mehr (aber auch nicht weniger).

Wenn Sie mit der Grundstruktur von 8080-Programmen bereits vertraut sind, können Sie dieses Kapitel überschlagen und gleich mit Kapitel 13 weitermachen.

Die Grundaufgaben eines Mikroprozessors

Ein Mikroprozessor ist der eigentlich aktive Kern des Mikrocomputers. Er ist es, der die Daten verknüpft, der (letztlich) eingegebene Werte übernimmt und berechnete Werte ausgibt. Er verwaltet den Speicher, er bestimmt welche Information wo zu stehen

209

kommt und was wie womit verknüpft ist. Und er legt fest, was
welche Peripherieeinheit wann tun soll. Kurz, er ist die Seele
des Geschäfts.

Nur - von selbst macht er das nicht. Er braucht ausführliche
Befehle dazu, und er braucht diese Befehle in einer geordneten
Folge: Er braucht ein Programm. Ein solches Programm wiederum
ist in bestimmten binären Werten verschlüsselt, ist eine Folge
von Bytes, die irgendwo im Speicher untergebracht sind.

Dieses Programm wird vom Prozessor in einigen wenigen Grund-
schritten abgearbeitet:
- Ein Befehlsbyte wird in den Prozessor geholt.
- Das Byte wird so dekodiert, daß der Befehl vom Prozessor aus-
geführt werden kann.
- Die daraus ermittelte Aufgabe wird der Konstruktion des Pro-
zessors gemäß ausgeführt.
- Das nächste Befehlsbyte wird in den Prozessor geholt.

Befehlsübernahme, Befehlsentschlüsselung, Befehlsausführung: In
dieser Art und Weise arbeiten alle modernen Mikroprozessoren.

Der Unterschied zwischen verschiedenen Prozessoren liegt (für
den uns hier interessierenden Bereich) in erster Linie in Art
und Anzahl der ausführbaren Befehle. Doch gibt es so etwas wie
einen typischen Befehlssatz, der vier Hauptgruppen umfaßt:
- Befehle zur Übertragung von Daten von einer Stelle im Computersystem zu einer anderen,
- Befehle zur Verknüpfung von Daten (die eigentliche Rechen- und
Kombinationsarbeit),
- Befehle zur Veränderung des Abarbeitungsflusses (wenn der
nächste abzuarbeitende Befehl dem gerade behandelten nicht unmittelbar im Speicher folgt) und schließlich
- Befehle für sonstige, meist prozessorspezifische Arbeiten.

Diese Befehle sind so ziemlich das einzige, was der Mikroprozessor von vornherein "weiß". Sie sind bei seiner Konstruktion
festgelegt worden und in aller Regel nicht veränderbar.

Der Programmzähler

Im Prozessor wird ausdrücklich Buch darüber geführt, welcher Befehl gerade bearbeitet wird und welcher als nächster an der
Reihe ist. Dazu enthält der Prozessor einen kleinen Speicher,
ein sogenanntes "Register" zur Aufnahme der in Frage kommenden
Speicheradresse. Dieses Register wird "Programmzähler" genannt
und faßt bei 8080-Prozessoren 16 Bits. D.h. man kann damit Adressen zwischen 0 und 65535 festhalten oder, anders ausgedrückt,
einen Speicher von 64 KBytes Tiefe "adressieren". Dieser Programmzähler steuert die Prozessorarbeit folgendermaßen:

- Der Prozessor übergibt in einer geeigneten Form die im Programmzähler festgehaltene Adresse an den Arbeitsspeicher.
- Der Speicher wiederum aktiviert diese eine Stelle und stellt sie - da der Prozessor dies im betrachteten Fall so angefordert hat - zum Lesen bereit.
- Ist dies geschehen, kopiert der Prozessor ihren Inhalt in ein prozessorinternes "Befehlsregister".
- Daran anschließend wird die Speicheradresse "zurückgezogen", was den Speicher für andere Zugriffe freimacht.
- Schließlich wird der Inhalt des Programmzählers um Eins weitergesetzt, wodurch er auf die nächste Speicherstelle im Programm zeigt.

Das beendet die Befehlsübernahme. Im Befohlsregister steht der Kodewert des jetzt auszuführenden Schritts, und der Programmzähler bezeichnet das darauffolgende Programmbyte.

Das Wichtige daran ist, daß der Programmzähler automatisch Schritt für Schritt im Program weitergestellt wird. Dies ist die eigentliche "Buchführung" darüber, wo sich der Prozessor gerade bei der Programmabarbeitung befindet.

Die Prozessorregister

Wir haben damit zwei Prozessorregister kennengelernt: den Programmzähler und das Befehlsregister. Von ihnen bemerkt man das Befehlsregister im Zuge des Programmierens allerdings überhaupt nicht - es hat lediglich eine rein technische Aufgabe. Auch der Programmzähler wird nur für besondere Zwecke ausdrücklich im Programm gebraucht, worauf wir weiter unten noch einmal eingehen werden. Normalerweise ist auch er nicht unmittelbar zugänglich.

Doch gibt es bei der hier betrachteten Gruppe von Mikroprozessoren auch andere Prozessorregister, Speicherstellen im Prozessor, die ausdrücklich in ein Programm einbezogen werden müssen. Dies liegt zum großen Teil daran, wie ein solcher Prozessor seine Arbeit ausführt.

Die eigentliche Arbeit, das Verknüpfen der verschiedenen Werte, geschieht im Prozessor selbst in einer besonderen Recheneinheit, die nach ihrer englischen Bezeichnung "arithmetic/logical unit" zumeist ALU genannt wird. Diese ALU nun übernimmt einen oder zwei Werte (die Operanden), führt irgendeine Rechen-, Vergleichs- oder sonstige Operation damit aus und stellt das Ergebnis zur weiteren Verarbeitung bereit.

Woher kommen nun die Operanden und wo soll das Ergebnis festgehalten werden? Ganz allgemein gesehen könnte die ALU den ersten Operanden von Speicherstelle X holen, den zweiten von Speicherstelle Y und das Ergebnis in Speicherstelle Z ablegen.

Doch Speicherzugriffe kosten Zeit: Die Adresse muß ausgegeben werden, der Speicher muß die betreffende Stelle aktivieren und schließlich ist der Wert zwischen Prozessor und Speicher zu übertragen. Alles das geht zwar recht schnell vor sich, wenn es aber immer wieder zu geschehen hat, merkt man das durchaus. Wichtiger noch ist die Komplexität, die eine solche Lösung erfordert: Bei jeder Verknüpfung müssen drei Speicheradressen bereitgehalten, drei Werte sind bis zum endgültigen Abschluß des Befehls zwischenzuspeichern, dreimal ist zu entscheiden: Was kommt woher? Was geht wohin? Das erfordert einigen Zusatzaufwand nicht nur im Prozessor, sondern auch im Programm, in dem bei jedem derartigen Befehl drei Adressen anzugeben sind, dreimal 16 Bits, 6 Bytes insgesamt - wertvoller Platz, der nur beschränkt verfügbar ist.

Also muß man es sich einfacher machen. Dem kommt eine Beobachtung tatsächlicher Programmarbeiten entgegen: Viele Verknüpfungen werden verkettet abgearbeitet, d.h. eine Operation beruht auf dem Ergebnis der vorangegangenen. Und: Die meisten Aufgaben benötigen normalerweise nur wenige Operanden und Zwischenergebnisse zur Ausführung.

So läßt sich die Komplexität des Prozessors stark verringern, wenn man ein paar Hilfsmittel einführt:

- Die ALU übernimmt einen der Operanden prinzipiell von einem fest vorgegebenen Prozessorregister und legt das Ergebnis der Rechnung in eben diesem Register wieder ab. Das führt beispielsweise bei wiederholter Addition zum "Aufsammeln" der Ergebnisse in diesem Register, weshalb man es als "Akkumulator" bezeichnet.
- Stellt man dann noch eine kleine Anzahl von Registern im Prozessor selbst bereit, so lassen sich die wichtigsten Operanden und Zwischenergebnisse im Prozessor selbst führen. Man muß nur noch für die Gesamtergebnisse oder für Sonderaufgaben auf den Speicher zugreifen.

Befehle zur Übertragung von Daten

Irgendwann jedoch müssen die Operanden bereitgestellt werden, muß das Gesamtergebnis aus dem Prozessor sicher im Speicher abgelegt oder an eine Peripherieeinheit (beispielsweise zur Anzeige) übertragen werden. Auch muß häufig ein Zwischenergebnis vom Akkumulator in eines der anderen Arbeitsregister im Prozessor ausgelagert und ein anderer Wert für die weitere Rechnung in den Akkumulator eingeschrieben werden. So kommen wir zu den folgenden Datenübertragungsaufgaben, die ein Programm wahrnehmen muß (der Akkumulator wird als (Arbeits-)Register verstanden):

- Kopieren des Werts von einem Register in ein anderes,
- Kopieren des Werts einer Speicherstelle in ein Register,
- Kopieren des Werts eines Registers in eine Speicherstelle,
- Ausgeben des Werts eines Registers an eine Peripherieeinheit,
- Übernahme eines Werts von einer Peripherieeinheit in ein Register.

Befehle zur Datenverknüpfung

Die solcherart bereitgestellten Werte können im wesentlichen auf viererlei Art und Weise bearbeitet werden, die man gemeinhin als
- arithmetische,
- Schiebe-,
- logische (bitorientierte) und
- Vergleichs-
Operationen bezeichnet.

- Arithmetische Operationen

Arithmetisch nennt man alle die Rechenoperationen, mit denen ein Zahlenwert verändert oder ermittelt wird. Sie umfassen:
- Inkrementieren eines Werts (d.h. Weiterzählen um Eins),
- Dekrementieren eines Werts (d.h. Herunterzählen um Eins),
- Addieren zweier Werte (mit und ohne Übertrag aus einer vorangegangenen Rechnung)
- Subtrahieren eines Werts vom Akkumulatorinhalt (auch hier wieder mit oder ohne Übertrag möglich)
Mehr steht hier nicht zur Verfügung, insbesondere gibt es bei den hier in Frage kommenden Mikroprozessoren keine Befehle zur Multiplikation oder Division von Zahlen. Diese Aufgaben müssen mit Programmen nachgebildet werden.

- Schiebeoperationen

Derartige Multiplikations- und Divisionsprogramme lassen sich mit Hilfe von Schiebeoperationen vereinfachen. Hier wird der Inhalt eines Registers um eine Bitstelle nach links (zum höherwertigen Teil hin) oder nach rechts (zum niederwertigen Teil hin) verschoben. Das wirkt wie eine Kommaverschiebung: Verschieben des Registerinhalts um ein Bit nach links entspricht der Multiplikation mit Zwei und die Verschieben um ein Bit nach rechts der Division durch Zwei.
Weiter erhält man mit dem jeweils herausgeschobenen Bit eine für viele Arbeiten wesentliche Information, weshalb sein Wert in einem besonderen "Auffangregister" gespeichert wird. Der Inhalt

dieses Registers kann später daraufhin untersucht werden, ob es sich um eine Null oder eine Eins handelt. Bei den Prozessoren der 8080-Klasse ist dieses Auffangregister identisch mit demjenigen, das bei Additionen oder Subtraktionen den Übertrag aufnimmt.

Auf der anderen Seite, bei der freiwerdenden Stelle, sind dagegen mehrere Möglichkeiten denkbar:
- Es wird mit einem konstanten Wert (normalerweise einer Null) aufgefüllt (sogenannte "logische" Verschiebung).
- Der ursprüngliche Wert bleibt erhalten. Das ist vor allem beim Verschieben nach rechts von Bedeutung, da das höchstwertige Bit bei Zahlenwerten oft als Vorzeichen angesehen wird. Benutzt man die Verschiebeoperation beispielsweise, um die Zahl durch Zwei zu dividieren, dann bleibt auf diese Weise das Vorzeichen der Zahl erhalten. Man spricht deshalb hier von einer "arithmetischen" Verschiebeoperation.
- Weiter kann man in den freiwerdenden Platz den Wert des herausgeschobenen Bits übertragen. Das bewirkt dann eine Rotation des Bytes um eine Bitstelle nach links oder nach rechts.
- Schließlich und endlich ist es noch möglich, die freiwerdende Stelle mit dem Wert aufzufüllen, den das Auffangregister vor der Schiebeoperation hatte. Da das Auffangregister den Wert des herausgeschobenen Bits aufnimmt, bewirkt dies die Rotation eines neun- statt wie oben eines achtstelligen Worts, eine Tatsache, die sich oft sinnvoll nutzen läßt.

Diese Operationen werden allerdings in der betrachteten Prozessorklasse nur vom Z80-Modell im vollen Umfang geboten. Der 8080-Prozessor beherrscht wie sein unmittelbarer Nachfolger 8085 lediglich die beiden letzten Aufgaben: Rotation mit acht und Rotation mit neun Stellen. Die übrigen Schiebeoperationen lassen sich jedoch mit Hilfe logischer Operationen nachbilden.

-- Logische Operationen (bitorientierte Operationen)

Um im 8080-Prozessor ein Byte beispielsweise um eine Stelle (logisch) nach links zu schieben, kann man den Wert zunächst einmal um eine Stelle nach links rotieren lassen. Dann, im nächsten Schritt muß das ganz rechts stehende Bit gelöscht, auf Null gesetzt werden.

Das kann mit Hilfe sogenannter logischer Operationen geschehen. Man nutzt hier drei, jeweils mit zwei Operanden arbeitende Grundoperationen der formalen Logik UND, ODER und EXKLUSIV-ODER.

Der Gedankengang ist, kurz gesprochen, folgender: Jeder der beiden Operanden besitzt einen "Wahrheitswert", er kann WAHR oder FALSCH sein. Wenn nun der erste UND der zweite Operand WAHR

sind, dann (und nur dann) ist auch das Ergebnis WAHR. Etwas WAH-
Res UND etwas FALSCHes dagegen oder gar zwei FALSCHe Operanden
müssen UND-verknüpft immer den Wahrheitswert FALSCH ergeben.
Formal läßt sich das in folgender "Wahrheitstabelle" festhalten:

Operand 1	Operand 2	Op.1 UND Op.2
WAHR	WAHR	WAHR
WAHR	FALSCH	FALSCH
FALSCH	WAHR	FALSCH
FALSCH	FALSCH	FALSCH

Demgegenüber ist die ODER-Verknüpfung zweier Operanden immer
dann WAHR, wenn mindestens einer der Operanden WAHR ist. Oder
anders herum gesehen: Die ODER-Verknüpfung ist genau dann
FALSCH, wenn beide Operanden FALSCH sind. Formal sieht das so
aus:

Operand 1	Operand 2	Op.1 ODER Op.2
WAHR	WAHR	WAHR
WAHR	FALSCH	WAHR
FALSCH	WAHR	WAHR
FALSCH	FALSCH	FALSCH

Hier handelt es sich um eine Form des "nicht ausschließenden"
ODERs. Mitunter braucht man aber auch ein echtes "Entweder -
Oder", das also den Fall ausschließt, daß beide Operanden zu-
gleich WAHR sind. Diese EXKLUSIV-ODER-Verknüpfung ist nur dann
WAHR wenn einer (und nur einer) der beiden Operanden WAHR ist:

Operand 1	Operand 2	Op.1 X-ODER Op.2
WAHR	WAHR	FALSCH
WAHR	FALSCH	WAHR
FALSCH	WAHR	WAHR
FALSCH	FALSCH	FALSCH

Soweit die Theorie. In der Praxis wendet man das (in unserem
Zusammenhang) an, indem man für WAHR den Bitwert 1 und für
FALSCH den Bitwert 0 annimmt. Stellt man sich damit die Bezie-
hungen zusammen, dann ergibt sich:

	UND				ODER				X-ODER			
Operand 1	1	1	0	0	1	1	0	0	1	1	0	0
Operand 2	1	0	1	0	1	0	1	0	1	0	1	0
Ergebnis	1	0	0	0	1	1	1	0	0	1	1	0

Betrachtet man das genauer, dann ergeben sich einige interessante Eigenschaften. Nehmen wir an, der Wert von Operand 1 solle mit Hilfe des zweiten Operanden (der sogenannten "Maske") verändert werden. Verknüpft man nun die beiden Bytes, Register und Maske, nach diesen logischen Regeln Bit für Bit, dann erhält man folgende Gesetzmäßigkeiten:

UND   Überall, wo in der Maske eine 0 steht, besitzt auch das Ergebnis eine 0. Alle anderen Bits bleiben unverändert.

ODER   Überall, wo in der Maske eine 1 steht, besitzt auch das Ergebnis eine 1. Alle anderen Bits bleiben unverändert.

X-ODER   Überall, wo in der Maske eine 1 steht, erhält das Ergebnis den umgekehrten Wert des betreffenden Registerbits: 0 wird zu 1, und 1 wird zu 0. Alle übrigen Bits bleiben unverändert.

Somit eignet sich die logische UND-Verknüpfung dazu, beliebige Bits eines Registers auf 0 zu setzen, ohne den Inhalt der übrigen Bits zu berühren. Mit Hilfe der ODER-Verknüpfung lassen sich beliebige Bits entsprechend auf den Wert 1 setzen. Und das ausschließende EXKLUSIV-ODER ermöglicht es, ganz gezielt einzelne Bitwerte umzuschalten.

Diese logischen Operationen werden von einer weiteren begleitet, die nur einen Operanden kennt: der Komplementbildung oder logischen Negation. Sie wirkt auf das gesamte Byte und kehrt den Wert eines jeden Bits um.

Zwei Besonderheiten seien noch festgehalten, da sie in Programmen häufig auftreten:

- Verknüpft man einen Wert durch UND bzw. ODER mit sich selbst, dann bleibt er voll erhalten.
- Verknüpft man dagegen einen Wert durch EXKLUSIV-ODER mit sich selbst, dann wird er gelöscht: Das Ergebnis enthält lauter Nullen.

Die letztere Eigenschaft hat in 8080-Programmen besondere Bedeutung, da sich mit ihr der Akkumulatorinhalt ohne viel Aufwand löschen läßt. Die erste Eigenschaft dagegen wird oft zum Test des Werts eines Bytes herangezogen und ergänzt so die vierte Gruppe, die Vergleichsoperationen.

- Vergleichsoperationen

Die wenigsten Programme werden in einem ununterbrochenen Zug von Anfang bis Ende durchgearbeitet. In aller Regel gibt es Stellen im Programm, an denen man unter mehreren Möglichkeiten entscheiden muß, beispielsweise: "Wenn A kleiner als B ist, dann führe folgendes aus." Oder "Wenn der Zähler noch nicht Null erreicht hat, dann wiederhole die letzte Befehlsfolge."

Derartige Bedingungen werden zum Teil automatisch bei jedem
Befehl ermittelt, wie im letzen Beispiel der Zählerstand nach
dem Herunterzählen um Eins. Andere, wie im ersten Beispiel, muß
man ausdrücklich testen. Dazu besitzen die Prozessoren der 8080-
Klasse eine Art universeller Vergleichsoperation.
Der Vorgang ist relativ einfach: Man vergleicht den Akkumulatorinhalt durch Subtrahieren mit dem Wert eines anderen Bytes.
Ist das Ergebnis Null, dann sind beide Bytewerte gleich groß.
Ist dagegen das subtrahierte Byte größer als der Wert im Akkumulator, dann fordert der Prozessor einen Übertrag an, was wiederum die Beziehung "Akkumulatorinhalt kleiner als Vergleichswert"
anzeigt. Man braucht nur noch einen Weg, diese Ergebnisse festzuhalten.

Flaggen

Bei vielen Verarbeitungsbefehlen wird das Ergebnis beim 8080-
Prozessor automatisch auf bestimmte Bedingungen hin untersucht:
- Hat das Ergebnis den Wert Null?
- Ist das Ergebnis negativ (eine 1 im höchstwertigen Bit)?
- Ist ein Übertrag entstanden (bzw. mußte bei der Subtraktion
  ein Bit von der nächsthöheren Stelle ausgeborgt werden)?
- Ist die Anzahl der 1-Bits im Byte gerade (sogenannte "gerade
  Parität")?
Die Ergebnisse werden in besonderen Einbitspeichern, den soge-
nannten "Flaggen" festgehalten, beim 8080-Prozessor z.B.:
- Nullflagge: 1 - Das letzte Ergebnis hatte den Wert Null.
                     0 - Das letzte Ergebnis war ungleich Null.
- Minusflagge: 1 - Das letzte Ergebnis war negativ.
                     0 - Das letzte Ergebnis war positiv.
- Übertragsflagge: 1 - Das letzte Ergebnis erbrachte einen Über-
                         trag, oder es mußte dafür etwas geborgt
                         werden, oder das herausgeschobene Bit
                         hatte den Wert 1.
                     0 - Das letzte Ergebnis erbrachte weder einen
                         Übertrag, noch mußte etwas geborgt wer-
                         den; oder das herausgeschobene Bit hatte
                         den Wert 0.
- Paritätsflagge: 1 - Das letzte Ergebnis hatte eine gerade An-
                         zahl von Bits mit dem Wert 1 (besaß gera-
                         de Parität).
                     0 - Das letzte Ergebnis hatte eine ungerade
                         Anzahl von Bits mit dem Wert 1 (besaß un-
                         gerade Parität).

Befehle zur Veränderung des Abarbeitungsflusses

Der Sinn solcher Flaggen liegt darin, den Abarbeitungsfluß nach folgendem Prinzip von Bedingungen abhängig zu machen:
- Wenn Flagge X gesetzt (bzw. gelöscht) ist, dann springe zu Adresse Y und arbeite dort weiter. Andernfalls fahre wie gewohnt im Programm fort.

Für diesen Zweck verfügen die Prozessoren der 8080-Klasse über drei verschiedene Befehlsarten:
- bedingte Sprünge
- bedingte Unterprogrammaufrufe
- bedingte Rücksprünge aus dem Unterprogramm

Sie werden ergänzt um jeweils einen unbedingten, d.h. immer ausgeführten Befehl dieser Art.

- Sprünge

Die einfachste Methode den Abarbeitungsfluß zu ändern ist der Sprung zu einer anderen Speicherstelle. Man veranlaßt den Prozessor, die nächsten Befehle nicht von der Stelle zu holen, die im Programm auf den gerade bearbeiteten Befehl folgt, sondern vom "Sprungziel". Zu diesem Zweck muß der Inhalt des Programmzählers geändert werden, wozu es in 8080-Prozessoren zwei Möglichkeiten gibt:
- Das Sprungziel ist ausdrücklich im Sprungbefehl angegeben. Dies ist der häufigste Fall. Dem Befehlsbyte folgt hier eine 16-Bit-Adresse, die den alten Programmzählerinhalt ersetzt.
- Das Sprungziel ist in einem 16-Bit-Register im Prozessor enthalten.

Diese Methode gestattet es, Sprünge erst im Verlauf der Programmausführung zu berechnen: Wenn der Prozessor den Befehl entschlüsselt hat, kopiert er den betreffenden Registerinhalt in den Programmzähler.

Die zweite Art des Sprungbefehls ist bei Prozessoren der 8080-Klasse im übrigen nicht bedingt. Es wird auf alle Fälle gesprungen, wenn der betreffende Befehl im Programm auftaucht. Die andere Form kann unbedingt oder bedingt ausgeführt werden. Dabei sind acht verschiedene Bedingungen möglich, abhängig vom Zustand der im Befehl angegebenen Bedingungsflaggen. Vier von ihnen bewirken den Sprung, wenn die betreffende Flagge gesetzt ist, bei den anderen vier springt der Prozessor, wenn die Flagge gelöscht (d.h. nicht gesetzt) ist.

Das Ergebnis ist in beiden Fällen dasselbe: Der Programmzähler enthält eine neue Speicheradresse, von der er den nächsten Befehl übernimmt. Und sonst gibt es keinen Unterschied zur nor-

malen Programmabarbeitung. Der Prozessor fährt fort, einen Befehl nach dem anderen zu übernehmen, bis er irgendwo auf einen
neuen Befehl zur Umleitung des Abarbeitungsflusses stößt.

- Unterprogramme

Diese Methode hat ihre Grenzen, wenn Unterprogramme abgearbeitet
werden sollen. Sie erinnern sich: Ein Unterprogramm ist so etwas
wie ein Superbefehl, ein selbständiger Programmabschnitt, der
mit einem Befehl aufgerufen wird und nach Abschluß der Abarbeitung zur Aufrufsstelle so zurückkehrt, als sei der Aufrufbefehl
irgendein normaler Prozessorbefehl gewesen.
    Ein einfacher Sprung zu dem betreffenden Programmabschnitt
taugt offensichtlich nicht, denn es gibt keine Möglichkeit (automatisch) zur Aufrufstelle zurückzukehren. Man braucht einen
erweiterten Befehl, der bewirkt, daß sich der Prozessor die gegenwärtige Stelle im Programm merkt und nach Abarbeiten des Unterprogramms wieder dorthin zurückkehrt. Im Einzelnen:
- Der Prozessor übernimmt aus dem Programm einen Unterprogrammaufruf - im Prinzip einen Sprungbefehl mit nachfolgender 16-
  Bit-Adresse, die den Anfang dieses Programmstücks bezeichnet.
- Der Befehl wird dekodiert und die Zieladresse aus dem Programm
  in das Hilfsregister im Prozessor übernommen.
- An dieser Stelle zeigt der Programmzähler, der ja nach jeder
  Byteübernahme um Eins weitergesetzt worden ist, auf das dem
  Sprungbefehl im Programm folgende Byte, bei dem es sich in der
  Regel um den Befehl handelt, der nach Rückkehr aus dem Unter-
  programm als nächster abgearbeitet werden soll. Hierher muß
  der Prozessor zurückkehren, wenn er das Unterprogramm abgear-
  beitet hat.
- Anstatt den Programmzählerinhalt wie bei einem einfachen
  Sprung ohne weiteres zu ersetzen, "merkt" sich der Prozessor
  jetzt diesen Wert - er legt ihn an einer geeigneten Stelle im
  Speicher ab.
- Dann wird wie üblich gesprungen: Der Programmzählerinhalt wird
  durch den Wert im Hilfsregister ersetzt, die Abarbeitung fährt
  mit dem ersten Befehl des Unterprogramms fort.
- An irgendeiner Stelle ist das Unterprogramm zu Ende. Der Prozessor muß jetzt dahin zurückkehren, woher der Aufruf kam. Zu
  diesem Zweck gibt es einen besonderen Befehl, der nichts weiter besagt als: "Springe zum aufrufenden Programm zurück!".
- Hat der Prozessor diesen Rücksprungbefehl übernommen und dekodiert, dann holt er sich die beim Aufruf gemerkte Adresse aus
  dem Speicher zunächst das Hilfsregister (denn es handelt sich
  um 16 Bits, d.h. um zwei einzeln zu übernehmende Bytes).

219

- Liegt die Rücksprungadresse vollständig vor, so wird sie aus dem Hilfsregister in den Programmzähler übertragen: Der Prozessor ist an die Stelle zurückgesprungen, an der er weitergemacht hätte, wäre das Unterprogramm nicht aufgerufen worden. Ab da wird das Programm wie üblich abgearbeitet.
Dieser Unterprogrammechanismus fordert also ein Befehlspaar: den Unterprogrammaufruf im Haupt- und den Unterprogrammrücksprung im Unterprogramm. Beide Befehle können in Programmen für Prozessoren der 8080-Klasse unbedingt oder bedingt verwendet werden, wobei dieselben Bedingungen ausgewertet werden, die bei normalen bedingten Sprüngen gelten: vier Möglichkeiten, wenn eine der Flaggen gesetzt ist und vier Möglichkeiten, wenn eine der Flaggen gelöscht ist.

Der Stapelspeicher

Das wäre relativ problemlos, würde man immer nur ein Unterprogramm aufrufen und dann ohne weitere Unterprogramme zu benutzen zum Hauptprogramm zurückkehren. In diesem Fall bräuchte man für die Adresse eine einzige passende 16-Bit-Speicherstelle, die möglicherweise als Prozessorregister ausgelegt wäre, und fertig.

Leider ruft in der Regel ein Unterprogramm ein weiteres auf, dieses ein drittes usw. Wie hält man es da mit den Rücksprungadressen?

Nehmen wir an, Programm 1 würde Programm 2 aufrufen, dieses bräuchte Programm 3 und dieses wiederum Programm 4. Dann müßte der Arbeitsfluß etwa so aussehen:

```
!Programm 1                            gemerkte Adresse
!. . .                                      -
!Merke Addresse X
!>>-2->!Programm 2                          X
        !. . .                              X
        !Merke Adresse Y                    X
        !>>-3->!Programm 3                  X, Y
                !. . .                      X, Y
                !Merke Adresse Z            X, Y
                !>>-4->!Programm 4          X, Y, Z
                        !. . .              X, Y, Z
                !<-Z-<<!Zurück zum Aufruf    X, Y, Z
                !. . .                      X, Y
        !<-Y-<<!Zurück zum Aufruf            X, Y
        !. . .                              X
!<-X-<<!Zurück zum Aufruf                    X
!. . .                                      -
```

Achten Sie auf die Adressen, die zu merken waren: Sie bilden so
etwas wie einen Stapel, von dem zum gegebenen Zeitpunkt immer
nur der auf der Spitze liegende Wert benötigt wird. Mit jedem
Unterprogrammaufruf kommt eine Adresse neu auf den Stapel, und
bei jedem Rücksprung wird gerade die oberste, zuletzt gemerkte
Adresse vom Stapel genommen.

Um geschachtelte Unterprogramme abarbeiten zu können, brauchen wir daher eine Speicherstruktur, die wie ein solcher Stapel
arbeitet. Sind es nur wenige Programmebenen, dann würde dazu
sogar ein Registerbereich im Prozessor selbst genügen. Einige
einfache Mikroprozessoren arbeiten auch mit derartigen eingebauten Stapelspeichorn. Bei Prozessoren der 8080-Klasse dagegen
legt man den Stapel an irgendeine geeignete Speicherstelle.

Damit sich dieser Speicherabschnitt auch wirklich wie ein
Stapel verhält, brauchen wir irgendwo einen Vermerk über die Ad-
resse der Speicherstelle, an der sich die Stapelspitze gerade
befindet und einen besonderen Speichermechanismus:
- Soll ein Wert auf dem Stapel gespeichert werden, dann
    = wird der Stapelzeiger einen Platz weiter "nach oben" gerückt
      und
    = an dieser Stelle der neue Wert abgelegt.
- Und um einen Wert vom Stapel zu holen, wird
    = der Inhalt der durch den Stapelzeiger bezeichneten Speicher-
      stelle an die gewünschte Stelle übertragen und dann
    = der Stapelzeiger einen Platz zurückgesetzt.
Man muß nur noch befehlen: "Speichere den Wert von Register X
auf dem Stapel." bzw. "Hole den Wert von der Stapelspitze in
Register X zurück." Das Weiter- bzw. Zurückzählen des Stapelzeigers kann auch der Prozessor übernehmen. Im Fall eines Unterprogrammaufrufs läuft der ganze Vorgang sogar vollautomatisch ab.
So brauchen wir für die Arbeit mit Unterprogrammen also
- einen Speicherbereich für die Rückkehradressen,
- einen Stapelzeiger und
- einen Mechanismus, der beim Unterprogrammaufruf den Programm-
  zählerwert auf den Stapel "rettet" und ihn für die Rückkehr
  von dort wieder in den Programmzähler lädt.
Davon werden Stapelzeiger und Unterprogrammmechanismus von den
Prozessoren der 8080-Klasse geboten, und den Speicherbereich für
den Stapel kann man sich nach Bedarf vom Programm aus festlegen.

Adressierungsarten

Wie erreicht man nun eigentlich eine Speicher- oder Registerstelle vom Programm aus? Oder mit anderen Worten: Wie "adressiert" man eine benötigte Speicher- oder Registerstelle?

Am einfachsten ist es, wenn der zu verarbeitende Wert im Programm selbst steht. Hier folgt die fragliche Speicherstelle dem betreffenden Befehl unmittelbar, z.B.:

"Addiere den folgenden Wert zum Akkumulator!"

Alles, was der Prozessor nach Dekodierung des Befehls tun muß, ist, den nächsten im Programm festgehaltenen 8- oder 16-Bit-Wert passend in ein internes Register zu holen und dort bei Bedarf mit Hilfe der ALU zu verarbeiten. Die Adresse ist durch den Programmzähler gegeben, und es kann derselbe Mechanismus wie bei der Befehlsübernahme eingesetzt werden.

In allen anderen Fällen braucht man ausdrücklich die Adresse der betreffenden Speicher- oder Registerstelle. Wenn sich der benötigte Wert im Speicher befindet, ist es am naheliegendsten, die zugehörige Adresse direkt im Befehl anzugeben, beispielsweise:

"Lade den Akkumulator mit dem Wert von Speicherstelle 1234!"

Hier folgt dem Befehlsbyte eine 16-Bit-Adresse. Diese wird zunächst in ein prozessorinternes Hilfsregister übernommen. Dann wird mit dem aus dem Programm übernommenen Wert der Speicher adressiert und je nach Befehl bearbeitet.

Allerdings hat die direkte Angabe einer Speicheradresse im Programm ihre Schwächen. Zum einen werden im Programm für jeden derartigen Befehl zwei zusätzliche Bytes benötigt, zum zweiten kostet die Übernahme der Adresse Zeit und zum dritten schließlich gibt es Situationen, in denen die ein für allemal gegebene Adresse nicht flexibel genug ist. Dem läßt sich abhelfen, wenn man die betreffende Adresse beim Programmlauf selbst beeinflussen kann.

Eine solche dynamische Adressierung ist in 8080-Prozessoren dadurch möglich, daß man ausgewählte Register als Adresse einsetzen kann. So kann man beispielsweise befehlen:

"Vergleiche das Byte, das im Speicher an der durch das Register HL gegebenen Stelle steht, mit dem Akkumulatorinhalt!"

Hier wird nach Übernahme und Dekodierung des Befehls zunächst der Speicher mit dem Wert adressiert, der in dem HL genannten Allzweckregister des 8080-Prozessors steht. Der dort gefundene Wert dient dann der ALU als zweiter Vergleichsoperand.

Schließlich kann der zu verarbeitende Wert auch in einem der sieben Arbeitsregister des 8080-Prozessors stehen. Hierzu rei-

chen 3 Bits als Registeradresse völlig aus, die in den betreffenden Befehlsbytes noch Platz finden. Das macht die Verwendung
von Prozessorregistern schnell und bequem.
Dazu gibt es noch ein paar Befehle, die sich ausdrücklich auf
eine bestimmte Stelle beziehen, beispielsweise

"Komplementiere den Akkumulatorinhalt!"

Es gibt nur ein Register im 8080-Prozessor, dessen Inhalt derart
logisch negiert werden kann. Man braucht hier überhaupt keine
Adresse anzugeben: Sie ist implizit im Befehl mit enthalten.
So bietet der 8080-Prozessor verschiedene Möglichkeiten, die
jeweils benötigten Stellen zu erreichen. Diese sogenannten "Ad-
ressierungsarten" lassen sich wie folgt zusammenfassen:

unmittelbar   Der zu verarbeitende Wert folgt dem Befehl unmittelbar im Programm.

Register   Der Befehl enthält die Adresse des betreffenden Prozessorregisters.

direkt   Die 16-Bit-Speicheradresse wird im Befehl ausdrücklich angegeben.

registerindirekt   Die Adresse ist in dem angegebenen Register
enthalten.

implizit   Der Befehl braucht keine ausdrückliche Adresse, er bezieht sich implizit immer auf eine
bestimmte Stelle.

Das 8080-Programmiermodell

Man faßt der Übersichtlichkeit halber alle die Prozessorbestand-
teile, die von einem Programm aus genutzt oder verwaltet werden,
zu einem sogenannten "Programmiermodell" zusammen. Dies gestattet die Konzentration auf das Wesentliche, auf die Wirkung der
Befehle, ohne sich groß darum kümmern zu müssen, was eigentlich
genau bei welchem Befehl vor sich geht.
Das Programmiermodell des 8080-Prozessors umfaßt
- den Akkumulator A,
- die Flaggen
  = S ("sign", Vorzeichen)..0: Plus
           1: Minus
  = Z ("zero", Null)........0: Ergebnis ungleich Null
           1: Ergebnis gleich Null
  = P ("parity", Parität)...0: ungerade Parität
           1: gerade Parität
  = CY ("carry", Übertrag)...0: kein Übertrag
           1: Übertrag

(Außerdem gibt es noch eine Hilfsflagge AC (auxiliary carry) die beim Übergang von binärer zu dezimaler Rechnung gebraucht wird. Genaueres dazu müssen Sie einem Programmierkurs o.ä. entnehmen.)
- die 8-Bit-Arbeitsregister B, C, D, E, H und L, die auch zu 16-Bit-Registerpaaren BC, DE bzw. HL zusammengefaßt werden und so beispielsweise zur Adressierung dienen können,
- einen 16-Bit-Stapelzeiger SP ("stack pointer") und
- einen 16-Bit-Programmzähler PC ("program counter").
  Das 8080-Programmiermodell wird damit in der Regel so dargestellt:

```
              Akkumulator                 Flaggen
       +---------------------+-----------------------+
PSW    !          A          ! S  Z   AC   P   CY!
       +--+--+--+--+--+--+--+--+--+--+--+--+--+--+--+--+
       7                   0  7                     0
       +---------------------+-----------------------+
BC     !          B          !          C           !
       +--+--+--+--+--+--+--+--+--+--+--+--+--+--+--+--+
       +---------------------+-----------------------+
DE     !          D          !          E           !
       +--+--+--+--+--+--+--+--+--+--+--+--+--+--+--+--+
       +---------------------+-----------------------+
HL     !          H          !          L           !
       +--+--+--+--+--+--+--+--+--+--+--+--+--+--+--+--+
       7                   0  7                     0
       15                                           0
       +-------------------------------------------+
       !                   SP                      !
       +--+--+--+--+--+--+--+--+--+--+--+--+--+--+--+--+
       15                                          0
       +-------------------------------------------+
       !                   PC                      !
       +--+--+--+--+--+--+--+--+--+--+--+--+--+--+--+--+
       15                                          0
```

Die Zahlen von 0 bis 7 bzw. von 0 bis 15 geben die Zählweise der Bits in den Registern an. Beachten Sie, daß die Register B und C als zum Paar BC, D und E als zum Paar DE und H und L als zum Paar HL zusammengefaßt betrachtet werden können.
  Die so erhaltenen Registerpaare können entweder 16-Bit-Werte zur weiteren Verarbeitung festhalten oder als Adreßzeiger dienen. In diesem Fall spielt das Registerpaar HL eine besondere Rolle:

- Wenn man die Adresse im HL-Registerpaar ablegt, dann kann man im Speicher liegende Operanden verarbeiten, ohne sie ausdrück-lich in ein Prozessorregister zu holen.

Maschinen- und Assemblersprache

Im Grunde sind im Programm nichts als binäre Kodes und Zahlen-werte enthalten. So etwas zu verstehen ist eine Sache für sich. Soe enthält z.b. die folgende Zeile den Aufruf eines bei Ad-resse 1234 (hexadezimal) beginnenden Unterprogramms, gefolgt von einer Addition von Register C zum Akkumulator, wobei das Ergeb-nis anschließend in Register L abgelegt, Register H auf Null gesetzt und endlich zum Hauptprogramm zurückgesprungen wird:

CD 34 12 81 6F 26 00 C9

In so etwas finden sich auch Spezialisten nur mit Hilfe von Ko-detabellen zurecht. Man hat daher die Befehle noch einmal auf eine andere Weise verschlüsselt, die der Denk- und Vorstellungs-welt des Menschen näher kommt. Statt der hexadezimalen Bytewerte verwendet man hier Abkürzungen, welche die (englischsprachige) Bedeutung der Befehle widerspiegeln, z.b.:

CALL 1234
ADD C
MOV L,A
MVI H,0
RET

- "CALL" heißt "Aufruf",
- "ADD" spricht für sich selbst,
- "MOV" ist ein Kürzel für "MOVE" ("verschieben", "übertragen"),
- "MVI" steht für "move immediate" ("den unmittelbar nachfolgen-den Wert übertragen"), und
- "RET" schließlich steht für "return" ("zurück zum aufrufenden Programm").
Die nach diesen Befehlskürzeln angegebenen Argumente beschreiben die Funktion genauer:
- Rufe das Unterprogramm in Adresse 1234 auf.
- Addiere Register C (zum Akkumulator).
- Übertrage Register A (den Akkumulatorinhalt) in Register L.
- Übertrage den unmittelbar gegebenen Wert 0 in Register H.
Nur der Rücksprungbefehl RET braucht kein Argument, denn er nimmt sich auf alle Fälle den Wert von der durch SP bezeichneten Stapelspitze und überträgt ihn in den Programmzähler PC.

Der Nachteil dieser "mnemonischen" (d.h. leicht merkbaren) Abkürzungen ist, daß jetzt der Computer nichts mehr mit dem Programm anfangen kann. Man muß es für ihn erst ausdrücklich in ein binäres, sogenanntes "Objektprogramm" übersetzen, eine Aufgabe, die von einem besonderen, "Assembler" genannten Programm wahrgenommen wird. Man unterscheidet so zwischen der binären, dem Computer verständlichen Maschinensprache und der mit mnemonischen Abkürzungen arbeitenden Assemblersprache, der wir uns im folgenden bedienen werden.

Der 8080-Befehlssatz

In dieser Assemblersprache läßt sich der Befehlssatz des 8080-Prozessors folgendermaßen beschreiben. (Beachten Sie jedoch, daß die folgende Aufstellung der Übersicht halber unvollständig ist: Es fehlen sowohl die Ausführungszeiten der Befehle als auch die jeweils beeinflußten Flaggen.)
Für die Befehlsargumente wollen wir - sofern nicht ausdrücklich etwas anderes gefordert ist - folgendes vereinbaren:
- Ein 8-Bit-Register (allgemein ein <Register>) hat im Befehl einen der Namen
  = A (für den Akkumulator),
  = B, C, D, E, H, L (für eines der Arbeitsregister),
  = M (für die indirekt durch den Inhalt des Registerpaars HL adressierte Speicherstelle).
- Ein 16-Bit-Register (allgemein ein <Registerpaar>) hat im Befehl einen der Namen
  = B (für das Registerpaar BC),
  = D (für das Registerpaar DE),
  = H (für das Registerpaar HL),
  = SP (für den Stapelzeiger).

- Befehle zur Übertragung von Daten

Beachten Sie, daß die Übertragung von Daten im Grunde eine Kopieroperation ist. D.h. der Inhalt des Registers oder der Speicherstelle, von der die zu übertragenden Daten kommen, wird nicht verändert.

MOV <Ziel>,<Quelle>
("move", verschieben, übertragen)
Kopiert den Inhalt des als <Quelle> angegebenen 8-Bit-Registers in das als <Ziel> angegebene 8-Bit-Register.
M kann nur entweder als <Quelle> oder als <Ziel> angegeben werden, die anderen Registernamen sind beliebig verwendbar.

MVI <Ziel>,<Wert>
("move immediate", den unmittelbar gegebenen Wert übertragen)
Lädt das angegebene 8-Bit-Register <Ziel> mit dem unmittelbar
gegebenen 8-Bit-Wort <Wert>.

LXI <Ziel>,<Wert>
("load extended register immediate", das erweiterte Register
(d.h. das Registerpaar) mit dem unmittelbar gegebenen Wert
laden)
Lädt das angegebene 16-Bit-Register <Ziel> mit dem unmittelbar gegebenen 16-Bit-Wort <Wert>.

LDA <Adresse>
("load accumulator", Akkumulator laden)
Lädt den unter der direkt angegebenen 16-Bit-<Adresse> vorliegenden 8-Bit-Wert in den Akkumulator (Register A).

STA <Adresse>
("store accumulator", Akkumulator abspeichern)
Legt den Inhalt des Akkumulators in der Speicherstelle ab,
die durch die 16-Bit-<Adresse> direkt gegeben ist.

LDAX <Registerpaar>
("load accumulator indirect", Akkumulator von der indirekt
gegebenen Adresse laden)
Lädt den Akkumulator mit dem Wert, der unter der im <Regi-
sterpaar> angegebenen Adresse vorliegt.
Als <Registerpaar> kann entweder B (für BC) oder D (für DE)
angegeben werden.

STAX <Registerpaar>
("store accumulator indirect", Akkumulator in die indirekt
angegebene Adresse abspeichern)
Legt den Inhalt des Akkumulators in der Speicherstelle ab,
deren Adresse in dem angegebenen <Registerpaar> steht.
Als <Registerpaar> kann entweder B (für BC) oder D (für DE)
angegeben werden.

LHLD <Adresse>
("load H and L direct", das HL-Registerpaar direkt adressiert
laden)
Lädt das Registerpaar HL mit dem unter der direkt angegebenen
<Adresse> zu findenden 16-Bit-Wert.

SHLD <Adresse>
("store H and L direct", das HL-Registerpaar direkt adressiert abspeichern)
Legt den im Registerpaar HL befindlichen Wert in der 16 Bit
(2 Bytes) umfassenden direkt adressierten Speicherstelle ab.

XCHG
("exchange H and L with D and E")
Vertauscht den Wert des Registerpaars HL mit dem von DE.

SPHL
   ("load SP with H and L contents", SP mit dem Inhalt des HL-
   Registers laden)
   Dient zum Setzen des Stapelzeigers SP auf einen vom Programm
   bestimmten Wert, indem der Inhalt des HL-Registerpaars in den
   Stapelzeiger übertragen wird.
IN <Adresse>
   ("input from port", einen Wert vom Datentor übernehmen)
   Lädt den Akkumulator mit dem Wert, der an dem unter der 8-
   Bit-<Adresse> zu findenden "Datentor" zu einer Peripherieein-
   heit vorliegt.
OUT <Adresse>
   ("output to port", einen Wert an das Datentor ausgeben)
   Überträgt den im Akkumulator vorliegenden Wert an das unter
   der 8-Bit-<Adresse> zu findende "Datentor" zur Peripherieein-
   heit.

- Arithmetische Befehle

INR <Register>
   ("increment register", Register weiterzählen)
   Zählt den Inhalt des 8-Bit-<Registers> um Eins weiter.
DCR <Register>
   ("decrement register", Register herunterzählen)
   Zählt den Inhalt des 8-Bit-<Registers> um Eins herunter.
INX <Registerpaar>
   ("increment extended register", erweitertes Register weiter-
   zählen)
   Zählt den Inhalt des 16-Bit-<Registerpaars> um Eins weiter.
DCX <Registerpaar>
   ("decrement extended register", erweitertes Register herun-
   terzählen)
   Zählt den Inhalt des 16-Bit-<Registerpaars> um Eins herunter.
ADD <Register>
   Addiert den Inhalt des angegebenen 8-Bit-Registers zum Akku-
   mulator.
ADI <Wert>
   ("add immediate", den unmittelbar angegebenen Wert addieren)
   Addiert den unmittelbar angegebenen 8-Bit-<Wert> zum Akkumu-
   latorinhalt.
ADC <Register>
   ("add with carry", mit Übertrag addieren)
   Addiert den Inhalt des angegebenen 8-Bit-Registers und den
   Wert der Übertragsflagge CY zum Akkumulator.

ACI <Wert>
("add with carry immediate", den unmittelbar angegebenen Wert
mit Übertrag addieren)
Addiert den unmittelbar angegebenen 8-Bit-<Wert> und den Wert
der Übertragsflagge CY zum Akkumulatorinhalt.
SUB <Register>
Subtrahiert den Inhalt des angegebenen 8-Bit-Registers vom
Akkumulatorinhalt.
SUI <Wert>
("subtract immediate", den unmittelbar angegebenen Wert sub-
trahieren)
Subtrahiert den unmittelbar angegebenen 8-Bit-<Wert> vom Akkumulatorinhalt.
SBB <Register>
("subtract with borrow", mit geborgtem Wert subrahieren)
Subtrahiert den Inhalt des angegebenen 8-Bit-Registers und
den Wert der Übertragsflagge CY vom Akkumulator.
SBI <Wert>
("subtract with borrow immediate", den unmittelbar angegebe-
nen Wert mit dem geborgten Wert subtrahieren)
Subtrahiert den unmittelbar angegebenen 8-Bit-<Wert> und den
Wert der Übertragsflagge CY vom Akkumulatorinhalt
DAA
("decimal adjust accumulator", Akkumulatorinhalt dezimal korrigieren)
Korrigiert den Akkumulatorinhalt bei Rechnung mit Dezimalzah-
len (sogenannten gepackten BCD-Zahlen, bei denen je vier Bits
einen Wert zwischen 0 und 9 wiedergeben.)
DAD <Registerpaar>
("double precision add", mit doppelter Genauigkeit addieren)
Addiert den 16-Bit-Wert des angegebenen <Registerpaars> zum
Registerpaar HL.

- Verschiebebefehle

Allen 8080-Verschiebebefehlen gemeinsam ist, daß das aus dem Register herausgeschobene Bit in die Übertragsflagge CY aufgenommen wird.

RAR
("rotate accumulator right", Akkumulator nach rechts rotieren)
Eine 9-Bit-Rotation: Der Akkumulatorinhalt wird um eine Stelle nach rechts verschoben und das links freigewordene Bit mit
dem (alten) Wert der Übertragsflagge CY aufgefüllt.

RAL
("rotate accumulator left", Akkumulator nach links rotieren)
Eine 9-Bit-Rotation: Der Akkumulatorinhalt wird um eine Stelle nach links verschoben und das rechts freigewordene Bit mit dem (alten) Wert der Übertragsflagge CY aufgefüllt.

RRC
("rotate right without carry", Akkumulator ohne Einbezug der Übertragsflagge nach rechts rotieren)
Eine 8-Bit-Rotation: Der Akkumulatorinhalt wird um eine Stelle nach rechts verschoben und das links freigewordene Bit mit dem rechts herausgeschobenen Wert aufgefüllt.

RLC
("rotate left without carry", Akkumulator ohne Einbezug der Übertragsflagge nach links rotieren)
Eine 8-Bit-Rotation: Der Akkumulatorinhalt wird um eine Stelle nach links verschoben und das rechts freigewordene Bit mit dem links herausgeschobenen Wert aufgefüllt.

- Logische Befehle

Die Befehle zur UND, ODER und EXKLUSIV-ODER-Verknüpfung haben den wichtigen Nebeneffekt, daß die Übertragsflagge CY durch sie auf Null gesetzt wird.

ANA <Register>
("AND with accumulator", mit dem Akkumulator UND-verknüpfen)
Verknüpft den Inhalt des Akkumulators bitweise nach der logischen UND-Funktion mit dem Inhalt des 8-Bit-<Registers>.

ANI <Wert>
("AND immediate", mit dem unmittelbar angegebenen Wert UND-verknüpfen)
Verknüpft den Inhalt des Akkumulators bitweise nach der logischen UND-Funktion mit dem angegebenen 8-Bit-<Wert>.

ORA <Register>
("OR with accumulator", mit dem Akkumulator ODER-verknüpfen)
Verknüpft den Inhalt des Akkumulators bitweise nach der logischen ODER-Funktion mit dem Inhalt des 8-Bit-<Registers>.

ORI <Wert>
("OR immediate", mit dem unmittelbar angegebenen Wert ODER-verknüpfen)
Verknüpft den Inhalt des Akkumulators bitweise nach der logischen ODER-Funktion mit dem angegebenen 8-Bit-<Wert>.

XRA <Register>
("exclusive OR with accumulator", mit dem Akkumulator EXKLUSIV-ODER-verknüpfen)

Verknüpft den Inhalt des Akkumulators bitweise nach der logischen EXKLUSIV-ODER-Funktion mit dem Inhalt des 8-Bit-<Registers>.
("XRA A" dient zum Löschen von Akkumulator und CY-Flagge.)
XRI <Wert>
("exclusive OR immediate", mit dem unmittelbar angegebenen Wert EXKLUSIV-ODER-verknüpfen)
Verknüpft den Inhalt des Akkumulators bitweise nach der logischen EXKLUSIV-ODER-Funktion mit dem gegebenen 8-Bit-<Wert>.
CMA
("complement accumulator", den Akkumulator komplementieren)
Bildet die logische Negation des Akkumulatorinhalts.
CMC
("complement carry", die Übertragsflagge komplementieren)
Kehrt den Wert der Übertragsflagge CY um.
STC
("set carry", Übertragsflagge setzen)
Setzt den Wert der Übertragsflagge CY auf Eins.

- <u>Befehle zur Umleitung der Programmabarbeitung</u>

Diese Befehle haben je eine unbedingte und eine bedingte Form. Dabei wird die Bedingung (<Bed>) unmittelbar an den Befehlsbuchstaben angeschlossen und kann eine der folgenden Angaben sein:

NZ	(not zero), wenn nicht Null	(Z = 0)
Z	(zero), wenn Null	(Z = 1)
NC	(no carry), wenn kein Übertrag vorliegt	(CY = 0)
C	(carry), wenn ein Übertrag vorliegt	(CY = 1)
PO	(parity odd), wenn ungerade Parität vorliegt	(P = 0)
PE	(parity even), wenn gerade Parität vorliegt	(P = 1)
P	(plus), wenn das Vorzeichen positiv ist	(S = 0)
M	(minus), wenn das Vorzeichen negativ ist	(S = 1)

JMP <Adresse>
("jump", springe)
Springt auf jeden Fall zur direkt angegebenen <Adresse>
J<Bed> <Adresse>
("conditional jump", bedingter Sprung)
Springt zur angegebenen Adresse, wenn die Bedingung <Bed> erfüllt ist.
CALL <Adresse>
(Unterprogrammaufruf)
Speichert die Adresse des nachfolgenden Befehls auf dem Stapel und springt dann zur angegebenen Unterprogramm-<Adresse>.

C<Bed> <Adresse>
(bedingter Unterprogrammaufruf)
Springt zu dem angegebenen Unterprogramm, wenn die Bedingung
<Bed> erfüllt ist.
RET
("return", Unterprogrammrücksprung)
Lädt den Inhalt der Stapelspitze in den Programmzähler und
springt so zum Hauptprogramm zurück.
R<Bed>
("conditional return", bedingter Unterprogrammrücksprung)
Springt nur dann zum Hauptprogramm zurück, wenn die angegebe-
ne Bedingung <Bed> erfüllt ist.
RST n
("restart")
Dies ist eine Kurzform des Unterprogrammaufrufs für Sonder-
zwecke. Es wird nach Retten des Programmzählerstands zu der
Adresse 8 x n gesprungen, wobei n ein Wert von 0 bis 7 ist.
PCHL
("load PC from H and L", PC mit HL-Inhalt laden)
Dies ermöglicht einen indirekten Sprung: Der Prozessor
springt zu der Adresse, die im Registerpaar HL enthalten ist.

- Stapelbefehle

Der Stapel ist durch die folgenden Befehle auch direkt vom Programm aus zugänglich.

PUSH <Registerpaar>
Legt den Inhalt des angegebenen <Registerpaars> auf die Sta-
pelspitze.
Als <Registerpaar> kann man angeben:
- B (für BC)
- D (für DE)
- H (für HL)
- PSW (für das aus Akkumulator und Flaggen gebildete "Pro-
  grammstatuswort")
POP <Registerpaar>
Lädt das angegebene <Registerpaar> mit dem auf der Stapel-
spitze liegenden Wert.
Als <Registerpaar> kann man angeben:
- B (für BC)
- D (für DE)
- H (für HL)
- PSW (für das aus Akkumulator und Flaggen gebildete "Pro-
  grammstatuswort")

XTHL

("exchange stack top with HL", Stapelspitze mit HL vertauschen)
Lädt das Registerpaar HL mit dem auf der Stapelspitze befindlichen 16-Bit-Wert und legt den alten HL-Inhalt auf dem Stapel ab. Die Länge des Stapels bleibt so im Gegensatz zu PUSH und POP unverändert.

- Sonstige Befehle

NOP

("no operation", keine Operation)
Dieser Befehl bewirkt keine besondere Aktion. Man setzt ihn als Platzhalter (beispielsweise bei der Programmkorrektur) oder für kurze Verzögerungen ein.

HLT

("halt")
Hält den Prozessor an. Er kann dann nur durch Rücksetzen des Systems oder durch eine von außen kommende Unterbrechungsanforderung wieder gestartet werden.

EI

("enable interrupts", Unterbrechungen ermöglichen)
Dies aktiviert die Eigenschaft des Prozessors auf eine besondere Anforderung von außen die laufende Programmarbeit zu unterbrechen und ein besonders bereitgestelltes Unterprogramm abzuarbeiten.

DI

("disable interrupts", Unterbrechungen unterbinden)
Nach diesem Befehl nimmt der Prozessor keine Anforderungen auf Programmunterbrechung mehr entgegen.

KAPITEL 13

PROGRAMME ERSTELLEN: ASM UND LOAD

Grundaufgabe

Die mnemonischen Befehle eines in Assemblersprache abgefaßten Programms müssen übersetzt werden, bevor der Computer etwas damit anfangen kann. Dies ist die Aufgabe eines Assemblerprogramms, das eine Quellendatei übernimmt, die das Programm in mnemonischer Form enthält, und daraus eine sogenannte Objektdatei erzeugt, in der die vom Prozessor ausführbaren binären Maschinenbefehle stehen. Die Objektdatei kann dann wie üblich geladen und ausgeführt werden.

Im CP/M-Grundsystem geschieht diese Übersetzung in zwei Schritten. Das Programm ASM.COM übersetzt die Quellendatei, legt den Objektkode aber nicht in einer binären Datei ab, sondern in einer Zwischendatei in einem von der Firma Intel definierten Hexadezimalformat. Diese Hexadezimaldatei mit der Klassenbezeichnung HEX enthält den Maschinenkode als Folge von Hexadezimalzahlen im ASCII-Format und zusätzlich noch einige Informationen, um ihn sicher laden zu können. Um eine ausführbare Befehlsdatei zu erhalten, muß man die Zwischendatei noch einmal mit einem besonderen, LOAD genannten Ladeprogramm bearbeiten. LOAD übernimmt eine HEX-Datei und erzeugt aus der dort festgehaltenen Information eine COM-Datei mit demselben Dateinamen.

Wie ein Assembler arbeitet

Der Assembler verarbeitet selbstverständlich alle mnemonischen 8080-Befehle, die wir im vorigen Kapitel vorgestellt haben. (Für Z80-Besitzer: Er verarbeitet keine mnemonischen Befehle in Z80-Schreibweise!) Doch ist das bei weitem nicht alles.

Eines der Hauptprobleme beim Programmieren ist die Tatsache, daß man sich ständig auf irgendwelche Speicherstellen beziehen muß. Da sind Werte aus dem Speicher in den Prozessor zu holen, da muß etwas in den Speicher geschrieben werden, da ist nach ganz bestimmten Stellen zu springen, oder es sind Unterprogramme aufzurufen, die irgendwo stehen. Mit absoluten Adressen kann man hier nicht mehr sinnvoll arbeiten. Man vergibt daher symbolische Namen, auf die man sich dann in den Befehlen bezieht.

Der Bezug zwischen den symbolischen Namen und den Programmadressen, für die sie stehen, wird vom Assembler hergestellt. Ein typischer Assembler der Art von ASM bearbeitet das zu übersetzende Programm in zwei Durchgängen. Im ersten wird eine Tabelle aufgebaut, in der die im Programm verwendeten symbolischen Namen mit ihren Werten zusammen aufgeführt sind. Im zweiten Durchgang dann werden die eigentlichen Befehlskodes erzeugt, zusammen mit den Adressen und sonstigen Argumentwerten, wie sie sich aus der "Symboltabelle" ergeben. Diese Befehlskodes schließlich werden (bei ASM im Intel-Hex-Format) in die Objektdatei geschrieben.

Außerdem fertigt ein Assembler normalerweise ein sogenanntes "Programmlisting" an. Das ist eine Textdatei, in welcher der ursprüngliche Quellenkode zusammen mit den Adreßwerten und Befehlskodes aufgeführt ist. Ein solches Listing ist unentbehrlich bei der Arbeit an dem Programm, sei es zur Beseitigung von Fehlern, sei es im Zuge seiner Weiterentwicklung. Es stellt für den Benutzer die Verbindung zwischen dem symbolisch geschriebenen Quellenprogramm und dem vom Computer bearbeiteten Objektkode her. ASM erzeugt dieses Listing unter der Klassenbezeichnung PRN (von "print") mit dem Namen des Quellenprogramms.

Die Grundform des Quellenprogramms

Damit ein Quellenprogramm von ASM richtig erkannt und verarbeitet wird, muß es bestimmten formalen Ansprüchen genügen.

So werden die mnemonischen Befehle in jeweils eigene Zeilen geschrieben, welche die folgende Gliederung besitzen:

<Zeilennummer> <Marke>: <Befehl> <Argumente> ;<Kommentar>

Die <Zeilennummer> ist eine beliebige Dezimalzahl und wird vom Assembler ignoriert. Sie ist lediglich zugelassen, damit auch Editorprogramme verwendet werden können, die - anders als beispielsweise ED - den bearbeiteten Text mit Zeilennummern versehen. Wesentlich häufiger ist die folgende Form einer Quellenprogrammzeile:

<Marke>: <Befehl> <Argumente> ;<Kommentar>

Wir werden uns im folgenden immer auf diese Schreibweise beziehen. Beachten Sie dabei, daß ASM normalerweise Klein- in Großschreibung umwandelt:
- Alle in einer Befehlszeile angegebenen Kleinbuchstaben werden vor ihrer Auswertung durch ASM intern in Großschreibung umgewandelt. Dies gilt insbesondere für Marken und Befehlsargumen-

te. Die einzige Ausnahme sind in einfache Anführungszeichen (') eingeschlossene Zeichenketten, die nicht verändert werden. Das vereinfacht beträchtlich das Schreiben und Warten der Programmtexte. Sie werden durch Klein- oder gar gemischte Groß- und Kleinschreibung wesentlich besser lesbar.

Die genaue Anordnung der einzelnen Bestandteile der Zeile ist im wesentlichen frei. Sie müssen lediglich durch mindestens einen Leerschritt oder Tabulationsbefehl voneinander getrennt werden. Allgemein üblich ist es, die <Marke> ganz am linken Rand beginnen zu lassen und die übrigen Bestandteile mit Hilfe von Tabulationsbefehlen in jeweils eigenen Spalten untereinander aufzulisten. Ein einfaches Programm würde dann beispielsweise so aussehen (es soll einen Byteblock einer vorbestimmten LAENGE im Speicher von einer QUELLEn-Stelle an eine ZIEL-Stelle übertragen):

```
VERSCH: LXI    D,ZIEL       ; Zielzeiger auf Anfang setzen
        LXI    H,QUELLE     ; Quellenzeiger auf Anf. setzen
        MVI    C,LAENGE     ; Blocklänge festlegen
VSCH1:  MOV    A,M          ; das nächste Byte übernehmen
        STAX   D            ; und am ZIEL ablegen
        INX    H            ; dann die Zeiger auf die
        INX    D            ; folgenden Bytes setzen
        DCR    C            ; Länge zählen: alles fertig?
        JNZ    VSCH1        ; nein: noch eine Runde
        RET                 ; sonst zurück zum Aufruf
```

Eine etwas kompaktere Form verwendet für Befehle und Befehlsargumente eine Spalte:

```
VERSCH: LXI D,ZIEL      ; Zielzeiger auf Anfang setzen
        LXI H,QUELLE    ; Quellenzeiger auf Anfang setzen
        MVI C,LAENGE    ; Blocklänge festlegen
VSCH1:  MOV A,M         ; das nächste Byte übernehmen
        STAX D          ; und am ZIEL ablegen
        INX H           ; dann die Zeiger auf die
        INX D           ; folgenden Bytes setzen
        DCR C           ; Länge zählen: alles fertig?
        JNZ VSCH1       ; nein: noch eine Runde
        RET             ; sonst zurück zum Aufruf
```

Der Hauptvorteil dieser Schreibweise ist, daß für die Kommentare mehr Raum zur Verfügung steht.

Eine weitere Vereinfachung betrifft die <Marken>. Hier kann bei ASM oft der Doppelpunkt entfallen.

```
VERSCH  LXI D,ZIEL      ; Zielzeiger auf Anfang setzen
        LXI H,QUELLE    ; Quellenzeiger auf Anfang setzen
        MVI C,LAENGE    ; Blocklänge festlegen
VSCH1   MOV A,M         ; das nächste Byte übernehmen
        STAX D          ; und am ZIEL ablegen
        INX H           ; dann die Zeiger auf die
        INX D           ; folgenden Bytes setzen
        DCR C           ; Länge zählen: alles fertig?
        JNZ VSCH1       ; nein: noch eine Runde
        RET             ; sonst zurück zum Aufruf
```

Schließlich sei noch vermerkt, daß die beschreibenden <Kommentare> für den Assembler ohne Bedeutung sind. Er überspringt einfach alles vom Strichpunkt bis zum Zeilenende. Man kann im Prinzip die Kommentare entfallen lassen.

Kommentare

Allgemein wird ein Kommentar für ASM durch einen Strichpunkt vom eigentlichen Programmtext abgetrennt. Der Kompatibilität mit anderen 8080-Assemblern wegen versteht ASM jedoch noch einen anderen Kommentarbefehl: Ein Stern in der ersten Spalte einer Zeile bewirkt, daß die gesamte Zeile übersprungen wird. So lassen sich recht einfach Titel in ein Programm einfügen, zum Beispiel:

```
******************************************************************
***                 Einen Block verschieben                   ***
******************************************************************
```

```
; Verschiebt einen Speicherblock einer gegebenen LAENGE von der
; Stelle QUELLE zur Stelle ZIEL.
```

```
VERSCH  LXI D,ZIEL      ; Zielzeiger auf Anfang setzen
        LXI H,QUELLE    ; Quellenzeiger auf Anfang setzen
        MVI C,LAENGE    ; Blocklänge festlegen
VSCH1   MOV A,M         ; das nächste Byte übernehmen
        STAX D          ; und am ZIEL ablegen
        INX H           ; dann die Zeiger auf die
        INX D           ; folgenden Bytes setzen
        DCR C           ; Länge zählen: alles fertig?
        JNZ VSCH1       ; nein: noch eine Runde
        RET             ; sonst zurück zum Aufruf
```

Wichtig ist dabei, daß der Strichpunkt an jeder beliebigen Stelle auf der Zeile (außer in Zeichenketten, s.u.) einen Kommentar

einleitet, während der Stern ausschließlich dann als Kommentarbefehl angesehen wird, wenn er ganz links, in der ersten Spalte
steht. (Sonst zählt der Stern als Multiplikationssymbol.)
    Schließlich und endlich wird aus dem Beispiel noch deutlich,
daß ASM auch Leerzeilen als (eben leere) Kommentarzeilen ansieht. Sie sollten diese Möglichkeit zur optischen Gliederung
des Programmtexts intensiv nutzen.

Zusammenfassung von Befehlszeilen

Die Befehle INX H und INX D in unserem Beispiel gehören eigentlich zur selben Aufgabe "Zeiger weitersetzen". ASM gestattet es,
derartige Befehle auf einer Zeile zusammenzufussen, wenn man sie
durch ein Ausrufezeichen voneinander trennt. Das Programmbeispiel hätte dann folgende Form:

```
VERSCH  LXI D,ZIEL      ; Zielzeiger auf Anfang setzen
        LXI H,QUELLE    ; Quellenzeiger auf Anfang setzen
        MVI C,LAENGE    ; Blocklänge festlegen
VSCH1   MOV A,M         ; das nächste Byte übernehmen
        STAX D          ; und am ZIEL ablegen
        INX H ! INX D   ; dann die Zeiger weitersetzen
        DCR C           ; Länge zählen: alles fertig?
        JNZ VSCH1       ; nein: noch eine Runde
        RET             ; sonst zurück zum Aufruf
```

Das Ausrufezeichen hat so für ASM die Bedeutung eines logischen
Zeilenendes. Das gilt auch über die eigentlichen Befehlsgrenzen
hinaus! Allgemein läßt sich für ASM sagen:
- Das Ende einer Befehlszeile wird entweder durch die Zeilen-
  grenze CRLF (Wagenrücklauf und Zeilenvorschub) oder durch ein
  Ausrufezeichen (außer in Zeichenketten) gebildet.
Insbesondere gilt das auch für Kommentare. Ein solcher erstreckt
sich vom einleitenden Strichpunkt bis zum logischen Zeilenende.
Das bedeutet, daß man ein Ausrufezeichen nicht in einem Kom-
mentar verwenden kann.

Arten von symbolischen Namen

In unserem Programmbeispiel haben wir zwei verschiedene Arten
von symbolischen Namen:
- Marken (englisch: "labels") und
- symbolisch angegebene Zahlenwerte (z.B. LAENGE)
Eine Marke bezeichnet eine bestimmte Stelle im Programm, so daß
man sich im Programmtext auf sie berufen kann. Ein augenfälliges

Beispiel ist die Marke VSCH1, die den Anfang der Verschiebe-
schleife bezeichnet.
Die Marke VERSCH dagegen gibt den Anfang unseres Unterprogramms an. Sie ist der symbolische Name, der im Aufruf verwendet
werden kann (beispielsweise "CALL VERSCH").
Marken müssen sich nicht unbedingt auf eine Programmstelle
beziehen. So können die Namen ZIEL und QUELLE irgendwo im Text
als Marken eines Speicherbereichs definiert worden sein.
Anders dagegen ist es mit dem symbolischen Namen LAENGE. Er
kann sich in unserem Programm kaum sinnvoll auf eine bestimmte
Speicherstelle beziehen. Statt dessen gibt er einen vorgegebenen
festen Zahlenwert wieder, der irgendwo im Programm geeignet
festgelegt worden ist.
Somit gibt es in einem Assemblerprogramm drei Möglichkeiten,
einen symbolischen Namen festzulegen:
- als Marke einer bestimmten Programmstelle,
- als Marke einer bestimmten Speicherstelle und
- als besonders vereinbarter Zahlenwert.
Insbesondere die Marken dienen ausdrücklich als Bezug auf bestimmte Adressen. Sie müssen daher eindeutig gegeben sein. Der
Assembler wertet es als Fehler, wenn ein als Marke verwendeter
Name mehr als eine Stelle im Programm oder im Speicher bezeichnet. Etwas freier sind die Möglichkeiten bei der symbolischen
Zahlenangabe. Hier kann man (bei ASM) wählen, ob ein Name nur
einmal einen Wert erhalten darf oder ob er ihn im Zuge der Programmübersetzung wechseln kann.

Zur Form symbolischer Namen

Die Grundform für symbolische Namen ist bei fast allen Assem-
blern gleich:
- Ein symbolischer Name besteht aus Buchstaben und Ziffern. Da-
bei muß das erste Zeichen ein Buchstabe sein.
Doch hört bei der Länge die Gemeinsamkeit schon auf. ASM läßt
hier recht viel Freiraum:
- Ein in einem Quellenprogramm für ASM verwendeter symbolischer
Name kann bis zu 16 Zeichen umfassen. Dabei werden alle Zei-
chen ausgewertet.
Derart lange Namen allerdings werden leicht unübersichtlich. Man
hat daher ein weiteres Zeichen zugelassen:
- Ein für ASM verwendeter symbolischer Name kann zur besseren
Lesbarkeit mit Hilfe von Dollarzeichen ($) gegliedert werden.
Dabei werden die Dollarzeichen nicht mit ausgewertet. Des wei-
teren zählen die $-Trennsymbole nicht bei der maximalen Na-
menslänge mit.

Wird ein symbolischer Name als Marke verwendet, so muß ihm entweder in derselben Zeile ein Befehl folgen, oder er muß mit einem Doppelpunkt abgeschlossen werden. In beiden Fällen erhält er
vom Assembler den Wert der Adresse des nachfolgenden Befehls. So
wertet ASM die beiden Formen

        VERSCH LXI D,ZIEL
und
        VERSCH:
                LXI D,ZIEL

in gleicher Weise aus. Wenn hier der Befehlskode für "LXI D,
ZIEL" auf Adresse 1234 beginnt, so erhält die Marke VERSCH in
beiden Fällen den Wert 1234 zugewiesen. Im vom Assembler erzeugten Listing würde das beispielsweise so aussehen:

1234 115678   VERSCH LXI D,ZIEL

bzw.
                   VERSCH:
1234 115678   LXI D,ZIEL

Man kann mit dieser Schreibweise mehreren Marken denselben Wert
zuweisen, z.B. so:

                   UEBERTRAGE:
                   VERSCH:
1234 115678   LXI D,ZIEL

Hier erhält der Anfang unseres kleinen Unterprogramms zwei Namen: UEBERTRAGE und VERSCH. Es kann so ganz nach Belieben durch
"CALL UEBERTRAGE" oder "CALL VERSCH" aufgerufen werden.

Der Bezug auf die laufende Stelle ($)

Das Dollarzeichen hat noch eine weitere, eigenständige Bedeutung
bei der Angabe von Operanden:
- Wird in einem Befehlsargument ein alleinstehendes Dollarzeichen angegeben (das also weder in einen Namen noch in eine
  Zeichenkette eingefügt ist), dann ersetzt der Assembler dafür
  die Adresse des Befehls, der in der nächsten Zeile erzeugt
  würde.
Auf diese Weise kann man sich auf ganz bestimmte Programmstellen
unabhängig davon beziehen, welche genaue Adresse dort später
vorliegt. ASM berechnet im Zuge der Programmübersetzung die be-

241

treffende Adresse und weist sie dann erst dem Befehl als Argument zu.

Dabei ist noch wichtig, daß in der auf das Dollarzeichen folgenden (nicht leeren) Zeile nicht unbedingt ein Befehl erzeugt zu werden braucht. Es wird die Adresse genommen, die sich aus dem gerade bearbeiteten Befehl als nächste ergibt, unabhängig davon, ob das Programm dann bereits zu Ende ist oder nicht.

Ein häufig anzutreffender Fall ist das Bereitstellen von Stapelspeicherplatz:

```
        LXI SP,STAPEL    ; Setze SP auf den Stapelanfang
        . . .
        DS 32            ; Reserviere 32 Bytes
STAPEL  EQU $            ; und definiere den Stapelanfang
        END              ; (Das Programm endet hier.)
```

Reservierte Wörter

Man kann bei ASM jedoch kein Wort als Marke verwenden, das von vornherein einen bestimmten Wert oder eine Bedeutung bei der Bildung von Befehlsargumenten hat. Hierzu gehören vor allem:
- die mnemonischen 8080-Befehle (s. voriges Kapitel),
- die folgenden vordefinierten Argumentsangaben:

A = 7	H = 4
B = 0	L = 5
C = 1	M = 6
D = 2	SP = 6
E = 3	PSW = 6

- die (weiter unten besprochenen) Pseudobefehle und -operatoren. Dabei kann man die mnemonischen Befehle und die vordefinierten Argumentwerte durchaus als Befehlsoperanden verwenden. Sie werden von ASM dann jeweils durch den ihnen zugeordneten Wert ersetzt. Das ist besonders dann nützlich, wenn ein Programm selbst Befehle erzeugen soll, wie im folgenden Beispiel:

```
        MVI A,JMP        ; einen Sprung zur Adresse WEITER
        LXI H,WEITER
        STA SPRUNG       ; an der Speicherstelle SPRUNG anlegen
        SHLD SPRUNG+1
```

Berechnung von Befehlsargumenten

Eine wichtige Eigenschaft der meisten Assembler ist die Möglichkeit, Befehlsargumente im Zuge der Übersetzung berechnen zu las-

sen. Einen derartigen Fall haben wir im letzten Beispiel vorliegen, wo das Argument für den vom Programm erzeugten Sprungbefehl
dem Befehlsbyte JMP folgen, also an der Speicherstelle SPRUNG+1
abgelegt werden mußte. Ohne diese Möglichkeit wäre eine umständ-
liche und unübersichtliche Verwendung mehrerer Marken notwendig
gewesen.
   ASM bietet eine Fülle von Operatoren zur Berechnung von Befehlsargumenten. Sie verknüpfen 16-Bit-Werte miteinander, die
durch
- numerische Konstanten,
- Zeichenkettenkonstanten,
- symbolische Namen oder den
- Adreßbezug "$"
gegeben sind. Dabei sind folgende Verknüpfungsarten möglich:
- artihmetische Operationen (+, -, *, /, MOD)
- logische Operationen (NOT, AND, OR, XOR)
- Schiebeoperationen (SHL, SHR)
Der Einsatz von Klammern ermöglicht es, komplizierte Ausdrücke
zu bilden.

Der Wert von Operanden bei der Argumentsberechnung

Alle Operanden werden von ASM als (vorzeichenlose) 16-Bit-Werte
geführt. Für Befehlsargumente, die sich auf Speicheradressen
oder 16-Bit-Register beziehen, macht das keine Schwierigkeiten.
Aufpassen muß man jedoch, wenn ein Befehlsargument nur 8-Bit-
Werte annehmen kann. Allgemein verfährt ASM hierbei wie folgt:
- Wenn ein Befehlsargument nur 8-Bits umfaßt, dann verwendet ASM
  das niederwertige Byte (d.h. die rechten 8 Bits), vorausgesetzt, die acht höherwertigen (linken) Bits haben alle den
  Wert Null. Andernfalls wird ein Fehler gemeldet.
Bei kleinen positiven Zahlen (zwischen 0 und 255) ist das problemlos. Anders jedoch bei negativen Werten. Ein negativer Wert
wird von ASM durch Subtraktion der positiven (d.h. der absoluten) Größe des Werts von Null berechnet. Die Angabe -1 beispielsweise ergibt 0 - 1 = FFFF (hexadezimal). Hier haben - wie
bei allen negativen Zahlen - die höchstwertigen Bits den Wert 1.
Und das wiederum bedeutet, daß ASM den Wert nicht als 8-Bit-
Argument verwenden kann. Der Befehl

$$\text{MVI A,-1}$$

beispielsweise führt zu einer Fehlermeldung.
   Man muß in allen Fällen, in denen nur das niederwertige Byte
verwendet werden soll und das höherwertige Byte nicht mit Si-

cherheit den Wert Null hat, ausdrücklich die acht höherwertigen
Bits durch Ausmaskieren mit "AND 0FFH" auf Null setzen. ("0FFH"
bezeichnet den hexadezimalen Wert FF.) Im Beispiel wäre also zu
verwenden:

$$MVI\ A,-1\ AND\ 0FFH$$

Numerische Konstanten

Eine numerische Konstante gibt unmittelbar eine 16-Bit-Zahl an.
Dabei verarbeitet ASM Angaben in vier Zahlensystemen:
- binär (Basis 2, Ziffern 0 und 1)
- oktal (Basis 8, Ziffern 0 bis 7)
- dezimal (Basis 10, Ziffern 0 bis 9)
- hexadezimal (Basis 16, Ziffern 0 bis 9 und A bis F)
Üblicherweise sieht ASM eine Folge von Ziffern als Dezimalzahl
an. Jeder in einem anderen System angegebenen Zahl muß ein Kennbuchstabe (unmittelbar) nachgestellt werden:
- Binärzahlen: B
- Oktalzahlen: 0
  oder   Q   (zur besseren Unterscheidung von Null)
- Dezimalzahlen: nichts
  oder   D   (der Deutlichkeit halber)
- Hexadezimalzahlen: H

Besonderheiten:
- Eine numerische Konstante muß immer mit einer Ziffer zwischen
  0 und 9 beginnen. Das ist wichtig bei der Angabe von Hexadezi-
  malzahlen:
  = Beginnt der Zahlenwert mit einer der Hexadezimalziffern A
    bis F, dann muß der Zahl eine 0 (Null) vorangestellt werden.
- Binärzahlen eignen sich gut zur Darstellung besonderer Bitmu-
  ster. Man kann hier die Übersichtlichkeit durch Gliedern mit
  Dollarzeichen ($) verbessern.

Zeichenkettenkonstanten

In vielen Fällen, in denen ein ASCII-Zeichen als Befehlsargument
verwendet werden soll, kann man Zeichenketten (englisch:
"strings") einsetzen. Eine solche Zeichenkette besteht in diesem
Zusammenhang aus einem oder zwei ASCII-Zeichen, die (zur Unterscheidung von symbolischen Namen oder numerischen Konstanten) in
einfache Anführungszeichen (Apostrophe, ') eingeschlossen sind.
   Um den Akkumulator mit der ASCII-Ziffer 0 zu laden, befiehlt
man z.B.

$$MVI\ A,'0'$$

das ist das gleiche wie

$$MVI\ A,30H$$

Man kann dergestalt auch 16-Bit-Werte angegeben, wobei das erste ASCII-Zeichen den Wert des höherwertigen, das zweite den des niederwertigen Bytes wiedergibt. So lädt man Register B mit einem Stern und Register C mit einem Pluszeichen durch:

$$LXI\ B,'*+'$$

Besonderheiten:
- In Zeichenkettenkonstanten lassen sich zwischen den beiden Apostrophen alle (druckbaren) ASCII-Zeichen angeben. Insbesondere kann man hier auch ein Ausrufezeichen verwenden.
- Um einen Apostrophen (') in einer Zeichenkette zu verwenden, muß man ihn verdoppeln ('').
- Man kann nur druckbare Zeichen in die Kette aufnehmen. Steuerzeichen müssen mit ihrem ASCII-Kodewert angegeben werden.

Operatoren

Bis auf die Vorzeichen "+" und "-" und die logische Operation NOT verwenden alle von ASM verarbeiteten Operatoren zwei Operanden in Infixschreibweise, d.h. der Operator steht zwischen den beiden Operanden. Wir werden im folgenden die Operanden durch "x" und "y" wiedergeben und Operatoren groß schreiben.
Alle Operanden werden als vorzeichenlose 16-Bit-Werte behandelt und bewirken ein (ganzzahliges) 16-Bit-Ergebnis.
Wichtig ist ferner, daß alle diese Operationen bei der Übersetzung des Quellenprogramms durchgeführt werden. Das heißt, man kann sich nicht auf einen Wert beziehen, der erst beim Programmlauf an irgendeiner Stelle vorliegt. Die Operanden x und y müssen daher Konstanten oder selbst wieder aus Operatoren und Operanden zusammengesetzt sein.

- Arithmetische Operatoren

+ y	positives Vorzeichen, entspricht einem einfachen "y"
- y	negatives Vorzeichen, entspricht der Angabe "0 - y"
x + y	Addition der 16-Bit-Werte x und y
x - y	Subtraktion des 16-Bit-Werts y von dem 16-Bit-Wert x
x * y	Multiplikation der 16-Bit-Werte x und y
x / y	Division des 16-Bit-Werts x durch den 16-Bit-Wert y
x MOD y	(modulo) Rest aus der 16-Bit-Division x durch y

- Logische Operatoren

NOT y   bitweise logische Negation des 16-Bit-Werts y (alle 1-Bits werden zu 0 und alle 0-Bits zu 1)

x AND y   bitweise logische UND-Verknüpfung der 16-Bit-Werte x und y (Bitausblendung: liefert den Bitwert 0 überall da, wo mindestens eine 0 steht)

x OR y   bitweise logische ODER-Verknüpfung der 16-Bit-Werte x und y (Biteinblendung: liefert den Bitwert 1 überall da, wo mindestens eine 1 steht)

x XOR y   bitweise logische EXKLUSIV-ODER-Verknüpfung der 16-Bit-Werte x und y (Bitumschaltung: liefert den entgegengesetzten Wert des x-Bits, wo in y eine 1 steht)

- Schiebeoperatoren

Die Schiebeoperatoren bewirken die logische Verschiebung des angegebenen Werts, bei der die frei werdenden Bitpositionen mit Nullen aufgefüllt werden. Die herausgeschobenen Bits gehen verloren.

x SHL y   (shift left) Schiebt den 16-Bit-Wert von x um y Bitpositionen nach links.

x SHR y   (shift right) Schiebt den 16-Bit-Wert von x um y Bitpositionen nach rechts.

Man benutzt die SHR-Operation insbesondere dann, wenn das höherwertige Byte eines 16-Bit-Worts als 8-Bit-Argument verwendet werden soll. Um beispielsweise den Akkumulator mit dem höherwertigen Byte der Adreßangabe MARKE zu laden, kann man befehlen:

MVI A,MARKE SHR 8

Dagegen muß man das höherwertige Byte ausdrücklich ausblenden, wenn man den niederwertigen Adreßbestandteil laden möchte:

MVI A,MARKE AND OFFH

Zur Vorrangstufung von Operatoren

Ähnlich wie der gewohnte Rechenvorgang kennt auch ASM Vorrangstufungen der Operatoren nach Art der "Punkt-vor-Strich-Rechnung". In einem komplizierten Ausdruck werden zunächst die Rechnungen ausgeführt, deren Operatoren den höchsten Vorrang haben. Mit diesen Ergebnissen arbeiten dann die Operatoren der nächstniedrigen Stufe und so weiter, bis das Endergebnis erreicht ist. Dabei sind für ASM folgende Vorrangstufen definiert:

höchster Vorrang:	* / MOD SHL SHR
	− +
	NOT
	AND
geringster Vorrang:	OR XOR

Ausdrücke, die Operatoren gleicher Vorrangstufe enthalten, werden von links nach rechts abgearbeitet.

Man kann diese Gliederung wie üblich mit Hilfe von (runden) Klammern umgehen, die beliebig tief geschachtelt werden können. Beim Auswerten eines Ausdrucks wird immer erst die innerste Klammerebene berechnet, dann die nächst äußere usw. bis das Endergebnis vorliegt.

Pseudobefehle (Assembleranweisungen)

Die bisher besprochenen ASM-Möglichkeiten reichen noch nicht für alle Aufgaben bei der Programmerstellung aus. Es fehlen insbesondere noch Mittel und Wege um
- die Anfangsadresse des Programms zu bestimmen,
- symbolischen Namen vorgegebene Werte zuzuweisen und
- Marken im nicht von Programmbefehlen belegten Speicherbereich zu setzen.
Alle diese Angaben müssen Assemblern der Art von ASM im Programmtext durch besondere Anweisungen mitgeteilt werden. Diese "Assembleranweisungen" haben vereinbarungsgemäß die gleiche Form wie eine Programmbefehlszeile, also

<Marke>: <Befehl> <Argumente> ;<Kommentar>

nur daß hier der <Befehl> nicht in einen vom Prozessor abzuarbeitenden Kode verschlüsselt wird, sondern die Arbeit des Assembler steuert. Man nennt diese nur für Assembleranweisungen verwendeten Befehle daher "Pseudobefehle" oder nach dem englischen "assembler directives" auch "Assemblerdirektiven".
ASM verfügt über darüber hinaus noch über Möglichkeiten,
- das Programmende ausdrücklich zu bestimmen und
- bestimmte Programmteile nur bei Vorliegen besonderer Bedingungen zu übersetzen.

Im einzelnen stehen folgende Pseudobefehle zur Verfügung:

- **Vereinbarung des Werts symbolischer Namen**

EQU ("equate", setze gleich) legt den Wert ein für allemal im Programm fest
SET (setze) legt einen Wert fest, der später im Programmtext durch andere SET-Anweisungen verändert werden kann.

- **Angabe von Programmanfang und -ende**

ORG ("origin", Ursprung) legt die Adresse des nächsten Befehls oder Datenbereichs fest.
END bezeichnet das Ende des vom Assembler zu bearbeitenden Programmtexts und ermöglicht (für Sonderzwecke) die Angabe einer Startadresse für die Programmabarbeitung.

- **Vereinbarungen zur Datenspeicherung**

DS ("define storage area", Speicherbereich festlegen) Reserviert einen bestimmten Speicherbereich zur Datenspeicherung.
DB ("define bytes", Bytes festlegen) Legt den Wert der nachfolgenden Bytes (8-Bit-Einheiten) im Speicher ausdrücklich fest.
DW ("define words", Worte festlegen) Legt den Wert der nachfolgenden 16-Bit-Worte im Speicher ausdrücklich fest.

- **Bedingte Assemblierung**

IF Übersetzt den nachfolgenden Quellentext nur, wenn die im Argument angegebene Bedingung erfüllt ist.
ENDIF
Gibt das Ende des bedingt zu übersetzenden Quellentexts an.

Vereinbarung symbolischer Namen: EQU und SET

Ein im Programm zu verwendender symbolischer Name erhält seinen Zahlenwert entweder dadurch, daß man den Namen als Marke verwendet. Oder man muß ihm ausdrücklich einen Wert zuweisen. ASM bietet hier zwei Möglichkeiten:
- der zugewiesene Wert ist unveränderlich oder
- der zugewiesene Wert kann im Verlauf der Programmübersetzung verändert werden.
Dafür stehen die Pseudobefehle EQU und SET zur Verfügung, die in der Form

bzw.

           <Name>: EQU <Wert>   ;<Kommentar>

           <Name>: SET <Wert>   ;<Kommentar>

verwendet werden. Dabei gilt:

EQU ("equate", setze gleich) legt den Wert ein für allemal im Programm fest.

Besonderheiten:
- Wird der Wert im Zuge der Programmübersetzung verändert, dann entdeckt ASM dies erst im zweiten Durchgang. Er vergleicht dort nämlich den zuletzt ermittelten (und in der Symboltabelle festgehaltenen) Wert des Namens mit den im Programmtext zugewiesenen Werten und meldet jede Abweichung als "Phasenfehler" (Kennbuchstabe P). Beachten Sie dabei, daß ASM den Namen an allen Stellen durch seinen zuletzt ermittelten Wert ersetzt.
- ASM vermerkt die Tatsache der Wertzuweisung durch EQU im Listing durch Ausdrucken des dem Namen zugewiesenen (hexadezimalen) Werts in der Adreßspalte gefolgt von der Kennzeichnung "=".

SET (setze) legt einen Wert fest, der später im Programmtext durch andere SET-Anweisungen verändert werden kann.

Besonderheit:
- Anders als bei EQU meldet ASM bei der SET-Anweisung den an den Namen zugewiesenen Wert nicht im Listing.

Der <Wert> kann entweder ein konstanter Zahlenwert sein oder ein Ausdruck, der mehrere Konstanten mit den von ASM verarbeiteten Operatoren verknüpft. Jeder so vereinbarte <Name> erhält dadurch einen 16-Bit-Wert zugewiesen.

Besonderheit von EQU und SET:
- Sind in dem Ausdruck, aus dem der zuzuweisende Wert berechnet werden soll, symbolische Namen enthalten, dann müssen diese bereits vorher im Programm vereinbart worden sein. Das liegt daran, daß der Assembler derartige Wertzuweisungen im ersten Durchgang berechnet und sich dazu auf die bis dahin erstellte Symboltabelle bezieht. Ist in dieser der gewünschte Name nicht vorhanden, dann wird das durch den Kennbuchstaben U (für "undefined symbol", undefiniertes Symbol) gemeldet und als Ersatzwert Null angenommen.

Die Angabe des Programmanfangs: ORG

Der Assembler führt bei der Programmübersetzung intern einen Zähler, mit der die jeweils im Speicher erreichte Stelle bezeichnet wird. Der Zähler gibt immer die Adresse an, an welcher der nächste zu übersetzende Befehlskode abgelegt wird.
Üblicherweise beginnt die Übersetzung beim internen Programmzählerstand Null, d.h. ein solcherart übersetztes Programm müßte ab Adresse Null abgearbeitet werden. Normalerweise muß ein Programm für CP/M jedoch mit der Anfangsadresse des Arbeitsspeicherbereichs beginnen. Es ist demzufolge notwendig, den internen Programmzähler zunächst auf diesen Anfangswert zu setzen. Zu diesem Zweck ist der Pseudobefehl ORG vorgesehen, der in der Form

<Marke>: ORG <Anfangsadresse>   ;<Kommentar>

verwendet wird.

Besonderheiten:
- <Marke> und <Kommentar> können entfallen. Die <Marke> erhält, so vorhanden, den Wert der <Anfangsadresse>.
- Die <Anfangsadresse> muß entweder eine Konstante sein oder aus einem Ausdruck berechnet werden. Alle in den Ausdruck eventuell eingehenden symbolischen Namen müssen wie bei SET und EQU bereits vorher im Programm definiert worden sein, da die <Anfangsadresse> bereits im ersten Übersetzungsdurchlauf berechnet wird.
- Ein Programm kann mehrere ORG-Anweisungen enthalten. Das macht es beispielsweise möglich, die Programmbefehle in einen und den Datenspeicher in einen anderen Bereich zu setzen.
- ASM testet nicht, ob sich die durch ORG festgelegten Bereiche überlappen. Man kann das für besondere Zwecke (beispielsweise im Zusammenhang mit bedingter Assemblierung) ausnutzen. In der Regel aber ist ein solches Überlappen von Programmbereichen unerwünscht.

Die Angabe des Programmendes: END

Normalerweise braucht man das Programmende für ASM nicht besonders zu kennzeichnen. ASM beendet seine Arbeit mit dem Ende der Quellendatei. Es gibt jedoch Situationen, weswegen sich ein ausdrücklicher Vermerk "Programmende" empfiehlt, z.B.:
- Der verwendete Editor schließt die Quellendatei nicht immer mit CONTROL-Z ab. (Dies kann an Sektorgrenzen eintreten.) In

diesem Fall versucht ASM einen 128-Byte-Sektor mehr auszuwerten, bis vom Betriebssystem ausdrücklich "Ende der Datei" gemeldet wird. Das führt in aller Regel zu einem Assemblierungs-
fehler.
- Die Quellendatei enthält im Anschluß an den Programmtext noch
weitere Erläuterungen, die vom Assembler nicht mit erfaßt werden sollen. Ein ausdrücklicher Vermerk des Programmendes gewährleistet dies.
- Für Programme, die nicht unter CP/M laufen, sollen, empfiehlt
es sich manchmal, die Programmabarbeitung nicht unmittelbar am
Programmanfang, sondern an einer anderen Stelle beginnen zu
lassen. Dies kann ASM durch ein besonders Argument bei der
Angabe des Programmendes mitgeteilt werdon.
Das Programmende wird ASM durch den Pseudobefehl END mitgeteilt.
Die Endanweisung hat dabei die Form:

> <Marke>:   END   ;<Kommentar>

bzw.

> <Marke>:   END <Startadresse>   ;<Kommentar>

Sie bewirkt, daß der Assembler die Arbeit am Programmtext abbricht. Es werden nach dieser Anweisung keine Programmzeilen
mehr gelesen.

Besonderheiten:
- <Marke> und <Kommentar> können entfallen. Die <Marke> erhält,
so vorhanden, den letzten Wert des Programmzählers. Das ermöglicht es z.B., automatisch die Programmlänge zu berechnen.
- Die <Startadresse> kann eine numerische Konstante sein oder
nach den üblichen Regeln in einem Ausdruck berechnet werden.
- Die <Startadresse> wird immer in der letzten Aufzeichnung der
Zwischendatei im Intel-Hex-Format festgehalten und von besonderen Ladeprogrammen ausgewertet. Fehlt sie, so wird der Wert
Null angenommen.
- Von den auf der Systemdiskette gelieferten Programmen wertet
nur DDT die <Startadresse> aus. Der Bedienungsprozessor CCP
startet ein COM-Programm immer am Anfang des Arbeitsbereichs.
- Soll ein unter CP/M abzuarbeitendes Programm aus irgendeinem
Grund an einer anderen Stelle gestartet werden, dann muß man
es (von der HEX-Datei!) mit DDT laden und dann mit dem G-Befehl starten (siehe nächstes Kapitel).
- Beachten Sie, daß das in der PRN-Datei abgelegte Listing nur
die vom Assembler erfaßten Zeilen enthält. Alle in der Quellendatei nach der END-Anweisung etwa vorhandenen Informationen
finden sich <u>nicht</u> im Listing!

Vereinbarungen zur Datenspeicherung

In aller Regel muß ein Programm auf den Inhalt von Speicherstellen zugreifen oder Werte an Speicheradressen ablegen können. Man
muß dazu festlegen, welche Daten in welcher Form wo zu finden
sind. Dem dienen in ASM zwei grundlegende Formen der Speicher-
vereinbarung:
- die Vereinbarung eines bestimmten Speicherbereichs, dessen
  Inhalt erst während des Programmlaufs bestimmt wird;
- die Vereinbarung eines bestimmten Speicherbereichs mit bereits
  bei Programmbeginn festliegenden Werten (z.B. Meldungstexte,
  Rechenkonstanten, Anfangswerte von Variablen), wobei beim
  8080-Prozessor unterschieden werden muß zwischen
  = 8-Bit-Werten (Einzelbytes) und
  = 16-Bit-Werten (Doppelbytes, "Wörter").
ASM verarbeitet zu diesem Zweck drei verschiedene Assembleranweisungen mit den Pseudobefehlen DS, DB und DW in der Form:

<Marke>:	DS	<Länge>	;<Kommentar>
<Marke>:	DB	<Wertliste>	;<Kommentar>
<Marke>:	DW	<Wertliste>	;<Kommentar>

Besonderheiten:
- <Marke> und <Kommentar> können wie üblich entfallen. Die <Mar-
  ke> ' erhält, so vorhanden, die Adresse der ersten durch die
  Anweisung erfaßten Speicherstelle.
- Die bei der Übersetzung verwendete Speicheradresse wird durch
  den Stand des internen Programmzählers bestimmt. Sie kann bei
  Bedarf mit der ORG-Anweisung auf einen vorgegebenen Wert gesetzt werden. Ansonsten wird der interne Zähler von ASM bei
  der Übersetzung um die jeweils angegebene Anzahl von Bytes
  (der <Länge> bzw. der <Wertliste>) weitergesetzt.

Im einzelnen bewirken diese Assembleranweisungen folgendes:

DS ("define storage area", Speicherbereich festlegen) Reserviert
einen Speicherbereich bestimmter <Länge> (in Bytes). Der
Speicherinhalt wird nicht berührt.

Besonderheiten:
- Der DS-Befehl hat die gleiche Wirkung wie die Befehlsfolge:

<Marke>:	EQU $	; Anfangsadresse festlegen
	ORG $+<Länge>	; Bereich überspringen

D.h. ASM fährt mit der Übersetzung der nächsten Programm-
zeile an der durch den gegenwärtigen Stand des internen
Zählers und die <Länge> gegebenen Speicherstelle fort.
- Die im Befehl angegebene <Länge> kann durch einen konstanten numerischen Wert oder durch einen von ASM zu berechnen-
den Ausdruck nach üblichem Muster angegeben werden.
- ASM vermerkt die reservierte <Länge> nicht ausdrücklich im
PRN-Listing. Es wird nur die Adresse der DS-Zeile und dann
wieder die der folgenden Zeile angegeben.
- Beim Laden der HEX-Datei füllt LOAD den durch DS reservierten Bereich mit Nullbytes, wogegen DDT ihn unverändert
laßt. Man kann DS also in Verbindung mit DDT bequem für
gezielte Programmänderungen (sog. "patches") verwenden.

Die beiden folgenden Anweisungen reservieren und initialisieren
den betreffenden Speicherbereich. Sie können beliebig viele
durch Kommas getrennte Argumente in einer <Wertliste> übernehmen
(sofern dabei die Zeile nicht überschritten wird). Diese Werte
werden in der gegebenen Reihenfolge im Speicher bereitgestellt.

Besonderheiten:
- Die in der <Wertliste> angegebenen Werte können durch Konstanten oder durch von ASM zu berechnende Ausdrücke angegeben
sein, wobei die Ausdrücke aus Konstanten, symbolischen Namen
und den oben angegebenen Operatoren gebildet werden.
- Die in der <Wertliste> aufgeführten Einzelangaben müssen durch
Kommas voneinander getrennt werden. Am Listenende darf jedoch
kein Komma stehen. ASM erwartet sonst einen neuen Wert und
meldet einen Fehler (Kennbuchstabe E: "expression error", Fehler im Ausdruck), wenn dieser ausbleibt.
- ASM listet in der PRN-Datei bei einer längeren <Wertliste> jedoch nur die ersten 5 Bytes auf. Das hat keinen Einfluß auf
die tatsächlich gespeicherten Werte. Wird eine ausdrückliche
Überprüfung der vom Assembler bereitgestellten Werte benötigt,
muß die betreffende Anweisung geeignet aufgespalten werden.

DB ("define bytes", Bytes festlegen) Legt den Wert der nachfolgenden Speicherstellen aufgrund der <Wertliste> fest.

Besonderheiten:
- Die in der <Wertliste> angegebenen Werte müssen im Bereich
zwischen 0 und 255 liegen.
- Die einzige Ausnahme hiervon ist die Vereinbarung von Texten in Zeichenketten. Eine solche Zeichenkette umfaßt bis
zu 64 ASCII-Zeichen in einfachen Anführungszeichen.

Beispiel:

MELDUNG   DB 'Druecken Sie irgendeine Taste: '

Dies ist die einzige Möglichkeit, ASM in Programmen längere
Texte fest vorzugeben.
- Der Text in einer Zeichenkette wird nicht in Großschreibung
übersetzt, sondern wie angegeben übernommen.
- Um einen Apostroph in den Text mit aufzunehmen, muß er verdoppelt angegeben werden.
- Eine Zeichenkette kann bei ASM nur druckbare Zeichen aufnehmen. Steuerzeichen müssen unmittelbar als Konstanten
oder symbolisch angegeben werden.

DW ("define words", Worte festlegen) Legt den Wert der in der
<Wertliste> angegebenen 16-Bit-Worte im Speicher fest.

Besonderheiten:
- In der <Wertliste> können auch Zeichenkettenkonstanten auftreten, sofern sie zwei Zeichen nicht überschreiten. Sie
werden dann wie üblich als 16-Bit-Wert behandelt.
- Die angegebenen Werte werden der 8080-Vereinbarung gemäß in
umgekehrter Reihenfolge gespeichert:
= Zuerst wird das niederwertige Byte abgelegt. Das höherwertige Byte folgt in der nächsten Speicherstelle.

Bedingte Assemblierung

Es gibt Anwendungsfälle, in denen bestimmte Programmteile nur
dann übersetzt werden sollen, wenn eine vorgegebene Bedingung
erfüllt ist. Dies ist beispielsweise der Fall, wenn ein Programm
möglichst allgemein gehalten wurde und nun für jeden konkreten
Fall nur die hierfür benötigten Teile übersetzt werden sollen.
Zu diesem Zweck stehen in ASM die Pseudobefehle IF ("falls") und
ENDIF zur Verfügung. Sie umklammern die bedingt zu übersetzenden
Zeilen nach dem Muster:

IF <Bedingung>
. . .
<bedingt zu übersetzender Programmteil>
. . .
ENDIF

Der betreffende Programmteil wird nicht übersetzt, wenn die <Be-
dingung> den Wert Null hat. Er wird (mit Sicherheit) übersetzt,

wenn die Bedingung den Wert -1 (0FFFFH) hat, also logisch "NICHT 0" (NOT 0) ergibt. Man kann daher den Wahrheitswerten WAHR und FALSCH von vornherein folgende Werte im Programm zuordnen:

```
FALSCH   EQU 0           ; Definition der log. Wahrheitswerte
WAHR     EQU NOT FALSCH
```

Mit diesen Werten kann man dann "Flaggen" vereinbaren, welche die Übersetzung steuern. Dies kann z.B. so aussehen:

```
         STANDRD EQU WAHR   ; Vereinbarung der Standard-Flagge
         . . .
         IF STANDRD
MELDUNG  DB 'Dies ist ein Standardsystem'
         ENDIF
         IF NOT STANDRD
MELDUNG  DB 'Dies ist KEIN Standardsystem'
         ENDIF
         . . .
```

Dies würde gegebenenfalls (durch ein hier nicht wiedergegebenes Unterprogramm) die Meldung "Dies ist ein Standardsystem" ausdrucken. Soll das Programm dagegen für ein Nichtstandardsystem übersetzt werden, so braucht man lediglich am Programmanfang den Wert der Flagge STANDRD auf FALSCH zu setzen, und dadurch das Programm "Dies ist KEIN Standardsystem" melden lassen.

Besonderheiten:
- Die korrekte Arbeit von IF und ENDIF ist nur für die oben definierten Werte FALSCH (0) und WAHR (0FFFFH) garantiert!
- Da bereits im ersten Übersetzungsdurchgang über den Einbezug des mit IF-ENDIF geklammerten Programmteils entschieden wird, müssen alle in die <Bedingung> eingehenden symbolischen Namen vor dem IF vereinbart worden sein.
- IF-ENDIF-Blöcke können in ASM nicht geschachtelt werden. Erfordert die Aufgabe eine derartige Schachtelung , dann muß man sie geeignet aufbrechen und die Teilbedingungen durch AND bzw. OR passend verknüpfen. Statt
```
         IF ALPHA
         <Programmteil 1, erste Hälfte>
         IF BETA
         <Programmteil 2>
         ENDIF
         <Programmteil 1, zweite Hälfte>
         ENDIF
```

schreibt man so

```
IF ALPHA
<Programmteil 1, erste Hälfte>
ENDIF
IF ALPHA AND BETA
<Programmteil 2>
ENDIF
IF ALPHA
<Programmteil 1, zweite Hälfte>
ENDIF
```

Aufruf und Kommunikation von ASM

>>>Der Aufruf von ASM weicht vom in CP/M gewohnten Schema ab!<<<
Der Assembler übernimmt eine Datei, die immer die Klassenbezeichnung ASM tragen muß. Das übersetzte Programm wird in einer
Datei mit demselben Namen, aber der Klassenbezeichnung HEX abgelegt, und das Listing schließlich kommt in die Datei mit der
Klassenbezeichnung PRN. Herkunft und Ziel dieser Dateien lassen
sich im Aufruf vorgeben.
   Üblicherweise werden in CP/M derartige Zusatzanforderungen
durch Angabe von Optionen (nach einem Dollarzeichen oder in
eckigen Klammern) befohlen, doch hat man für ASM eine Ausnahme
gemacht. Hier sind die betreffenden Angaben am Ort der Klassenbezeichnung der zu übersetzenden Datei, also nach dem trennenden
Punkt verschlüsselt.
Der ASM-Aufruf hat dabei folgende allgemeine Form:

ASM <Einfachname>.<ASM-Datei><HEX-Datei><PRN-Datei>

Die Argumente <ASM-Datei>, <HEX-Datei> und <PRN-Datei> bestehen
jeweils aus einem Buchstaben und geben die Herkunft (ASM) oder
das Ziel (HEX, PRN) der betreffenden Dateien wie folgt an:

		gilt für:
- Laufwerk:	A, B, ..., P	(ASM, HEX und PRN)
- Konsole:	X	(nur PRN)
- nicht erzeugen:	Z	(HEX und PRN)

Wenn beispielsweise die Datei TEST.ASM von der Diskette in Laufwerk B probeweise ohne ein Objektprogramm zu erzeugen assem-
liert werden soll, wobei das Listing auf der Konsole anzuzeigen
ist, befiehlt man:

ASM TEST.BZX

Falls sich das Quellenprogramm auf der Diskette im Bezugslaufwerk befindet und sowohl die HEX-Objektdatei als auch das PRN-Listing auf dieser Bezugsdiskette angelegt werden sollen, dann kann man eine Kurzform verwenden:

ASM <Einfachname>

Das entspricht "ASM <Einfachname>.AAA", wenn A das Bezugslaufwerk ist und "ASM <Einfachname>.BBB" für B als Bezugslaufwerk. Die weiteren Meldungen von ASM laufen über die Konsole nach folgendem Muster ab:

CP/M ASSEMBLER - VER 2.0
<Fehlermeldungen>
<letzter Stand des internen Programmzählers>
<Belegungsgrad der Symboltabelle>
END OF ASSEMBLY

Zunächst meldet sich ASM mit der gerade benutzten Version (hier 2.0). Dann wird die Quellendatei geladen und die Übersetzung eingeleitet. ASM markiert alle dabei erkannten Fehler in der PRN-Datei am linken Rand mit einem Kennbuchstaben und zeigt die betreffenden Zeilen gleichzeitig auf der Konsole als <Fehlermeldung> an. Zum Abschluß der Arbeit wird der letzte Stand des internen Programmzählers von ASM angegeben, was Rückschlüsse auf die Programmgröße zuläßt. Diesem Zählerstand folgt eine Angabe über die prozentuale Nutzung des (im gegebenen CP/M-System) verfügbaren Bereichs für die Symboltabelle. Diese Anzeige erfolgt im Hexadezimalsystem:

000H = Die Symboltabelle ist (fast) leer.
0FFH = Die Symboltabelle wurde (fast) voll aufgebraucht.

Schließlich werden, so notwendig, die HEX- und die PRN-Datei fertig ausgeschrieben und geschlossen. "END OF ASSEMBLY" meldet das Ende der Übersetzungsarbeit.

Besonderheit:
- An die zu übersetzende Quellendatei werden einige wenige formale Kriterien angelegt, welche die Bearbeitung der Datei beeinflussen:
  = Die Datei muß mit einem CONTROL-Z enden.
  Ist diese Bedingung (an Aufzeichnungsgrenzen, je nach Editor) nicht erfüllt, dann erkennt ASM das Dateiende nicht rechtzeitig und erfaßt i.A. nicht übersetzbare Textbestandteile.
  = Die letzte Programmzeile muß mit einem vollständigen Zeilenende (CRLF) abgeschlossen sein.

Ist dies nicht der Fall, dann versucht ASM über das Dateiende hinaus Zeichen zu übernehmen und auszuwerten. Dies bewirkt in aller Regel die Blockade des Systems oder gar eine
unkontrollierbare Reaktion mit Aktivieren der Diskettenlaufwerke, was bis zum Datenverlust führen kann.
Man kann diesen Schwierigkeiten dadurch vorbeugen, wenn die zu
übersetzenden Programme immer mit END abschließen. Hier führt
ASM seine Arbeit in jedem Fall ordnungsgemäß aus.

Aufruf und Kommunikation von LOAD

Der Aufruf des CP/M-Laders LOAD ist demgegenüber einfach. Er hat
die Form:

LOAD <Einfachname>

bzw.

LOAD <Laufwerk>:<Einfachname>

wobei als Klasse immer HEX angenommen wird. (Jede ausdrückliche
Klassenangabe bleibt unberücksichtigt.)
    In der ersten Form des Aufrufs liest LOAD die HEX-Datei von
der Diskette im Bezugslaufwerk und legt die binäre COM-Datei
ebenfalls auf der Bezugsdiskette an. In der zweiten Form beziehen sich (anders als in der CP/M-Dokumentation angegeben) sowohl
die HEX- als auch die COM-Datei auf die Diskette im ausdrücklich
befohlenen <Laufwerk>.
LOAD meldet nach dem Aufruf folgendes:

<Startadresse des geladenen Programms>
<Endadresse des geladenen Programms>
<Anzahl der aus der HEX-Datei gelesenen Bytes>
<Anzahl der in die COM-Datei geschriebenen 128-Byte-Einheiten>

Besonderheit:
- LOAD ist ein einfacher Lader, der lediglich COM-Befehlsdateien
  für den Arbeitsbereich anlegt. Dabei wird vorausgesetzt:
  = Die HEX-Datei ist im Intel-Hex-Format abgefaßt.
  = Die Startadresse liegt bei 100H (4300H in Nichtstandardsy-
    stemen).
  = Die Adressen der in der HEX-Datei festgehaltenen Aufzeich-
    nungen sind in aufsteigender Folge geordnet.
  = Lücken in der HEX-Datei werden in der COM-Datei durch Nullen
    aufgefüllt.
  Alle von diesem Ansatz abweichenden Programme können nicht
  durch LOAD geladen werden.

ASM-Fehlermeldungen

ASM erkennt zwei verschiedene Arten von Fehlern:
- Fehler, die einen Abbruch der Programmabarbeitung auslösen,
- Fehler im Zuge der Programmübersetzung, die lediglich gemeldet werden, aber keinen Abbruch der Arbeit bewirken.

Die letztgenannten Fehler werden durch Kennbuchstaben in der ersten Druckspalte im Listing vermerkt und zusätzlich noch einmal an die Konsole geantwortet. Dabei werden verwendet:

D ("data error", Datenangabe falsch) Der Wert des Befehlsarguments paßt nicht in den abgegebenen Datenbereich; tritt u.a. auf, wenn ein 16-Bit-Wert einer 8-Bit-Speicherstelle zugewiesen werden soll.

    Abhilfe: Ändern Sie entweder den Ausdruck, der den Wert liefert, passend ab, oder benutzen Sie einen anderen Befehl.

E ("expression error", Ausdruck falsch) Der Ausdruck kann nicht berechnet werden; oft ist hier ein symbolischer Name nicht definiert oder ein Schreibfehler liegt vor.

    Abhilfe: Prüfen Sie die symbolischen Namen nach, korrigieren sie eventuelle Schreibfehler und achten Sie auch auf den Wert möglicher Zwischenergebnisse bei komplizierten Ausdrücken. Oft hilft es, den Ausdruck in mehrere Zeilen aufzuspalten.

L ("label error", symbolischer Name falsch) Ein symbolischer Name kann in diesem Zusammenhang nicht vorkommen; wird oft gemeldet, wenn eine Marke mehrere Anweisungen bezeichnet.

    Abhilfe: Korrigieren Sie den Namen. Eventuell müssen Sie verschiedene Namen für verschiedene Vorkommen wählen.

N ("not implemented") Dieser Befehl wird von der gegenwärtigen Assemblerversion nicht verstanden.

Das hat seinen Hintergrund in der Tatsache, daß ASM der einfachste der von Digital Research angebotenen Assembler ist. Es gibt noch den Makroassembler MAC und den relozierenden, d.h. verschiebbaren Kode erzeugenden Makroassembler RMAC, deren (Pseudo-)Befehle im Programm auftauchen können. Die betreffenden Stellen werden von ASM erkannt und mit "N" vermerkt.

    Abhilfe: Falls überhaupt notwendig: Entfernen Sie die Befehlszeile, wenn das ohne Auswirkungen auf die Programmlogik möglich ist. Strukturieren Sie eventuell das Programm geeignet um. Ersetzen Sie Makros ausdrücklich an jedem Ort, an dem sie im Programmtext auftreten. Oder wechseln Sie den Assembler...

O ("overflow", Überlauf) Der Ausdruck ist zu kompliziert, um
  ihn berechnen zu können (d.h. enthält zu viele Operatoren),
  oder die angegebene Zeichenkette umfaßt mehr als 64 Zeichen.
  Abhilfe: Vereinfachen Sie den Ausdruck bzw. teilen Sie die
           Zeichenkette auf mehrere DB-Anweisungen auf.
P ("phase error", Phasenfehler) Der angegebene symbolische Name
  hat im zweiten Durchgang einen anderen Wert als in der Symboltabelle festgehalten ist. Dies wird bei allen Vereinbarungen dieses Namens, außer der letzten gemeldet.
  Abhilfe: Stellen Sie fest, wieviele verschiedene Vereinbarun-
           gen es gibt und wählen Sie entsprechend (auch an
           allen Stellen, auf denen Bezug auf den Namen genom-
           men wird!) unterschiedliche Bezeichnungen.
R ("register error", Registerangabe falsch) Das angegebene Re-
  gister kann bei diesem Befehl nicht auftreten. Dies kann ein
  Schreib- oder ein logischer Fehler sein.
  Abhilfe: Korrigieren Sie die Schreibweise oder überprüfen Sie
           die Logik des Programmflusses an dieser Stelle.
U ("undefined symbol", Symbol nicht definiert) Der hier verwen-
  dete symbolische Name ist noch nicht definiert worden.
  Abhilfe: Sorgen Sie bei allen Argumentsangaben, die im ersten
           Durchgang ausgewertet werden, dafür, daß alle sie
           bildenden symbolischen Namen weiter vorne im Pro-
           gramm vereinbart worden sind.
V ("value error", Wert falsch) Ein im betreffenden Ausdruck
  vorgefundener Operand ist falsch angegeben; üblicherweise auf
  Schreibfehler oder vergessene Trennzeichen zurückzuführen.
  Abhilfe: Korrigieren Sie die Angabe.

- Fehler, die zu einem Programmabbruch führen

==> Die angegebene ASM-Quellendatei liegt auf der betreffenden
    Diskette nicht vor.

Meldung: NO SOURCE FILE PRESENT
Abhilfe: Dies ist zumeist ein Schreibfehler: Korrigieren Sie den
         Befehl. Achten Sie auf die Laufwerksangaben im Aufruf.
         Eventuell liegt auch die falsche Diskette vor: Überprü-
         fen Sie das Verzeichnis.

==> Das Diskettenverzeichnis ist voll.

Meldung: NO DIRECTORY SPACE
Abhilfe: Löschen Sie nicht mehr gebrauchte Dateien oder wechseln
         Sie die Zieldiskette.

==> Der Dateiname ist nicht korrekt angegeben.

Meldung: SOURCE FILE NAME ERROR
Abhilfe: Korrigieren Sie die Angabe im Aufruf (es muß ein Einfachname sein).

==> Die Quellendatei enthält vom Assembler nicht auswertbare
Zeichen (z.B. Steuerzeichen in Befehlszeilen).

Meldung: SOURCE FILE READ ERROR
Abhilfe: Versuchen Sie mit Hilfe von TYPE, PIP, DUMP oder DDT
die fehlerhafte Stelle aufzufinden und korrigieren Sie
sie entsprechend.
Sie können manchmal einen ungefähren Anhaltspunkt über
den Ort des Fehlers finden, wenn Sie bewußt Fehlermeldungen provozieren. Die "N"-Flagge eignet sich gut
hierzu (fügen Sie den Pseudobefehl PAGE - eventuell zusammen mit einer Kennummer - in den Text ein). Sie
können auch Zeilen einfügen, die eine Meldung bereits
im ersten Durchlauf ergeben.
Tasten Sie sich im Falle besonderer Schwierigkeiten zur
Fehlerstelle vor, indem Sie Stück für Stück Abschnitte
aus der Quellendatei ausblenden.

==> Die Zieldiskette ist voll oder beschädigt.

Meldung: OUTPUT FILE WRITE ERROR
Abhilfe: Prüfen Sie den Platzbedarf mit STAT nach. Löschen Sie
unnötige Dateien oder wechseln Sie die Diskette.

==> Das Laufwerk der Zieldiskette ist schreibgeschützt.

Meldung: CANNOT CLOSE FILE
Abhilfe: Heben Sie den Schreibschutz durch einen Warmstart auf.

LOAD-Fehlermeldungen

==> Der zu ladende Objektkode beginnt an einer Adresse unterhalb
des TPA-Arbeitsbereichs.

Meldung: ERROR: INVERTED LOAD ADDRESS, LOAD ADDRESS <nnnn>
            ("Ladeadresse vertauscht, Anfangswert ist <nnnn>")
Abhilfe: Der Fehler tritt am häufigsten auf, wenn der einleiten-
de ORG-Befehl im Quellprogramm vergessen wurde. Lei-

ten Sie jedes für CP/M gedachte Quellenprogramm mit
ORG 100H (bzw. ORG 4300H) ein.
Wenn das Programm für Spezialanwendungen dient: Laden
Sie es mit DDT.

Die beiden anderen Fehler werden in einer einheitlichen Form
gemeldet:

    <Meldung>
    LOAD ADDRESS <nnnn>   (Dateianfang bei <nnnn>)
    ERROR ADDRESS <mmmm>   (Fehler aufgetreten bei <mmmm>)
    BYTES READ:
    <Adresse>:
    <gültiger Anfang der betreffenden HEX-Aufzeichnung>

Sie treten in der Regel nur auf, wenn die Aufzeichnung irgendwie
beschädigt worden ist. In beiden Fällen gilt die

Abhilfe: Wenn die Quellendatei vorliegt:
        Assemblieren Sie sie neu, eventuell auf eine andere
        Diskette.
        Wenn nur die HEX-Datei vorliegt (beispielsweise von ei-
        nem Lochstreifen überspielt wurde):
        Versuchen Sie, den Fehler mit dem Editor zu korrigie-
        ren. (Das wird allerdings in vielen Fällen etwas Expe-
        rimentieren und einige Vertrautheit sowohl mit dem In-
        tel-Hex-Format als auch mit Programmen in Maschinen-
        sprache erfordern.)

Die derart gemeldeten Fehler betreffen:

==> Die Aufzeichnung enthält ein nicht zu den Hexadezimalziffern
    zählendes Zeichen.

Meldung: INVALID HEX DIGIT

==> Die aus der Aufzeichnung berechnete Quersumme (Prüfsumme)
    stimmt nicht mit dem in der Datei festgehaltenen Wert über-
    ein.

Meldung: CHECK SUM ERROR

KAPITEL 14

PROGRAMME BEARBEITEN: DDT

Hat man ein Programm erst einmal geschrieben und assembliert, dann muß es auf Herz und Nieren getestet werden. Kaum ein Programm ist jemals völlig fehlerfrei.
Nun empfiehlt es sich nicht unbedingt, den neuen Objektkode "blind" zu laden und auf Verdacht laufen zu lassen. Die Gefahr, daß durch Fehlfunktionen etwas Wichtiges zerstört wird, ist viel zu groß. Auch hat man, sollte es nicht das Gewünschte tun, kaum einen Anhaltspunkt, was eigentlich schiefgelaufen ist. Die Frage nach der fehlerhaften Stelle, nach dem Wert, der unter dieser oder jener Bedingung im Speicher abgelegt worden ist oder auch danach, ob der Prozessor überhaupt noch den Programmkode abarbeitet und nicht irgendwo "im Blauen" wurstelt, läßt sich ohne geeignetes Werkzeug nur sehr schwer beantworten.
Als solches Werkzeug zum Aufspüren und Beseitigen von Fehlern, zum "Debugging" (wörtlich: Entwanzen), wie man in Anlehnung an den amerikanischen Ausdruck sagt, dient in der CP/M-Standardversion das "dynamic debugging tool" DDT. Man kann mit ihm den Programmablauf "dynamisch", durch Vorgabe von Randbedingungen und Kontrollieren der Ergebnisse verfolgen.

Grundaufgaben

Im wesentlichen führt DDT vier Grundaufgaben durch. Man kann mit ihm
- eine Datei lesen,
- das Programmverhalten untersuchen,
- den Speicherinhalt ansehen und
- den Speicherinhalt verändern.

Aufruf, Kommunikation

Es gibt für den Aufruf von DDT zwei Formen: mit Vorgabe der zu bearbeitenden Datei und ohne eine solche Angabe. Dem entsprechen die Befehlszeilen:

DDT <Einfachname>
DDT

DDT wird zunächst wie üblich an den Beginn des Arbeitsbereichs geladen, verschiebt sich aber nach dem Start selbst an das obere Ende (wobei der Bedienungsprozessor CCP überlagert wird). Das macht den unteren Bereich für das zu testende Programm frei. Die gegenüber dem Normalbetrieb verringerte Speichergröße wird signalisiert, indem DDT den Sprungbefehl zum BDOS in der Grundseite so verändert, daß beim BDOS-Aufruf zunächst zum DDT-Anfang und erst von dort zum BDOS gesprungen wird. Das täuscht den zu testenden Programmen einen BDOS-Anfang am Beginn von DDT vor.

Allgemein meldet sich DDT (in der untersuchten CP/M-Version) mit der Versionsangabe

DDT VERS 2.2

der - falls im Aufruf eine Datei angegeben worden ist (und diese geladen werden konnte) - die Angaben

NEXT PC
XXXX XXXX

folgen. NEXT bezeichnet die Adresse des ersten im Speicher nicht veränderten Bytes und PC die Adresse des ersten abzuarbeitenden Programmbefehls. Konnte die betreffende Datei nicht geladen werden, dann wird dies durch ein Fragezeichen signalisiert.

Die Klassenbezeichnung HEX hat hier eine besondere Funktion: DDT nimmt dann an, daß es sich um eine Datei im Intel-Hex-Format handelt und versucht sie, dieser Definition entsprechend zu laden. Alle anderen Dateien werden (bei dieser DDT-Version) als binäre Dateien behandelt.

Üblicherweise zeigt PC nach dem Laden der Datei auf den Anfang des Arbeitsbereichs. Lediglich beim Laden von HEX-Dateien erhält der Programmzähler den in der letzten Dateiaufzeichnung angegebenen Startwert.

Der weitere Verkehr zwischen DDT und Benutzer spielt sich über die Konsole ab. Zu Protokollzwecken kann man durch CONTROL-P jederzeit (auf DDT-Befehlsebene) der LST-Kanal zuschalten.

DDT meldet sich am linken Rand mit einem einfachen Strich (-) zur Befehlsübernahme bereit. Die DDT-Befehle bestehen aus Einzelbuchstaben, welche die (englischsprachige) Aktionsbeschreibung abkürzen. Sie müssen unmittelbar an das Bereitschaftszeichen angeschlossen werden und können von bis zu drei Argumenten gefolgt sein.

Alle DDT-Befehlsargumente sind Hexadezimalzahlen mit bis zu vier Ziffern. Sie müssen dem Befehlsbuchstaben unmittelbar folgen. Kommas oder Leerzeichen trennen die Argumente voneinander:

bzw.
$$-\langle Befehl\rangle\langle Arg.1\rangle,\langle Arg.2\rangle,\langle Arg.3\rangle$$

$$-\langle Befehl\rangle\langle Arg.1\rangle \ \langle Arg.2\rangle \ \langle Arg.3\rangle$$

Besonderheiten:
- DDT wandelt alle Befehlseingaben in Großschreibung um.
- Die Länge einer DDT-Befehlszeile ist auf 32 Zeichen beschränkt. Wird diese Länge überschritten, so schließt DDT die Eingabe automatisch ab und versucht sie auszuwerten.
- Werden mehr als vier Ziffern in einem Argument angegeben, dann wertet DDT nur die vier zuletzt eingegebenen Ziffern aus. So betrachtet DDT den Befehl

$$-S17347240 b7F340D5A7305D740$$

als

$$-SD740$$

- Ein DDT-Befehlsargument darf nur die 16 gültigen Hexadezimalziffern 0 bis 9 und A bis F enthalten.
- Versteht DDT den eingegebenen Befehl nicht, dann wird das durch ein Fragezeichen gemeldet.

Überblick über die DDT-Befehle

- Datei lesen

I\<Dateiname>   (input)
  Eine Datei für die nächste Einleseoperation vorgeben.
R\<Versatz>   (read)
  Eine Datei einlesen, wobei die Anfangsadresse durch den \<Versatz> (und die Originaladresse des Programms) bestimmt wird.

- Programmlauf untersuchen

G\<Start>,\<Stopp 1>,\<Stopp 2>   (go)
  Das Programm ab Adresse \<Start> abarbeiten bis einer der unter \<Stopp 1> bzw. \<Stopp 2> stehenden Befehle erreicht wurde.
T\<Anzahl>   (trace)
  Die angegebene \<Anzahl> Programmschritte einzeln abarbeiten und jeweils den erreichten Prozessorzustand anzeigen.
U\<Anzahl>   (untrace)
  Wie T, nur ohne Anzeige der einzelnen Programmschritte.
X   (examine)
  Den ganzen Prozessorzustand (Flaggen, Register, Programmbefehl) anzeigen lassen.
X\<Register>
  Das angegebene \<Register> anzeigen und gegebenenfalls ändern.

- Speicher ansehen

D<Anfang>,<Ende>   (dump)
Den zwischen den Adressen <Anfang> und <Ende> stehenden Spei-
cherinhalt hexadezimal (und im ASCII-Format) auslisten lassen.
L<Anfang>,<Ende>   (list)
Die zwischen den Adressen <Anfang> und <Ende> stehenden Be-
fehle in mnemonischer Form auslisten lassen.

- Speicherinhalt ändern

A<Adresse>   (assemble)
Ab der Adresse mnemonisch (mit hexadezimalen Argumenten) ange-
gebene Befehle im Speicher ablegen.
S<Adresse>   (set)
Den unter der <Adresse> zu findenen Speicherwert hexadezimal
anzeigen lassen und gegebenenfalls verändern.

- Hilfsbefehle

F<Anfang>,<Ende>,<Wert>   (fill)
Den Speicherbereich von Adresse <Anfang> bis Adresse <Ende>
mit dem <Wert> füllen.
M<Anfang>,<Ende>,<Ziel>   (move)
Den von <Anfang> bis <Ende> reichenden Speicherblock an das
<Ziel> kopieren.
H<Wert 1>,<Wert 2>   (hexadecimal computation)
Die Summe
            <Wert 1> + <Wert 2>
und die Differenz
            <Wert 1> - <Wert 2>
in (maximal vierstelliger) Hexadezimalform berechnen.

Datei lesen

Das Einlesen einer neuen Datei ist in DDT jederzeit möglich und
geschieht in zwei Schritten. Im ersten wird bestimmt, welche
Datei einzulesen ist, und im zweiten wird die Datei in den Speicher übertragen. Dabei unterscheidet sich das Laden einer Datei
durch DDT von dem Laden mit Hilfe des Bedienungsprozessors CCP
dadurch, daß unter DDT nicht von vornherein eine bestimmte Anfangsadresse festgelegt ist. Dies ist beispielsweise immer dann
der Fall, wenn ein Programm im Intel-Hex-Format von einer HEX-
Datei geladen wird (die Informationen über die Ladeadressen und
über den Startpunkt des Programms enthält).

Ein solches Laden eines nicht unbedingt standardgerecht am Anfang des Arbeitsbereichs beginnenden Programms hat jedoch seine Probleme. Da ist zum einen die Gefahr, bereits vorliegende wichtige Informationen zu überschreiben. Zum anderen kann es problematisch werden, ein solcherart irgendwohin geladenes Programm nach seiner Bearbeitung später mit SAVE bei vertretbarem Speicheraufwand auf eine Diskette zu schreiben.

Man kann unter DDT deshalb eine Datei an einen bestimmten Ort zwingen. Dazu kann man den Inhalt eines beliebigen Speicherblocks an eine andere Stelle kopieren. Oder man legt beim Laden von vornherein eine Anfangsadresse für die Datei fest.

Ohne Festlegung der Anfangsadresse werden HEX-Dateien gemäß den in den Aufzeichnungen festgehaltenen Adreßinformationen geladen. Der Inhalt aller anderen Dateien kommt an den Anfang des Arbeitsbereichs.

Alles dies erfolgt im zweiten Schritt des DDT-Ladevorgangs. Im ersten dagegen wird ein Dateibeschreiber festgelegt. Nach dem englischen "file control block" (wörtlich: Dateisteuerblock) unter CP/M gemeinhin mit "FCB" abgekürzt, trägt ein derartiger Dateibeschreiber die Informationen, die das BDOS zur Arbeit mit der betreffenden Datei benötigt. Im Falle von DDT wird dazu ein für diesen Zweck reservierter Bereich in der Grundseite verwendet (der sogenannte "default FCB", was am ehesten mit "vorgegebener Dateibeschreiber" zu übersetzen ist). Er beginnt bei Adresse 5C und erstreckt sich über 36 Bytes.

Hier werden für den eigentlichen Ladevorgang der Dateiname und eine Information über das zu verwendende Laufwerk abgelegt:

```
+----+----+----+----+----+----+----+----+----+----+----+----+---
! LW ! N1 ! N2 ! N3 ! N4 ! N5 ! N6 ! N7 ! N8 ! K1 ! K2 ! K3 !...
+----+----+----+----+----+----+----+----+----+----+----+----+---
  5C   5D   5E   5F   60   61   62   63   64   65   66   67
```

LW = binärer Laufwerkskode
N1...N8 = Name
K1...K3 = Klasse

Die folgenden Bytes von 68 bis 7F werden während des Ladevorgangs vom System benutzt und sind (unter DDT) normalerweise für den Anwender ohne Belang.

I<Dateiname>   (input)

Wandelt den <Dateinamen> in die für CP/M gültige interne Form um (siehe Kapitel 2) und legt diese Angabe im Dateibeschreiber ab Adresse 5D ab.

Besonderheiten:
- Der I-Befehl nimmt immer an, daß die betreffende Datei von der Diskette im Bezugslaufwerk gelesen werden soll. Daher wird die LW-Speicherstelle an Adresse 5C im Dateibeschreiber bei Initialisierung durch I immer auf 0 gesetzt.
- DDT verarbeitet im I-Befehl nur Dateinamen ohne Laufwerksangabe!
Alle vor dem Namen und Klassenangabe trennenden Punkt stehenden Zeichen werden von DDT als zum Namen gehörend betrachtet. D.h. die Angabe

  -IB:TEST.HEX

wird von DDT in die interne Form

  B:TEST..HEX

gebracht (Punkte stehen für Leerzeichen) und so im Dateibeschreiber ab Adresse 5D abgelegt.
- Soll die betreffende Datei ausdrücklich von einem anderen Laufwerk übernommen werden, dann muß man anschließend an den I-Befehl mit Hilfe des Setzbefehls S die Laufwerksangabe in Speicherstelle 5C wie folgt ändern:

	0 = Bezugslaufwerk	
1 = Laufwerk A	9 = Laufwerk I	
2 = Laufwerk B	A = Laufwerk J	
3 = Laufwerk C	B = Laufwerk K	
4 = Laufwerk D	C = Laufwerk L	
5 = Laufwerk E	D = Laufwerk M	
6 = Laufwerk F	E = Laufwerk N	
7 = Laufwerk G	F = Laufwerk O	
8 = Laufwerk H	10 = Laufwerk P	

- DDT arbeitet nur mit Dateien im gegenwärtig aktiven Benutzerbereich. Sollen andere Dateien bearbeitet werden, so müssen sie erst mit PIP dorthin kopiert werden, oder man muß vor Aufruf von DDT den Benutzerbereich wechseln.

R<Versatz>   (read)
  Liest die durch den I-Befehl im Dateibeschreiber vorgegebene Datei und legt sie - um den <Versatz> gegenüber der Originaladresse verschoben - im Speicher ab. Fehlt das Argument, so wird der <Versatz> Null angenommen.

Besonderheiten:
- Im Gegensatz zur Angabe in der DDT-Dokumentation kann man (zumindest in DDT-Version 2.2) den R-Befehl nicht wiederholt anwenden.

Vermutlich ist das auf einen Fehler im DDT-Programm zurückzuführen, denn die ursprüngliche Idee war einleuchtend: Man
bestimmt einmal mit dem I-Befehl den Namen im Dateibeschreiber und kann dann immer wenn es sich im Testverlauf
als notwendig erweisen sollte (und der Bereich von 5C bis
7F nicht verändert wurde) die Datei durch ein einfaches "R"
(bzw. "R<Versatz>") in erneut in den Speicher bringen.
In der untersuchten DDT-Version führte ein solcher Versuch
jedoch regelmäßig zum "Aussteigen" des Programms. Der Computer mußte völlig neu gestartet werden.
- Der <Versatz> bezieht sich bei HEX-Dateien auf die in den
Aufzeichnungen jeweils angegebenen Ladeadressen, bei allen
anderen Dateien auf die Anfangsadresse 100H (bzw. 4300H)
des TPA-Bereichs. Hat er den Wert Null, dann wird die Datei
an diese Adressen geladen. Andernfalls berechnet DDT die
16-Bit-Summe aus angegebener oder angenommener Ladeadresse
und <Versatz> und legt die aus der Aufzeichnung gelesenen
Bytewerte dort beginnend ab.
Dabei ist eine Besonderheit der 16-Bit-Addition (von vor-
zeichenlosen Zahlen) wichtig:
= Immer wenn der Wert FFFF überschritten wird, beginnt die
Rechnung mit dem Wert Null von vorne.

Beispiel:

Um eine für besondere Zwecke bei Adresse D000H beginnende
Datei TREIBER.HEX in den TPA-Bereich ab 100H zu bekommen,
könnte man wie folgt rechnen:

```
  D000           FFFF           0000
+ 2FFF         + 0001         + 0100
  ----           ----           ----
  FFFF           0000           0100
```

oder, die einzelnen Summanden zusammengefaßt zu 2FFF +
0001 + 0100 = 3100:

```
  D000
+ 3100
  ----
  0100
```

D.h. die Datei könnte mit der Befehlsfolge
                    -ITREIBER.HEX
                    -R3100
statt nach D000H an die Adresse 100H geladen und dort
durch DDT bearbeitet werden.
Wenn man das "Normieren" der Addition und Subtraktion auf
16-Bit-Werte voraussetzt, dann läßt sich der Versatz mit

```
  0100
- D000
  ----
  3100
```

errechnen (und diese Rechnung wiederum übernimmt DDT,
zieht man den H-Befehl zu Hilfe).
- Anders als LOAD verändert DDT den Inhalt von "Speicher-
lücken" nicht. (LOAD füllt derartige freigehaltene Bereiche mit Nullbytes auf.) Das ermöglicht beispielsweise
umfangreiche Programmanpassungen, bei denen hier ein Byte
und da ein Wort zu ändern ist, in einem einzigen Zug
(statt mit Dutzenden einzelner S-Befehle) durchzuführen:
= Erstellen Sie ein mit DS und ORG gegliedertes Programm,
in dem die Änderungen geeignet als kurze Befehlsfolgen,
DB- und DW-Anweisungen festgehalten sind.
(Denken Sie dabei auch an die Kommentierungsmöglichkei-
ten, die Sie hier haben! Sie können Ihnen später uner-
setzliche Hilfe bieten, wenn Sie sich irgendwann einmal
in Ihrer Änderung zurechtfinden müssen.)
= Übersetzen Sie das Programm mit ASM in eine HEX-Datei.
= Laden Sie das zu verändernde Programm mit DDT in den
Arbeitsbereich.
= Nehmen Sie dann die Änderung vor, indem Sie mittels I
und R die HEX-Datei des Änderungsprogramms laden. Der
dort enthaltene Kode (und nur dieser) ersetzt die im
Originalprogramm stehenden Werte.
= Verarbeiten Sie schließlich die so geänderte Datei den
Aufgaben gemäß weiter (in der Regel wird man sie mit
SAVE auf einer Diskette speichern).

Zur Untersuchung des Programmlaufs

Zur kontrollierten Abarbeitung eines Programms bietet DDT drei
Möglichkeiten:
- Normales Abarbeiten von einem bestimmten Startpunkt bis zu
vorgegebenen Abbruchstellen ("breakpoints" - "Haltepunkte");
- Schrittweises Abarbeiten, wobei nach jedem Schritt der augen-
blickliche Prozessorzustand angezeigt wird;
- Abarbeiten ohne diese Anzeige, aber mit der Möglichkeit, je-
derzeit den Programmlauf unterbrechen zu können.
Der erste Fall kommt dem normalen Programmbetrieb am nächsten.
Hier läuft das Programm mit voller Geschwindigkeit bis die Ab-
bruchstelle erreicht ist. An dieser Stelle stoppt die Abarbeitung, und man hat die Möglichkeit, sich das Ergebnis in aller
Ruhe anzusehen oder gezielt weiterzutesten.

Der große Vorzug einer solchen Start-Stopp-Methode ist **die** Geschwindigkeit, der große Nachteil die Tatsache, daß man normalerweise nicht mehr in das Programm eingreifen kann. Man **wird** diese Möglichkeit also in den Fällen einsetzen, in denen ein Programmstück untersucht werden soll, das
- zu lang arbeitet um es schrittweise durchgehen zu können (beispielsweise bei oft durchlaufenen Suchschleifen),
- unbedingt mit voller Geschwindigkeit arbeiten muß (was u.a. beim Verkehr mit Peripherieeinheiten der Fall sein kann),
- im Großen und Ganzen richtig arbeitet und sich nur bei gewissen Randbedingungen falsch verhält hervorbringt (hier geht es zumeist darum, diese Randbodingungen aufzufinden) oder das
- im Testablauf übersprungen werden soll, um zu der eigentlich zu testenden Stelle zu gelangen (der wohl häufigste Einsatz dieser Möglichkeit).

In allen anderen Fällen jedoch ist es wichtig, den unmittelbaren Kontakt zum Programm zu behalten. Man wird hier die erste Form wählen, wenn die Abarbeitung im Detail verfolgt werden muß, die zweite beispielsweise, um einen allgemeinen Überblick über den Ablauf zu erhalten oder um eingreifen zu können, wenn sich das Programm in unendlichen Schleifen "aufgehängt" hat.

Wie DDT ein Programm abarbeitet

Diese kontrollierte Programmabarbeitung steht und fällt mit der Möglichkeit, gezielt an einer Stelle anhalten zu können - und das tunlichst, ohne beim Abarbeiten unnötig Zeit damit zu verlieren, daß ständig die gerade bearbeitete Adresse daraufhin getestet wird, ob ein Abbruch erfolgen soll oder nicht.

In DDT benutzt man hierfür einen Trick: Man ersetzt den Befehl an der Stelle, an der angehalten werden soll, durch den Sprung zu einem Programmstück, das die normale Programmabarbeitung anhält und die Steuerung wieder DDT übergibt.

Hierzu dient der Befehl "RST 7" (mit dem Maschinenkode 0FFH). Das hat seinen Grund:

Eine der Möglichkeiten, den 8080-Prozessor von außen anzuhalten besteht im Anfordern einer "Programmunterbrechung" (englisch: "interrupt"). Dies erfolgt über ein besonderes elektrisches Signal an einem der Prozessoranschlüsse und bewirkt, daß die Arbeit am laufenden Programm vorübergehend eingestellt wird und der Prozessor den Befehl ausführt, der ihm (auf seine besondere Anforderung hin) von der die Unterbrechung anfordernden Einheit übergeben wird. Das ganze ist im wesentlichen eine Sache der Konstruktion des Computers; wichtig ist hier nur, daß sich für eine solche Unterbrechung "RST 7" besonders eignet.

Der "RST 7"-Befehl, sei er nun von außen erzwungen oder Bestandteil des Programms, bewirkt den Aufruf eines an Speicherstelle 38H beginnenden Unterprogramms. Hier wiederum befindet sich unter DDT ein Sprung zu einem Programmteil, der den bis zum RST-Befehl im Programm erreichten Prozessorzustand speichert und dann die Arbeit an die DDT-interne Steuerung abgibt.

Damit läßt sich das Grundprinzip der kontrollierten Programmabarbeitung durch DDT folgendermaßen skizzieren:
- DDT tauscht den Befehl an der Abbruchstelle gegen das Byte mit dem Hexadezimalwert FF aus (das ist der "RST 7"-Befehl).
- Der ursprünglich an dieser Stelle stehende Wert wird geeignet im Speicher festgehalten.
- Dann wird das Programm vom (eventuell ausdrücklich vorgegebenen) Programmzählerstand aus abgearbeitet.
- Erreicht der Prozessor den "RST 7"-Befehl, dann rettet er den gegenwärtigen Registerstand, ersetzt die Haltepunkte wieder durch die ursprünglichen Befehle und springt zur DDT-Befehlsübernahme.

Die Haltepunkte können entweder ausdrücklich vorgegeben oder automatisch von DDT gesetzt werden. Das letztere ist der Fall bei der schrittweisen Programmabarbeitung. Hier ersetzt DDT Schritt für Schritt den jeweils nächsten Befehl durch hexadezimal FF, was bewirkt:
- Der Prozessor arbeitet einen Befehl ab, erreicht RST 7 und hält sofort wieder an.

Anders ist das jedoch, wenn ein Sprungbefehl vorliegt. In diesem Fall muß der Haltepunkt am Sprungziel vorliegen. DDT muß also den gerade vorliegenden Befehl immer auch daraufhin untersuchen, wo der nächste Haltepunkt zu setzen ist. Bei einfachen, unbedingten Sprüngen ist das problemlos: Der Haltepunkt wird an der im Befehl gegebenen Adresse gesetzt. Komplizierter ist es bei bedingten Sprüngen: Hier müssen zwei mögliche Wege berücksichtigt werden. Und noch verwickelter kann es bei Unterprogrammaufrufen und -rücksprüngen werden.

Besonderheiten:
- Um gegebenenfalls von außen eingreifen zu können, aktiviert DDT vor der durch die Befehle G, T und U ausgelösten Programmabarbeitung <u>immer</u> die Unterbrechungssteuerung im Prozessor. Dies kann in manchen Systemen Schwierigkeiten bereiten.
- Wenden Sie, falls das bei Ihrem Gerät überhaupt möglich ist, den Abbruch mit einer externen Programmunterbrechung wirklich nur in Notfällen an. Vor allem sollten Sie beim T- und beim U-Befehl darauf verzichten, da sonst die interne Synchronisation zwischen Programmabarbeitung und Haltepunkten verlorengeht.

- Man kann keine Haltepunkte im BDOS-Teil des Betriebssystems
setzen. Das gewährleistet, daß alle Betriebssystemaufrufe
(auch beim T-Befehl) mit voller Geschwindigkeit ablaufen und
so die Peripherieeinheiten richtig bedient werden.

Befehle zur Untersuchung der Programmabarbeitung

G<Start>,<Stopp 1>,<Stopp 2>   (go)
  Ersetzt die Bytes an den angegebenen <Stopp>-Adressen durch
  hexadezimal FF und beginnt dann mit der Programmabarbeitung
  bei der <Start>-Adresse.
  Wurde ein Haltepunkt erreicht, dann meldet DDT dies durch
                        *<Stoppadresse>
  wobei der unter der Stoppadresse stehende Befehl noch nicht
  abgearbeitet worden ist.

  Besonderheiten:
  - Die Argumente können entfallen. Insbesondere gilt das für
    <Start>. Fehlt <Start>, dann beginnt die Arbeit beim gegen-
    wärtigen Programmzählerstand (zu erfragen durch X oder XP).
  - Fehlt <Start>, ist aber mindestens ein <Stopp> angegeben,
    dann muß nach dem "G" unmittelbar ein Komma folgen, damit
    die Haltepunktangabe als solche erkannt wird:
                        G,<Stopp>
                        G,<Stopp 1>,<Stopp 2>
  - Die Haltepunkte sind nur dann wirksam, wenn sie das erste
    Byte eines Befehls ersetzen!
    Achten Sie bei der Adreßangabe genauestens darauf, daß der
    Prozessor das betreffende Byte als Befehl übernehmen muß.
    Bei einigen Programmiertricks und Programmfehlern (wenn
    scheinbar mitten in einen Befehl hineingesprungen wird)
    kann das durchaus bedeuten, auch einmal das zweite oder
    dritte Byte eines Befehls zu ersetzen.
  - Fehlen die Haltepunkte, dann kann die Programmabarbeitung
    nur dadurch angehalten werden, daß
    = eine passende Programmunterbrechung von außen angefordert
      wird (s.o.) oder
    = ein "RST 7"-Befehl im Programm selbst vorgefunden wurde.

T<Anzahl>   (trace)
  Arbeitet beginnend beim gegenwärtigen Programmzählerstand die
  <Anzahl> von Befehlen ab und stellt nach jedem Schritt den
  erreichten Prozessorzustand dar (vgl. den X-Befehl):

  CxZxMxExIx A=xx B=xxxx D=xxxx H=xxxx S=xxxx P=xxxx <Befehl>

Besonderheiten:
- Fehlt das Argument, dann wird als <Anzahl> der Wert 1 angenommen. So läßt sich das Programm einfach in Einzelschritten durcharbeiten.
- Die Abarbeitung beginnt beim gegenwärtigen Programmzählerstand. Dieser kann mit XP vorgegeben werden (s.u.).
- Mit T wird ein Programm (ohne Berücksichtigung der zur Anzeige nötigen Zeit) etwa 500 mal langsamer als beim G-Befehl abgearbeitet. Das liegt in erster Linie an der schrittweisen Befehlsersetzung. Es kann so in zeitkritischen Fällen notwendig sein, auf den G-Befehl auszuweichen.
- DDT prüft nach jedem Schritt, ob eine Taste gedrückt wurde. Man kann dadurch die T-Operation jederzeit unterbrechen.
- Die durch das untersuchte Programm an die Konsole ausgegebenen Zeichen erscheinen bei Abarbeitung mit T jeweils rechts neben der <Befehls>-Angabe der dem Ausgabebefehl vorangehenden Zeile. Wenn eine zusammenhängende Anzeige der ausgegebenen Werte gebraucht wird, muß auf den U- oder G-Befehl zurückgegriffen werden.

U<Anzahl>   (untrace)
Arbeitet ähnlich wie "T" das Programm beginnend mit dem gerade vorliegenden Programmzählerstand schrittweise ab, stellt den Prozessorzustand jedoch erst dar, wenn die vorgegebene <Anzahl> von Befehlen bearbeitet worden ist.

Besonderheiten:
- Fehlt das Argument, dann wird als <Anzahl> der Wert 1 angenommen. Man kann maximal 65535 (d.h. hexadezimal FFFF) Schritte bis zur nächsten Zustandsanzeige vorgeben.werden.
- Das Programm wird beim U-Befehl schneller als beim T-Befehl abgearbeitet, weil nicht nach jedem Schritt der Prozessorzustand angezeigt werden muß. Dennoch findet der Prozeß des Setzens von Haltepunkten und der Tastaturabfrage auch hier statt, weshalb das Programm deutlich langsamer als beim G-Befehl läuft.
- DDT prüft nach jedem Schritt ob eine Taste gedrückt wurde. Man kann daher auch die U-Operation jederzeit durch einen beliebigen Tastendruck unterbrechen.

X   (examine)
Gibt den gegenwärtigen Prozessorzustand (wie er sich aus der Abarbeitung des zu testenden Programms ergibt) in der Zeile

CxZxMxExIx A=xx B=xxxx D=xxxx H=xxxx S=xxxx P=xxxx <Befehl>

wieder. Die Angaben haben folgende Bedeutung:

C (carry) Ubertragsflagge   0 oder 1
Z (zero) Nullflagge   0 oder 1
M (minus) Vorzeichenflagge   0 oder 1
E (even parity) Paritätsflagge   0 oder 1
I (interdigit carry) Hilfsübertrag   0 oder 1
A Register A (Akkumulator)   0...FF
B Registerpaar BC   0...FFFF
D Registerpaar DE   0...FFFF
H Registerpaar HL   0...FFFF
S Stapelzeiger SP   0...FFFF
P Programmzähler PC   0...FFFF

Weiter wird in mnemonischer Form dor gemäß dem PC-Stand als nächster abzuarbeitende <Befehl> wiedergegeben.

X<Register>   (examine register)
Ermöglicht es, gezielt eines der oben angegebenen Register zu untersuchen und bei Bedarf auf einen neuen Wert zu setzen. DDT antwortet mit der Zeile

<Flagge><Wert> _

bzw.

<Register>=<Wert> _

(_ ist der Bildschirmkursor).

Soll der Wert unverändert bleiben, dann ist ein Wagenrücklauf anzugeben. Andernfalls muß der neue Wert gefolgt von einem Wagenrücklauf eingetippt werden.

Besonderheiten:
- Achten Sie darauf, daß die Flaggen nur die Werte 1 oder 0 haben können. Jede andere Eingabe führt zu einer Fehlermeldung, wobei der ursprüngliche Wert unberührt bleibt.
- Entsprechend kann man für den Akkumulator nur einen 8-Bit-Wert vorgeben. Jede Eingabe, die einen größeren Wert ergibt, wird von DDT zurückgewiesen.

Speicher ansehen

D<Anfang>,<Ende>   (dump)
Listet den zwischen <Anfang> und <Ende> (einschließlich) stehenden Speicherinhalt in hexadezimaler und ASCII-Notation aus, wobei immer maximal 16 Bytes dargestellt werden:

aaa xx xx xx xx xx xx xx xx xx xx xx xx xx xx xx xx ....

Dabei ist
aaaa   die Anfangsadresse der Zeile
xx   der hexadezimale Wert eines Bytes
       der ASCII-Wert des in gleicher Position stehenden
       Bytes (nicht druckbare Zeichen werden als Punkte
       wiedergegeben)
(Ausführliche Beispiele finden sich in Kapitel 5.)

Besonderheiten:
- Längere Ausgabevorgänge lassen sich durch einen beliebigen
  Tastendruck abbrechen.
- Die Argumente können beide entfallen, so daß sich folgende
  Sonderformen ergeben:
  D,<Ende>   Listet anschließend an das zuletzt mit D ange-
              zeigte Byte den Speicher bis hin zum <Ende> aus.
  D<Anfang>   Listet beginnend beim <Anfang> zwölf Zeilen aus.
  D   Listet anschließend an das zuletzt mit D ange-
              zeigte Byte zwölf Zeilen aus.
- Die Zeilen beginnen normalerweise immer mit Byte Nummer 0
  der Zechzehnergruppe und enden mit Byte Nummer F. Lediglich
  die erste und die letzte Zeile weichen hiervon ab:
  = In der ersten Zeile werden gerade so viele Bytes ausgeli-
    stet wie bis Nummer F der betrachteten Sechzehnergruppe
    nötig sind. Auf diese Weise fangen alle folgenden Zeilen
    mit 0 an.
    Ein Schönheitsfehler von DDT ist dabei, daß diese Bytes
    nicht spaltengetreu ausgelistet werden: Der Ausdruck be-
    ginnt ganz links mit dem ersten anzugebenden Wert. Das
    macht sich vor allem unangenehm bemerkbar, wenn Texte in
    der ASCII-Spalte verfolgt werden sollen.
  = In der letzten Zeile werden nur so viele Bytes erfaßt,
    wie bis zum angegebenen <Ende> (einschließlich des an
    dieser Adresse stehenden Bytes) notwendig sind.
    Auch hier der Schönheitsfehler: Die ASCII-Spalte deckt
    sich nicht mit der darüberstehenden Ausgabe.
- Der automatische Anschluß einer D-Ausgabe an die vorige
  funktioniert nur dann einwandfrei, wenn zwischendurch kein
  Programm abgearbeitet worden ist. DDT verändert nämlich im
  Zuge der Programmabarbeitung manchmal (zumindest in der untersuchten Version 2.2) den intern für die D-Ausgabe geführten Zeiger.

L<Anfang>,<Ende>   (list)
Listet beginnend mit Adresse <Anfang> bis einschließlich Adresse <Ende> die vorgefundenen Befehle in mnemonischer Form

(mit hexadezimalen Befehlsargumenten) in folgender Form aus:

aaaa <Befehl> <Argument>

wobei "aaaa" die jeweilige Befehlsadresse ist.
(Man bezeichnet diesen das Assemblieren umkehrenden Vorgang des Entschlüsselns von hexadezimalem Objektkode als "Disassemblieren".)

Besonderheiten:
- Längere Ausgabevorgänge lassen sich durch einen beliebigen Tastendruck abbrechen.
- Die Argumente können beide entfallen, wobei sich folgende Sonderformen ergeben:

  L<Anfang> Listet beginnend beim <Anfang> 12 Befehle aus.

  L   Listet anschließend an den zuletzt angezeigten Befehl zwölf Zeilen aus.

- DDT setzt beim Abarbeiten eines Haltepunkts (beim G-, T- oder U-Befehl) die <Anfangs>-Adresse für den L-Befehl automatisch auf diese Stelle.
  Man kann so nach Anhalten des Programms die nächste abzuarbeitende Befehlsfolge durch ein einfaches "L" untersuchen.
- Entspricht das gerade zu entschlüsselnde Byte keinem Befehl, so zeigt DDT an seiner Stelle zwei Fragezeichen gefolgt vom vorgefundenen Wert an und geht dann zum nächsten Byte über.

Beispiel:

            10A6 ??= 30
            10A7 LDAX B

gibt an, daß in Adresse 10A6 ein nicht zum 8080-Befehlssatz gehörendes Byte mit dem Wert 30H vorgefunden wurde. Ihm folgt auf Adresse 10A7 der 8080-Befehl "LDAX B".
- Achten Sie auf den richtigen <Anfang>! Ein und derselbe Speicherinhalt bekommt oft unterschiedliche Form, wenn er um je ein Byte verschoben ausgegeben wird.
  (In manchen Programmen wird das als Trick benutzt und "in einen Befehl hinein" gesprungen.)

Beispiel:

            -L100,105
            0100 LXI H,0100
            0103 MVI C,14
            0105 MOV A,M
            0106

```
-L101,105
0101  NOP
0102  LXI   B,140E
0105  MOV   A,M
0106
-L102,105
0102  LXI   B,140E
0105  MOV   A,M
0106
```

- Ebenso empfiehlt es sich, auf das richtige <Ende> zu achten. Wird ein Befehl nur teilweise erfaßt (also nur das Befehlsbyte, nicht aber das vollständige Argument), dann gibt DDT nur noch den Befehl an, nicht aber das zugehörige Argument.

Beispiel:

```
-L106,107
0106  INX   H
0107  LDA
-L106,108
0106  INX   H
0107  LDA
-L106,10A
0106  INX   H
0107  LDA   0105
010A
```

Dies ist insbesondere wichtig, wenn anschließend mit einem einfachen "L" weitergearbeitet werden soll: In diesem Fall würde nämlich die nächste Entschlüsselung mitten in dem gerade bearbeiteten Befehl beginnen und so falsche Ergebnisse erbringen.

Beispiel:

```
-L106,107
0106  INX   H
0107  LDA
-L
0108  DCR   B
0109  LXI   B,113A
. . .
```

```
-L106,108
0106  INX  H
0107  LDA
-L
0109  LXI  B,113A
010C  LXI  B,C20D
. . .
-L106,109
0106  INX  H
0107  LDA  0105
010A
-L
010A  LDA  0111
010D  DCR  C
. . .
```

Speicherinhalt ändern

A<Adresse>   (assemble)
Dies aktiviert einen einfachen Assembler, mit dessen Hilfe
sich ein Programmstück durch Angabe von mnemonischen Befehlen, aber (absoluten) Hexadezimalargumenten ab der <Adresse>
in den Speicher eingeben läßt.
DDT meldet sich nach dem Befehl mit der <Adresse> am linken
Bildschirmrand zurück und übernimmt dann je einen Befehl pro
Eingabezeile. Nach dem Abschluß der Eingabe durch einen Wagenrücklauf legt DDT den hexadezimalen Befehlskode an der angegebenen Adresse ab und meldet sich dann mit der nächsten
Befehlsadresse auf der neuen Zeile zurück.
Diese Eingabeoperation wird durch einen einfachen Wagenrücklauf beendet.

Besonderheiten:
- Der in DDT eingebaute Assembler übernimmt lediglich die
  Übersetzung der Befehlsworte (und Registerangaben im Be-
  fehlsargument) in den zugehörigen binären Befehlskode. Man
  kann nicht symbolisch arbeiten. Das heißt insbesondere:
  = Es können keine Marken verwendet werden.
  = Man kann keine symbolischen Namen vereinbaren.
  = Es werden ausschließlich 8080-Befehle verarbeitet, die
    ASM-Pseudobefehle erkennt DDT nicht.
- Im Aufruf des A-Befehls muß immer eine <Adresse> angegeben
  werden.
- Nach dem A-Aufruf meldet DDT bei einer Fehleingabe ein Fra-
  gezeichen und fordert dann einen neuen 8080-Befehl an.

S<Adresse>   (set)
Dient zum Untersuchen des unter der angegebenen Adresse zu
findenden Bytes und sein Setzen auf einen neuen Wert.
DDT meldet beim S-Befehl die Adresse und den gegenwärtigen
Wert des betrachteten Bytes durch

aaaa xx _

mit
    aaaa = Adresse
    xx   = hexadezimaler Wert
    _   = Kursor

Man kann den Wert unverändert belassen, indem nur ein Wagenrücklauf eingegeben wird. Andernfalls muß der neue Wert im
Hexadezimalformat und Abschluß durch einen Wagenrücklauf angegeben werden.
In beiden Fällen geht DDT zum im Speicher folgenden Byte
über, das dann weiterbearbeitet werden kann.
Die S-Operation stoppt, wenn entweder ein Punkt oder ein un-
gültiger (nicht in ein Byte passender) Wert eingegeben wurde.
DDT kehrt dann in den Befehlsübernahmemodus zurück.

Hilfsbefehle

F<Anfang>,<Ende>,<Wert>   (fill)
Füllt den abgegebenen Speicherbereich mit einem konstanten
<Wert>, d.h. jedem Byte zwischen <Anfang> und <Ende> wird
dieser <Wert> zugewiesen.

Besonderheiten:
- F testet, bevor der Speicherinhalt verändert wird, ob die
  <End>-Adresse bereits überschritten ist. Das bedeutet insbesondere, daß nichts verändert wird, wenn das <Ende> kleiner als der <Anfang> ist.
- Achten Sie darauf, kein von DDT benötigtes Speichergebiet
  zu verändern. Das betrifft vor allem die Bytes von 0 bis
  40H in der Grundseite und natürlich alles oberhalb vom DDT-
  Anfang (der in Adresse 6 erfragt werden kann).
- Der F-Befehl ist vor allem in den Fällen eine Hilfe, in
  denen ein auf Null initialisierter Dateibeschreiber gebraucht wird (beispielsweise beim Austesten bestimmter ED-
  Eigenschaften). Löschen Sie hier vor dem I-Befehl den Beschreiberbereich, indem sie ihn (von 5C bis 7F) mit Nullbytes füllen:

-F5C,7F,0

Geben Sie dann mit "I" die zu bearbeitende Datei vor, kopieren den Namen eventuell (mit dem M-Befehl) in den Bereich ab 6C und starten Sie dann das Programm ihren Bedürfnissen gemäß.

M<Anfang>,<Ende>,<Ziel>   (move)
Kopiert den Speicherblock von <Anfang> bis <Ende> einschließlich an das <Ziel>.

Besonderheiten:
- Der M-Befehl arbeitet im Einzelnen wie folgt:
  - DDT testet, ob die gerade betrachtete Herkunftsadresse
    das <Ende> überschreitet. Wenn ja, wird die Arbeit abge-
    brochen und der nächste Befehl angefordert.
  = Andernfalls wird der an der Herkunftsstelle vorgefundene
    Bytewert zur betrachteten Zielstelle übertragen.
  = Dann werden die beiden die Übertragung bestimmenden Zei-
    ger (Herkunft und Ziel) um Eins weitergesetzt und die
    Operation wiederholt.
  Es handelt sich hier um eine "Abwärtsverschiebung", d.h.
  man kann einen Block nur dann sicher in ein überlappendes
  Gebiet kopieren, wenn das <Ziel> kleiner als der <Anfang>
  ist. Ist das nicht der Fall, liegt das <Ziel> also im zu
  übertragenden Block, dann wird der Blockinhalt bereits bei
  der ersten Kopieroperation verändert!
- Achten Sie darauf, kein von DDT benötigtes Speichergebiet
  zu verändern.
- Seien Sie auch vorsichtig beim Verschieben eines Programms.
  Da DDT die jeweiligen Adressen nicht dem neuen Bereich an-
  paßt, wird das Programm im neuen Bereich in aller Regel
  nicht arbeiten!

H<Wert 1>,<Wert 2>   (hexadecimal computation)
Dieser Befehl ermöglicht eine einfache Berechnung hexadezimaler Adressen (insbesondere zum Ermitteln eines <Versatzes>
für den R-Befehl).
<Wert 1> und <Wert 2> sind vorzeichenlose Hexadezimalzahlen,
aus denen DDT die Summe und die Differenz (bezogen auf 16-
Bit-Worte) berechnet und wie folgt meldet:

<Wert 1 + Wert 2> <Wert 1 - Wert 2>

Beispiele:

```
-HD000,100          -H100,D000
D100 CF00           D100,3100
```

Eine Nachbemerkung

Die Programmerstellung und -bearbeitung mit ASM und DDT genügt vielen Ansprüchen. Wenn Sie jedoch intensiv auf Maschinenebene programmieren wollen, dann empfiehlt es sich, einen der weiterentwickelten CP/M-Assembler (beispielsweise den Makroassembler MAC oder den verschiebbaren Kode erzeugenden Makroassembler RMAC) zu besorgen und die damit übersetzten Programme mit der der erweiterten Fassung von DDT, SID, zu behandeln. Sie können damit (im eingeschränkten Umfang) auch symbolisch arbeiten und haben einige weitere wichtige Hilfen für Sonderprobleme zur Hand.

Diese Assembler sind ausdrücklich auf den 8080-Prozessor orientiert. Wenn Sie einen Z80-Prozessor in Ihrem Computer haben und diesen voll ausschöpfen möchten, dann müssen Sie einen der hierfür geeigneten und unter CP/M arbeitenden Assembler besorgen. Die so entstandenen Z80-Programme lassen sich mit ZSID, einer für den Z80-Prozessor ausgelegten SID-Version, weiterbearbeiten.

KAPITEL 15

DER CP/M-KERN: BDOS

Grundaufgaben

Der Kern des CP/M-Betriebssystems ist das sogenannte BDOS, das "basic disk operating system", zu deutsch: das "Grundbetriebssystem für Diskettenspeicher". Dieses BDOS besteht im wesentlichen aus einer Sammlung von Unterprogrammen zu folgenden Arbeitsbereichen:
- Zeichenorientierte Ein- und Ausgabe
  = Ein-Ausgabekanäle festlegen
  = Ein- und Ausgabe über den Konsolenkanal
  = Ein- und Ausgabe über den Lochstreifenkanal
  = Ausgabe an den Druckerkanal
- Arbeit mit Diskettendateien
  = generelle Dateihandhabung
  = sequentielle Datenübertragung
  = unmittelbare Datenübertragung
- Hilfsfunktionen
  = Initialisierungen
  = Angaben über den Systemzustand
  = sonstige Hilfsaufgaben

Aufruf, Kommunikation

Man ruft das benötigte BDOS-Unterprogramm über einen Sprungbefehl auf, der sich in der Grundseite auf Adresse 5 befindet. Dieser Sprungbefehl wird beim Laden des BDOS-Systems initialisiert (siehe Kapitel 6) und bildet zusammen mit einigen weiteren Vereinbarungen eine standardisierte Schnittstelle zum BDOS, die für alle CP/M-Systeme gleich ist:
- Register C des Prozessors wird mit einer Kodenummer geladen, welche die gewünschte BDOS-Funktion auswählt.
- Register E bzw. (bei 16-Bit-Werten) das Registerpaar DE erhält den Wert, der an das Unterprogramm zur Verarbeitung übergeben werden soll.
- Dann wird Speicherstelle 5 als Unterprogramm aufgerufen. Der Prozessor springt von dort zum BDOS-Teil, wo aufgrund der Information in Register C das gewünschte Unterprogramm ausge-

sucht wird. Dieser Betriebssystemteil wird abgearbeitet, und der Prozessor springt zur Aufrufstelle zurück.
- Die von dem Betriebssystem erarbeiteten Ergebnisse werden folgendermaßen zurückgeliefert:
  = 8-Bit-Werte in Register A
  = 16-Bit-Werte in Register HL
  (Zusätzlich wird das niederwertige Byte in Register A und das höherwertige in Register B geliefert.)

Besonderheit:
- Das Betriebssystem verwendet einen eigenen Stapel für seine Arbeit. Dabei wird der Stapelzeigerstand des Benutzerprogramms beim Eintritt in den BDOS-Teil zwischengespeichert und am Ende der Operation wieder auf den ursprünglichen Wert zurückgesetzt. Damit erfordert ein Aufruf einer BDOS-Funktion lediglich eine Stapelebene im Programm.

Kurzübersicht über die BDOS-Funktionen

Die Spalte C gibt die Kodenummer an, "übernimmt" die an das BDOS zu übergebenden und "liefert" die vom BDOS gelieferten Werte.
Das Zeichen "->" liest sich "zeigt auf"
Beschr.   = Dateibeschreiber
EBeschr.   = erweiterter Dateibeschreiber
LW-Nummer   = Laufwerksnummer
LW-Vektor   = Laufwerksvektor
RO-Vektor   = Schreibschutzvektor
*   = siehe ausführlichen Text

- Zeichenorientierte Ein- und Ausgabe
= Ein-Ausgabekanäle festlegen

	C	übernimmt	liefert
IOBYTE abfragen	7	---	A: IOBYTE
IOBYTE setzen	8	E: IOBYTE	---

= Konsole

	C	übernimmt	liefert
Zustand der Konsoleneingabe (Konsolenstatus) abfragen	11	---	A = 0 (keine Taste)
Konsoleneingabe	1	---	A: Eingabe
Konsolenausgabe	2	E: Ausgabe	---
Direkte Konsolenein- und -ausgabe	6	E: 255 E: Zeichen	A: 0; Zeichen ---
Eine Zeichenkette ausgeben	9	DE -> Kette	---
Eine Eingabe in einen Puffer übernehmen	10	DE -> Puffer	Zeichen im Puffer

= Lochstreifen
Lochstreifen lesen	3	---	A: Zeichen
Lochstreifen stanzen	4	E: Zeichen	---

= Drucker
Zeichen an Drucker ausgeben	5	E: Zeichen	---

- Arbeit mit Diskettendateien
= Generelle Dateihandhabung
Datei erzeugen	22	DE -> Beschr.	A: 255=Fehler
Datei eröffnen	15	DE -> Beschr.	A: 255=Fehler
Datei schließen	16	DE -> Beschr.	A: 255=Fehler
Datei(en) löschen	19	DE -> Beschr.	A: 255=Fehler
Datei umbenennen	23	DE -> Beschr.*	A: 255=Fehler
Datenpuffer festlegen	26	DE -> Puffer (DMA-Adresse)	---
Den ersten Eintrag suchen	17	DE -> Beschr.	A: 255=Fehler / A: Kode*
Den folgenden Eintrag suchen	18	---	A: 255=Fehler / A: Kode*

= Sequentieller Datenzugriff
Aufzeichnung lesen	20	DE -> Beschr.	A: 0 = o.k.
Aufzeichnung schreiben	21	DE -> Beschr.	A: 0 = o.k.

= Unmittelbarer Datenzugriff
Aufzeichnung lesen	33	DE -> EBeschr.	A: 0 = o.k.*
Aufzeichnung schreiben	34	DE -> EBeschr.	A: 0 = o.k.*
Aufzeichnung mit Blockinitialisierung schreiben	40	DE -> EBeschr.	A: 0 = o.k.*
Beschreiber setzen	36	DE -> EBeschr.	Nr.i.Beschr.*

- Hilfsfunktionen
= Initialisierung
Warmstart auslösen	0	---	---
Diskettensystem zurücksetzen	13	---	---
Laufwerk(e) zurücksetzen	37	DE: LW-Vektor	A: 0

= Laufwerke verwalten
Bezugslaufwerk festlegen	14	E: LW-Nummer	---
Bezugslaufwerk ermitteln	25	---	A: LW-Nummer
Bezugslaufwerk schützen	28	---	---
gesch. Laufwerke ermitteln	29	---	HL: LW-Vektor
aktive Laufwerke ermitteln	24	---	HL: LW-Vektor

= Dateien verwalten

Dateimerkmal(e) setzen	30	DE -> Beschr.	A: 255=Fehler
Dateigröße ermitteln	35	DE -> EBeschr.	Anz.i.Beschr.*

= Systemfunktionen

CP/M-Version ermitteln	12	---	HL: Version
Benutzernummer verwalten	32	E: 255	A: Nummer
		E: Nummer	---
Belegungstabelle ermitteln	27	---	HL: Adresse*
Diskettenparameter ermitteln	31	---	HL: Adresse*

Zeichenorientierte Ein- und Ausgabe

- Ein-Ausgabekanäle festlegen

Der Datenverkehr mit den Peripheriegeräten des Computersystems geschieht unter CP/M (wie in Kapitel 6 eingehend besprochen) über vier Kanäle, denen jeweils eines von vier Geräten zugeordnet werden kann. Diese vier Möglichkeiten pro Kanal sind in je zwei Bits verschlüsselt und in einem 8-Bit-Wort, dem sogenannten IOBYTE (von "input/output" - Ein- und Ausgabe) wie folgt zusammengefaßt:
- Bit 0 und 1: Konsole
- Bit 2 und 3: Lochstreifenleser
- Bit 4 und 5: Lochstreifenstanzer
- Bit 6 und 7: Drucker
Ein Programm kann mit Hilfe der beiden folgenden Aufrufe den Wert des IOBYTEs abfragen oder ganz nach Bedarf setzen. Diese Kodierung kann dann im BIOS ausgewertet werden.

IOBYTE abfragen
    übernimmt: C = 7
    liefert: A = gegenwärtiger Wert des IOBYTEs
IOBYTE setzen
    übernimmt: C = 8, E = neuer Wert des IOBYTEs

- Konsole

Über die Konsoleneinheit läuft der Verkehr zwischen Benutzer und Programm in erster Linie ab. Es gibt hierzu zwei Möglichkeiten:
- zeichenweise Ein- und Ausgabe und
- gepufferte Ein- und Ausgabe
Die zeichenweise Ein- und Ausgabe bildet die unterste Ebene des Datenverkehrs zwischen Programm und Anwender: Es wird immer nur

ein Zeichen auf einmal übernommen bzw. gesendet. Dabei unterscheidet man noch zwei weitere Stufen:
- der BDOS-gesteuerte Konsolenverkehr
- der unmittelbare (BIOS-gesteuerte) Konsolenverkehr
Das erste ist der Normalfall. Hier wertet das BDOS-System einige
Steuerzeichen aus:
- Tabulationszeichen (CONTROL-I) werden - bei der Ausgabe - mit
  Leerschritten auf die nächste durch 8 teilbare Spalte erweitert.
- CONTROL-S bewirkt Anhalten der Konsolenausgabe bis zum nächsten Tastendruck (der jedoch nicht an das Programm übergeben
  wird).
- CONTROL-P schaltet nach Belieben den Drucker der Ausgabe pa-
  rallel (außer wenn die Ausgabe angehalten ist: hier bewirkt
  CONTROL-P wie alle Tasten nur ein Weiterlaufen der Anzeige).
Im Fall der Konsoleneingabe kommt noch hinzu, daß alle druckbaren Zeichen automatisch an die Konsolenausgabe weitergegeben
werden bevor das BDOS-Unterprogramm zurückkehrt. Diese "Echo-
Funktion" ist auch für Wagenrücklauf, Zeilenvorschub und Rückwärtsschritt wirksam.
   In einigen Spezialanwendungen stört diese Sonderbehandlung
von Steuerzeichen und die Echofunktion. Hier kann man unmittelbar auf die betreffenden BIOS-Programmteile zurückgreifen,
was entweder durch einen direkten BIOS-Aufruf (siehe nächstes
Kapitel) oder ab CP/M-Version 2.0 durch das BDOS-Unterprogramm
Nummer 6 geschieht.
   Programme, die unter älteren CP/M-Versionen laufen sollten,
mußten sich gegebenenfalls des unmittelbaren BIOS-Aufrufs bedienen. In neueren Versionen sollte man die direkte Knsolenein- und
-ausgabe über das BDOS zu diesem Zweck nutzen. Das schafft die
Sicherheit, daß das Programm auch unter zukünftigen Betriebssy-
stemversionen problemlos arbeiten kann, bei denen möglicherweise
nicht die besonderen BIOS-Aufrufe der bisherigen Versionen verwendet werden.

Zustand der Konsoleneingabe (Konsolenstatus) abfragen
   übernimmt: C = 11 (0BH)
   liefert: A = 0, wenn kein Zeichen bereit ist
              sonst (in CP/M-Version 2.2): A = 1

   Besonderheit:
   - Wenn eine Taste gedrückt worden ist, dann speichert CP/M
     den zugehörigen Kodewert, bis er ausdrücklich durch eine
     Eingabeoperation abgerufen worden ist. Da hierfür aber nur
     ein einziges Byte zur Verfügung steht, hat das den Nebenef-

fekt, daß die Abfrage des Konsolenstatus nach einem Tastendruck immer A = 1 liefert, bis das Zeichen aus dem BDOS-
internen Puffer entnommen worden ist. Und es bewirkt, daß
alle anderen Eingaben, in Sonderheit auch die Steuerzeichen
CONTROL-S und CONTROL-C nicht beachtet werden.
(Hier liegt der Grund, warum man die Ausgabe bei einigen
Programmen nicht mehr anhalten kann, wenn versehentlich die
falsche Taste gedrückt worden ist.)

Konsoleneingabe
übernimmt: C = 1
liefert: A = eingegebenes Zeichen

Besonderheiten:
- Wertet die Steuerzeichen CONTROL-S und CONTROL-P wie oben
  angegeben aus und sendet die druckbaren Zeichen an die Kon-
  solenausgabe als Echo zurück.
- Nicht ausgewertet wird dagegen CONTROL-C. Das bedeutet, daß
  Sie in kritischen Anwendungsfällen einen versehentlichen
  Warmstart unterbinden können, wenn Sie statt der gepuffer-
  ten eine zeichenweise Eingabeoperation verwenden.

Konsolenausgabe
übernimmt: C = 2, E = auszugebendes Zeichen

Besonderheiten:
- Wertet die Steuerzeichen CONTROL-S und CONTROL-P sowie die
  Tabulationszeichen (CONTROL-I) wie oben angegeben aus.

Direkte Konsolenein- und -ausgabe
übernimmt: C = 6, E = auszugebendes Zeichen oder 255 (OFFH)
liefert: Wenn E = 255: A = 0 (kein Zeichen bereit) bzw.
           A = eingegebenes Zeichen

Besonderheiten:
- Die Eingabe oder Ausgabe wird so wie sie ist weitergegeben.
  Insbesondere erfolgt kein Echo der Eingabe auf der Konso-
  lenanzeige.
- Das eingegebene Zeichen wird - sofern im BIOS-Teil nichts
  anderes vorgesehen ist - nicht zwischengespeichert. Damit
  kann auch keine Eingabeblockierung wie bei Funktion 11 auf-
  treten. Wenn also lediglich getestet werden sollte, ob eine
  Taste gedrückt worden ist, empfiehlt sich die unmittelbare
  Abfrage durch Funktion 6.

Die beiden folgenden BDOS-Funktionen dienen der gepufferten Ein-
und Ausgabe. Hier erfolgt der Datenverkehr nicht unmittelbar
Zeichen für Zeichen über die Prozessorregister, sondern über besondere vom Programm bereitgestellte Speicherbereiche. Das hat
besonders im Fall der Eingabe den großen Vorteil, daß die Einga-
bekorrektur dem Betriebssystem überlassen werden kann. Im Fall
der Ausgabe nutzt man vor allem die Möglichkeit, zusammenhängende Texte mit einem einzigen Befehl an die Konsole senden zu
können.

Eine Zeichenkette ausgeben
    übernimmt: C = 9, DE -> auszugebende Kette

Besonderheiten:
- Wertet die Steuerzeichen CONTROL-S und CONTROL-P wie oben
  angegeben aus und sendet die druckbaren Zeichen an die Konsolenausgabe als Echo zurück.
- Die auszugebende Zeichenkette kann beliebige Zeichen enthalten, muß aber mit einem Dollarzeichen enden ("$"). Um
  ein Dollarzeichen auszugeben, muß man die Konsolenausgabe
  bemühen.

Eine Eingabe in einen Puffer übernehmen
    übernimmt: C = 10 (0AH), DE -> Eingabepuffer
    liefert: in den Puffer eingegebene Zeichen

Besonderheiten:
- Der Eingabepuffer kann zwischen 1 und 255 Zeichen umfassen.
  Die genaue Länge muß der BDOS-Funktion geeignet mitgeteilt
  werden, um ein Überschreiben anderer Speicherbereiche zu
  vermeiden. Zu diesem Zweck haben die beiden ersten Bytes
  des Puffers eine besondere Bedeutung:
  = Byte Nummer 0 gibt die maximale Pufferlänge an (d.h. die
    Zahl der Zeichen, die in ihm Platz finden).
  = Byte Nummer 1 enthält beim Rücksprung die Zahl der tat-
    sächlich eingegebenen Zeichen.
  Die folgenden Bytes dienen dazu, die angegebene Zahl an
  Zeichen aufzunehmen.
- Würde bei Eingabe eines Zeichens das Pufferende überschrit-
  ten, dann beendet CP/M die Eingabefunktion und liefert den
  vollen Puffer an das aufrufende Programm zurück.
- Die Funktion arbeitet mit Konsolenecho: Alle druckbaren
  Zeichen werden auch an die Konsolenausgabe gesendet.
- Beim Eingabeschluß wird der Kursor auf den linken Rand zu-
  rückgesetzt, bleibt aber in der gerade bearbeiteten Zeile.

- Es bestehen die üblichen Ediermöglichkeiten:
  = <DEL> löscht das letzte Pufferzeichen und wiederholt es auf der Ausgabe.
  = <BS> (CONTROL-H) löscht das letzte Zeichen im Puffer und auf dem Schirm.
  = CONTROL-U schließt die laufende Eingabe mit "#" ab, löscht den Puffer und übernimmt eine neue Eingabe auf der folgenden Zeile.
  = CONTROL-X löscht die Zeichen vom Puffer und vom Schirm und übernimmt dann eine neue Eingabe.
  = CONTROL-E bewirkt den Einschub eines Zeilenendes (CRLF) auf der Ausgabeeinheit (nicht im Puffer).
  = CONTROL-R wiederholt den Pufferinhalt auf dem Schirm in einer neuen Zeile, nachdem die vorige durch ein "#" abgeschlossen wurde.
  = <CR> (CONTROL-M) oder <LF> (CONTROL-J) schließen die Puffereingabe ab. (Dieser Abschluß wird nicht mit in den Puffer aufgenommen.)
- Ab CP/M-Version 2.0 kehrt der Kursor bzw. Druckwagen bei den Lösch- und Wiederholbefehlen nur bis zu der Spalte zurück, mit der die (letzte) Eingabe begonnen hat. Das erleichtert die Eingabeoperation, da so die Anforderung immer klar erkennbar bleibt.
- Wichtig: Wird als erstes Zeichen ein CONTROL-C eingegeben, dann löst CP/M einen Warmstart mit allen manchmal unangenehmen Konsequenzen aus. Soll dieser Fall ausgeschlossen sein, dann muß eine zeichenweise Eingabe gewählt werden.

- Lochstreifen

Ein Zeichen vom Lochstreifenleser übernehmen
übernimmt: C = 3
liefert: A = eingegebenes Zeichen

Besonderheiten:
- Wartet bis ein Zeichen eingegeben worden ist.
- Die Eingabe wird in keiner Weise vom BDOS-Teil ausgewertet und unverändert an das aufrufende Programm übergeben.

Ein Zeichen an den Lochstreifenstanzer ausgeben
übernimmt: C = 4, E = auszugebendes Zeichen

Besonderheit:
- Das Zeichen wird in keiner Weise vom BDOS-Teil ausgewertet und unverändert an die Ausgabeeinheit übergeben.

- Drucker

Ein Zeichen an den Drucker ausgeben
übernimmt: C = 5, E = auszugebendes Zeichen

Besonderheit:
- Das Zeichen wird in keiner Weise vom BDOS-Teil ausgewertet
und unverändert an die Ausgabeeinheit übergeben.

Arbeit mit Diskettendateien

Bis auf einige wenige Ausnahmen wird allen Unterprogrammen zur Arbeit mit Diskettendateien in Registerpaar DE ein Zeiger auf einen Dateibeschreiber (d.h. dessen Speicheradresse) übergeben.
Dieser Dateibeschreiber enthält alle Angaben, die zum Zugriff auf eine Datei oder auf das Diskettenverzeichnis notwendig sind. Er gliedert sich in drei Teile:
- die Laufwerksangabe und den Dateinamen
- Informationen zur Verwaltung der Datei auf der Diskette
- Informationen zum Zugriff auf eine bestimmte Dateiaufzeichnung
Laufwerk und Dateiname sind vor dem ersten Zugriff auf die Datei vorzugeben. Sie dienen zum Aufsuchen bzw. Neuanlegen des Verzeichniseintrags.
Das Betriebssystem kopiert die im Diskettenverzeichnis festgehaltenen Verwaltungsinformationen in den zugehörigen Beschreiberbereich im Arbeitsspeicher. So kann man im folgenden mit dem im Speicher stehenden Beschreiber arbeiten und spart den zeitraubenden Zugriff auf das Diskettenverzeichnis bei jeder Aufzeichnung. Dies ist der Grund, warum eine Datei vor dem ersten Datenzugriff ausdrücklich eröffnet werden muß.
Der eigentliche Zugriff auf die Datei geschieht anhand von Zugriffsinformationen, die unter CP/M aufgeteilt sind in
- die Nummer des Verzeichniseintrags, in dem die Aufzeichnung (eine von 128 je Eintrag) erfaßt ist und
- die Nummer, unter der innerhalb dieses Verzeichniseintrags die 128-Byte-Aufzeichnung vermerkt ist.
Soll die Datei Aufzeichnung für Aufzeichnung bearbeitet werden (sogenannter "sequentieller Dateizugriff"), dann kann die Verwaltung dieser Zugriffsinformationen durch das Betriebssystem geschehen. Es zählt die Aufzeichnungsnummer und gegebenenfalls die Eintragsnummer nach jedem Zugriff automatisch weiter.
Alternativ dazu kann der Benutzer ausdrücklich festlegen, welche Aufzeichnung gerade bearbeitet werden soll ("unmittelbarer Dateizugriff"). Dazu gibt es in CP/M in zwei Formen:

- Man gibt die Nummer des Verzeichniseintrags zusammen mit der (relativ zum Eintrag bestimmten) Aufzeichnungsnummer im Datei- beschreiber vor und greift dann sequentiell auf die Datei zu.
- Man gibt die absolute Nummer der Aufzeichnung (die sie vom Dateianfang her durchgezählt besitzt) in einem besonderen Feld im Dateibeschreiber vor und benutzt dann die ab CP/M-Version 2.0 verfügbaren Operationen zum unmittelbaren Zugriff.

Besonderheit:
- Alle Dateioperationen finden (mit Ausnahme der Suchfunktionen 17 und 18) immer im vorgewählten Benutzerbereich (0 bis 31) statt. Soll in einem anderen Benutzerbereich gearbeitet wer- den, dann muß dieser vorher aktiviert werden (Funktion 32).

- <u>Generelle Dateihandhabung</u>

Die richtige Beziehung zwischen Dateibeschreiber und Verzeich- niseinträgen der bearbeiteten Datei muß in CP/M ausdrücklich hergestellt werden. Dazu ist notwendig:
- Die Datei muß vor dem ersten Zugriff bereits im Verzeichnis existieren, d.h. man muß sie irgendwann ausdrücklich erzeugen.
- Weiter müssen vor dem ersten Dateizugriff die Verwaltungsin- formationen aus dem Diskettenverzeichnis in den Dateibeschrei- ber übertragen werden sein. Dies geschieht beim ausdrücklichen Eröffnen der Datei.
- Wurde die Datei verändert, dann enthält der Dateibeschreiber in aller Regel andere Informationen als im Diskettenverzeich- nis stehen. Diese müssen dauerhaft in das Verzeichnis übertra- gen werden, wozu das Schließen der Datei dient.

Datei erzeugen
übernimmt: C = 22 (16H), DE -> Dateibeschreiber
liefert: A = 255 (0FFH) bei Fehler
Schafft einen neuen Verzeichniseintrag für eine leere Datei mit dem im Beschreiber angegebenen Namen. Meldet in A einen Fehler, wenn das Verzeichnis voll ist.

Besonderheiten:
- Beim Erzeugen der Datei erhält auch der Dateibeschreiber den richtigen Inhalt, so daß sich ein anschließendes Er- öffnen der Datei erübrigt.
- Die Funktion zur Dateierzeugung untersucht nicht, ob die angegebene Datei bereits existiert, sondern schafft die neue Dateiangabe im ersten freien Verzeichniseintrag, den sie vorfindet.

Dies führt zu Konflikten beim späteren Dateizugriff und muß deshalb unbedingt vermieden werden. Das sicherste ist, der Dateierzeugung eine Löschoperation für die Dateien dieses Namens vorangehen zu lassen.
- Logischerweise darf nur ein Einfachname im Dateibeschreiber angegeben werden. Es wird jedoch nicht untersucht, ob ein Mehrfachname (mit Fragezeichen an den betreffenden Stellen) vorliegt, sondern der Eintrag wird wörtlich – mit den Fragezeichen! – angelegt. Dieser Eintrag ist anschließend kaum noch aus dem Verzeichnis zu entfernen.

Datei eröffnen
übernimmt: C = 15 (OFH), DE -> Dateibeschreiber
liefert: A = 255 (OFFH) bei Fehler
Sucht den angegebenen Eintrag im Diskettenverzeichnis auf und überträgt ihn (einschließlich der auf der Diskette vorliegenden Form des Dateinamens) in den Beschreiber. Damit werden die Verwaltungsdaten für nachfolgende Dateizugriffe vom Speicher aus verfügbar. Meldet in A einen Fehler, wenn der Eintrag nicht gefunden werden konnte.

Besonderheiten:
- Man kann die Datei gezielt so eröffnen, daß der folgende Zugriff nicht die erste, sondern eine beliebig vorgegebene Aufzeichnung der Datei erfaßt. Normalerweise ist das jedoch nicht erwünscht. In diesem Fall müssen Eintragsnummer und Aufzeichnungsnummer vor dem BDOS-Aufruf auf Null gesetzt sein.
- Im Dateibeschreiber können Mehrfachnamen angeben werden. Dies bewirkt, daß die erste im Verzeichnis vorgefundene, passende Datei eröffnet wird. Über den Sinn einer solchen Vorgehensweise läßt sich jedoch streiten. In der Regel wird man einen eindeutig gegebenen Namen verwenden.

Datei schließen
übernimmt: C = 16 (10H), DE -> Dateibeschreiber
liefert: A = 255 (0FFH) bei Fehler
Überträgt den Inhalt des Dateibeschreibers in den zugehörigen Eintrag im Diskettenverzeichnis und sichert so dauerhaft den Zugriff auf die Dateiaufzeichnungen. Meldet in A einen Fehler, wenn der Eintrag nicht gefunden werden konnte.

Besonderheiten:
- Es brauchen nur solche Dateien geschlossen zu werden, die verändert wurden, d.h. in denen Aufzeichnungen gelöscht,

überschrieben oder neu geschrieben worden sind. Bei Dateien, die lediglich gelesen wurden, erübrigt sich ein ausdrückliches Schließen.
- Im Dateibeschreiber können Mehrfachnamen angeben werden. Dies bewirkt, daß die erste im Verzeichnis vorgefundene, passende Datei geschlossen wird. Es empfiehlt sich, im Falle eines Falles dieselbe Angabe wie bei der Dateieröffnung zu wählen. (Vorsicht! Das bietet keine Gewähr für sicheres Schließen der Datei, wenn zwischendurch andere Verzeichniseinträge geschaffen worden sind.)

Neben diesen Voraussetzungen für einen sicheren Dateibetrieb gibt es noch Hilfsoperationen zum Umbenennen einer Datei und zum Löschen einer Datei aus dem Verzeichnis.

Datei(en) löschen
  übernimmt: C = 19 (13H), DE -> Dateibeschreiber
  liefert: A = 255 (0FFH) bei Fehler
Sucht die im Beschreiber benannten Datei(en) auf und entfernt sie aus dem Verzeichnis, indem in das erste Byte jedes passenden Eintrags der Hexadezimalwert E5 geschrieben wird. Meldet in A einen Fehler, wenn kein Eintrag gefunden werden kann.

  Besonderheit:
  - Es können mehrere Dateien auf einmal gelöscht werden, wenn ein Mehrfachname angegeben wird. Dies muß jedoch mit äußerster Vorsicht geschehen, damit keine Datei versehentlich gelöscht wird.

Datei umbenennen
  übernimmt: C = 23 (17H), DE -> Dateibeschreiber in der Form:
                    Pos. 0: Laufwerk,
                    Pos. 1: alter Name,
                    Pos. 16: Null (0H)
                    Pos. 17: neuer Name
  liefert: A = 255 (0FFH) bei Fehler
Sucht auf der Diskette im angegebenen Laufwerk die in der ersten Hälfte des Beschreibers benannte Datei und ändert ihren Namen an jeder Stelle in die Angabe in der zweiten Beschreiberhälfte um. Meldet in A einen Fehler, wenn die Datei im Verzeichnis nicht aufgefunden wird.

Der Datenverkehr zwischen Speicher und Diskettendatei findet unter CP/M immer in 128-Byte-Einheiten statt. Dazu muß dem Betriebssystem Ziel bzw. Herkunft der Daten im Speicher bekannt sein, zu welchem Zweck ausdrücklich die Anfangsadresse eines 128-Byte-Datenpuffers festgelegt wird. Sie wird aus historischen Gründen als "DMA-Adresse" bezeichnet, was ursprünglich für "direct memory access" (direkter Speicherzugriff, eine Technik zum Schreib- oder Leseverkehr mit dem Speicher unter Umgehung des Mikroprozessors) stand. Da diese Zugriffsform jedoch ausschließlich eine Sache des BIOS-Teils und auch mit anderen Techniken verwirklicht werden kann, hat man in der CP/M-Dokumentation "DMA" in "direct memory address" (direkte Speicheradresse) umbenannt. Wir werden hier immer den anschaulicheren Begriff "Datenpuffer" verwenden.

Datenpuffer festlegen (DMA-Adresse)
übernimmt: C = 26 (1AH), DE -> 128-Byte-Puffer
Vermerkt die angegebene Pufferadresse intern im BDOS und wickelt den folgenden Datenverkehr mit dem an dieser Adresse beginnenden 128-Byte-Abschnitt des Speichers ab.

Besonderheiten:
- Die Datenpufferadresse wird auch bei Schreib- und Leseoperationen nicht verändert. Soll eine Datei daher in aufeinanderfolgende Speicherabschnitte geladen bzw. wie sie im Speicher vorliegt auf Diskette geschrieben werden, dann muß die Pufferadresse nach jeder Lese- oder Schreiboperation ausdrücklich um 128 Bytes weitergesetzt werden.
- CP/M führt einen Ersatzpuffer in der Grundseite, der von Adresse 80H bis 0FFH reicht. Dieser Puffer wird automatisch bei einem Kalt- oder Warmstart angewählt. Er spielt eine besondere Rolle bei der Übergabe von Befehlsargumenten an ein über CCP aufgerufenes Programm (s.u.).

Die oben besprochenen Zugriffsmöglichkeiten auf das Diskettenverzeichnis sind nicht dazu gedacht, die Verwaltungsinformationen durch ein Programm auswerten zu lassen. Für Sonderzwecke kann man mit den beiden folgenden Funktionen beliebige (auch gelöschte) Einträge lesen (ein Verändern ist nicht möglich).

Den ersten Eintrag suchen
übernimmt: C = 17 (11H), DE -> Dateibeschreiber
liefert: A = 255 (0FFH) bei Fehler
           sonst: Datenpuffer = Verzeichnisabschnitt
                  A = Nummer des 32-Byte-Eintrags dort
Sucht im Verzeichnis nach dem ersten auf die Angabe im Dateibeschreiber passenden Eintrag. Falls gefunden, wird die zuge-

hörige 128-Byte-Verzeichnisaufzeichnung in den gegenwärtig aktiven Datenpuffer übertragen und in A die Nummer (0 bis 3) des betreffenden 32-Bit-Eintrags übergeben. Mit dieser Information kann man den Eintrag untersuchen. Meldet in A einen Fehler, wenn kein Eintrag gefunden werden konnte.

Besonderheiten:
- Die Suchvorgabe läßt sich sehr flexibel gestalten, da nicht nur Einfach- oder Mehrfachnamen angegeben werden können, sondern auch
  = die Nummer eines bestimmten Eintrags vorgegeben werden kann,
  = durch ein Fragezeichen im Eintragsfeld des Beschreibers - unmittelbar anschließend an die Klassenangabe - der jeweils nächste Verzeichniseintrag gesucht werden kann (siehe Funktion 18),
  = durch ein Fragezeichen im ersten Byte des Beschreibers alle überhaupt auf den Namen passenden Verzeichniseinträge erfaßt werden können, gleich zu welchem Benutzerbereich sie gehören oder ob sie eine gelöschte Datei bezeichnen oder nicht,
- Die allgemeine Suchoperation nach allen Einträgen arbeitet allerdings nur auf der Diskette im Bezugslaufwerk.
- Wenn kein Fragezeichen in der ersten Position im Dateibeschreiber vorliegt, dann wird der Wert als Laufwerksangabe betrachtet (0 = Bezugslaufwerk, 1 bis 15 = Laufwerk A bis P). In diesem Fall werden lediglich die nicht gelöschten Dateien im gewählten Benutzerbereich aufgesucht.

Den folgenden Eintrag suchen
übernimmt: C = 18 (12H), (DE ist unwesentlich!)
liefert: A = 255 (0FFH) bei Fehler
           sonst: Datenpuffer = Verzeichnisabschnitt
                  A = Nummer des 32-Byte-Eintrags dort
Sucht im Verzeichnis nach dem nächsten auf die ursprüngliche Angabe im Dateibeschreiber passenden Eintrag, der wie oben behandelt wird. Meldet in A einen Fehler, wenn kein Eintrag mehr gefunden werden konnte.

Besonderheiten:
- Diese Funktion baut auf den vorangegangenen Suchfunktionen auf. Es wird automatisch der bei der letzten Dateioperation verwendete Beschreiber benutzt.
- Man kann eine vollständige Kopie der Verzeichnisinformation im Arbeitsspeicher anlegen, wenn man beim ersten Suchzu-

griff in den 13 ersten Beschreiberbytes Fragezeichen vorgibt (d.h. das gesamte Diskettenverzeichnis anfordert) und
dann nach jeweils vier Suchoperationen den Datenpuffer um
128 Bytes weitersetzt.

- Sequentieller Datenzugriff

Sequentieller Datenzugriff (englisch: "sequential access") bedeutet rein technisch, daß nach dem Zugriff auf eine Aufzeichnung die Zugriffsinformationen automatisch auf die nächste Aufzeichnung weitergestellt wird. Man kann so ohne weiteren Benut-
zereingriff eine Datei Aufzeichnung für Aufzeichnung bearbeiten.

Besonderheit:
- Soll eine Datei nicht vom Anfang, sondern von irgendeiner anderen Aufzeichnung an sequentiell bearbeitet werden, dann kann
  man bereits beim Eröffnen der Datei die Zugriffsbeschreiber
  entsprechend setzen. Eine alternative Möglichkeit ist (ab
  CP/M-Version 2.0) der unmittelbare Zugriff auf die betreffende
  Aufzeichnung mit anschließender sequentieller Weiterverarbei-
  tung (s.u.). Das hat den Vorteil, daß man den Anfangspunkt vor
  der eigentlichen Bearbeitung kontrollieren kann.

Die nächste Aufzeichnung lesen
übernimmt: C = 20 (14H), DE -> Dateibeschreiber
liefert: A = 0 bei erfolgreicher Operation
Überträgt die im Dateibeschreiber festgelegte Aufzeichnung in
den gerade aktiven Datenpuffer und setzt die Zugriffsbeschreiber auf die nächste Aufzeichnung weiter. Meldet in· A
einen Fehler, wenn keine Aufzeichnung mehr gefunden werden
konnte, d.h. wenn das Dateiende überschritten worden ist.

Besonderheit:
- Beachten Sie, daß die Leseoperation unter CP/M immer in
  128-Byte-Einheiten vonstatten geht. Das bedeutet, daß (in
  binären Dateien) das Dateiende nur an Aufzeichnungsgrenzen
  erkannt wird, nicht aber beim letzten gültigen Byte der
  Datei. Es ist die Aufgabe des jeweiligen Programms, das
  exakte Dateiende auszumachen.

Die nächste Aufzeichnung schreiben
übernimmt: C = 21 (15H), DE -> Dateibeschreiber
liefert: A = 0 bei erfolgreicher Operation
Überträgt die im Datenpuffer stehende Information in die
durch den Dateibeschreiber gegebene Aufzeichnung und setzt

die Zugriffsbeschreiber auf die nächste Aufzeichnung weiter. Schreibt an Eintragsgrenzen automatisch den gegenwärtigen Beschreiberinhalt in das Verzeichnis zurück und eröffnet einen neuen Eintrag. Meldet in A einen Fehler, wenn kein Platz mehr auf der Diskette oder im Verzeichnis vorliegt.

Besonderheit:
- Die Tatsache, daß beim Ausschöpfen eines Eintrags automatisch der nächste geschaffen wird, bewirkt, daß eine genau an einer 16-KByte-Grenze endende Datei einen (leeren) Verzeichniseintrag mehr beansprucht. Das kann zu Schwierigkeiten führen, da so das Verzeichnis schneller gefüllt wird.
  Es gibt leider keine einfache Vorbeugung gegen einen solchen leeren "Überlauf". In kritischen Fällen kann man versuchen, die Datei mit Hilfe unmittelbarer Zugriffsoperationen (s.u.) umzukopieren (da hier die jeweils nächste Aufzeichnung ausdrücklich angegeben werden muß) oder von vornherein diese Zugriffsart wählen.

- Unmittelbarer Datenzugriff

Im Gegensatz zum sequentiellen greift man beim unmittelbaren Datenzugriff (englisch: "random access") direkt auf die benötigte 128-Byte-Einheit zu, ohne erst alle davorstehenden Aufzeichnungen durchgehen zu müssen.

Diese Möglichkeit gibt es im vollen Umfang in CP/M allerdings erst ab Version 2.0. Dazu wird der Dateibeschreiber, der bei sequentiellem Zugriff 33 Bytes umfaßt, um drei Bytes erweitert. In ihnen gibt man die Nummer einer von 65536 möglichen Aufzeichnungen vor und befiehlt dann eine Schreib- oder Leseoperation mit unmittelbarem Zugriff.

Anders als bei sequentiellem Betrieb wird hier die Zugriffsinformation nicht verändert. D.h. bei aufeinanderfolgenden Schreib- oder Leseoperationen wird immer die gleiche Aufzeichnung erfaßt. Soll eine andere bearbeitet werden, dann muß ausdrücklich eine neue Aufzeichnungsnummer vorgegeben werden.

Einer der Vorteile unmittelbarer gegenüber sequentieller Aufzeichnung ist (ab CP/M-Version 2.0), daß nur der Diskettenplatz belegt wird, in dem sich tatsächlich Aufzeichnungen befinden. "Löcher" in der Datei werden nicht erfaßt. Das heißt beispielsweise: Wenn die gültigen Daten der Datei erst mit Aufzeichnung 1234 beginnen, dann enthält die Diskette nicht lauter ungenutzte "Leeraufzeichnungen" von Nummer 0 bis Nummer 1233, sondern beginnt mit dem Aufzeichnungsblock, der diese Aufzeichnung mit der Nummer 1234 trägt.

Besonderheit:
- Anders als bei sequentiellem Betrieb muß für die Arbeit mit
unmittelbarem Zugriff die Datei immer am Anfang (d.h. mit Eintrag Nummer 0) eröffnet werden. Andernfalls ist die Synchronisation zwischen absoluter Aufzeichnungsnummer und tatsächlich
erfaßte Aufzeichnung nicht gewährleistet. Dies gilt insbesondere auch dann, wenn der erste Eintrag leer ist, d.h. keinerlei Aufzeichnungen erfaßt.

Bei unmittelbarem Zugriff werden jedesmal aus der Aufzeichnungsnummer die für CP/M benötigten Beschreiber der Aufzeichnung –
logische Eintragsnummer und Nummer der betreffenden Aufzeichnung
in diesem Eintrag - berechnet. So kann man ohne weiteres von
unmittelbarem auf sequentiellen Betrieb übergehen, greift dann
aber (da die Zeiger noch nicht verändert wurden) zunächst noch
einmal auf die zuletzt bearbeitete Aufzeichnung zu.
    Mit einer Hilfsfunktion ist der umgekehrte Schritt möglich,
der Übergang von sequentiellem auf unmittelbaren Datenzugriff.
Sie übersetzt die Beschreiber für den sequentiellen Zugriff in
die absolute Aufzeichnungsnummer. In diesem Fall greift man beim
ersten unmittelbaren Zugriff auf die Aufzeichnung zu, die der
letzten sequentiell verarbeiteten folgt.

= Fehlerkodes bei unmittelbarem Datenzugriff

Die BDOS-Unterprogramme für Schreib- und Leseoperationen mit unmittelbarem Zugriff liefern im Fehlerfall einen Kode in Register
A zurück, der folgende Fehlersituationen erfaßt:

1 = Versuch, Daten aus einem nicht geschriebenen Aufzeichnungs-
    block zu lesen.
2 = (Wird bei unmittelbarem Zugriff nicht benutzt.)
3 = Der betrachtete Verzeichniseintrag kann nicht geschlossen
    werden.
4 = Versuch, Daten aus einer Aufzeichnung zu lesen, für die noch
    kein Verzeichniseintrag vorliegt.
5 = Verzeichnis ist voll: Der neue Eintrag kann nicht geschaffen
    werden (bei Schreiboperationen).
6 = Versuch, eine Aufzeichnung zu erreichen, die nicht mehr auf
    der Diskette Platz findet.

Beachten Sie dabei, daß CP/M auch im unmittelbaren Zugriff den
Diskettenspeicherplatz block- und nicht aufzeichnungsweise verwaltet. Das bedeutet bei der Entscheidung darüber, ob eine Aufzeichnung vorliegt, daß lediglich geprüft wird, ob der zuge-

hörige Aufzeichnungsblock im Verzeichnis eingetragen ist. Wenn nein, dann ist die Aufzeichnung mit Sicherheit nicht geschrieben. Andernfalls kann es sein, daß die betreffende Aufzeichnung nur ungültige Daten enthält, denn CP/M verfügt über (fast) keine Möglichkeit, zu entscheiden, ob die Daten in einem Block gültig sind oder nicht. (Die einzige Ausnahme ist, wenn versucht wird, über das gegenwärtige Dateiende hinaus zu lesen.)

Sollen hier Fehlfunktionen vermieden werden, so empfiehlt es sich, vor Schreiben eines neuen Blocks diesen erst zu löschen. Dies geschieht mit Funktion Nummer 40 (die dafür allerdings langsamer als Funktion 34 arbeitet).

Die gegebene Aufzeichnung lesen
übernimmt: C = 33 (21H), DE -> erweiterter Dateibeschreiber
liefert: A = 0 bei erfolgreicher Operation
          sonst Fehlerkode
Übersetzt die absolute Aufzeichnungsnummer im Dateibeschreiber in die Nummer des Verzeichniseintrags und die relative Nummer der Aufzeichnung in diesem Eintrag und überträgt dann die dort festgehaltenen Daten in den Datenpuffer.

Besonderheit:
- Beachten Sie, daß die gelesenen Daten auch dann ungültig sein können, wenn in A kein Fehler gemeldet worden ist. Dies ist dann der Fall, wenn die betreffende Aufzeichnung im betrachteten Block noch nicht geschrieben worden ist, der Block aber wegen einer anderen Aufzeichnung bereits im Verzeichnis geführt wird.
Es ist Aufgabe des Programms, darüber Buch zu führen, welche Aufzeichnungen gültig sind und welche nicht.

Die gegebene Aufzeichnung schreiben
übernimmt: C = 34 (22H), DE -> erweiterter Dateibeschreiber
liefert: A = 0 bei erfolgreicher Operation
          sonst Fehlerkode
Übersetzt die absolute Aufzeichnungsnummer im Dateibeschreiber in die Nummer des Verzeichniseintrags und die relative Nummer der Aufzeichnung in diesem Eintrag, vermerkt gegebenenfalls den zugehörigen Block neu im Dateibeschreiber und schreibt dann die Information aus dem Dateipuffer in diese Aufzeichnung.

Besonderheit:
- Es gibt hier zwei Fehlermeldungen, wenn die Aufzeichnung nicht geschrieben werden kann:

A = 5, wenn das Verzeichnis voll ist,
A = 6, wenn die Diskette voll ist.
Diese Unterscheidung ist notwendig, weil die tatsächlich
aufgezeichnete Datei nicht belegte Blöcke enthalten kann,
die beim Auffüllversuch die Speicherkapazität der Diskette
überschreiten, obwohl im Verzeichnis noch Platz für den
Blockvermerk wäre.

Die gegebene Aufzeichnung mit Blockinitialisierung schreiben
    übernimmt: C = 40 (28H), DE -> erweiterter Dateibeschreiber
    liefert: A = 0 bei erfolgreicher Operation
              sonst Fehlerkode
Dies entspricht genau der vorangehenden Operationen mit dem
Unterschied, daß ein neu angelegter Block auf den Wert 0 initialisiert wird. Das erleichtert die Unterscheidung zwischen
gültigen und ungültigen Daten beim Auswerten der Datei.

Beschreiber für unmittelbaren Zugriff setzen
    übernimmt: C = 36 (28H), DE -> erweiterter Dateibeschreiber
    liefert: absolute Aufzeichnungsnummer im Beschreiber
Übersetzt die derzeitige sequentielle Zugriffsinformation
(Eintrags- und relative Aufzeichnungsnummer) in die absolute
Nummer der Aufzeichnung. Dieser Wert wird in den drei letzten
Bytes des erweiterten Dateibeschreibers abgelegt und gestat-
tet so den Übergang auf unmittelbaren Betrieb.

    Besonderheit:
    - Beachten Sie, daß die so bezeichnete Aufzeichnung der zu-
      letzt sequentiell bearbeiteten folgt, da die Beschreiber
      bereits weitergesetzt worden sind.

Hilfsfunktionen
- Initialisierung

Einen Warmstart auslösen
    übernimmt: C = 0
Bewirkt, daß der BDOS-Teil und der Bedienungsprozessor CCP
neu von den Systemspuren der Diskette in Laufwerk A geladen
werden. Der BIOS-Teil bleibt dabei unverändert.

    Besonderheiten:
    - Dies ist (zumindest in CP/M-Version 2.2) die einzige BDOS-
      Funktion, die unmittelbar zum Warmstartlader im BIOS-Teil
      führt. Die anderen einen Warmstart auslösenden BDOS-Funkti-
      onen verwenden einen Sprung zu Adresse 0, insbesondere

301

= im Zuge der Behandlung von BDOS-Fehlern und
= im Falle eines CONTROL-C in der ersten Spalte bei gepufferter Eingabe.
Man kann dies nutzen und derartige Programmabbrüche durch Ändern des Sprungbefehls in Adresse 0 abfangen. (Bedenken Sie dabei allerdings, daß der Stapelzeiger durch das BDOS umdefiniert worden ist!)
Funktion 0 bewirkt jedoch auch in dieser Situation einen Warmstart, so daß ein geeordneter Programmschluß möglich ist auch ohne Wiederherstellen der ursprünglichen Zieladresse des Sprungs in Adresse 0.
- In der CP/M-Dokumentation zu Version 2.0 ist angegeben, daß das System bei einem Warmstart zu Laufwerk A und Benutzer 0 zurückkehrt. Dies entspricht jedoch nicht mehr modernen Systemauslegungen.
Fast alle modernen BIOS-Versionen benutzen die Information auf Speicherstelle 4 zur Auswahl des Bezugslaufwerks und Benutzerbereichs. Viele Anwendungsprogramme beruhen mittlerweile auf dieser Eigenschaft.

Das Diskettensystem zurücksetzen
übernimmt: C = 13 (0DH)
Setzt die Systembeschreiber im BDOS-Teil so zurück, daß der Schreibschutz bei allen Laufwerken aufgehoben, Laufwerk A und Benutzerbereich 0 ausgewählt ist. Ferner wird der Dateipuffer auf den vordefinierten Bereich ab Adresse 80H in der Grundseite zurückgesetzt.

Besonderheiten:
- Sinn dieser Funktion ist es vor allem, von einem Programm aus den Austausch von Disketten zu ermöglichen, ohne daß ein Warmstart erforderlich wird (der die Programmabarbeitung beenden würde).
- In der Regel wird es notwendig sein, vor Aufruf von Funktion 13 ausdrücklich die derzeitige Bezugsdiskette und den gegenwärtigen Benutzerbereich zu ermitteln und anschließend wieder instandzusetzen, damit eine ordnungsgemäße Weiterarbeit möglich ist.
- Es empfiehlt sich dringend, vor Rücksetzen des Diskettensystems alle derzeit geöffneten Dateien ausdrücklich zu schließen. Dieser relativ geringe Mehraufwand sichert vor einem Datenverlust beim Diskettenaustausch und kann bei komplex aufgebauten BIOS-Systemen sogar Voraussetzung dafür sein, daß nicht versehentlich die Verzeichnisinformation der falschen Diskette überschrieben wird!

Laufwerk(e) zurücksetzen
(erst ab CP/M-Version 2.2)
übernimmt: C = 37 (25H), DE = Laufwerksvektor
liefert: A = 0
Übernimmt einen Laufwerksvektor, d.h. einen 16-Bit-Wert, in
dem vom niederwertigen Bit angefangen jedem der 16 möglichen
Laufwerke im System ein Bit zugeordnet ist. Die Funktion bewirkt, daß die BDOS-internen Beschreiber derjenigen Laufwerke
zurückgesetzt werden, deren Bitposition in diesem Laufwerksvektor eine 1 aufweist. Alle anderen Laufwerke bleiben unberührt.

Besonderheiten:
- Sinn dieser Funktion ist es vor allem, von einem Programm
  aus gezielt den Austausch von Disketten zu ermöglichen ohne
  gleich das ganze Diskettensystem rücksetzen zu müssen.
- Weiter kann man hierdurch gezielt den Schreibschutz für ein
  oder mehrere Laufwerke aufheben, ohne den Schreibschutz anderer Laufwerke zu berühren.
- Es empfiehlt sich dringend, vor dem Rücksetzbefehl alle
  derzeit geöffneten Dateien ausdrücklich zu schließen. Dieser relativ geringe Mehraufwand sichert vor einem Datenverlust beim Diskettenaustausch und kann bei komplex aufgebauten BIOS-Systemen sogar Voraussetzung dafür sein, daß nicht
  versehentlich die Verzeichnisinformation der falschen Diskette überschrieben wird!

- Laufwerke verwalten

Das Bezugslaufwerk festlegen
  übernimmt: C = 14 (0EH), E = Laufwerksnummer (0=A,...,15=P)
  Erklärt das angegebene Laufwerk zum Bezug, mit dem dann alle
  Dateioperationen ausgeführt werden, die nicht ausdrücklich
  eine Laufwerksangabe enthalten.

Besonderheit:

- Funktion 14 beeinflußt nur die intern im BDOS geführten
  Beschreiber, nicht aber den Wert auf Speicherstelle 4, der
  dem BIOS zur Anwahl des Bezugslaufwerks dient. Soll das im
  Programm veränderte Bezugslaufwerk auch beim nächsten Warmstart erhalten bleiben, dann muß der Laufwerkskode ausdrücklich auch in den vier niederwertigen Bits in Speicherstelle 4 in der Grundseite abgelegt werden!

Das Bezugslaufwerk ermitteln

übernimmt: C = 25 (19H)
liefert: A = Nummer des Bezugslaufwerks
Liefert die Nummer des derzeit benutzten Bezugslaufwerks, wie
es im BDOS-Teil festgehalten ist.

Besonderheit:
- Diese Nummer muß nicht unbedingt der (in der Regel vom Bedienungsprozessor CCP angelegten) Information in Speicherstelle 4 der Grundseite entsprechen. Das bedeutet u.a. daß
  durchaus bei einem folgenden Warmstart ein anderes Laufwerk
  zum Bezug erklärt werden kann.

Das Bezugslaufwerk schreibschützen

übernimmt: C = 28 (1CH)
Setzt einen BDOS-internen Vermerk, daß auf dem gegenwärtig
zum Bezug erklärten Laufwerk keine Schreiboperation durchgeführt werden kann.

Besonderheit:
- Dieser Schreibschutzvermerk bleibt auch erhalten, wenn das
  Bezugslaufwerk gewechselt wird. Er kann nur durch einen
  Warmstart, das Rücksetzen des Diskettensystems oder des be-
  trachteten Laufwerks wieder gelöscht werden.
  Auf diese Weise ist es möglich, gezielt von einem Programm
  aus eine. Diskette zu schützen (und den Schutz bei Bedarf
  wieder aufzuheben.)

Die schreibgeschützten Laufwerke ermitteln

übernimmt: C = 29 (1DH)
liefert: HL = Laufwerksvektor
Liefert einen 16-Bit-Wert, in dem, vom niederwertigsten Bit
angefangen und nach oben hin durchgezählt, für jedes schreibgeschützte Laufwerk eine 1 und für jedes ungeschützte (oder
im System nicht aktive) Laufwerk eine 0 steht.

Besonderheiten:
- Dieser Schreibschutzvektor gibt nicht nur die ausdrücklich
  durch Funktion 28 gesicherten Laufwerke an, sondern auch
  diejenigen, bei denen der Schreibschutz wegen eines Disket-
  tenwechsels vom BDOS-System automatisch gesetzt worden ist.
- In den meisten CP/M-Systemen genügt es, den Inhalt von Register A auszuwerten, der bei Rückkehr von der Funktion den
  gleichen Wert wie Register L hat, also die Laufwerke von A
  bis H erfaßt. Dies vereinfacht das Programm.

Die aktiven Laufwerke ermitteln

übernimmt: C = 24 (18H)
liefert: HL = Laufwerksvektor (den "login vector")
Liefert einen 16-Bit-Wert, in dem, vom niederwertigsten Bit
angefangen und nach oben hin durchgezählt, für jedes derzeit
aktive Laufwerk eine 1 und für jedes inaktive (oder im System
nicht vorhandene) Laufwerk eine 0 steht.

Besonderheiten:
- Ein Laufwerk wird aktiviert, indem es entweder ausdrücklich
  zum Bezug erklärt wird oder indem man eine Dateioperation
  mit ihm ausführt. Deaktiviert wird ein Laufwerk durch einen
  der Rücksetzbefehle.
- Der Laufwerksvektor enthält eine Information darüber, welche Laufwerke das BDOS als aktiv kennt, nicht aber darüber,
  welche Laufwerke im System überhaupt verfügbar sind. Der
  Versuch, auf ein Laufwerk zuzugreifen, das entweder nicht
  im System vorhanden ist oder keine (richtig eingelegte)
  Diskette enthält, führt zur Fehlermeldung
                Bdos Err On <Laufwerk>: Select
  mit nachfolgendem Programmabbruch durch einen Warmstart.
  Diese Schwäche von CP/M läßt sich (teilweise) umgehen, wenn
  man in kritischen Situationen erst ermittelt, ob das Laufwerk dem BDOS-System verfügbar ist und gegebenenfalls das
  Programm beim Benutzer nachfragen läßt.
- In den meisten CP/M-Systemen genügt es, den Inhalt von Register A auszuwerten, der bei Rückkehr von der Funktion den
  gleichen Wert wie Register L hat, also die Laufwerke von A
  bis H erfaßt. Dies vereinfacht das Programm.

= Dateien verwalten

Dateimerkmal(e) setzen

übernimmt: C = 30 (1EH), DE -> Dateibeschreiber
liefert: A = 255 (0FFH) bei Fehler
Setzt in allen passenden Verzeichniseinträgen auf der Diskette die Merkmalsbits so wie im Beschreiber gegeben.

Besonderheiten:
- Die Merkmalsbits sind in den acht Zeichen des Dateinamens
  und den dreien der Klassenbezeichnung jeweils im höchstwertigen Bit (Bit 7) enthalten. Derzeit (CP/M-Version 2.2)
  werden zwei Merkmale verwendet:
    = Schreibschutz der Datei im ersten Zeichen der Klassen-
    bezeichnung

= Systemeigenschaft der Datei im zweiten Zeichen der Klassenbezeichnung
- Für Anwenderprogramme sind die Merkmalsbits in den vier ersten Zeichen des Dateinamens frei verfügbar. Die restlichen Bits sind von Digital Research für zukünftige Erweiterungen reserviert.
- Die jeweils in einer Datei gesetzten Merkmale lassen sich einfach dadurch ermitteln, daß man die Datei eröffnet und dann den Dateibeschreiber untersucht, in den das BDOS der Name aus dem zugehörigen Disketteneintrag kopiert hat.

Die (virtuelle) Dateigröße ermitteln
übernimmt: C = 35 (23H), DE -> Dateibeschreiber
liefert: (virtuelle) Aufzeichnungsanzahl im Beschreiber
Ermittelt die absolute Nummer der Aufzeichnung, die auf das Dateiende folgen würde und legt sie in den drei letzten Bytes des erweiterten Dateibeschreibers ab.

Besonderheiten:
- Dies entspricht in einer sequentiell angelegten Datei der Anzahl der in ihr enthaltenen Aufzeichnungen. In einer mit unmittelbarem Zugiff angelegten Datei dagegen sagt es nur etwas über die "virtuelle" Dateigröße aus, da hier nicht alle Aufzeichnungen geschrieben zu sein brauchen, die Datei also "Löcher" enthalten kann.
- Man kann die Funktion insbesondere nutzen, um neue Aufzeichnungen am Ende einer bereits bestehenden Datei anzufügen, ohne alle Aufzeichnungen vom Anfang an durchgehen zu müssen. Entweder ermittelt man das Dateiende mit Funktion 35 und arbeitet mit unmittelbarem Zugriff weiter oder man geht so vor:
= Die Datei wird normal eröffnet.
= Mit Funktion 35 wird das Dateiende ermittelt.
= Der Datenpuffer wird in einen freien Speicherbereich verlegt (oft kann man den vorgegebenen Puffer in der Grundseite hierfür benutzen).
= Die Aufzeichnungsnummer wird um Eins zurückgezählt und so mit unmittelbarem Zugriff die letzte Aufzeichnung gelesen. Das ermittelt die für den sequentiellen Zugriff nötigen Beschreiber.
= Eine sequentielle Leseoperation stellt diese Beschreiber auf eine Position hinter das Ende, und ab da können dann wie üblich sequentiell Aufzeichnungen angefügt werden.

- ## Systemfunktionen

Die CP/M-Version ermitteln
übernimmt: C = 12 (0CH)
liefert: HL = Versionsnummer
Die Versionsnummer besteht aus zwei Teilen: In Register H
wird die Art des Betriebssystems angegeben:
0 = CP/M-80
1 = MP/M-80
(Andere Systeme - beispielsweise CP/M-86 - haben wieder andere Nummern.)
Im niederwertigen Byte ist dann die eigentliche Versionsnummer verschlüsselt:
00H = alle Versionen vor 2.0
20H = Version 2.0
21H = Version 2.1
22H = Version 2.2
usw.

Besonderheiten:
- Mit Hilfe der Versionsermittlung lassen sich Programme automatisch dem Betriebssystem anpassen (beispielsweise Ersatz der Dateioperationen mit unmittelbarem Zugriff durch solche mit sequentiellem Zugriff). Oder man kann Unverträglichkeitsmeldungen der Art
        "BENOETIGT CP/M-VERSION 2.0 ODER FOLGENDE"
  ausgeben und das Programm abbrechen, wenn die verwendeten Funktionsaufrufe vom Betriebssystem noch nicht erkannt werden können.
- Die älteren CP/M-Versionen benutzten Funktion 12 zum Abheben des Schreib-Lesekopfs von der Diskette und lieferten den Wert 0 in HL.

Die Benutzernummer verwalten
übernimmt: C = 32 (20H), E = Benutzernummer oder 255 (0FFH)
liefert: A = derzeitige Benutzernummer, wenn E = 255
Ab CP/M-Version 2.0 können 32 Benutzerbereiche, durchgezählt von 0 bis 31, unterschieden werden. Diese Bereiche werden mit Funktion 32 aktiviert bzw. können abgefragt werden.

Besonderheiten:
- Da der Bedienungsprozessor CCP die Benutzernummer in den vier höherwertigen Bits der Laufwerksangabe in Adresse 4 der Grundseite verschlüsselt, wertet er von den 32 möglichen nur die Benutzer 0 bis 15 aus. Nur diese können somit

in die automatische Warmstartoperation mit einbezogen werden. (Ähnliches gilt für MP/M.)
- Funktion 32 selbst vermerkt den aktiven Benutzerbereich nur
im BDOS-Teil. Soll der Bereich über einen Warmstart hinaus
erhalten bleiben, so muß er - vorausgesetzt es handelt sich
um. einen der Benutzer 0 bis 15 - ausdrücklich in den vier
höherwertigen Bits der Laufwerksangabe in der Grundseite
abgelegt werden.
- Soll das Programm auch unter MP/M laufen können, so emp-
fiehl es sich, Funktion 32 nicht oder nur mit großer Vorsicht einzusetzen, da dort die Benutzernummern nach eigenen
Regeln vergeben werden.

Den Ort der Belegungstabelle ermitteln
übernimmt: C = 27 (1BH)
liefert: HL = Adresse der Belegungstabelle (Bezugslaufwerk)
CP/M legt beim ersten Diskettenzugriff eine Tabelle an, in
der verzeichnet ist, welche Aufzeichnungsblöcke auf der Diskette gegenwärtig belegt sind (s.u.). Der Ort dieser Belegungstabelle für die Diskette im Bezugslaufwerk kann mit
Funktion 27 abgefragt werden.

Den Ort der Diskettenparameter ermitteln
übernimmt: C = 31 (1FH)
liefert: HL = Adresse des Diskettenparameterbereichs
Ab CP/M-Version 2.0 können im BIOS-Teil die verschiedensten
Disketten- und Festplattenlaufwerke angeschlossen werden. Zur
Verwaltung des so verfügbaren Speicherplatzes benötigt der
BDOS-Teil einige Informationen über diese Laufwerke, wie bei-
spielsweise zur Blocklänge, zur Anzahl der Blöcke usw. Diese
Informationen werden "Diskettenparameter" (oder allgemeiner:
"Plattenparameter") genannt und sind im BIOS-Bereich über
eine Tabelle erreichbar. Die Anfangsadresse dieser Tabelle
kann mit Funktion 31 abgefragt werden.
(Einzelheiten zu den Diskettenparametern werden im nächsten
Kapitel kurz angerissen und intensiver in einem späteren Band
dieser Reihe behandelt.)

Diskettenbeschreiber und Verzeichniseintrag

Der Zugriff auf eine Datei wird durch den Dateibeschreiber (den
"file control block" FCB) gesteuert, der alle notwendigen Verwaltungsinformationen aus dem jeweils in Frage kommenden Eintrag
im Diskettenverzeichnis erhält. Dateibeschreiber und Verzeichniseintrag sind ähnlich strukturiert:

- Im Verzeichnis sind alle die Informationen eingetragen, die zum Auffinden einer Datei notwenig sind, in erster Linie also:
  = die Nummer des Benutzerbereichs;
  = Dateiname und Dateiklasse;
  = die Nummern der Blöcke, die Aufzeichnungen tragen;
  = die Eintragsnummer und schließlich
  = die Anzahl der Aufzeichnungen, die der Eintrag gerade enthält (was allerdings nur bei sequentieller, lückenloser Datenspeicherung sinvoll ist).
- Der Dateibeschreiber erfaßt im wesentlichen dasselbe, enthält jedoch folgende Zusatzinformationen:
  = Die Nummer des Luufworks, in dem die Datei zu suchen ist;
  = alle Informationen des betrachteten Verzeichniseintrags (außer dem Benutzerbereich);
  = die Nummer der im nächsten Zugriff zu bearbeitenden Aufzeichnung, die diese innerhalb des Eintrags hat
  = und im Fall des unmittelbaren Zugriffs die absolute Aufzeichnungsnummer.

Diese Informationen werden im Diskettenverzeichnis in 32, im Dateibeschreiber bei sequentiellem Zugriff in 33, bei unmittelbarem Zugriff in 36 Bytes mit folgender Gliederung erfaßt:

Verzeichniseintrag

```
+--+--+--+...+--+--+--+--+--+--+--+--+--+...+--+
!BN!N1!N2!   !N8!K1!K2!K3!EN!S1!S2!AN!B0!   !BF!
+--+--+--+...+--+--+--+--+--+--+--+--+--+...+--+
 00 01 02 ... 08 09 10 11 12 13 14 15 16 ... 31 32 33 34 35
+--+--+--+...+--+--+--+--+--+--+--+--+--+...+--+--+--+--+--+
!LW!N1!N2!   !N8!K1!K2!K3!EN!S1!S2!AN!B0!   !BF!RA!A1!A2!A3!
+--+--+--+...+--+--+--+--+--+--+--+--+--+...+--+--+--+--+--+
 5C 5D 5E    64 65 66 67 68 69 6A 6B 6C    7B 7C 7D 7E 7F
```
Dateibeschreiber (FCB)
untere Zeile: Adressen im vorgegebenen Beschreiber ("default FCB") in der Grundseite.

Die Abkürzungen haben folgende Bedeutung:

BN	Benutzernummer: 0...31 (1FH)
	(in CP/M-Versionen vor 2.0 immer Null)
LW	Laufwerksnummer: 0 = Bezugslaufwerk
	1...16 = Laufwerk A bis P
N1...N8	Name, normalerweise in Großschreibung
	(die höchstwertigen Bits dienen zur Merkmalsangabe:
	N1'...N4' = frei für Benutzerprogramme,
	N5'...N8' = reserviert von Digital Research)

K1...K3   Klassenangabe, normalerweise in Großschreibung
(die höchstwertigen Bits dienen zur Merkmalsangabe:
K1' = Schreibschutz
K2' = Systemeigenschaft
K3' = reserviert von Digital Research)

EN   Eintragsnummer, gibt den vorliegenden Eintrag an
Wird normalerweise vor Eröffnen der Datei im Dateibeschreiber auf Null gesetzt. Man kann aber durch
Vorgabe dieser Nummer im Beschreiber einen beliebigen Eintrag anfordern.

S1,S2   reserviert für interne Systemarbeiten
S2 sollte vor Erzeugen oder Eröffnen einer Datei und
vor Suchoperationen auf Null gesetzt werden.

AN   Anzahl von Aufzeichnungen im gegebenen Eintrag
Hat den Wert 0...128 (0...80H).
Entspricht bei sequentiellen Dateien den tatsächlich
vorhandenen Aufzeichnungen, bei unmittelbar angelegten Dateien der Aufzeichnung mit der höchsten Nummer
(plus Eins). 0 bezeichnet einen leeren Eintrag, 80H
einen vollen.bei sequentiellem Zugriff wird automatisch ein neuer Eintrag angelegt, wenn der Wert 128
überschritten wurde.

..BF   Nummer des jeweils für die Aufzeichnungen auf der
Diskette reservierten Blocks
Die Blöcke werden auf der Diskette von Null bis zur
maximalen Speicherkapazität durchgezählt und können
je 1, 2, 4, 8 oder 16 KBytes erfassen (Standard ist
1 KByte). Wenn die Diskette weniger als 256 Blöcke
fassen kann, dann können im Beschreiber 16 Blocknum-
mern zu je einem Byte untergebracht werden. Sind es
mehr als 255 Blöcke, dann werden jeweils zwei Bytes
für die Blocknummer verwendet, was pro Eintrag acht
Blöcke ergibt.
Das hat eine besondere Konsequenz für den praktischen Betrieb: Da jeder Eintrag mindestens 16 KBytes
erfassen muß, sind bei großen Diskettenkapazitäten
(wo nur 8 Einträge zur Verfügung stehen) die Blöcke
mindestens 2 KBytes lang.
In CP/M-Versionen vor 2.0 wurden nur Blöcke von je 1
KByte erfaßt, weshalb hier der physische sich mit
dem logischen Verzeichniseintrag deckt. Bei den
neueren Versionen liegen die Verhältnisse komplizierter. (Genaueres wird in einem anderen Band dieser Reihe beschrieben werden.)

Die folgenden Bytes tragen die Zugriffsinformation:

RA   die relative Nummer der Aufzeichnung (bezogen auf
        den gegenwärtigen Eintrag), auf die als nächste zu-
        gegriffen werden soll
        Vor Eröffnen der Datei normalerweise auf Null ge-
        setzt. Wird vom BDOS bei sequentiellem Zugriff wei-
        tergezählt und nimmt Werte von 0 bis 127 (0 bis 7FH)
        an. Bei sequentiellem Zugriff wird automatisch zum
        nächsten Eintrag übergegangen, wenn der Wert 127
        überschritten wurde.
A0...A2 absolute Nummer der Aufzeichnung bei unmittelbarem
        Zugriff
        Die Aufzeichnungsnummer reicht von 0 bis 65535 (0
        bis 0FFFFH) und wird in A0 und A1 abgelegt (gemäß
        der 8080-Konvention mit dem niederwertigen Byte in
        A0 und dem höherwertigen in A1). A2 hat normalerwei-
        se den Wert Null und dient als Überlaufanzeiger bei
        der Berechnung der (virtuellen) Dateilänge durch
        Funktion 35.
        Der in A0 und A1 festgehaltene Wert wird beim unmit-
        telbaren Zugriff in die Angaben für den normalen
        CP/M-Betrieb nötigen Beschreiber EN (Eintragsnummer)
        und RA (relative Aufzeichnungsnummer im Eintrag) um-
        gerechnet, so daß anschließend sequentiell weiterge-
        arbeitet werden kann.

Die Belegungstabelle

Beim ersten Zugriff auf eine Diskette legt CP/M eine Tabelle an,
in der vezeichnet ist, welche Aufzeichnungsblöcke frei und welche belegt sind. Diese Belegungstabelle (englisch: "allocation
vector" - Belegungsvektor) wird beim Ändern der Dateien immer
dem laufenden Stand angepaßt und bleibt in Kraft, solange das
betreffende Laufwerk aktiv ist.
    Jedem der Speicherblöcke, die auf der Diskette (außer den
Systemspuren) Platz finden, ist in der Blocktabelle ein Bit zugeordnet. Der Wert dieses Bits gibt an, ob der Block frei oder
belegt ist:
0 = Der Block ist frei.
1 = Der Block ist belegt.
Für jedes Laufwerk ist im BIOS-Teil ein passender Speicherbereich für die Belegungsabelle reserviert, dessen Anfangsadresse
(für das jeweilige Bezugslaufwerk) mit Funktion 27 ermittelt
werden kann.
    Die dort zu findende Information ist in aufsteigender Folge
geordnet, innerhalb der Bytes von Bit 0 bis Bit 7. Dabei beginnt

die Blockzählung mit dem ersten Block auf der Verzeichnisspur. Die für das Verzeichnis belegten Blöcke sind immer reserviert, so daß die Blocktabelle immer mit einer Serie von Einsen beginnt, für eine leere Standarddiskette so:

```
Bit:     0  1  2  3  4  5  6  7
Byte 0:  1  1  0  0  0  0  0  0
Byte 1:  0  0  0  0  0  0  0  0
         . . .
```

Hier sind 2 Blöcke zu je 1024 Bytes am Diskettenanfang für das Verzeichnis reserviert, was bei 32 Bytes pro Eintrag 2048 / 32 = 64 möglichen Einträgen entspricht.

Zur Auswertung der Information in der Blocktabelle braucht man einige Zusatzinformationen:
- Anzahl der Verzeichnisblöcke
- Anzahl der Blöcke auf der Diskette
- Länge eines Blocks

Diese Informationen sind ab CP/M-Version 2.0 über die Diskettenparametertabelle im BIOS-Teil erreichbar (siehe Funktion 31 und das folgende Kapitel). In früheren Versionen sind (für Standardsysteme) folgende Werte anzusetzen:
- 2 Verzeichnisblöcke
- 243 Blöcke pro Diskette
- 1024 Bytes lange Blöcke (8 Aufzeichnungen pro Block)

Bei Nichtstandardsystemen (z.B. Systemen auf Minidiskettenbasis) sind diese Werte zumeist etwas anders und müssen gegebenenfalls vom Hersteller des Systems erfragt werden.

Die Verbindung zum Bedienungsprozessor CCP

Der Bedienungsprozessor CCP übernimmt zu den meisten Befehlen, mit denen eine COM-Datei geladen und ausgeführt werden soll, weitere Argumente, die an diese Programme weiterzugeben sind. Dies geschieht über den vorgegebenen Dateibeschreiber ("default FCB") und den vorgegebenen Datenpuffer ("default DMA buffer") in der Grundseite wie folgt:
- Die beiden ersten dem Befehl folgenden Wörter werden als Dateinamen angesehen und - soweit überhaupt möglich - im Dateibeschreiber ab 5CH bzw. 6CH abgelegt.
- Der gesamte auf den Befehl folgende Text (bis zu 127 Zeichen) wird im vorgegebenen Datenpuffer zusammen mit einer Angabe zur Textlänge abgelegt:
  auf Adresse 80H: die Argumentslänge
  ab Adresse 81H: der Argumentstext

Beispiel:
Der CCP-Befehl

TEST B:TEXT.TST EIN ARGUMENT

bewirkt das Laden des Programms TEST.COM von der Bezugsdiskette, dem im Dateibeschreiber auf Adresse 5CH die Angaben

2 'T' 'E' 'X' 'T' '_' '_' '_' '_' 'T' 'S' 'T'

(die Unterstreichung '_' soll ein Leerzeichen wiedergeben)

übermittelt werden, denen auf Adresse 6CH der "Dateiname"

0 'E' 'I' 'N' '_' '_' '_' '_' '_' '_' '_' '_' '_'

folgt. Im vorgegebenen Datenpuffer auf Adresse 80H in der Grundseite findet das Programm das Argument noch einmal wörtlich vor:

24 '_' 'B' ':' 'T' 'E' 'X' 'T' '.' 'T' 'S' 'T' '_' 'E' 'I' 'N'
'_' 'A' 'R' 'G' 'U' 'M' 'E' 'N' 'T'

(Der restliche Pufferinhalt ist undefiniert, es zählen nur diese 24 Zeichen.)

Ein Programm kann also durch Untersuchen des vorgegebenen Datenpuffers herausfinden, ob ihm ein Argument übergeben worden ist und kann über die Information im vorgegebenen Dateibeschreiber gegebenenfalls auf als Argument vorgegebene Dateien zugreifen. Dabei ist natürlich darauf zu achten, daß ein eventuell vorhandener zweiter Dateiname von Adresse 6C in einen sicheren Bereich kopiert wird, bevor man die Datei eröffnet.

BDOS-Fehlermeldungen

Das Betriebssystem erkennt und meldet vier Fehler:

==> Eine Aufzeichnung konnte infolge eines Diskettenfehlers nicht gelesen oder geschrieben werden.

Bdos Err On <Laufwerk>: Bad Sector

==> Das angeforderte Laufwerk ist nicht vorhanden oder nicht aktivierbar.

Bdos Err On <Laufwerk>: Select

==> Das Laufwerk ist schreibgeschützt.

Bdos Err On <Laufwerk>: R/O

==> Die Datei ist schreibgeschützt.

Bdos Err On <Laufwerk>: File R/O

Abhilfe:
- Das Betriebssystem wartet im Anschluß an die Meldung auf eine
  Bestätigung durch den Benutzer. Außer im ersten Fall ("Bad
  Sector") wird nach einem beliebigen Tastendruck ein Warmstart
  eingeleitet. Dieser erfolgt durch einen Sprung zur Adresse 0
  in der Grundseite und kann so von dem betreffenden Programm
  abgefangen werden. (Vorsicht: Der Stapelzeiger wurde von BDOS
  verändert!)
  Bei einem Diskettenfehler ("Bad Sector") dagegen hat man die
  Möglichkeit, durch Drücken der Wagenrücklauftaste <CR> den
  Fehler ignorieren zu lassen. Das BDOS kehrt dann ohne weitere
  Änderungen zum Programm zurück. Alle anderen Tasten lösen auch
  hier einen Warmstart aus.

KAPITEL 16

DIE SYSTEMVERBINDUNG: BIOS, MOVCPM UND SYSGEN

Es ist die Regel, daß sich ein Computersystem von dem anderen irgendwie unterscheidet. Da sind verschiedene Bedienungsgeräte angeschlossen, verschiedene Drucker, verschiedene Diskettenlauf-. werke. Das eine System bietet nur das absolute Minimum an Peripherieeinhoiten, das andere verfügt über die verschiedensten Zusätze. Alles das muß das Betriebssystem mit berücksichtigen: Es muß dem System angepaßt sein.

CP/M macht diesen Anpassungsprozeß dadurch vergleichsweise einfach, daß alle systemabhängigen Programmteile in einer Einheit zusammengefaßt sind, dem BIOS, was für "basic input/output system" - "Grundsystem zur Ein- und Ausgabe" steht. Man braucht nur das BIOS passend zu gestalten, und schon können die meisten CP/M-kompatiblen Programme bearbeitet werden (vorausgesetzt, der Speicherplatz reicht für sie aus, und die Anforderungen an die Peripherieeinheiten werden erfüllt). Diese einfache Anpassung ist einer der Hauptgründe für den Erfolg von CP/M.

Nebenbei, "BIOS" ist der Name, den Digital Research für das auf der Originaldiskette gelieferte System zur Verbindung mit den Entwicklungssystemen von Intel reserviert hat. In der CP/M-Dokumentation wird vorgeschlagen, für andere Versionen den Namen "CBIOS" zu verwenden, was "customized BIOS" - "angepaßtes BIOS" bedeutet. Wir bleiben hier jedoch beim kürzeren "BIOS".

Die Vielfalt der Aufgaben, die das BIOS erfüllen muß und die Vielfalt der Formen, in welchen das geschehen kann, machen es unmöglich, dieses Thema auch nur annähernd erschöpfend zu behandeln. Wir werden uns hier deshalb vergleichsweise kurz fassen und nur die allerwichtigsten Punkte zum Verständnis dieses Betriebssystemteils behandeln. Alles, was darüber hinausgeht, erfordert sowohl die Kenntnis der anzuschließenden Geräte als auch umfassende Programmiererfahrung.

Die Gliederung des BIOS

Das BIOS umfaßt vier Teile:
- Schnittstelle zum BDOS bzw. zu CP/M-Programmen
- Ein- und Ausgabe über die BDOS-Peripheriekanäle
- Verbindung zu den Disketten- oder Festplattenlaufwerken
- Pufferspeicher zur Unterstützung der BDOS-Aufgaben

Die Verbindung zum BIOS

Die verschiedenen im BIOS gesammelten Unterprogramme erreicht man über einen sogenannten "Sprungvektor", eine zusammenhängende Folge von Sprungbefehlen am BIOS-Anfang. Diese Sprungbefehle haben eine genau vorgeschriebene Reihenfolge, die nicht verletzt werden darf:

Initialisierungen:
    0: Kaltstartinitialisierung
    1: Warmstartlader
Ein-Ausgabekanäle:
    2: Konsolenstatus
    3: Konsoleneingabe
    4: Konsolenausgabe
    5: Druckerausgabe
    6: Lochstreifenstanzer
    7: Lochstreifenleser
Laufwerksteuerung:
    8: Schreib-Lesekopf auf Spur 00 stellen
    9: Laufwerk auswählen
   10: Spur auswählen
   11: Aufzeichnungsabschnitt auswählen
Datenverkehr mit Disketten (bzw. Festplatten):
   12: Datenpufferadresse setzen
   13: Aufzeichnungsabschnitt lesen
   14: Aufzeichnungsabschnitt schreiben
Sonstige Funktionen:
   15: Druckerstatus abfragen
   16: Aufzeichnungsnummer übersetzen

Es ist wichtig, daß jeder Sprungbefehl an dem durch dieses Schema vorgegebenen Platz bleibt. Wird eine Funktion nicht benötigt, dann kann der Sprung durch eine passende andere Folge von drei Bytes ersetzt werden, in der Regel durch:

RET ! NOP ! NOP

BIOS-Aufruf durch andere Programme

Von den BIOS-Möglichkeiten kann ein Programm auch unmittelbar Gebrauch machen. Der Schlüssel dazu ist der Sprung in Adresse 0 der Grundseite des Systems. Hier befindet sich ein Sprung zum Warmstartprogramm im BIOS-Teil, d.h. zum zweiten Befehl im Sprungvektor. Aus der Zieladresse dieses Sprungbefehls in der

Grundseite und der Nummer des benötigten BIOS-Programms läßt sich die leicht die Adresse berechnen, die das Programm gegebenenfalls aufrufen muß:

(<Sprungnummer> - 1) x 3 + <Zieladresse des Sprungs in Adresse>

Wenn ein Druckprogramm beispielsweise den Zustand der Druckerausgabe wissen möchte (der nicht über eine BDOS-Funktion abfragbar ist), dann kann das mit dem folgenden Unterprogramm geschehen:

```
DRKSTAT  LHLD 1        ; Anfang des Sprungvektors erfragen
         LXI D,14*3    ; Abstand des Sprungs vom Anfang
         DAD D         ; dazu addieren und
         PCHL          ; zu diesem BIOS-Programm springen
```

Die BIOS-Schnittstelle

In CP/M-Version 2.2 sieht der Sprungvektor mit den symbolischen Namen aus der Original-CP/M-Dokumentation so aus:

Adresse	Befehl	Funktion
4A00+Versatz	JMP BOOT	; Kaltstartinitialisierung
4A03+Versatz	JMP WBOOT	; Warmstart ausführen
4A06+Versatz	JMP CONST	; Konsolenstatus abfragen
4A09+Versatz	JMP CONIN	; Konsoleneingabe
4A0C+Versatz	JMP CONOUT	; Konsolenausgabe
4A0F+Versatz	JMP LIST	; Druckerausgabe
4A12+Versatz	JMP PUNCH	; Lochstreifenstanzer
4A15+Versatz	JMP READER	; Lochstreifenleser
4A18+Versatz	JMP HOME	; Kopf auf Spur 00 stellen
4A1B+Versatz	JMP SELDSK	; Laufwerk auswählen
4A1E+Versatz	JMP SETTRK	; Spur auswählen
4A21+Versatz	JMP SETSEC	; Aufzeichnungsabschnitt wählen
4A24+Versatz	JMP SETDMA	; Datenpufferadresse setzen
4A27+Versatz	JMP READ	; Aufzeichnungsabschnitt lesen
4A2A+Versatz	JMP WRITE	; Aufzeichnungsabschnitt schreiben
4A2D+Versatz	JMP LISTST	; Druckerstatus abfragen
4A30+Versatz	JMP SECTRAN	; Aufzeichnungsnummer übersetzen

Der hier angegebene "Versatz" errechnet sich einfach aus der Größe des Speichers, den CP/M erfaßt. Die original gelieferte Version 2.2, auf die sich die Adressen beziehen, befindet sich an der Obergrenze eine 20 KBytes tiefen RAM-Speichers. Hier hat der Versatz den Wert 0. Für jedes Kilobyte mehr ist 400H dazuzu-

rechnen. Ein 48-K-System beispielsweise hat einen Versatz von
(48-20) x 400H = 7000H.
Der Sprungbefehl in Adresse 4A03+Versatz wird von dem Warmstartsprung in Adresse 0 der Grundseite angesprungen. Des weiteren dient er unmittelbar als Sprungziel für das BDOS-Unterprogramm Nummer 0, welches das System neu initialisieren soll
(siehe voriges Kapitel).
Die so gegebenen Programme werden als Unterprogramme aufgerufen, müssen also mit einem Rücksprungbefehl enden (mit Ausnahme
der Warm- und Kaltstartbefehle, für die eigene Regeln gelten).
Dabei werden eventuell benötigte Werte in folgenden Prozessorregistern übergeben:

- an das BIOS: 8-Bit-Werte in Register C,
                 16-Bit-Werte in Registerpaar BC,
                 (zweiter 16-Bit-Wert in Registerpaar DE);
- vom BIOS: 8-Bit-Werte in Register A,
                 16-Bit-Werte in Registerpaar HL.

Besonderheiten:
- Lediglich der Sprungvektor muß unmittelbar (an den angegebenen
  Adressen) dem BDOS-Teil folgen. Alle anderen Bestandteile des
  BIOS können beliebig im Speicher untergebracht sein. In der
  Regel wird man sie mit dem BDOS-Teil zu einer Einheit zusammenfassen, doch ist das nicht unbedingt nötig.
  Der Vorteil dieser Lösung liegt in der zusätzlichen Flexibili-
  tät: Bei Bedarf kann ein Programm von den Systemeinheiten anderen Gebrauch machen, indem es einfach den betreffenden
  Sprung im Vektor ändert. So läßt sich beispielsweise ein einfaches System erstellen, das nur die wichtigsten Standardfunk-
  tionen im BIOS bietet, aber dafür den größtmöglichen Arbeitsbereich für die Programme verfügbar macht. Wenn nun ein Programm weitere oder andere Möglichkeiten braucht, dann stellt
  es sie geeignet selbst zur Verfügung (oder lädt einen für diesen Zweck passend gestalteten "Programmodul" von der Diskette), ändert den Sprungvektor ab und kann die erweiterten
  Möglichkeiten nutzen. Auf diese Weise läßt sich ein den Bedürfnissen gemäß "wachsendes" Betriebssystem erstellen, das
  immer nur so viel Speicherplatz für sich belegt, wie von den
  genutzten Funktionen her unumgänglich ist.
- Beachten Sie jedoch, daß das nur für die gegenwärtig verfügbaren CP/M-Versionen gilt. Es wird von Digital Research ausdrücklich nicht garantiert, daß auch zukünftige Fassungen den
  BIOS-Sprungvektor über Speicherstelle 0 erreichen können. (Allerdings ist eine Änderung in absehbarer Zeit unwahrschein-

lich, da bereits zu viele Programme - auch von Digital Research selbst - diese Möglichkeit nutzen.) Entsprechendes gilt für alle in der Grundseite vorliegenden Informationen.

Die BIOS-Unterprogramme

Wir werden im folgenden kurz die Anforderungen an die verschiedenen Unterprogramme im BIOS-Teil betrachten. Dabei werden wir allerdings die Teile zur Initialisierung des Systems zunächst ausklammern, da die mit ihnen verbundenen Probleme einer eigenen Darstellung bedürfen.

- Die Ein-Ausgabekanäle
= Das IOBYTE

Die Ein-Ausgabekanäle des BDOS enden am Sprungvektor zu den BIOS-Unterprogrammen. Hier werden die Funktionen von Konsole, Lochstreifenleser und -stanzer sowie des Druckers abgerufen. Es gibt prinzipiell zwei Möglichkeiten, diese Funktionen zu verwirklichen:
- Entweder man stellt für jeden Kanal genau ein Gerät bereit (das ist die einfachste Lösung),
- oder man nutzt die Tatsache aus, daß ein Programm zwischen maximal vier Geräten pro Kanal wählen kann.
Im letzten Fall muß die im sogenannten IOBYTE in Speicherstelle 3 der Grundseite festgehaltene Umschaltinformation ausgewertet werden, die wie folgt verschlüsselt ist:
- Bit 0 und 1: Konsole
- Bit 2 und 3: Lochstreifenleser
- Bit 4 und 5: Lochstreifenstanzer
- Bit 6 und 7: Drucker
Die Werte dieser Zweibitgruppen bestimmen das auszuwählende Gerät:
- Konsolenkanal:
  - 0 = Fernschreiber
  - 1 = Bildschirmgerät
  - 2 = Stapelbetrieb ("batch mode"):
    - Eingabe: Lochstreifenleserkanal
    - Ausgabe: Druckerkanal
  - 3 = benutzerdefinierte Konsole
- Lochstreifenleserkanal:
  - 0 = Fernschreiber
  - 1 = schneller Leser
  - 2 = erstes benutzerdefiniertes Lesegerät
  - 3 = zweites benutzerdefiniertes Lesegerät

319

- Lochstreifenstanzerkanal:
  0 = Fernschreiber
  1 = schneller Stanzer
  2 = erstes benutzerdefiniertes Lesegerät
  3 = zweites benutzerdefiniertes Lesegerät
- Druckerkanal:
  0 = Fernschreiber
  1 = Bildschirmgerät
  2 = schneller Zeilendrucker
  3 = benutzerdefinierter Drucker

Dies sind selbstverständlich nur Vorschläge, die (bis auf Konso-leneinheit 2) ganz den Bedürfnissen gemäß abgewandelt werden können. Es empfiehlt sich aber im Interesse des Programmaus-tauschs, sich ungefähr an diese Definitionen zu halten.

Ausgewertet wird diese Information, indem man in den betref-fenden Ein-Ausgabe-Unterprogrammen den gegenwärtigen Stand des IOBYTEs übernimmt, das zugehörige Umschaltfeld isoliert und je nach seinem Wert zwischen verschiedenen "Treiberprogrammen" um-schaltet. Sollte ein Gerät nicht im System verfügbar sein, dann kann man den Kanal entweder auf ein verfügbares Gerät umlenken (die beste Methode) oder einfach - eventuell mit einem passenden Wert in Register A - zum aufrufenden Programm zurückkehren.

Besonderheit:
- Die Treiberprogramme, welche die Geräte mit dem jeweiligen Ka-nal verbinden, können die verschiedensten Zusatzaufgaben über-nehmen. Üblich sind beispielsweise
  = bei der Eingabe:
  Übersetzen von Klein- in Großbuchstaben;
  Auswerten von Steuerzeichen zum Ein- und Ausschalten dieser Übersetzung;
  Übersetzen von Zeichen aus einem anderen Zeichensatz in AS-CII-Format;
  Festlegen von ganzen Kodefolgen für bestimmte Steuertasten und Übersetzen dieser Steuertasten in solche Folgen;
  = bei der Ausgabe:
  Einfügen von Warteschleifen nach Ausgabe bestimmter Zeichen, um dem Gerät genügend Zeit zur Verarbeitung zu lassen;
  Übersetzen der auszugebenden ASCII-Zeichen in einen anderen Zeichenkode;
  Ausblenden von Steuerkodes, die unerwünschte Wirkungen am Ausgabegerät hervorbringen würden;
  Übersetzen von Steuerbefehlen (beispielsweise zur Positio-nierung des Kursors auf dem Schirm) in andere Zeichenfol-gen, wie sie das spezielle Gerät benötigt.

= Der Konsolenkanal

Konsolenstatus ermitteln:
Untersucht die Konsoleneingabe und liefert A = 0, wenn keine
Taste gedrückt wurde, sonst A = 255 (0FFH).

Kosoleneingabe:
Wartet, bis eine Eingabe bereitsteht und liefert ihren Wert
in Register A. Bei ASCII-Eingaben sollte das höchstwertige
Bit (Bit 7) gelöscht sein.

Konsolenausgabe:
Erhält das auszugebende Zeichen in Register C und sendet es
an die Konsolenausgabe. Normalerweise werden ASCII-Zeichen
mit gelöschtem höchstwertigem Bit übergeben. Dies kann aber
je nach Anwendung abgewandelt sein.

= Der Druckerkanal

Druckerausgabe:
Erhält das auszugebende Zeichen in Register C und sendet es
an die Konsolenausgabe. Normalerweise werden ASCII-Zeichen
mit gelöschtem höchstwertigem Bit übergeben. Dies kann aber
je nach Anwendung abgewandelt sein.

Besonderheit:
- Beachten Sie, daß CP/M häufig von dem ASCII-Steuerzeichen
CONTROL-L Gebrauch macht, um zum Kopf der nächsten Seite zu
gelangen. Sie müssen dieses Zeichen gegebenenfalls in eine
andere Folge von Steuerzeichen übersetzen bzw. so abfangen,
daß Sie an dieser Stelle das Papier wechseln können (d.h.
das Unterprogramm muß eine passende Meldung ausgeben und
auf einen ausdrücklichen Befehl zum Weitermachen warten).

Druckerstatus abfragen:
Dies ist eine später hinzugefügte Zusatzfunktion, die nicht
vom BDOS ausgewertet wird. Man verwendet sie beispielsweise
für sogenannte "Spooler", das sind Programme, die immer dann
zwischendurch ein paar Zeichen aus einer Datei zum Drucker
senden, wenn eine andere Ein- oder Ausgabeoperation ausgeführt werden soll und so den Drucker (beinahe) parallel mit
anderen Programmen betreiben können (Digital Research liefert
ein derartiges Programm unter dem Namen DESPOOL). Die Arbeit
solcher Programme wird wesentlich verbessert, wenn sie eine
Information darüber haben, ob der Drucker gerade beschäftigt

ist (dann wird gleich mit einer andreen Aufgabe weitergemacht) oder ob er ein Zeichen übernehmen kann.
Das Unterprogramm liefert in A den Wert 0, wenn der Drucker
kein Zeichen übernehmen kann, sonst ist A = 255 (0FFH).

Besonderheit:
- Wenn kein Drucker im System vorhanden ist oder der Status
  nicht herausgefunden werden kann, dann sollte das Programm
  immer den Wert 0 liefern, z.b. durch:
    MVI A,0
    RET
  (Das belegt drei Bytes und kann so den Sprungbefehl im Vektor am BIOS-Anfang ersetzen.)

= Die Lochstreifenkanäle

Lochstreifenstanzer:
  Erhält das auszugebende Zeichen in Register C und sendet es
  an die Konsolenausgabe. Normalerweise werden ASCII-Zeichen
  mit gelöschtem höchstwertigem Bit übergeben. Dies kann aber
  je nach Anwendung abgewandelt sein.

Lochstreifenleser:
  Wartet, bis eine Eingabe bereitsteht und liefert sie in Register A. Erwartet in der Regel ASCII-Eingaben mit gelöschtem
  höchstwertigen Bit (Bit 7).

  Besonderheit:
  - Normalerweise ist das Dateiende auf einem Lochstreifen
    durch ein CONTROL-Z gekennzeichnet. Dieser Wert wird von
    einigen CP/M-Programmen (PIP, DDT) ausdrücklich auch dann
    erwartet, wenn die Datei leer ist. Das ist von Belang, wenn
    Sie diesen Kanal nicht nutzen wollen: Sie müssen dann auf
    alle Fälle ein CONTROL-Z zurückliefern, beispielsweise so:
      MVI A,1AH
      RET
    (Dies belegt genau drei Bytes und kann daher im Sprungvek-
    tor am BIOS-Anfang statt "JMP READER" verwendet werden.)

- Die Verbindung zu den Diskettenlaufwerken

Der Datenverkehr mit den Diskettenlaufwerken ist komplexer als
der über die anderen Datenkanäle. Er gliedert sich in einen ge-
räteorientierten Teil, die "Laufwerksteuerung", und einen daten-
orientierten Teil, den wir kurz mit "Datenverkehr" bezeichnen

wollen. Die Laufwerksteuerung umfaßt alle Schritte, die zum Erreichen eines Aufzeichnungsabschnitts auf der Diskette notwendig
sind. Der Datenverkehr ist gegenüber dem reinen Lesen und
Schreiben von Aufzeichnungen erweitert um die Festlegung der Adresse des Datenpuffers, jenes 128-Byte-Bereichs im Speicher, der
die Daten von der Diskette übernimmt bzw. von dem sie kommen.

Im Prinzip braucht man vier Schritte, um eine Diskettenaufzeichnung zu erreichen:
- Man muß das richtige Laufwerk aktivieren.
(Das kann bei einfachen Systemen mit nur einem Laufwerk bedeuten, daß der Benutzer aufgefordert wird, die Diskette zu wechseln.)
Man muß den Schreib-Lesekopf in eine definierte Ausgangsstel-
lung bringen können. Vereinbarungsgemäß stellt man ihn dazu
auf die äußerste Diskettenspur, Spur 00. Hier gibt es in den
meisten Laufwerken Schalter oder Lichtschranken, die eine genaue Positionierung des Kopfs sicherstellen.
Diese Möglichkeit ist nicht unbedingt notwendig, erhöht aber
die Zugriffssicherheit. CP/M macht reichlichen Gebrauch davon
(bei jedem Zugriff auf das Diskettenverzeichnis wird der Kopf
erst auf Spur 00 einsynchronisiert.)
- Der Kopf muß dann auf die Spur gesetzt werden, in der sich die
Aufzeichnung befindet.
- Und schließlich ist anzugeben, welcher Sektor auf der Spur die
Aufzeichnung enthält. Dies geschieht bei CP/M in zwei Schritten.

= Der Sektorversatz

Es empfiehlt sich nicht, auf die Diskettensektoren in der Folge
zuzugreifen, in der sie auf der Spur hintereinander angeordnet
sind. Das liegt einfach daran, daß zum Übertragen und ersten
Auswerten der Daten Zeit benötigt wird, Zeit, in der sich die
Diskette schon über den nächstfolgenden Sektor weitergedreht
hat. Wollte man auf ihn als nächstem zugreifen, so müßte man
warten, bis der Sektor wieder unter den Kopf gedreht wurde. Der
Zugriff auf alle 26 Sektoren auf der Spur einer 8-Zoll-Standard-
diskette würde so 26 Umdrehungen erfordern – und das dauert über
vier Sekunden.

Man muß also dafür sorgen, daß als nächster der Sektor erfaßt
wird, der sich aller Wahrscheinlichkeit nach gerade unter dem
Kopf befindet. Erfahrungsgemäß ist das bei 8-Zoll-Standarddis-
ketten jeder sechste Sektor. Tut man das, so kann eine ganze
Spur in sechs Diskettenumdrehungen erfaßt werden, was gerade
eine Sekunde in Anspruch nimmt.

Die beste Schrittweite bei einem solchen "Sektorversatz" hängt nun von der Art des Laufwerks und der Formatierung der Diskette ab, so daß es ungünstig wäre, würde man sich von vornherein auf einen bestimmten Versatz festlegen. In CP/M hat man ab Version 2.0 die Auswahl in den BIOS-Teil verlegt: Das BDOS bezieht sich auf die Sektoren (genauer: auf die 128-Byte-Aufzeichnungsabschnitte) in der normalen Folge 1, 2, 3 usw. Diese Nummern werden vom BIOS erst übersetzt und dann erst auf die Sektoren zugegriffen.

So enthält das BIOS ab CP/M-Version 2.0 zwei Unterprogramme zur Festlegung eines Diskettensektors:
- die Übersetzung der Sektornummer (genauer: der Nummer des Aufzeichnungsabschnitts) dem gewählten Versatz entsprechend und
- die Vorgabe eines Sektors (Aufzeichnungsabschnitts) für den eigentlichen Datenzugriff.

= Sektor- und Aufzeichnungsgröße

Bei 8-Zoll-Standarddisketten fallen 128-Byte-Aufzeichnung und Diskettensektor zusammen, so daß damit die Arbeit im Prinzip erledigt ist. Viele andere Disketten verwenden jedoch Mehrfache von 128 Bytes für einen Sektor (üblich sind 256, 512 und 1024 Bytes). Hier hat die vom BDOS übergebene Aufzeichnungsnummer lediglich logische Funktion. Das BIOS ist verantwortlich dafür, daß der richtige 128-Byte-Abschnitt aus dem physisch erreichbaren Sektor übertragen wird. Dies bringt einige Probleme zur sogenannten "Blockierung und Deblockierung" von Sektoren mit sich, auf die wir erst in einem anderen Band eingehen können.

Wichtig ist jedenfalls, daß das BIOS einen geordneten Datenverkehr in 128-Byte-Aufzeichnungsabschnitten ermöglichen muß. Eine andere Größe kennt das BDOS nicht, und auch die meisten Programme stellen nur Datenpuffer mit 128 Bytes Umfang bereit.

= Der Datenverkehr

Liegt der Ort der Aufzeichnung auf der Diskette oder Festplatte erst einmal fest, und ist der Ort des Datenpuffers im Speicher bestimmt, dann können die Daten gelesen oder auf die Diskette geschrieben werden. Damit muß das BIOS noch drei weitere Unterprogramme bieten:
- Festlegen des Datenpuffers als Ziel oder Herkunft der Daten,
- Lesen eines 128-Byte-Aufzeichnungsabschnitts von der Diskette und Übertragen in diesen Datenpuffer bzw.
- Schreiben der im Datenpuffer vorliegenden Information in den betreffenden Aufzeichnungsabschnitt.

= Unterprogramme zur Laufwerksteuerung

Laufwerk auswählen

Erhält die Laufwerksnummer in Register C (0 = A,...,15 = P), aktiviert das Laufwerk für den nächsten Datenzugriff und liefert in HL die Adresse eines Speicherbereichs, in dem die Merkmale der betreffenden Diskette stehen und etwas Platz für Zwischenergebnisse beim Diskettenzugriff bereitgestellt ist. Dieser Speicherbereich, von Digital Research als "disk parameter header" (Vorspann für die Diskettenparameter) bezeichnet und mit DPH abgekürzt, ist für die BDOS-Arbeit vor allem deshalb wichtig, da über ihn die Informationen zur Disketten- und Blockgröße und andere wichtige Daten erreicht werden. Den Inhalt des DPH-Bereichs werden wir weiter unten betrachten.

Besonderheiten:
- Das BDOS schaltet relativ häufig zwischen den Laufwerken um, ohne dem unbedingt einen Schreib- oder Lesezugriff folgen zu lassen. Das liegt unter anderem daran, daß BDOS-intern nur die Merkmale jeweils eines Laufwerks festgehalten werden und zur Verwaltung immer wieder zum Bezugslaufwerk zurückgekehrt wird.) Da viele Diskettensteuerungen den Kopf von der gerade bearbeiteten Diskette abheben, bevor sie auf ein anderes Laufwerk umschalten, empfiehlt es sich, die eigentliche Laufwerksauswahl bis zum tatsächlichen Datenzugriff zu verschieben.
- Das BDOS setzt das niederstwertige Bit (Bit 0) von Register E auf Null, wenn es sich um den ersten Zugriff auf dieses Laufwerk handelt. Diese Information kann von BIOS-Systemen ausgenutzt werden, um Art und Verfügbarkeit der betreffenden Diskette zu bestimmen und gegebenenfalls die DPH-Information zu ändern.
- Wenn das Laufwerk nicht verfügbar ist, muß HL = 0 zurückgeliefert werden.

Kopf auf Spur 00 stellen

Stellt den Kopf auf dem derzeit aktiven Laufwerk auf die äußerste Spur zurück. Das kann mit einer besonderen Funktion der Diskettensteuerung geschehen oder dadurch, daß man Spur 00 vorgibt und dann den Kopf ausdrücklich an diese Stelle versetzt.

Besonderheit:
- Normalerweise benutzt das BDOS diese Funktion vor einem Zugriff auf das Diskettenverzeichnis. Einige BIOS-Systeme be-

nutzen das, um ausdrücklich (anhand von Informationen der
Systemspuren) zu testen, ob die Diskette verfügbar und wel-
.cher Art sie ist. Das gestattet es u.a. Diskettenwechsel
möglichst frühzeitig zu erkennen und gegebenenfalls 'einen
BIOS-internen Sperrvermerk für den Schreibzugriff zu setzen.

Spur auswählen

Erhält in Registerpaar BC die Spurnummer für den nächsten
Zugriff auf die gerade aktive Diskette. Diese Spurnummer bewegt sich bei einfachen Minidisketten zwischen 0 und 34, bei
8-Zoll-Standarddisketten zwischen 0 und 76 und kann bei
großen Festplattenlaufwerken Werte zwischen 0 und 65535 annehmen.

Besonderheit:
- In einfachen Systemen kann man die Spur sofort anwählen
  lassen. Bei komplexeren BIOS-Versionen vermerkt man jedoch
  lediglich die Spurnummer geeignet und verschiebt die eigentliche Anwahl bis zu einem Lese- oder Schreibbefehl. Dadurch lassen sich Verwaltungsaufgaben vereinfachen. Wichtig
  ist lediglich, daß beim Datenzugriff der Kopf auf der richtigen Spur steht.

Aufzeichnungsnummer übersetzen

Erhält die logische, im BDOS intern verwendete Aufzeichnungsnummer in Registerpaar BC und die Adresse einer Umwandlungstabelle in Registerpaar DE. Liefert in HL die Nummer der Aufzeichnung, wie sie sich aus der angegebenen Umwandlungstabelle für den eigentlichen Zugriff ergibt.

Besonderheit:
- Beachten Sie, daß hier in der Regel noch nichts darüber
  ausgesagt wird, ob überhaupt ein und wenn ja welcher Sektor
  beim nächsten Datenzugriff tatsächlich gelesen oder geschrieben wird. Es wird lediglich die Nummer der Aufzeichnung bestimmt mit der das BDOS arbeiten soll.

Aufzeichnungsnummer wählen

Erhält in Registerpaar BC die Nummer der Aufzeichnung, auf
die als nächste zugegriffen werden soll.

Besonderheit:
- In einfachen Systemen mit 128-Byte-Standardsektoren deckt
  sich diese Nummer mit der physischen Sektornummer und kann

unmittelbar an die Laufwerksteuerung weitergegeben werden. Normalerweise muß das BIOS aber erst entscheiden, welcher physische Sektor die verlangte Aufzeichnung enthält. In diesem Fall wird die Nummer in der Regel zunächst intern vermerkt und der eigentliche Zugriff bis zu einem Schreib- oder Lesebefehl verschoben.

= Unterprograme für den Datenverkehr

Datenpufferadresse setzen
Erhält in BC die Anfangsadresse eines 128 Bytes umfassenden Speicherbereichs, der als Datenpuffer für alle nachfolgenden Schreib- und Leseoperationen dient.

Aufzeichnungsabschnitt lesen
Überträgt den Inhalt des vorher ausgewählten 128-Byte-Aufzeichnungsabschnitts in den Datenpuffer. Liefert A = 0, wenn kein Fehler aufgetreten ist, A = 1, wenn ein nicht behebbarer Fehler aufgetreten ist.

Aufzeichnungsabschnitt schreiben
Überträgt den Inhalt des Datenpuffers in den vorher ausge- wählten 128-Byte-Aufzeichnungsabschnitt. Liefert A = 0, wenn kein Fehler aufgetreten ist, A = 1, wenn ein nicht behebbarer Fehler aufgetreten ist.

Besonderheiten:
- Die Schreib- und Leseoperationen sollten zehnmal wiederholt werden, bevor ein Fehler an das BDOS zurückgemeldet wird. Die meisten Fehler beim Diskettenzugriff treten nur vor- übergehend auf und können durch einfaches Wiederholen der Operation behoben werden.
Es empfiehlt sich, etwa bei der fünften Wiederholung den Kopf (eventuell über Spur 0) neu auf die betreffende Spur zu stellen. So lassen sich Einstellprobleme beheben, die insbesondere bei einfachen Minidisketten auftreten können.
- Wird über A = 1 ein Fehler an das BDOS zurückgemeldet, dann signalisiert dieses auf der Konsole
        Bdos Err On <Laufwerk>: Bad Sector
und erwartet eine Bestätigung vom Benutzer (siehe voriges Kapitel).
- In 8-Zoll-Standardsystemen sind diese Befehle gleichbedeu- tend mit einem tatsächlichen Zugriff auf einen Disketten- sektor. In der Regel aber entscheidet das BIOS, ob auf ei- nen Diskettensektor zugegriffen werden soll oder ob sich

der betreffende Sektor bereits in einem passenden BIOS-Puffer befindet und dort bearbeitet werden kann. Manchmal wird es hier nötig sein, erst den alten BIOS-Pufferinhalt auszuschreiben, bevor auf einen neuen Diskettensektor zugegriffen werden kann. Die damit verbundenen Probleme können hier jedoch nicht behandelt werden.

Die Initialisierung des Systems

Es gibt unter CP/M zwei Möglichkeiten, das Betriebssystem neu zu initialisieren, den Kaltstart und den Warmstart. Beim Kaltstart wird das gesamte System - CCP, BDOS und BIOS - neu in den Speicher geladen, was alle in den Programmen vorgegebenen Beschreiber in den Ausgangszustand bringt. Beim Warmstart dagegen bleibt das BIOS unberührt. Hier werden nur der Bedienungsprozessor CCP und der BDOS-Teil des Betriebssystems erneuert.

- Die Einteilung der Systemspuren

Das Betriebssystem befindet sich auf den äußersten Spuren der Systemdiskette, bei 8-Zoll-Disketten in der Regel auf Spur 00 und Spur 01, bei 5-Zoll-Disketten zumeist auf Spur 00, 01 und 02. Die Aufzeichnung auf den Systemspuren gliedern sich in vier Teile in der Reihenfolge:

	Anzahl der 128-Byte-Aufzeichnungseinheiten	Bytes	beginnt im Speicher bei
- Kaltstartlader	min. 1	min. 128	---
- CCP	16	2048	3400H+Versatz
- BDOS	28	3584	3C00H+Versatz
- BIOS	min. 7	min. 896	4A00H+Versatz

Besonderheiten:
- Der Kaltstartlader ist ein Programm, das beim Starten der Diskette üblicherweise automatisch vom System in einen passenden Speicherbereich geladen und dort abgearbeitet wird. Er ist verantwortlich dafür, die übrigen Betriebssystemteile in den zugehörigen Speicherbereich zu laden und springt dann zur Kaltstartinitialisierung am BIOS-Anfang.
  Damit ist der Kaltstartlader von der gegebenen Systemauslegung abhängig und muß vom Benutzer vor der ersten Arbeit mit dem System und nach jedem Verschieben von CPM neu bereitgestellt und mit auf die Systemspuren geladen werden.
  Üblicherweise umfaßt der Kaltstartlader 128 Bytes. Es gibt jedoch auch CP/M-Versionen, die mit längeren Ladern arbeiten.

- Die Länge des BIOS-Teils hängt in erster Linie davon ab, wieviel Platz auf den Systemspuren noch verfügbar ist. Wenn dieser Platz nicht ausreicht (komplexe BIOS-Versionen können 2 KBytes und mehr belegen), dann muß man zunächst eine Mini-Version mit dem Allernötigsten laden und dann beim ersten Start automatisch von CCP den Rest aus einer Diskettendatei nachladen lassen. Eine Alternative dazu ist, nicht-standardmäßige Disketten anzulegen, die mehr Speicherplatz für das System reservieren.

- <u>Die in der Grundseite reservierten Bereiche</u>

Adresse	Befehl	Bedeutung
0000H	JMP WARMBT	; Sprung zur Warmstartinitialisierung
0003H	DS 1	; IOBYTE
0004H	DS 1	; Bezugslaufwerk und Benutzernummer
0005H	JMP BDOS	; Sprung zum BDOS-Anfang (s.u.)
0008H	DS 40	; Anlaufstellen für RST 1 bis RST 5
		; ===== Von CP/M nicht benutzt! =====
0030H	DS 8	; RST 6, für CP/M reserviert, ungenutzt
0038H	JMP DDT	; RST 7, wird von DDT oder SID initia-
		; lisiert, sonst derzeit nicht benutzt
003BH	DS 5	; Rest von RST 7, für CP/M reserviert
0040H	DS 16	; ==== Frei für BIOS-Anwendungen ====
0050H	DS 12	; Für CP/M reserviert, derzt. ungenutzt
005CH	DS 36	; Vorgegebener Dateibeschreiber
		; ("default FCB")
0080H	DS 128	; Vorgegebener Datenpuffer
		; ("default DMA buffer")

Davon sind zu initialisieren
- beim Kaltstart:
  der Sprung zur Warmstartinitialisierung im BIOS-Sprungvektor
  das IOBYTE
  Bezugslaufwerk und Benutzernummer (üblicherweise Null)
  Der Sprung zum BDOS-Anfang
- beim Warmstart:
  der Sprung zur Warmstartinitialisierung im BIOS-Sprungvektor
  Der Sprung zum BDOS-Anfang

Besonderheit:
- Es ist üblich, die Informationen in der Grundseite unmittelbar durch Programme zu nutzen, was insbesondere für den Warmstartsprung sowie die Laufwerks- un Benutzerinformation gilt. Jedoch garantiert Digital Research nicht dafür, daß dies in

neueren Versionen oder in ausgebauteren Betriebssystemen (wie MP/M) immer möglich bleiben wird.

- Die Kaltstartinitialisierung

Wenn der Kaltstartlader seine Arbeit beendet hat, springt er zum Anfang des Sprungvektors im BIOS. Der dort befindliche Sprungbefehl führt weiter zur Kaltstartinitialisierung, die neben den oben aufgeführten Aufgaben noch machen muß:
- Für das BIOS notwendige Speicherstellen initialisieren,
- Eine Anfangsmeldung ausgeben etwa der Art:
                   48 K CP/M Vers. 2.2
    mit eventuell notwendigen Zusatzinformationen über die Art des BIOS u.ä.
Die Initialisierung schließt mit einem Sprung zum Bedienungsprozessor CCP ab, wobei Register C Informationen zum Bezugslaufwerk und Benutzerbereich enthält, wie sie in Speicherstelle 4 vorliegen. Das ermöglicht es, in Sonderfällen das System anders als mit Laufwerk A und Benutzer 0 zu starten.

- Der Warmstart

Das Warmstartunterprogramm im BIOS enthält einen Lader, der den Bedienungsprozessor CCP und den BDOS-Teil von den Systemspuren der Diskette in Laufwerk A nachlädt, ohne dabei das BIOS zu beeinflussen. Nach dem Laden müssen die Sprungbefehle in der Grundseite wieder richtig gesetzt werden (sie können von Programmen verändert worden sein). Eventuell sind noch BIOS-interne Initialisierungen vorzunehmen. Die Arbeit schließt mit einem Sprung zum Bedienungsprozessor CCP ab, wobei in Register C die Information zu Bezugslaufwerk und Benutzernummer so übergeben werden sollte, wie sie in Adresse 4 der Grundseite vorliegt. Das ermöglicht die Rückkehr zu der Konfiguration vor dem Warmstart.

- Die Initialisierung des Bedienungsprozessors CCP

Der Bedienungsprozessor ist in den Initialisierungsprozeß mit einbezogen: Er ist es, der das anfängliche Bezugslaufwerk und den anfänglichen Benutzerbereich festlegt. Die Information dazu erhält er in Register C übergeben:
- Bit 0 bis 3: Nummer des Bezugslaufwerks (0 = A,...,15 = P)
- Bit 4 bis 7: Nummer des Benutzerbereichs

Darüber hinaus bietet er eine wichtige weitere Möglichkeit:

= Der automatisch ausgeführte Befehl

Der Bedienungsprozessor CCP beginnt mit zwei Sprungbefehlen, an die sich der Befehlspuffer anschließt:

3400+Versatz   JMP CCPSTART   ; Normaler CCP-Aufruf
3403+Versatz   JMP CCPCLEAR   ; CCP-Aufruf mit Pufferlöschung
3406+Versatz   DB 127   ; maximale Befehlspufferlänge
3407+Versatz   DB 0   ; Länge des vorliegenden Befehls
3808+Versatz   DB '   ' ; acht Leerzeichen
3810+Versatz   DB '   ' ; acht Leerzeichen
3818+Versatz   DB 'COPYRIGHT...' ; Copyright-Vermerk von DR

Wird der Bedienungsprozessor über den ersten der beiden Sprungbefehle aufgerufen, dann untersucht er zunächst, ob ein Befehl
im Puffer vorliegt. Dies ist der Fall, wenn die Längeninformati-
on auf Adresse 3407+Versatz einen Wert ungleich Null besitzt.
Liegt ein Befehl vor, dann wird erst er (ohne weitere Meldung an
die Konsole) abgearbeitet. Liegt kein Befehl vor, dann erfolgt
der normale Zyklus: Untersuchen ob eine Arbeitsdatei $$$.SUB auf
der Diskette in Laufwerk A vorliegt und falls nicht, Meldung an
den Benutzer zur Befehlsübernahme.
    Ruft man den Bedienungsprozessor dagegen über den zweiten
Sprungbefehl auf, dann wird zunächst der Befehlspuffer gelöscht
(die Längeninformation wird auf Null gesetzt). Der weitere Ab-
lauf ist dann wie gewohnt.
Das kann man sich zu verschiedenen Zwecken nutzbar machen:
- Man kann beim Kaltstart automatisch ein umfassendes BIOS aus
  einer COM-Datei nachladen, indem ihr Name (z.B. SYSTEM) von
  vornherein in dem Befehlspuffer abgelegt wird, die Befehlslän-
  ge (hier 6 Zeichen) in Adresse 3407H+Versatz kommt und nach
  der Kaltstartinitialisierung zu 3400H+Versatz gesprungen wird.
  Das lädt die SYSTEM.COM-Datei in den Arbeitsbereich, von wo
  die neue BIOS-Information an ihren Platz kopiert werden kann.
  Wenn dieses Initialisierungsprogramm mit einem Warmstart endet
  und die Warmstartinitialisierung zu Adresse 3403H+Versatz
  springt. Anschließend kann normal weitergearbeitet werden.
- Ganz entsprechend kann man von der Warmstartinitialisierung
  aus eine passende Befehlsfolge in den Befehlspuffer ab Adresse
  3408H+Versatz laden (maximal 127 Bytes), die Länge entsprechend
  setzen und dann den Befehl durch einen Sprung zu 3400+Versatz
  automatisch ohne weiteren Benutzereingriff ausführen lassen.
- Dieser automatische "Warmstartbefehl" läßt sich sogar von Be-
  dingungen abhängig machen, wenn man die 16 für das BIOS ab
  Adresse 40H in der Grundseite reservierten Bytes nutzt. Ein

Programm kann dort Flagen oder auch Befehle ablegen, die das
BIOS beim Warmstart in den Befehlspuffer des Bedienungsprozessor übertragen und dann automatisch abarbeiten lassen soll.
(Doch Vorsicht: Man kann derartige Programme normalerweise
nicht zwischen verschiedenen Systemen austauschen!)

Besonderheiten:
- Beachten Sie, daß die Copyright-Information im Befehlspuffer
  auf alle Fälle (auf der Diskette) erhalten bleiben muß. D.h.
  wenn der vorgegebene Platz für einen fest auf den Systemspuren
  gespeicherten Befehl nicht ausreichen sollte, dann können Sie
  zwar den Copyright-Vermerk bis ans Pufferende verschieben,
  müssen ihn jedoch im Puffer stehen lassen. (Etwas anderes ist
  es, wenn der Befehlspuffer nach dem Laden vom BIOS überschrieben wird. Hier kann der Copyright-Vermerk verändert werden.)
- Denken Sie daran, daß der Bedienungsprozessor normalerweise
  Befehle in Großschreibung im Puffer erwartet. Da der vorgefundene Befehl so abgearbeitet wird, wie er vorliegt, müssen Sie
  selbst (im Programm) für die richtige Schreibweise sorgen.

Die Beschreibung der Laufwerkseigenschaften

Vor Version 2.0 war CP/M ausschließlich für den Betrieb mit 8-
Zoll-Normaldisketten ausgelegt. Die Laufwerks- und Diskettenver-
waltung wurde hier vom BDOS gehandhabt und war nur mit großem
Aufwand zu ändern. Mit der wachsenden Vielfalt von Disketten-
und Festplattenspeichern für Mikrocomputer ließ sich dieses Konzept nicht mehr aufrechterhalten, so daß man ab Version 2.0 das
Betriebssystem im BIOS-Teil auch an die verschiedensten Massenspeicher anpassen kann.
    Zu diesem Zweck muß im BIOS ein Satz von Beschreibern bereit-
gestellt werden, mit dessen Hilfe das BDOS über die Nutzung der
Disketten- bzw. Festplattenlaufwerke entscheiden kann. (Wir werden der Einfachheit halber von "Diskettenbeschreibern" sprechen.) Diese Beschreiber stellen folgendes bereit:
- ausreichenden Speicherplatz zur Arbeit mit dem jeweiligen
  Laufwerk und
- Informationen zur Speicherkapazität und -organisation der
  betreffenden Diskette bz. Festplatte.
Im einzelnen gliedert sich das in:
- die Tabelle zur Übersetzung zwischen den BDOS-internen Auf-
  zeichnungsnummern und den vom BIOS zum Zugriff auf die physischen Aufzeichnungen benötigten Nummern,
- ein paar Speicherstellen zur Notierung von Spurnummer, Sektornummer und Verzeichnis-Aufzeichnungsnummer,

332

- einen 128 Bytes umfassenden Puffer zur Bearbeitung von Verzeichniseinträgen,
- Speicherplatz für die Tabelle der Prüfummen über die Verzeichnis-Aufzeichnungen, mit denen ermittelt wird, ob die Diskette ausgetauscht worden ist,
- Speicherplatz für die Belegungstabelle der betreffenden Diskette oder Festplatte und
- einen Satz von Beschreibern der Art der betreffenden Diskette oder Festplatte.

- Der DPH-Vektor

Alle diese Informationen werden über den sogenannten "disk parameter header", kurz "DPH-Vektor", erreicht, der die verschiedenen Adressen zusammenfaßt und etwas zusätzlichen Speicherplatz bietet. Dieser Adressenvektor umfaßt 16 Bytes und ist wie folgt aufgebaut:
Byte 0 und 1:
    Adresse der Übersetzungstabelle für die Aufzeichnungsnummern,
Byte 2 bis 7:
    drei 16-Bit-Wörter zur Notierung von Spurnummer, Sektornummer und Verzeichnis-Aufzeichnungsnummer durch das BDOS,
Byte 8 und 9:
    Adresse des 128-Byte-Verzeichnispuffers,
Byte 10 und 11:
    Adresse der Diskettenbeschreiber,
Byte 12 und 13:
    Adresse des Speicherbereichs für die Prüfsummentabelle,
Byte 14 und 15:
    Adresse des Speicherbereichs für die Belegungstabelle.

Besonderheiten:
- Die Anfangsadresse dieses DPH-Vektors muß vom BIOS bei der Laufwerksauswahl an das BDOS übergeben werden.
- Normalerweise gruppiert man die für die verschiedenen Laufwerke zuständigen DPH-Vektoren zu einem zusammenhängenden Block. Das erleichtert die Auswahl der an das BDOS zu liefernden DPH-Adresse, ist aber nicht unbedingt notwendig.
- Die im DPH-Vektor erfaßten Tabellen und Speicherbereiche sind für jedes Laufwerk getrennt bereitzustellen. Die einzige Ausnahme ist der 128-Byte-Puffer für die Verzeichnisauswertung. Er braucht nur einmal im System vorhanden sein, da das BDOS immer nur ein Laufwerk zur Zeit erfassen kann und so bei jeder Laufwerksumschaltung das Verzeichnis neu abfragt. Außerdem braucht natürlich für Disketten oder Festplatten mit denselben

Eigenschaften nur ein Beschreiber bereitgestellt zu werden, auf den dann vom jeweiligen DPH-Vektor aus verwiesen wird.

- Der Diskettenbeschreiber

Der Diskettenbeschreiber ist eine Tabelle, in der alle Informationen zusammengefaßt sind, die das BDOS zur Verwaltung des Speicherplatzes auf der betreffenden Diskette oder Festplatte braucht. Dies umfaßt
- Informationen zur Speicherkapazität und
- Informationen zur Speicherorganisation.
Die Speicherkapazität ergibt sich aus Anzahl und Größe der Speicherblöcke, sowie aus dem für das Diskettenverzeichnis reservierten Speicherplatz. Die Speicherorganisation ist komplizierter, da hier die (von Digital Research sorgsam gehütete) Arbeitsweise des BDOS mit eingeht. Im einzelnen braucht man hier:
- Angaben zur Anzahl von 128-Byte-Aufzeichnungen pro Spur,
- Angaben zur Anzahl von 128-Byte-Aufzeichnungen pro Block,
- Angaben zur Anzahl von logischen, je 16 KBytes erfassenden Einträgen pro physischem Verzeichniseintrag (wegen der Kompatibilität zu früheren CP/M-Versionen),
- Angaben zur Größe und Lage des Verzeichnisses sowie dazu, ob die Verzeichniseinträge bei jedem Zugriff auf Diskettenwechsel überprüft werden sollen und schließlich
- eine Angabe zur Anzahl der auf der betreffenden Diskette für das Betriebssystem reservierten Spuren.

Alles das ist wie folgt im Beschreiber festgehalten:

Byte 0 und 1:
  Gesamtzahl von 128-Byte-Aufzeichnungen pro Spur;
Byte 2:
  der sogenannte "Blockverschiebungsfaktor", in dem die Blockgröße verschlüsselt ist als

$$LOG_2(<Blockgröße>/128)$$

Er ist somit ein Maß für die Anzahl der 128-Byte-Aufzeichnungseinheiten pro Block.
Byte 3:
  die sogenannte "Blockmaske", die ebenfalls die Blockgröße wiederspiegelt;
  Zwischen Blockgröße, Blockverschiebungsfaktor und Blockmaske bestehen folgende feste Beziehungen:

Größe	Faktor	Maske
1024	3	7 = 00000111B
2048	4	15 = 00001111B
4096	5	31 = 00011111B
8192	6	63 = 00111111B
16384	7	127 = 01111111B

Byte 4:
die "Eintragsmaske", die festlegt, wieviele 16 KBytes umfassende "logische" Einträge von einem physischen Verzeichniseintrag erfaßt werden.
Ihre Größe hängt von der Organisation des Verzeichniseintrags ab. Dieser enthält als für die Speicherverwaltung wesentlichsten Teil die Nummern der jeweils belegten Blöcke: 16 Einträge zu je 8 Bits bei weniger als 256 Blöcken pro Diskette oder 8 Einträge zu je 16 Bits bei mehr als 255 Blöcken pro Diskette. Die Eintragsmaske richtet sich somit sowohl nach der in Blöcken gemessenen Speicherkapazität der Diskette als auch nach der jeweiligen Blockgröße. Im einzelnen bestehen die Beziehungen:

Blockgröße	Eintragsmaske bei mehr als 256 Blöcken	weniger als 255 Blöcken
1024	0	---
2048	1	0
4096	3	1
8192	7	3
16384	15	7

Byte 5 und 6:
(um 1 verminderte) Anzahl der Blöcke, die (einschließlich des Verzeichnisses, aber ohne Systemspuren) zur Verfügung stehen;
Byte 7 und 8:
(um 1 verminderte) Anzahl von 32-Byte-Verzeichniseinträgen;
Byte 9 und 10:
16-Bit-Vektor, in dem die vom Verzeichnis belegten Blöcke als 1-Bits vermerkt sind;
Dieser Vektor wird beim ersten Laufwerkszugriff an den Anfang der Belegungstabelle kopiert und dient so zur Reservierung der Verzeichnisblöcke. Er ist aus diesem Grund umgekehrt als sonst üblich organisiert: Die Zählung beginnt mit dem höchstwertigen Bit, so hat der Vektor beispielsweise bei vier Verzeichnisblöcken den Wert 1111000000000000B.

Byte 11 und 12:

Anzahl der zur Prüfung auf Diskettenwechsel zu erfassenden
Verzeichniseinträge;
Hat bei nicht auswechselbaren Festplattenspeichern den Wert
Null, und sollte ansonsten den im Verzeichnis erfaßten Ein-
trägen (plus 1) gleich sein, da sonst keine lückenlose Prü-
fung sichergestellt ist.

Byte 13 und 14:

Anzahl der für das System reservierten (äußersten) Spuren.

Die Änderung des Betriebssystems

Es gibt zwei Gründe, das jeweils vorliegende Betriebssystem zu
ändern: Verschieben an einen anderen Platz im Speicher und Ändern der Systemumgebung, in erster Linie also der Peripherieeinheiten.

Im ersten Fall muß das Betriebssystem dem neuen Speicherort
angepaßt werden. Das heißt, die in den Unterprogrammen verwendeten Sprung- und Speicheradressen sind zu ändern. Dafür wiederum sind zwei Wege denkbar, Neuübersetzen des Quellenkodes nach
Ändern der Anfangsadressen (ORG-Anweisungen) und Abändern der
Adresse mit Hilfe eines besondern Programms. Im Fall der CP/M-
Anpassung muß beides geschehen:
- das Betriebssystem selbst (in erster Linie CCP und BDOS) wird
  mit einem besonderen Verschiebungsprogramm namens MOVCPM der
  neuen Umgebung angepaßt, und
- die vom Benutzer bereitgestellten Betriebssystemteile (Kaltstartlader und BIOS) werden neu assembliert und dann mit Hilfe
  von DDT an das angepaßte CCP und BDOS angefügt.
Schließlich und endlich muß das solcherart neugefaßte Betriebssystem auf die äußersten Spuren der Systemdiskette gebracht werden, was wiederum Aufgabe des SYSGEN-Programms ist.

- Verschieben des Betriebssystems: MOVCPM

In der Standardausführung heißt das Programm, mit dem die Be-
triebssystemadressen angepaßt werden, MOVCPM. Wurde ein von anderen Herstellern auf bestimmte Computer zugeschnittenes System
bezogen, kann es einen anderen Namen tragen. Sie müssen sich
gegebenenfalls in der mitgelieferten Dokumentation oder bei Ihrem Händler informieren.

MOVCPM ist ein eigenständiges Programm, das völlig unabhängig
davon ist, ob das Betriebssystem auf der betrachteten Diskette
vorliegt oder nicht. Es enthält den vollständigen CP/M-Objektko-
de, in der Standardversion einschließlich eines für die Entwick-

lungssysteme von Intel geeigneten Laders und BIOS-Teils. Dazu enthält es eine Tabelle, in der die zu ändernden Adressen vermerkt sind und ein relativ kurzes Programm, mit dem zu diesen Adressen der jeweilige Versatz addiert wird, so daß das System dann an seinem neuen Ort lauffähig ist.

Wenn Sie eines der Computersysteme besitzen, auf die das mitgelieferte MOVCPM zugeschnitten ist, dann können Sie wählen, ob das angepaßte Betriebssystem an seinen neuen Ort verschoben und automatisch gestartet werden soll (das ist für kurzzeitig benötigte Spezialaufgaben manchmal recht praktisch). In der Regel aber werden sie das neue System zunächst in einer Datei zwischenspeichern müssen, um Ihren angepaßten Lader und Ihr BIOS mit DDT einfügen zu können.

Des weiteren kann man MOVCPM entweder selbst die Speicherobergrenze bestimmen lassen, an die das System geladen werden soll, oder man kann sie ausdrücklich im Aufruf vorgeben. So kommt man zu vier Formen des MOVCPM-Aufrufs:
- Wenn das System an die oberste Stelle im verfügbaren RAM-Speicher verschoben und dort sofort abgearbeitet werden soll:

    MOVCPM
- Wenn das System an die Obergrenze eines <n> Kilobyte umfassenden Speicherbereichs geschoben und dort sofort abgearbeitet werden soll:

    MOVCPM <n>
- Wenn das System so angepaßt werden soll, daß es an der obersten Stelle des verfügbaren RAM-Bereichs arbeiten kann, aber nicht verschoben und gestartet werden soll:

    MOVCPM * *
- Wenn das System so angepaßt werden soll, daß es an der Obergrenze eines <n> Kilobytes umfassenden Speicherbereichs arbeiten kann, aber nicht verschoben und gestartet werden soll:

    MOVCPM <n> *

Besonderheiten:
- Normalerweise wird man eine der beiden letzten Möglichkeiten wählen. MOVCPM meldet sich dann mit

    CONSTRUCTING nnK CP/M Vers. 2.2

wobei "nn" die Speicherobergrenze in KBytes ist, wie sie entweder vorgefunden oder im Befehl angegeben wurde. Dann paßt MOVCPM die Adressen an und meldet anschließend:

    READY FOR "SYSGEN" OR
    "SAVE mm CPMnn.COM"

wobei "nn" hier wieder die Speicherobergrenze und "mm" die
Zahl der mit SAVE zu speichernden Seiten darstellt. "mm"
unterscheidet sich von Hersteller zu Hersteller, je nachdem ob
das von Digital Research gelieferte MOVCPM-Programm verwendet
wird oder ob es dem Lader und BIOS des betreffenden Herstel-
lers angepaßt ist.
Wenn Sie sicher sind, daß Lader und BIOS in Ihrer Version
richtig mit angepaßt wurden, dann können Sie sofort SYSGEN
laden und das neue Betriebssystem auf die Systemdiskette
schreiben lassen. Normalerweise ist das aber nicht der Fall:
Speichern Sie das System zunächst in einer COM-Datei.
- Seien Sie vorsichtig bei der MOVCPM-Befehlsangabe: Verwenden
Sie auf keinen Fall einen Punkt zwischen den beiden Sternen!
MOVCPM sucht nämlich nach einem trennenden Leerzeichen und
nimmt an, daß das System verschoben und sofort gestartet werden soll, findet es kein solches vor. Das kann katastrophale
Folgen haben.

Fehler:

==> Der angegebene Speicher ist zu klein.

Meldung: INVALID MEMORY SIZE
Abhilfe: Es kann sich nur um einen Schreibfehler handeln: Korri-
         gieren Sie den Befehl.

==> Die MOVCPM-Fassung und das derzeit verwendete Betriebssystem
    stimmen nicht überein.

Meldung: SYNCHRONIZATION ERROR
         Es handelt sich hier um eine Sicherheitsmaßnahme. Das
         BDOS enthält in den ersten sechs Bytes einen Kode, in
         dem u.a. die Versionsnummer und Herstellerangaben ver-
         schlüsselt sind. Dieser Kode befindet sich auch in der
         zugehörigen MOVCPM-Version. Stimmen beide nicht über-
         ein, dann wird der Fehler gemeldet.
         Beachten Sie, daß das nichts mit dem System auf der
         Diskette zu tun hat! Es wird nur das im Speicher be-
         findliche BDOS, das derzeit die Arbeit steuert, unter-
         sucht.
Abhilfe: Der Computer ist jetzt blockiert. Sie müssen ihn ab-
         schalten oder mittels des RESET-Schalters neu initiali-
         sieren und dann das System neu laden. Verwenden Sie
         dann das mit Ihrem Betriebssystem gelieferte MOVCPM und
         die zugehörige BDOS-Fassung.

- Anpassen von Lader und BIOS

Wenn Sie einen eigenen Kaltstartlader und ein eigenes BIOS zur
Verfügung stellen, wie das die Regel ist, dann müssen Sie die
betreffenden Programme dem neuen Speicherbereich angepaßt in
HEX-Dateien assemblieren. Laden Sie dann das verschobene Betriebssystem mit DDT:

                    DDT CPMnn.COM

Das bringt das System wieder so in den Speicher, wie es von
MOVCPM dort angelegt worden ist, im Standardsystem (bei einem
128 Bytes umfassenden Kaltstartlader) folgendermaßen:

Adresse	Inhalt
900H	Beginn des Kaltstartladers
980H	Beginn von CCP
987H	Länge des CCP-Befehlspuffers
988H	Beginn des CCP-Befehlspuffers
1180H	BDOS-Anfang
1F80H	BIOS-Anfang

Besonderheiten:
- Die Adressen können sich je nach Größe des im betreffenden
  System verwendeten Kaltstartladers in 128-Byte-Schritten nach
  hinten verschieben. Wenn Sie den genauen Wert nicht kennen,
  ist es am einfachsten, beginnend ab Adresse 980H die Copy-
  right-Notiz von Digital-Research zu suchen. Alternativ können
  Sie auch ab Adresse 1F80 in 128-Byte-Schritten (je 80H) nach
  dem BIOS-Sprungvektor suchen. Aus diesen Werten lassen sich
  die Adressen in Ihrer MOVCPM- (und SYSGEN-) Version ermitteln.
- Beachten Sie, daß diese Adressen nur die Lage des Objektkodes
  wiedergeben und nichts darüber aussagen, an welcher Stelle das
  System arbeiten kann. Es ist Aufgabe des Kaltstartladers bzw.
  des Laders im Warmstartteil des BIOS, später das System von
  der Diskette an den richtigen Speicherplatz zu übertragen und
  dort zu starten.

Berechnen Sie nun mit Hilfe des H-Befehls den Versatz, den Sie
zu Ihrem Kaltstartlader und BIOS addieren müssen, um es in den
Arbeitsbereich zu laden. Laden Sie dann die HEX-Dateien mit diesem Versatz, prüfen die Richtigkeit mit dem L-Befehl von DDT
nach und kehren Sie dann mit CONTROL-C zum Bedienungsprozessor
zurück.

- Ausschreiben des Systems mit SYSGEN

Der Rest ist einfach. Rufen Sie SYSGEN auf. Das Programm paßt bequem in den Bereich vor 900H, läßt also das neu erstellte Betriebssystem intakt. Nach der Meldung

SOURCE DRIVE NAME (OR RETURN TO SKIP)_

muß dann ein einfacher Wagenrücklauf eingegeben werden. Dies teilt SYSGEN mit, daß das bereits im Speicher ab Adresse 900H befindliche Betriebssystem genommen werden soll. Der folgende Ablauf unterscheidet sich dann nicht mehr von dem in Kapitel 1 beschriebenen Vorgang.

Besonderheit:
- Wenn SYSGEN das Betriebssystem von den Systemspuren liest, dann lädt es die dort vorgefundene Information ebenfalls nach Adresse 900H. Das ermöglicht es, auch ohne MOVCPM auf das System zuzugreifen. Laden Sie dazu SYSGEN, lassen das System nach 900H übertragen, brechen daraufhin die SYSGEN-Operation ab und speichern schließlich den Kode wie bei MOVCPM mit dem SAVE-Befehl in einer Datei. Mit diesem System können sie dann wie oben beschrieben arbeiten.
  Diese Vorgehensweise hat den Vorteil, daß die von Ihnen be-reitgestellten Betriebssystemteile unverändert erhalten blei-ben. Insbesondere gilt das für den Kaltstartlader. Man kann so ohne großen Aufwand kleinere Änderungen (beispielsweise bei den anfänglichen CCP-Befehlen) vornehmen.

```
********************************************************************
*                                                                  *
*                    A N H A N G                                   *
*                                                                  *
********************************************************************
```

Zum Umgang mit Disketten

Disketten sind sehr empfindlich gegen alles Magnetische.
Eiserne Metallgegenstände wie Schraubenzieher oder Scheren
aller Art, aber auch Telefonleitungen und ähnliche stromdurchflossene Leitungen tragen oft ein schwaches Magnetfeld,
das ausreicht, Ihre Diskettenaufzeichnungen unbrauchbar zu
machen. Legen Sie daher derartiges niemals auf oder unter
Ihre Diskette, sondern halten Sie einigen respektablen Abstand davon! Ähnliches gilt für Fernseher, Radios, elektrische Schreibmaschinen und andere am Netz betriebene Geräte,
die mit Transformatoren ausgestattet sind.
Die Diskettenoberfläche ist besonders vorbehandelt und sehr empfindlich gegen Verunreinigungen.
Schon ein Fingerabdruck kann hier verheerend wirken. Fassen
Sie daher niemals auf die im Aufzeichnungsausschnitt zutagetretende Diskettenoberfläche!
Lassen Sie keine Disketten ungeschützt herumliegen.
Machen Sie es sich von Anfang an zur Gewohnheit, auch im
schlimmsten Streß die Diskette immer erst unmittelbar vor dem
Einlegen in das Laufwerk aus ihrer Schutzhülle zu nehmen und
sie unmittelbar nach Entnahme aus dem Diskettenlaufwerk wie-
der in ihre Hülle zu stecken.
Knicken, Verbiegen und hohe Temperaturen beschädigen Disketten.
Handhaben Sie sie vorsichtig, und legen Sie eine Diskette
niemals achtlos ab (beispielsweise auf eine Heizung oder ins
volle Sonnenlicht im Sommer).
Schalten Sie niemals die Stromversorgung Ihrer Diskettenlaufwer-
ke ein oder aus, wenn Disketten darin liegen.
Im Augenblick des Schaltens können Störungen auftreten, die
unter Umständen den Inhalt der Diskette beschädigen. Machen
Sie es sich zur Regel:
= Erst das Gerät einschalten, dann Disketten einlegen!
= Erst alle Disketten entnehmen, dann das Gerät abschalten!

Der ASCII-Kode

Steuerzeichen				Satzzeichen und Ziffern			Groß- buchstaben			Klein- buchstaben		
dez	hex	ASCII	CTL	dez	hex	ASCII	dez	hex	ASCII	dez	hex	ASCII
0	00	\<NUL>	^@	32	20	\<SP>	64	40	@	96	60	`
1	01	\<SOH>	^A	33	21	!	65	41	A	97	61	a
2	02	\<STX>	^B	34	22	"	66	42	B	98	62	b
3	03	\<ETX>	^C	35	23	#	67	43	C	99	63	c
4	04	\<EOT>	^D	36	24	$	68	44	D	100	64	d
5	05	\<ENQ>	^E	37	25	%	69	45	E	101	65	e
6	06	\<ACK>	^F	38	26	&	70	46	F	102	66	f
7	07	\<BEL>	^G	39	27	'	71	47	G	103	67	g
8	08	\<BS>	^H	40	28	(	72	48	H	104	68	h
9	09	\<HT>	^I	41	29	)	73	49	I	105	69	i
10	0A	\<LF>	^J	42	2A	*	74	4A	J	106	6A	j
11	0B	\<VT>	^K	43	2B	+	75	4B	K	107	6B	k
12	0C	\<FF>	^L	44	2C	,	76	4C	L	108	6C	l
13	0D	\<CR>	^M	45	2D	–	77	4D	M	109	6D	m
14	0E	\<SO>	^N	46	2E	.	78	4E	N	110	6E	n
15	0F	\<SI>	^O	47	2F	/	79	4F	O	111	6F	o
16	10	\<DLE>	^P	48	30	0	80	50	P	112	70	p
17	11	\<DC1>	^Q	49	31	1	81	51	Q	113	71	q
18	12	\<DC2>	^R	50	32	2	82	52	R	114	72	r
19	13	\<DC3>	^S	51	33	3	83	53	S	115	73	s
20	14	\<DC4>	^T	52	34	4	84	54	T	116	74	t
21	15	\<NAK>	^U	53	35	5	85	55	U	117	75	u
22	16	\<SYN>	^V	54	36	6	86	56	V	118	76	v
23	17	\<ETB>	^W	55	37	7	87	57	W	119	77	w
24	18	\<CAN>	^X	56	38	8	88	58	X	120	78	x
25	19	\<EM>	^Y	57	39	9	89	59	Y	121	79	y
26	1A	\<SUB>	^Z	58	3A	:	90	5A	Z	122	7A	z
27	1B	\<ESC>	^[	59	3B	;	91	5B	[,Ä	123	7B	{,ä
28	1C	\<FS>	^\	60	3C	<	92	5C	\,Ö	124	7C	|,ö
29	1D	\<GS>	^]	61	3D	=	93	5D	],Ü	125	7D	},ü
30	1E	\<RS>	^^	62	3E	>	94	5E	^	126	7E	,ß
31	1F	\<US>	^_	63	3F	?	95	5F	_,←	127	7F	\<DEL>

Die Bedeutung der ASCII-Steuerzeichen

Die im ASCII-Kode vorgesehenen Steuerzeichen waren urprünglich
zur Maschinensteuerung und Datenfernübertragung gedacht und tragen so Bezeichnungen, die diese Steuerfunktionen abkürzen. Im
Mikrocomputersektor hat man allerdings die meisten dieser Zeichen für Spezialzwecke umdefiniert, so daß man hier beispielsweise eher von CONTROL-C als von "end of text" (ETX) spricht.

<NUL> (null) Leerlauf, keine Operation
<SOH> (start of heading) Beginn des Vorspanns
<STX> (start of text) Beginn des Texts
<ETX> (end of text) Ende des Texts
<EOT> (end of transmission) Ende der Übertragung
<ENQ> (enquiry) Stationsanforderung
<ACK> (acknowledge) Bestätigung, Rückmeldung
<BEL> (bell) Glocke
<BS> (backspace) Rückwärtsschritt
<HT> (horizontal tabulation) Horizontaltabulator
<LF> (line feed) Zeilenvorschub
<VT> (vertical tabulation> Vertikaltabulator
<FF> (form feed) Formularvorschub
<CR> (carriage return) Wagenrücklauf
<SO> (shift out) Umschaltung in alternativen Betrieb
<SI> (shift in) Umschaltung in Normalbetrieb
<DLE> (data link escape> Datenverbindung umschalten
<DC1>...<DC4> (device control) Gerätesteuerung (frei definiert)
<NAK> (negative acknowledge) Fehlerrückmeldung
<SYN> (synchronous idle) Synchronisierzeichen
<ETB> (end of transmission block) Übertragungsblock-Ende
<CAN> (cancel) Ungültigkeitsmeldung
<EM> (end of medium) Ende der (physischen) Aufzeichnung
<SUB> (substitute) Ersetzungsbefehl
<ESC> (escape) (vorübergehende) Umschaltung
<FS> (form separator) Hauptgruppentrennung
<GS> (group separator) Gruppentrennung
<RS> (record separator) Aufzeichnungstrennung
<US> (unit separator) Einheitentrennung
<SP> (space) Leerschritt
<DEL> (delete) Löschzeichen

Zum Umgang mit einem Programm

Bevor Sie mit einem Programm arbeiten, müssen Sie
- wenigstens die Grundzüge seiner Bedienung wissen (Aufruf, Art
und Angabe der Befehle u.ä.),
- mindestens ungefähr wissen, was das Programm wann macht (damit
Sie die Situation bei einem Fehler einschätzen können),
- die wichtigsten Fehlermeldungen, ihre Bedeutung und Abhilfe
kennen und
- (ganz wichtig!) ein Handbuch oder eine sonst geeignete Beschreibung der Bedienung des Programms und der von ihm erkannten und gemeldeten Fehler bereitliegen haben.

Zur Form von Dateinamen in CP/M

Ein Dateiname besteht aus drei Teilen:
<Laufwerk>:<Name>.<Klasse>
Die Laufwerksangabe besteht aus einem Buchstaben (bei CP/M 2.2
zwischen "A" und "P"), dem ein Doppelpunkt folgt. Fehlt die
Laufwerksangabe, so ist das jeweilige Bezugslaufwerk gemeint.
  Der Name umfaßt maximal acht, die Klassenangabe maximal drei
Zeichen. Name und Klassenangabe werden durch einen Punkt vonein-
ander getrennt.
  Bei der eindeutigen Angabe von Dateinamen oder Dateiklasse
sind alle Zeichen erlaubt außer den Zeichen mit besonderer Bedeutung:
Leerzeichen < > . , ; : = ? * [ ]
Zur zusammenfassenden Angabe mehrerer Dateien können die Suchzeichen "?" und "*" im Namens- oder Klassenbestandteil verwendet
werden (nicht aber bei der Laufwerksangabe!). Sie bewirken die
Suche nach beliebigen Zeichen an der gegebenen Stelle im Dateinamen. Der Stern ist dabei eine abkürzende Form für mehrere sich
nach rechts bis zur jeweiligen Namensgrenze erstreckende Fragezeichen.

Häufige Dateiklassen

$$$ - Zwischendatei   BAK - Sicherungsdatei
COM - Befehlsdatei   SUB - Aufgabendatei
DAT - allgemeine Daten   LIB - Bibliotheksdatei
DOC - Dokumentation   TXT - allgemeiner Text
ASM - Assembler-Quellentext MAC - Makroassembler-Quellentext
HEX - "Intel-Hex"-Objektdatei PRN - Assemblerlisting

Kanäle und Peripheriegeräte

Kanäle:
CON: die Konsole zum unmittelbaren Benutzerverkehr
RDR: (reader) der Lochstreifenleser
PUN: (punch) der Lochstreifenstanzer
LST: (list) der schnelle Drucker für Auslistungen

Bezeichnungen der Peripheriegeräte:
- Für den Konsolenkanal CON:
  = TTY: (teletype) ein Fernschreibgerät
  = CRT: (cathode ray tube) ein Bildschirmgerät
  = DAT: (batch) Hier handelt es sich um eine abstrakte Einheit
          zur "Stapelverarbeitung" (englisch· "batch proces-
          sing"), bei der die Eingabe vom RDR-Kanal kommt und
          die Ausgabe zum LST-Kanal geht. Das ermöglicht die au-
          tomatische Abarbeitung vorher "aufgestapelter" Auf-
          gaben. Diese Form des Computerbetriebs hat heute je-
          doch an Bedeutung verloren.
  = UC1: (user console 1) eine vom Benutzer selbst festgelegte
          Konsoleneinheit zur Datenein- und -ausgabe
- Für den Leserkanal RDR:
  = TTY: (teletype) die Eingabe vom Lochstreifenleser im Fern-
          schreiber
  = PTR: (paper tape reader) die Eingabe von einem besonderen
          (schnellen) Lochstreifenleser
  = UR1: (user reader device 1) ein vom Benutzer festgelegtes
          Lesegerät
  = UR2: (user reader device 2) ein weiteres vom Benutzer fest-
          gelegtes Lesegerät
- Für den Stanzerkanal PUN:
  = TTY: (teletype) die Ausgabe an die Stanzereinheit im Fern-
          schreiber
  = PTP: (paper tape punch) die Ausgabe an einen besonderen
          (schnellen) Lochstreifenstanzer
  = UP1: (user punch 1) ein vom Benutzer festgelegtes Ausgabe-
          gerät
  = UP2: (user punch 2) ein weiteres vom Benutzer festgelegtes
          Ausgabegerät
- Für den Druckerkanal LST:
  = TTY: (teletype) der Druckerteil des Fernschreibers
  = CRT: (cathode ray tube) die Ausgabe auf den Bildschirm
  = LPT: (line printer) die Ausgabe auf den schnellen (Zeilen-)
          Drucker im System
  = UL1: (user list device 1) eine vom Benutzer festgelegte
          Auslisteinheit

Die von CP/M verarbeiteten Steuerzeichen

- bei der (gepufferten) Eingabe:

    <DEL> - (delete, rubout) löscht das zuletzt eingegebene Zeichen und zeigt dies durch eine Wiederholung des gelöschten Zeichens auf der Konsolenausgabe an.

    <BS> - (backstep, auch CONTROL-H) löscht das Zeichen sowohl im Eingabepuffer als auch auf dem Bildschirm (erst ab CP/M 2.0).

    ^U - ("undo") löscht die gerade eingegebene Zeile und zeigt dies durch ein "#" am Zeilenende an, bevor in der nächsten Zeile die Eingabe neu übernommen wird.

    ^X - (<CAN>, "cancel") löscht die gesamte gerade eingegebene Zeile auch auf dem Bildschirm (erst ab CP/M 2.0).

    ^R - ("retype") bricht die Anzeige der laufenden Eingabe mit einem "#" ab und wiederholt den tatsächlichen Inhalt des betreffenden Eingabepuffers auf der nächsten Zeile.

    ^E - ("end line") beginnt eine neue Zeile auf der Konsolenausgabe. Dies dient lediglich der besseren Lesbarkeit und hat keinen Einfluß auf die im Eingabepuffer festgehaltenen Zeichen. Insbesondere wird das CONTROL-E nicht mit in den Puffer aufgenommen.

    <CR> - ("carriage return", Wagenrücklauf, auch CONTROL-M) beendet die Puffereingabe und übergibt die eingegebenen Zeichen dem Programm; dieselbe Funktion hat

    <LF> - ("line feed", Zeilenvorschub, auch CONTROL-J) ab CP/M 2.0.

- Warmstartauslösung:

    ^C - an erster Stelle (am Pufferanfang) eingegeben bricht das laufende Programm mit einem Warmstart ab.

- bei der Ausgabe:

    <HT> - ("horizontal tabulation", auch CONTROL-I oder <TAB>) wird auf eine Folge von Leerschritten erweitert, wie sie zum Anlaufen der nächsten durch 8 teilbaren Spalte nötig ist.

    ^S - ("start/stop") hält eine laufende Ausgabe bis zum nächsten Tastendruck an.

    ^P - ("printer") schaltet den Drucker (über den LST-Kanal) der Konsolenausgabe bis zum nächsten CONTROL-P oder Warmstart parallel.

Übersicht über die CCP-Befehle

- Umgang mit dem Diskettenverzeichnis:

    DIR - (directory) Diskettenverzeichnis ansehen
    ERA - (erase) eine Datei aus dem Verzeichnis löschen
    REN - (rename) eine Datei im Verzeichnis umbenennen

- Umgang mit Dateien:

    TYPE - den Inhalt einer Textdatei austippen lassen
    SAVE - den Inhalt des Arbeitsbereichs in einer Datei able-
             gen

- Verwaltungsbefehle:

    USER   - Benutzerbereich für die Diskettenarbeit umschalten
    <LW>: - erlärt Laufwerk <LW> zum Bezug

Jeder andere Befehl wird von CCP als Name einer COM-Befehlsdatei
angesehen, die auf der angegebenen Diskette gesucht wird.
    Das Programm wird in den Arbeitsbereich geladen und mit einem
Unterprogrammaufruf zur Anfangsadresse dieses Bereichs abgearbeitet. Bleibt dabei der CCP-Bereich intakt und die Rückkehradresse im Stapelspeicher richtig erhalten, dann kann das Programm
mit einem normalen Unterprogrammrücksprung zum Bedienungsprozessor zurückkehren. Andernfalls ist ein Warm- oder Kaltstart erforderlich.

Übersicht über die STAT-Befehle

- peripherieorientierte Befehle:

STAT USR:
liefert eine Übersicht über die auf der Diskette vorliegenden Benutzerbereiche und gibt die aktive Benutzernummer an
STAT DEV:
liefert eine Tabelle, in der das jedem Ein-Ausgabekanal derzeit zugewiesene Gerät aufgeführt ist
STAT <Kanal>:=<Gerät>:
weist dem <Kanal> CON,   RDR, PUN oder LST eines der vordefinierten <Geräte> zu
STAT <Laufwerk>:=R/0
schützt das angegebene <Laufwerk> gegen Schreibzugriffe

- dateiorientierte Befehle:

STAT
liefert Angaben über den Schreibschutz der Laufwerke und
über den noch frei verfügbaren Speicherplatz
STAT <Laufwerk>:
liefert eine Angabe über den freien Speicherplatz auf der im
<Laufwerk> vorhandenen Diskette
STAT <Dateiname>
liefert einen Überblick über die angegebenen Dateien, über
den von ihnen belegten und den auf der Diskette noch verfügbaren Speicherplatz; ab Version 2.0 auch die Dateimerkmale
STAT <Dateiname> $<Merkmal>
setzt bzw. löscht die vordefinierten Dateimerkmale

- Hilfsbefehle:

STAT DSK:
STAT <Laufwerk>:DSK:
liefert einen tabellarischen Überblick über die Eigenschaften der derzeit aktiven Disketten
STAT VAL:
liefert eine Tabelle der STAT-Befehle und -Befehlsargumente

Die Grundform von PIP-Befehlen

PIP-Befehl: <Zieldatei>=<Herkunftsliste>

<Zieldatei>:   <Einfachname> oder <Ausgabeeinheit>
<Herkunftsliste>:   <Name 1>,...,<Name N>
<Name>:   <Einfachname> oder <Eingabeeinheit>

<Ausgabeeinheit>:   CON:, PUN:, LST:, PRN: oder OUT:
<Eingabeeinheit>:   CON:, RDR:, NUL:, EOF: oder INP:

Zusammenfassung der PIP-Optionen

- Verändern des Inhalts von Textdateien:

L   (lower case) Wandelt alle Großbuchstaben in Klein-
            schreibung um.
U   (upper case) Wandelt alle Kleinbuchstaben in Groß-
            schreibung um.
Z   (zero bit 7) Löscht das höchstwertige Bit (Bit 7) in
            allen übertragenen ASCII-Zeichen.

- Bearbeiten der Form von Textdateien:

N   (add line numbers) Setzt allen Textzeilen Nummern vor-
            an. Unterdrückt führende Nullen und schließt die Zei-
            lennummer mit einem Doppelpunkt ab.
N2   (add line numbers, alternate version) Setzt allen
            Textzeilen Nummern voran. Druckt alle führenden Nullen
            und schließt mit einem Tabulationsbefehl (CONTROL-I).

Tn   (expand tabs) Setzt die Spaltenbreite für den Tabula-
            tionsbefehl auf n und ersetzt alle Tabulationsbefehle
            (CONTROL-I) durch die passende Zahl von Leerzeichen.

Dn   (delete after column n) Läßt alle Textzeichen unbe-
            rücksichtigt, welche die nte Spalte überschreiten.

F   (remove form feeds) Entfernt alle Seitenvorschübe
            (CONTROL-L) aus dem übertragenen Text.
Pn   (insert page breaks) Fügt alle n Zeilen einen Seiten-
            vorschub-Befehl (CONTROL-L) ein. Die <Zieldatei> wird
            mit CONTROL-L eingeleitet.

- Übertragen von Dateiausschnitten:

S<Text>^S (start copying) Beginnt die Kopierarbeit mit dem <Text>.
Q<Text>^S (quit copying) Beendet die Kopierarbeit, nachdem der <Text> übertragen worden ist.

- Überprüfen der Datenübertragung:

E   (echo transfer) Stellt alle gelesenen (Text-)Zeichen auf der Konsolenausgabe dar.

V   (verify) Überprüft die Aufzeichnung in der <Zielda-tei>. Nur bei Übertragung zu Diskettendateien.

- Zusammenfassen binärer Dateien:

O   (object file transfer) Überträgt den gesamten Dateiin-halt ohne Prüfung auf CONTROL-Z. (Nur bei Zusammenfas-sung von Nicht-COM-Dateien nötig.)

- Kopieren in schreibgeschützte Dateien:

W   (write over R/O files) Überschreibt schreibgeschützte Dateien ohne Rückfrage.

- Lesen von speziellen Dateien:

R   (read system file) Gestattet die Übertragung von Sy-stemdateien.

Gn   (get from user n) Kopiert eine Datei aus Benutzerbe-reich n.

- Verkehr mit speziellen Peripherieeinheiten:

B   (block mode transfer) Liest Blöcke bis jeweils CON-TROL-S (ASCII <XOFF>).

H   (hex data transfer) Prüft nach, ob die gelesenen Daten dem Hexadezimalformat nach der Intel-Definition ent-sprechen.

I   (ignore end records) Läßt in "Intel-Hex"-Dateien alle Aufzeichnungen unberücksichtigt, die mit ":00" einge-leitet werden. Aktiviert die H-Option.

Besondere PIP-Einheiten

- Druckerausgabe:

PRN: (printer) Dies bewirkt die Übertragung über den LST-Kanal mit automatischer Zeilenumerierung, Seitenvorschub alle 60 Zeilen und Tabulationsspalten von 8 Zeichen Breite. Es entspricht den Optionen [NPT8].

- Ausgabe an den Lochstreifenstanzer:

NUL: (nulls) Sendet 40 "Nullbytes" (vom Wert 0) an die Zieldatei. Dient zum Erzeugen des Vor- und Nachspanns von Lochstreifenaufzeichnungen.

EOF: (end of file) Sendet eine Textendmarkierung (CONTROL-Z).

- Spezielle Einheiten zur Definition durch den Benutzer:

INP: (input) Benutzerdefinierte Eingabeeinheit: Sie wird von PIP über die hexadezimale Adresse 103 aufgerufen und muß das eingegebene Zeichen an Speicherstelle Nummer 109 (hexadezimal) ablegen, bevor zu PIP zurückgesprungen wird.

OUT: (output) Benutzerdefinierte Ausgabeeinheit: Sie wird von PIP über die hexadezimale Adresse 106 aufgerufen und erhält das auszugebende Zeichen in Prozessorregister C (siehe Teil 3 zur Bedeutung von Prozessorregistern).

Übersicht über die ED-Befehle

- Textübertragung in den und aus dem Puffer:

nA   Textzeilen aus der Originaldatei an den Textpuffer
          anfügen
nW   Textzeilen aus dem Textpuffer in die Zwischendatei
          ausschreiben
nX   Textausschnitte in eine vorübergehende Hilfsdatei
          ausschreiben
R   Text aus der Hilfsdatei am Textzeiger einfügen
R<Datei> Text aus <Datei>.LIB am Textzeiger einfügen

- Verschieben des Textzeigers im Textpuffer:

+/-B   Textzeiger an den Textanfang oder das Textende stel-
          len
+/-nC   Textzeiger um n Zeichen verschieben
+/-nL   Textzeiger um n Zeilen verschieben
nF<Text> Das n-te Auftreten des <Texts> aufsuchen
nN<Text> Wie F, liest aber bei Bedarf neue Zeilen aus der
          Originaldatei

- Text anzeigen:

+/-n   Textzeiger verschieben und die erreichte Zeile aus-
          tippen
+/-nT   n Textzeilen austippen
+/-nP   n Bildschirmeinheiten austippen und Textzeiger ver-
          schieben

- Verändern des Texts im Puffer:

I   In Textmodus umschalten
I<Text>^Z Den <Text> im Befehlsmodus einfügen
I<Text><CR> Desgleichen, Zeilenende mit einfügen
+/-nD   n Zeichen löschen
+/-nK   n Zeilen löschen
nS<zu entfernen>^Z<einzufügen>^Z
          <zu entfernenden> Text gegen <einzufügenden> aus-
          tauschen
J<zu suchen>^Z<einzufügen>^Z<zu entfernen bis>^Z
          Nach dem <zu suchenden> Text den <einzufügenden>
          Text unterbringen und von da an bis zum dritten
          Befehlsargument löschen

- Abschluß der Textbearbeitung:

E   Arbeit normal beenden
H   Den laufenden Durchgang beenden und Datei neu zur
            Bearbeitung eröffnen
0   Zurückkehren zum Zustand des letzten ED-Aufrufs
            der Datei
Q   ED ohne Dateiänderung wieder verlassen

- Hilfsbefehle:

nM<Befehle> Die <Befehle> zu einer n-mal abzuarbeitenden Ein-
             heit zusammenfassen
0V   Pufferspeicherbelegung angeben
+/-V   Die Angabe von Zeilennummern ein oder ausschalten
+/-U   Die generelle Großbuchstabenumwandlung ein- oder
             ausschalten
nZ   n Sekundenbruchteile pausieren

ED-Fehlermeldungen

- Die allgemeine Form der Fehlermeldung:

      BREAK <Fehler> AT <letzter Befehl>

- Für das Feld <Fehler> in der Meldung stehen vier Zeichen zur
  Verfügung, die folgende Fälle unterscheiden:

    ?   - ED hat den Befehl nicht erkannt.

    >   - ("zu lang") Entweder ist der Textpuffer voll oder in
           einem Befehlstext sind zuviele Zeichen angegeben.

    #   - (number error) Der Befehl kann nicht so oft wie ver-
           langt angewendet werden (insbesondere bei F, S und M).

    0   - (open error) Die durch einen R-Befehl zu lesende LIB-
           Datei liegt nicht vor (oder kann nicht eröffnet wer-
           den).

Aufruf von ASM

>>>Der Aufruf von ASM weicht vom in CP/M gewohnten Schema ab!<<<

ASM <Einfachname>.<ASM-Datei><HEX-Datei><PRN-Datei>

Die Argumente <ASM-Datei>, <HEX-Datei> und <PRN-Datei> bestehen jeweils aus einem Buchstaben und geben die Herkunft (ASM) oder das Ziel (HEX, PRN) der betreffenden Dateien wie folgt an:

		gilt für:
- Laufwerk:	A, B, ..., P	(ASM, HEX und PRN)
- Konsole:	X	(nur PRN)
- nicht erzeugen:	Z	(HEX und PRN)

ASM-Operatoren

- Arithmetische Operatoren:

+ y	positives Vorzeichen, entspricht einem einfachen "y"
- y	negatives Vorzeichen, entspricht der Angabe "0 - y"
x + y	Addition der 16-Bit-Werte x und y
x - y	Subtraktion des 16-Bit-Werts y von dem 16-Bit-Wert x
x * y	Multiplikation der 16-Bit-Werte x und y
x / y	Division des 16-Bit-Werts x durch den 16-Bit-Wert y
x MOD y	(modulo) Rest aus der 16-Bit-Division x durch y

- Logische Operatoren:

NOT y	bitweise logische Negation des 16-Bit-Werts y (alle 1-Bits werden zu 0 und alle 0-Bits zu 1)
x AND y	bitweise logische UND-Verknüpfung der 16-Bit-Werte x und y (Bitausblendung: liefert den Bitwert 0 überall da, wo mindestens eine 0 steht)
x OR y	bitweise logische ODER-Verknüpfung der 16-Bit-Werte x und y (Biteinblendung: liefert den Bitwert 1 überall da, wo mindestens eine 1 steht)
x XOR y	bitweise logische EXKLUSIV-ODER-Verknüpfung der 16-Bit-Werte x und y (Bitumschaltung: liefert den entgegengesetzten Wert des x-Bits, wo in y eine 1 steht)

- Schiebeoperatoren:

x SHL y   (shift left) Schiebt den 16-Bit-Wert von x um y Bit-
          positionen nach links.
x SHR y   (shift right) Schiebt den 16-Bit-Wert von x um y
          Bitpositionen nach rechts.

Zur Vorrangstufung von Operatoren

höchster Vorrang: * / MOD SHL SHR
                         - +
                         NOT
                         AND
geringster Vorrang: OR XOR

Ausdrücke, die Operatoren gleicher Vorrangstufe enthalten, werden von links nach rechts abgearbeitet.

ASM-Pseudobefehle (Assembleranweisungen)

- Vereinbarung des Werts symbolischer Namen:

EQU ("equate", setze gleich) legt den Wert ein für allemal im
    Programm fest
SET (setze) legt einen Wert fest, der später im Programmtext
    durch andere SET-Anweisungen verändert werden kann.

- Angabe von Programmanfang und -ende:

ORG ("origin", Ursprung) legt die Adresse des nächsten Befehls
    oder Datenbereichs fest.
END bezeichnet das Ende des vom Assembler zu bearbeitenden Pro-
    grammtexts und ermöglicht (für Sonderzwecke) die Angabe ei-
    ner Startadresse für die Programmabarbeitung.

- Vereinbarungen zur Datenspeicherung:

DS ("define storage area", Speicherbereich festlegen) Reser-
    viert einen bestimmten Speicherbereich zur Datenspeicherung.
DB ("define bytes", Bytes festlegen) Legt den Wert der nachfol-
    genden Bytes (8-Bit-Einheiten) im Speicher ausdrücklich
    fest.
DW ("define words", Worte festlegen) Legt den Wert der nachfol-
    genden 16-Bit-Worte im Speicher ausdrücklich fest.

- Bedingte Assemblierung:

IF Übersetzt den nachfolgenden Quellentext nur, wenn die im Argument angegebene Bedingung erfüllt ist.
ENDIF
    Gibt das Ende des bedingt zu übersetzenden Quellentexts an.

ASM-Fehlermeldungen

D ("data error", Datenangabe falsch) Der Wert des Befehlsarguments paßt nicht in den abgegebenen Datenbereich; tritt u.a. auf, wenn ein 16-Bit-Wert einer 8-Bit-Speicherstelle zugewiesen werden soll.

E ("expression error", Ausdruck falsch) Der Ausdruck kann nicht berechnet werden; oft ist hier ein symbolischer Name nicht definiert oder ein Schreibfehler liegt vor.

L ("label error", symbolischer Name falsch) Ein symbolischer Name kann in diesem Zusammenhang nicht vorkommen; wird oft gemeldet, wenn eine Marke mehrere Anweisungen bezeichnet.

N ("not implemented") Dieser Befehl wird von der gegenwärtigen Assemblerversion nicht verstanden.

O ("overflow", Überlauf) Der Ausdruck ist zu kompliziert, um ihn berechnen zu können (d.h. enthält zu viele Operatoren), oder die angegebene Zeichenkette umfaßt mehr als 64 Zeichen.

P ("phase error", Phasenfehler) Der angegebene symbolische Name hat im zweiten Durchgang einen anderen Wert als in der Symboltabelle festgehalten ist. Dies wird bei allen Vereinbarungen dieses Namens, außer der letzten gemeldet.

R ("register error", Registerangabe falsch) Das angegebene Register kann bei diesem Befehl nicht auftreten. Dies kann ein Schreib- oder ein logischer Fehler sein.

U ("undefined symbol", Symbol nicht definiert) Der hier verwendete symbolische Name ist noch nicht definiert worden.

V ("value error", Wert falsch) Ein im betreffenden Ausdruck vorgefundener Operand ist falsch angegeben; üblicherweise auf Schreibfehler oder vergessene Trennzeichen zurückzuführen.

Überblick über die DDT-Befehle

- Datei lesen:

I<Dateiname>
Eine Datei für die nächste Einleseoperation vorgeben.
R<Versatz>
Eine Datei einlesen, wobei die Anfangsadresse durch den <Versatz> (und die Originaladresse des Programms) bestimmt wird.

- Programmlauf untersuchen:

G<Start>,<Stopp 1>,<Stopp 2>
Das Programm ab Adresse <Start> abarbeiten bis einer der unter <Stopp 1> bzw. <Stopp 2> stehenden Befehle erreicht wurde.
T<Anzahl>
Die angegebene <Anzahl> Programmschritte einzeln abarbeiten und jeweils den erreichten Prozessorzustand anzeigen.
U<Anzahl>
Wie T, nur ohne Anzeige der einzelnen Programmschritte.
X
Den ganzen Prozessorzustand (Flaggen, Register, Programmbefehl) anzeigen lassen.
X<Register>
Das angegebene <Register> anzeigen und gegebenenfalls ändern.

- Speicher ansehen:

D<Anfang>,<Ende>
Den zwischen den Adressen <Anfang> und <Ende> stehenden Speicherinhalt hexadezimal (und im ASCII-Format) auslisten lassen.
L<Anfang>,<Ende>
Die zwischen den Adressen <Anfang> und <Ende> stehenden Befehle in mnemonischer Form auslisten lassen.

- Speicherinhalt ändern:

A<Adresse>
Ab der Adresse mnemonisch (mit hexadezimalen Argumenten) angegebene Befehle im Speicher ablegen.
S<Adresse>
Den unter der <Adresse> zu finden Speicherwert hexadezimal anzeigen lassen und gegebenenfalls verändern.

- Hilfsbefehle:

F<Anfang>,<Ende>,<Wert>
  Den Speicherbereich von Adresse <Anfang> bis Adresse <Ende>
  mit dem **<Wert>** füllen.
M<Anfang>,<Ende>,<Ziel>
  Den von <Anfang> bis <Ende> reichenden Speicherblock an das
  <Ziel> kopieren.
H<Wert 1>,<Wert 2>
  Die Summe
          <Wert 1> + <Wert 2>
  und die Differenz
          <Wert 1> - <Wert 2>
  in (maximal vierstelliger) Hexadezimalform berechnen.

- - - - - - - - - -

Die in der Grundseite reservierten Bereiche


```
0000H    JMP WARMBT    ; Sprung zur Warmstartinitialisierung
0003H    DS 1          ; IOBYTE
0004H    DS 1          ; Bezugslaufwerk und Benutzernummer
0005H    JMP BDOS      ; Sprung zum BDOS-Anfang
0008H    DS 40         ; Anlaufstellen für RST 1 bis RST 5
                       ; ===== Von CP/M nicht benutzt! =====
0030H    DS 8          ; RST 6, für CP/M reserviert, ungenutzt
0038H    JMP DDT       ; RST 7, wird von DDT oder SID initia-
                       ; lisiert, sonst derzeit nicht benutzt
003BH    DS 5          ; Rest von RST 7, für CP/M reserviert
0040H    DS 16         ; ==== Frei für BIOS-Anwendungen ====
0050H    DS 12         ; Für CP/M reserviert, derzt. ungenutzt
005CH    DS 36         ; Vorgegebener Dateibeschreiber
                       ; ("default FCB")
0080H    DS 128        ; Vorgegebener Datenpuffer
                       ; ("default DMA buffer")
```

Der Dateibeschreiber

```
00 01 02 ... 08 09 10 11 12 13 14 15 16 ... 31 32 33 34 35
+--+--+--+...+--+--+--+--+--+--+--+--+--+...+--+--+--+--+--+
!LW!N1!N2!   !N8!K1!K2!K3!EN!S1!S2!AN!B0!   !BF!RA!A0!A1!A2!
+--+--+--+...+--+--+--+--+--+--+--+--+--+...+--+--+--+--+--+
5C 5D 5E     64 65 66 67 68 69 6A 6B 6C     7B 7C 7D 7E 7F
```

untere Zeile: Adressen im vorgegebenen Beschreiber ("default
FCB") in der Grundseite.

LW   Laufwerksnummer: 0 = Bezugslaufwerk
                           1...16 = Laufwerk A bis P
N1...N8   Name, normalerweise in Großschreibung
          (die höchstwertigen Bits dienen zur Merkmalsangabe:
          N1'...N4' = frei für Benutzerprogramme,
          N5'...N8' = reserviert von Digital Research)
K1...K3   Klassenangabe, normalerweise in Großschreibung
          (die höchstwertigen Bits dienen zur Merkmalsangabe:
          K1' = Schreibschutz
          K2' = Systemeigenschaft
          K3' = reserviert von Digital Research)
EN   Eintragsnummer, gibt den vorliegenden Eintrag an
          Wird normalerweise vor Eröffnen der Datei im Datei-
          beschreiber auf Null gesetzt. Man kann aber durch
          Vorgabe dieser Nummer im Beschreiber einen beliebi-
          gen Eintrag anfordern.
S1,S2   reserviert für interne Systemarbeiten
          S2 sollte vor Erzeugen oder Eröffnen einer Datei und
          vor Suchoperationen auf Null gesetzt werden.
AN   Anzahl von Aufzeichnungen im gegebenen Eintrag
          Hat den Wert 0...128 (0...80H).
B0...BF   Nummer des jeweils für die Aufzeichnungen auf der
          Diskette reservierten Blocks
RA   die relative Nummer der Aufzeichnung (bezogen auf
          den gegenwärtigen Eintrag), auf die als nächste zu-
          gegriffen werden soll
A0...A2   absolute Nummer der Aufzeichnung bei unmittelbarem
          Zugriff (0 bis 65535)
```
```

Kurzübersicht über die BDOS-Funktionen

	C	übernimmt	liefert
- Zeichenorientierte Ein- und Ausgabe:			
= Ein-Ausgabekanäle festlegen:			

	C	übernimmt	liefert
IOBYTE abfragen	7	---	A: IOBYTE
IOBYTE setzen	8	E: IOBYTE	---

= Konsole:

Zustand der Konsoleneingabe	11	---	A = 0
(Konsolenstatus) abfragen			(keine Taste)
Konsoleneingabe	1	---	A: Eingabe
Konsolenausgabe	2	E: Ausgabe	---
Direkte Konsolenein-	6	E: 255	A: 0; Zeichen
und -ausgabe		E: Zeichen	---
Eine Zeichenkette ausgeben	9	DE -> Kette	---
Eine Eingabe in einen Puffer	10	DE -> Puffer	Zeichen im
übernehmen			Puffer

= Lochstreifen:

Lochstreifen lesen	3	---	A: Zeichen
Lochstreifen stanzen	4	E: Zeichen	---

= Drucker:

Zeichen an Drucker ausgeben	5	E: Zeichen	---

- Arbeit mit Diskettendateien:
= Generelle Dateihandhabung:

Datei erzeugen	22	DE -> Beschr.	A: 255=Fehler
Datei eröffnen	15	DE -> Beschr.	A: 255=Fehler
Datei schließen	16	DE -> Beschr.	A: 255=Fehler
Datei(en) löschen	19	DE -> Beschr.	A: 255=Fehler
Datei umbenennen	23	DE -> Beschr.	A: 255=Fehler
Datenpuffer festlegen	26	DE -> Puffer	---
		(DMA-Adresse)	
Den ersten Eintrag suchen	17	DE -> Beschr.	A: 255=Fehler
			A: Kode
Den folgenden Eintrag suchen	18	---	A: 255=Fehler
			A: Kode

	C	übernimmt	liefert
= Sequentieller Datenzugriff:			
Aufzeichnung lesen	20	DE -> Beschr.	A: 0 = o.k.
Aufzeichnung schreiben	21	DE -> Beschr.	A: 0 = o.k.
= Unmittelbarer Datenzugriff:			
Aufzeichnung lesen	33	DE -> EBeschr.	A: 0 = o.k.
Aufzeichnung schreiben	34	DE -> EBeschr.	A: 0 = o.k.
Aufzeichnung mit Blockiniti-	40	DE -> EBeschr.	A: 0 = o.k.
alisierung schreiben			
Beschreiber setzen	36	DE -> EDeschr.	Nr.i.Beschr.

- Hilfsfunktionen:
= Initialisierung:

Warmstart auslösen	0	---	---
Diskettensystem zurücksetzen	13	---	---
Laufwerk(e) zurücksetzen	37	DE: LW-Vektor	A: 0

= Laufwerke verwalten:

Bezugslaufwerk festlegen	14	E: LW-Nummer	---
Bezugslaufwerk ermitteln	25	---	A: LW-Nummer
Bezugslaufwerk schützen	28	---	---
gesch. Laufwerke ermitteln	29	---	HL: LW-Vektor
aktive Laufwerke ermitteln	24	---	HL: LW-Vektor

= Dateien verwalten:

Dateimerkmal(e) setzen	30	DE -> Beschr.	A: 255=Fehler
Dateigröße ermitteln	35	DE -> EBeschr.	Anz.i.Beschr.

= Systemfunktionen:

CP/M-Version ermitteln	12	---	HL: Version
Benutzernummer verwalten	32	E: 255	A: Nummer
		E: Nummer	---
Belegungstabelle ermitteln	27	---	HL: Adresse
Diskettenparameter ermitteln	31	---	HL: Adresse

Die BIOS-Schnittstelle

- Der Sprungvektor:

4A00+Versatz	JMP	BOOT	; Kaltstartinitialisierung
4A03+Versatz	JMP	WBOOT	; Warmstart ausführen
4A06+Versatz	JMP	CONST	; Konsolenstatus abfragen
4A09+Versatz	JMP	CONIN	; Konsoleneingabe
4A0C+Versatz	JMP	CONOUT	; Konsolenausgabe
4A0F+Versatz	JMP	LIST	; Druckerausgabe
4A12+Versatz	JMP	PUNCH	; Lochstreifenstanzer
4A15+Versatz	JMP	READER	; Lochstreifenleser
4A18+Versatz	JMP	HOME	; Kopf auf Spur 00 stellen
4A1B+Versatz	JMP	SELDSK	; Laufwerk auswählen
4A1E+Versatz	JMP	SETTRK	; Spur auswählen
4A21+Versatz	JMP	SETSEC	; Aufzeichnungsabschnitt wählen
4A24+Versatz	JMP	SETDMA	; Datenpufferadresse setzen
4A27+Versatz	JMP	READ	; Aufzeichnungsabschnitt lesen
4A2A+Versatz	JMP	WRITE	; Aufzeichnungsabschnitt schreiben
4A2D+Versatz	JMP	LISTST	; Druckerstatus abfragen
4A30+Versatz	JMP	SECTRAN	; Aufzeichnungsnummer übersetzen

- Übergabe von Werten:

= an das BIOS: 8-Bit-Werte in Register C,
16-Bit-Werte in Registerpaar BC,
(zweiter 16-Bit-Wert in Registerpaar DE);

= vom BIOS: 8-Bit-Werte in Register A,
16-Bit-Werte in Registerpaar HL.

Das "Intel-Hex"-Format

Das "Hexadezimalformat für auf Lochstreifen aufgezeichnete Objektdateien" von Intel umfaßt zwei Hauptbereiche: Symboltabelle und Objektkode. ASM nutzt davon lediglich den Objektkodeteil aus.

Eine Hexadezimaldatei gliedert sich in eine Folge von Aufzeichnungen, die in Hexadezimalziffern im ASCII-Format festgehalten sind. So werden beispielsweise statt des Werts 1AH werden die beiden ASCII-Zeichen "1" und "A" aufgezeichnet. Alle Aufzeichnungen werden durch ein Erkennungszeichen eingeleitet, das bei Symboltabellen ein ASCII-Leerschritt (<SP>) und bei Objektkode ein ASCII-Doppelpunkt (":") ist. Ihm folgen die übrigen Angaben in der Form (ASCII-Zeichen sind in Anführungsstriche eingeschlossen):

- innerhalb der Symboltabelle:

   <SP> <Zeilennummer> <SP> <symbolischer Name> <SP> <Wert>

wobei das Tabellenende durch ein Dollarzeichen bezeichnet ist:

   <SP> "$"

- eine Objektkodeaufzeichnung:

   ":" <Länge> <Anfangsadresse> 0 <Daten> <Prüfsumme>

mit der Endaufzeichnung:

   ":" <Länge> <Startadresse> 1 <Prüfsumme>

Dabei gibt die <Länge> die Zahl der Datenbytes in der Aufzeichnung an. Sie liegt zwischen "00" und und "FF" in Datenaufzeichnungen und ist "00" in der Endaufzeichnung.
Die <Anfangsadresse> bezeichnet die Speicherstelle, an welche die Daten geladen werden. Die <Startadresse> ist entweder "0000" oder gibt die Stelle an, an der mit der Programmabarbeitung begonnen werden soll.
Die <Prüfsumme> schließlich ist der negative Wert (im sogenannten Zweierkomplement) der 8-Bit-Summe aller ASCII-Werte der Aufzeichnung von der <Länge> bis zum letzten Datenbyte einschließlich. Die Summe dieser Werte plus die <Prüfsumme> muß Null ergeben, andernfalls ist ein Fehler aufgetreten.

STICHWORTVERZEICHNIS